Ed Husain

# Weltoffen aus Tradition

Ed Husain

# Weltoffen aus Tradition

## Auch eine Geschichte des Islam

Aus dem Englischen
übersetzt von Ruben Schenzle
und Christian Saßmannshausen

wbg THEISS

Titel der Originalausgabe: *The House of Islam* © 2018, Ed Husain.


Diese Ausgabe erscheint gemäß der Vereinbarung mit
Bloomsbury Publishing Plc. in deutscher Erstübersetzung
bei der Wissenschaftlichen Buchgesellschaft, Darmstadt.


Die Deutsche Nationalbibliothek verzeichnet diese Publikation
in der Deutschen Nationalbibliografie; detaillierte bibliografische
Daten sind im Internet über http://dnb.d-nb.de abrufbar.



wbg Theiss ist ein Imprint der wbg.

Die Herausgabe des Werkes wurde durch die Vereinsmitglieder
der wbg ermöglicht.
Redaktion: Sophie Dahmen, Darmstadt
Satz: schreiberVIS, Seeheim
Gedruckt auf säurefreiem und alterungsbeständigem Papier
Printed in Germany

Besuchen Sie uns im Internet: www.wbg-wissenverbindet.de

ISBN 978-3-8062-3969-0

Elektronisch sind folgende Ausgaben erhältlich:
eBook (PDF): ISBN 978-3-8062-4003-0
eBook (Epub): ISBN 978-3-8062-4004-7

Für meine Töchter Camilla und Hannah:
Möget ihr und eure Generation himmlische Liebe sowie das Licht und den Glauben der alten Propheten und Philosophen in die Welt tragen.

Als fanatische Muslime die Bücher von Averroes verbrannten, brach einer seiner Schüler in Schluchzen aus. Da sagte Averroes zu ihm: „Mein Sohn, beweinst du die Verfasstheit der Muslime, dann werden Tränen so zahlreich wie im Meer nicht dafür ausreichen. Weinst du aber um die Bücher, so sei gewahr, dass Ideen Flügel besitzen und Weltenalter überdauern, um den Verstand denkender Menschen einzuholen."

*Averroes/Ibn Ruschd, 1126–1198*

# Inhalt

## Anmerkungen der Übersetzer

Aufgrund der besseren Lesbarkeit haben wir uns entschieden, das generische Maskulin zu verwenden. Ist von Personengruppen wie beispielsweise ‚die Muslime' die Rede oder wird im Text stellvertretend von ‚ein Muslim' gesprochen, sind stets Frauen und Männer eingeschlossen (in dem Beispiel also Musliminnen und Muslime).

Die Umschrift arabischer Begriffe und Eigennamen orientiert sich im Wesentlichen an den Aussprachekonventionen des Deutschen, um Lesern, die des Arabischen nicht mächtig sind, eine Aussprache möglichst nah am Original zu ermöglichen.

# Vorwort zur deutschen Ausgabe

In den vor uns liegenden Jahrzehnten wird es in Deutschland mehr und keineswegs weniger Islam geben. Was aber können wir uns unter Islam genau vorstellen? Abseits von Schlagworten wie ‚Gastarbeiter', Flüchtlinge, Kriege, Frauenverachtung und Terrorismus bleibt die Frage, wer eigentlich die Muslime sind? Dieses Buch wagt sich an so schwierige Themen wie Identität, Geschichte und die Möglichkeit eines Zusammenlebens in der modernen Welt. Als Europäer und Muslim erzähle ich aus einer Innenperspektive eine Geschichte des Islam und gleichermaßen Geschichten über den Islam. Damit versuche ich, den Schleier des Unbekannten zu lüften, der den Islam und die Muslime verhüllt – unternehme quasi einen Versuch des Aufdeckens.

Kürzlich lief ich in Wien entlang der Überreste der Altstadtmauern, die die Osmanen im Jahr 1683 nicht zu überwinden vermochten. Die osmanische Belagerung wurde von diesen Stadtmauern aus zurückgeschlagen – dabei sollte diese Episode aber nicht vereinfacht lediglich als Kampf zwischen Islam und Christentum verstanden werden. In der militärischen Konfrontation mit den Türken stand König Johann III. Sobieski (1629 – 96) vereinten Truppen polnischer und deutscher Verbände vor. Jedoch dienten ihm ebenso die Kavallerieeinheiten der muslimischen Lipka-Tataren, die tapfer gegen die Osmanen kämpften. Indem sie ihre berühmt-berüchtigte Taktik anwandten, einen Rückzug vorzutäuschen, um dann urplötzlich die feindlichen Verbände einzukreisen, stifteten die Tataren verheerendes Chaos und Verwüstung. Als Anerkennung ihres militärischen Beitrags verlieh Sobieski den Tataren Ländereien in Polen. Dort befindet sich noch heute die älteste Moschee des Landes.

Die muslimischen Osmanen waren zu dieser Zeit mit dem römisch-katholischen Sonnenkönig Frankreichs, Ludwig XIV. (1638 – 1715), verbündet. Die Franzosen respektierten dieses Bündnis mit den Osmanen bis zu der Zeit, als Napoleon 1798 Ägypten besetzte. Die französische Allianz mit den Muslimen, repräsentiert durch das Osmanische Reich, stellt das am längsten währende Friedensabkommen in der französischen Geschichte dar. Die türkische Belagerung Wiens tat der Unterstützung der Osmanen durch Frankreich keinen Abbruch, ungeachtet der Tatsache, dass Ludwig XIV. ebenso wie die Habsburger in Wien katholisch war. Daneben gab es in Europa noch eine Reihe aufstrebender protestantischer Staaten, die es mit großer Genugtuung gesehen hätten, wenn das Heilige Römische Reich unter osmanische Herrschaft gefallen wäre.

Kurzum, Geschichte ist niemals nur schwarz und weiß. Narrative von „wir" und „sie" werden weder der Vergangenheit, noch der Gegenwart und Zukunft unserer Länder und Kulturen gerecht. Allen voran ist Deutschland eine gewichtige Heimstätte des freiheitlichen Denkens und der Auflehnung gegen Unterdrückung im Namen der Religion. Martin Luther ebnete einer Frömmigkeit der persönlichen Freiheit gegenüber dem Papst den Weg. Wenn sich in Deutschland diese Traditionslinie mit einem Verständnis des Islam aus einer Innenperspektive verbinden würde, dann könnten Deutschland und die im Land lebenden Muslime ganz Europa den Weg zu einem Modell leuchten, das Muslimen eine Loyalität sowohl gegenüber Deutschland als auch gegenüber dem eigenen Glauben erlauben würde. Mehrere Jahrzehnte lang plädierte der deutsche Muslim Professor Bassam Tibi für einen Euro-Islam. Ebenso ruft die deutsch-muslimische Autorin Sineb al-Asrar Muslime dazu auf, endlich die Opferrolle abzulegen, um eine Gleichstellung, gerade auch für Frauen, zu erreichen. Hierzu ist es aber unausweichlich, dass Muslime in Deutschland mit der Einflussnahme und den Abhängigkeiten von der Türkei vollends brechen. Denn sie sind nun einmal deutsche Staatsbürger. Um diese Abnabelung ganz und gar bewerkstelligen zu können, muss ihnen von der Mehrheitsgesellschaft allerdings auch das Gefühl vermittelt werden, Deutsche zu sein. Wäre es beispielsweise in Deutschland überhaupt denkbar, einen muslimischen Kanzler zu haben? Und sind auf der anderen Seite muslimische Verbände und einzelne Muslime gleichermaßen bereit, die religiöse Neutralität des Staates, Geschlechtergleichheit, Rechte für Homosexuelle und Meinungsfreiheit aufrichtig zu akzeptieren?

Wir verdanken Deutschland nicht nur Luther, sondern auch Hegel. Letzterer hat verschiedene Momente in der Geschichte herausgehoben, in denen es zu einem Wechselspiel aus These und Antithese kam. Aus dieser These und Antithese kann dann letztlich eine Synthese erwachsen, ein neuer Weg nach vorne hin zur Freiheit. Dieser Pfad hin zu menschlicher Freiheit und Selbstbestimmung war lang und beschwerlich.

Gerade Deutschland kann dabei mithelfen, heute eine solche Synthese aus Islam und dem Westen zustande zu bringen. Aber dazu müssen die Deutschen den Geist Luthers und Hegels zur Entfaltung bringen, um den Islam und die Muslime besser verstehen zu können. Wenn uns dies als Europäer und Muslime nicht gelingt, werden andere an unserer statt handeln und daraus wird dann eben keine Synthese entstehen, sondern etwas Abscheuliches und Zerstörerisches.

Bei einem kürzlichen Besuch des Frankfurter Goethe-Hauses erstand ich eine Ausgabe von Goethes *West-östlichem Divan*. Seit dem Jahr 1814 tauchte Goethe leidenschaftlich in das Studium von Islam, Arabern, Muslimen, Persern und des Sufismus, der Herzkammer des mystischen Islam, ein. Besonders eingehend beschäftigte er sich mit Hafis (siehe Kapitel 16), einem muslimischen Dichter des 14. Jahrhunderts, der den Wein liebte und die Vereinigung mit dem Göttlichen suchte. In Hafis erkannte Goethe einen Zwillingsbruder im Geiste. In dieser schillernden islamischen Seele aus der persischen Stadt Schiraz fand Goethe einen ebenbürtigen Rivalen und einen Wahlverwandten.

> Und mag die ganze Welt versinken,
> Hafis mit dir, mit dir allein
> Will ich wetteifern! Lust und Pein
> Sey uns den Zwillingen gemein!
>
> Wie du zu lieben und zu trinken,
> Das soll mein Stolz, mein Leben sein.
> Nun töne Lied mit eignem Feuer!
> Denn du bist älter, du bist neuer.[1]

Seite um Seite, Kapitel um Kapitel atmet Goethes Werk den Hauch der Seele eines Islam, der Liebe verkörpert und sehnsüchtig sich dem Göttlichen anzunähern sucht. Derselbe Geist erfüllte auch andere große deutsche Denker, etwa Kant, der seine Doktorarbeit mit der arabischen *basmala*-Anrufungsformel auf dem Titelblatt einreichte.[2] Ebenso Wittgenstein, der stets jedem Tolstois *Hadschi Murat* zur Lektüre empfahl – sogar dem eingefleischten Atheisten Bertrand Russell.

Heutzutage sind Deutschland und die Deutschen in einer noch günstigeren Lage, dabei mitzuhelfen, der Kultur des Sich-als-Opfer-Fühlens, die unter Muslimen vielerorts so weit verbreitet ist, ein Ende zu setzen. Eine deutsche Kultur, die den Islam einzubeziehen und Muslime als vollwertige Mitbürger zu betrachten vermag, muss sich zukünftig noch stärker etablieren. Ohne eine solche Synthese werden die Muslime auch weiterhin mehrheitlich eine Unterschicht bilden und dies wird das gesellschaftliche Miteinander in Deutschland weiter eintrüben: Dann werden Radikalisierungen zunehmen, Terrorismus wird häufiger zu Tage treten und letztlich die extreme Rechte an Einfluss gewinnen. Muslime in Deutschland, die ursprünglich aus der Türkei, Kurdistan, Syrien, Libanon, Marokko – oder woher auch immer – stammen, müssen sich aus der Geiselhaft ausländischer Regierungen befreien. Ihre Loyalität und Verbundenheit gebührt nur einem Nationalstaat, nämlich Deutschland und eben nicht einer imaginierten *umma*, einer globalen Gemeinschaft aller Muslime. Gleichzeitig kommt dem deutschen Staat die Verpflichtung zu, die Integration weiter voranzutreiben und eine Einbürgerung zu erleichtern. In Großbritannien, Kanada und den USA haben die meisten Muslime zu dieser loyalen Haltung gegenüber dem jeweiligen Nationalstaat gefunden. Kann es Deutschland gelingen, eine Identität zu formulieren, die auch Kinder von Zuwanderern miteinbezieht, indem man auf Geschichte, Identität und Zugehörigkeit verweist?

*Weltoffen aus Tradition* kann hierbei als eindringliche Bitte um Unterstützung verstanden werden. Angesichts der ansteigenden Zahl der Muslime in Deutschland und bei zunehmendem Verständnis der innerislamischen Richtungskämpfe wird dann bei uns auch die Notwendigkeit solch einer Synthese noch dringlicher werden. Ein aus der Balance geratener Islam wird Deutschland Schaden zufügen, wohingegen ein friedfertiger Islam – von Muslimen real im Alltag gelebt – letztlich dazu beitragen kann, ein noch besseres Deutschland zu erschaffen. Dieses Buch ist ein Appell für solch einen friedvollen Weg.

Ed Husain
London, Januar 2020

## Einleitung

# Das Haus des Islam – Innenansichten

Muslime prägen das Weltgeschehen und sind fester Bestandteil der medialen Berichterstattung. Doch kaum jemand von uns versteht sie wirklich. Dadurch beruht unser Umgang mit ihnen im besten Fall auf Ahnungslosigkeit, im schlimmeren auf Halbwahrheiten. Dieses Buch bietet einen Überblick über die Glaubensgrundlagen der Muslime und erläutert, wie das Haus des Islam aufgebaut ist. Es erkundet die Anschauungen der Muslime und ihre Weltsicht und beschreibt, wie sie denken, wie sie den Islam praktizieren und wie sie ihn selbst wahrnehmen. Ich schreibe dieses Buch als ein in Großbritannien geborener und sozialisierter Muslim. Ich entstamme dem Westen und bin zugleich gläubiger Anhänger des Islam. Zwischen zwei Welten gefangen, habe ich gelernt, die beiden Facetten meiner Identität miteinander zu vereinbaren. Dieses Buch spiegelt diese innere Brücke zwischen der westlichen Welt und dem Islam wider.

Auf der Welt leben 1,7 Milliarden Muslime – somit ist jeder fünfte Mensch ein Muslim, 59 Länder haben eine muslimische Bevölkerungsmehrheit. Prognosen zufolge wird sich bis ins Jahr 2050 der muslimische Teil der Bevölkerung doppelt so schnell vermehren wie die Gesamtbevölkerung. Über 2050 hinaus werden die Muslime wohl die Christen als weltweit größte Glaubensgemeinschaft abgelöst haben. Während die Weltbevölkerung nach Berechnungen des PEW-Forschungszentrums bis ins Jahr 2050 um 35 Prozent zunehmen wird, soll die muslimische Bevölkerung um 73 Prozent auf fast drei Milliarden Menschen anwachsen. Muslime bekommen mehr Kinder als Anhänger anderer Glaubensgemeinschaften. Im Schnitt bringen muslimische Frauen 2,9 Kinder auf die Welt und damit deutlich mehr als die durchschnittlich 2,2 Kinder unter Nicht-Muslimen.

Anhand von fünf Faktoren, die hier zusammentreffen, lässt sich dieser globale Anstieg der Geburtenrate unter Muslimen erklären. Erstens, so schätzt PEW, erreichen zahlreiche Muslime jetzt den Lebensabschnitt, in dem sie Kinder haben werden. Zweitens lebt mehr als ein Drittel der Muslime im Nahen Osten sowie in Afrika, den Weltregionen mit dem größten prognostizierten Bevölkerungswachstum. Drittens herrscht in den meisten muslimischen Ländern noch immer ein sehr traditionelles Rollenverständnis von Frauen als Ehepartnerinnen und Müttern vor. Deshalb ist die Bedeutung des Kinderkriegens stärker ausgeprägt. Viertens vertrauen wegen des fest verankerten Glaubens an Gottes Fürsorge für ihre Kinder viele Muslime darauf, dass der Höchste ausreichend Nahrung, Kleidung und Wohnraum für sie bereitstellen wird. Und zuletzt wird der Geburt von Jungen kulturell traurigerweise noch immer ein höherer Stellenwert beigemessen als der von Mädchen. Viele Familien bekommen deswegen so lange weiter Kinder, bis ein Sohn geboren wird, der den Familiennamen in die nächste Generation trägt. Dabei ist, im Gegensatz zum Katholizismus, Verhütung im Islam nicht verboten.

Durch die globale Massenmigration – und seitdem Flüchtlinge und Arbeitskräfte überwiegend aus Ländern mit muslimischer Bevölkerungsmehrheit nach Europa kommen – hat das, was innerhalb des Islam geschieht, Auswirkungen auf uns alle. Extreme Spielarten des politischen Islam wirken darauf hin, unseren gesellschaftlichen Frieden durch fortschreitende soziale Abkapselung, Konfrontation, Herrschaftsansprüche sowie politisch motivierte Gewalt und Terrorismus zu zerstören.

Momentan ist eine auf der ganzen Welt ausgetragene Schlacht um das Wesen des Islam in vollem Gange. Weshalb? Worum geht es, wo verlaufen die Fronten? Und inwiefern betrifft das den Westen? Auf verschiedene Weise verlief mein Leben an der vordersten Linie dieses Kampfes.

Geboren wurde ich in London als Kind muslimischer Einwanderer aus Britisch-Indien. Ich gehöre damit zur ersten Generation von Muslimen, die im Westen geboren und aufgewachsen ist. Mein erstes Buch *The Islamist* zeichnet meinen Weg als Jugendlicher in die internationale religiöse Radikalität nach – und wie ich mich davon lossagte. Ich habe sowohl den Islamismus als auch den Salafismus und den Sufismus durchlebt. Vom Wunsch getrieben, den Islam ohne Bezug zu militanten Muslimen besser zu verstehen, verbrachte ich zwei Jahre im syrischen Damaskus, um mit muslimischen Gelehrten aus dem religiösen Mainstream Arabisch und die Grundlagen des Glaubens zu studieren.

Dort lebte ich von 2003 bis 2005 in einer Diktatur, in der es mir gestattet war, zu studieren, solange ich in der Öffentlichkeit keine politische Meinung äußerte. Doch auch im Privaten verdächtigten wir fortwährend Kommilitonen und sogar unsere Lehrer – wer mochte ein Spitzel sein? Die tiefgehenden Kenntnisse der syrischen Gelehrten in islamischer Theologie, Geschichte und Philosophie suchten ihresgleichen. Ohne Freiheit fühlte sich die Bildung, die wir dort genossen, jedoch immer einseitig und unvollständig an, und die Studierenden, die ihre kritischen Fragen andernorts hätten stellen dürfen, waren nur halbherzig bei der Sache.

Aus der Sehnsucht heraus, näher an den Wurzeln des Islam zu sein, zog ich im Jahr 2005 nach Dschidda, Saudi-Arabien, um dort zu leben. Unter der Woche arbeitete ich als Lehrer am *British Council*, die Wochenenden verbrachte ich an den heiligsten Stätten des Islam in Mekka und Medina. Dort betete ich und traf Muslime aus der ganzen Welt. Das Eintauchen in die arabische Sprache, Religion, Kultur und der Kontakt mit den Menschen erfüllte mich. Zu Hause aber, in Großbritannien, entging meine jüngste Schwester nur um wenige Minuten dem Tod, als am 7. Juli Bombenanschläge in der Londoner U-Bahn verübt wurden. Als daraufhin meine saudischen Schüler mir gegenüber mit den Worten reagierten, Großbritannien habe diese Anschläge verdient und es handele sich um Dschihad gegen Ungläubige, empfand ich Wut und ein tiefes Bedürfnis, nach Hause, nach London, zurückzukehren. Mir war klar, dass uns ein Krieg der Vorstellungswelten bevorstand. Wenn zwanzigjährige Saudis, die den heiligen Koran befolgen, dem Leid im Westen nicht mit Mitgefühl, sondern stattdessen mit offener Freude begegnen und junge Muslime, die im Westen geboren und aufgewachsen sind, sich selbst und ihre Mitbürger im öffentlichen Nahverkehr von London töten, so würden die Gefühle und Überzeugungen, die zu solchen Taten führten, nicht einfach wieder verschwinden. Und tatsächlich sind die vielen tausend in den letzten Jahren radikalisierten europäischen Muslime, die mit ihren Angriffen auf Frankreich, Belgien, Holland, Deutschland, Norwegen, Kanada und Dänemark zu Terroristen wurden, Sprösslinge genau dieses Trends.

Zurück in Großbritannien schloss ich ein Masterstudium in Islamwissenschaft und Politik des Nahen Ostens ab. Daraufhin baute ich 2007 einen Thinktank auf: *Quilliam*, benannt nach dem in viktorianischer Zeit geborenen Muslim Abdullah Quilliam, um hervorzuheben, dass der Islam in Großbritannien nicht allein mit der Einwanderung oder der noch jüngeren Radikalisierung assoziiert werden sollte. Von Muslimen geführt, die sich gegen den Radikalismus wandten und diesen erforschten, war *Quilliam* weltweit der erste Thinktank seiner Art. Die Arbeit war kontrovers, aber es war notwendig, voranzugehen und zu zeigen, wie der Islam durch die Wut in der arabischen Öffentlichkeit politisch vereinnahmt wurde. Ich war überzeugt, dass es meine religiöse und bürgerliche Pflicht sei, mich gegen die feindliche politische Übernahme meiner Religion auszusprechen. Zahlreiche Medienauftritte machten *Quilliam* zum Erfolg und halfen dabei, die britische Regierungspolitik zu verändern sowie mehrere europäische Regierungen zu beraten. Durch Vorträge an über den ganzen Kontinent verteilten Universitäten überzeugten wir gerade auch muslimische Aktivisten, ihre konfrontativen, anti-westlichen Einstellungen zu überdenken. Doch die Gegenreaktion der Kritiker war enorm. Wer außerstande ist, eine verbale Auseinandersetzung für sich zu entscheiden, greift gewohnheitsmäßig auf Todesdrohungen und körperliche Einschüchterung zurück. Ich spürte, dass ich Großbritannien für eine Zeit verlassen musste.

Ende 2010 wurde ich Senior Fellow für Nahoststudien an einem der führenden außenpolitischen Thinktanks in Amerika, dem *Council on Foreign Relations*. Vier Jahre lang lebte ich in New York und Washington, D.C., forschte und publizierte zu Politik in der arabischen Welt, nationaler Sicherheit, Islam und Muslimen. Zu den Mitgliedern des Councils gehörten hochrangige Vertreter der US-Regierung sowie Persönlichkeiten aus Medien, Wirtschaft und den Universitäten. Ich befand mich in einer einzigartigen Position: Als Brite, Muslim und jemand, der fließend Arabisch spricht, konnte ich die Herausforderungen des modernen Nahen Ostens erklären und die Mächtigen auf dem Höhepunkt der Aufstände des Arabischen Frühlings über Amerikas politische Optionen beraten. Auf der anderen Seite hatte ich Gelegenheit, auf Reisen nach Ägypten, Pakistan, in die Türkei und an den Golf ebenfalls den arabischen und muslimischen Regierungen sowie Vertretern der Zivilgesellschaft das Vorgehen des Westens zu erläutern.

Ich besitze das seltene Privileg, sowohl im Westen als auch in der muslimischen Welt ein Insider zu sein. Genau davon lebt dieses Buch: Die Gespräche, Überlegungen und Erfahrungen der letzten zehn Jahre ermöglichten mir, das ‚Haus des Islam' von innen zu erkunden. Eine Geschichte, die man mir in Nigeria erzählte, illustriert das sehr schön.

Ein amerikanischer Milliardär besuchte ein großes westafrikanisches Dorf. Anstatt jedoch die Spendengelder seiner Wohltätigkeitsorganisation einfach direkt zu verteilen, war er sehr daran interessiert, Afrika mit eigenen Augen zu sehen, es selbst zu spüren und zu schmecken, um dann sein eigenes Urteil zu fällen. Eines Freitagmorgens parkte er seinen Jeep vor dem Haus des lokalen Stammesfürsten. Dessen einfaches, staubiges Heim wirkte neben dem glänzenden schwarzen Wagen winzig.

Als der Stammesführer und der Milliardär gerade Nettigkeiten austauschten und Kokoswasser tranken, sah der Amerikaner auf einmal Scharen von Kindern, die riesige, leere Plastikbehälter davontrugen.

„Wohin gehen die Kinder?", fragte er überrascht. „Sollten sie nicht in der Schule sein?"

„Sie gehen für ihre Familien Wasser vom Fluss holen", antwortete das Stammesoberhaupt. „Sie gehen jede Woche um diese Zeit. Eine Stunde zum Fluss und eine Stunde zurück. Die Schule beginnt in zwei Stunden, wenn sie zurückkommen."

Für den Amerikaner war das ein Aha-Erlebnis. Er erkannte einen Bedarf und dachte wie ein westlicher Geschäftsmann: Hier würde es sich lohnen, in den Dörfern Brunnenpumpen zu installieren. Die Kinder könnten dann zur Schule gehen, eine Ausbildung genießen und auf eigenen Beinen stehen. Er behielt seine Gedanken für sich und bei seiner Rückkehr nach New York wies er die Mitarbeiter seiner Wohltätigkeitsorganisation an, die Pumpen in Zusammenarbeit mit der Zentralregierung einzurichten.

Daraufhin wurden Berater, Ingenieure und örtliche Sachverständige beauftragt, diese „weitsichtige Initiative" umzusetzen. Weitsichtig war die Initiative deshalb, weil sie den Zugang zu Bildung und Wohlstand erleichtern würde, wie unablässig auf allen Meetings wiederholt wurde – die Pumpen dienten als Sinnbild für den Wandel.

Ein Jahr später kam der Amerikaner wieder an einem Freitagmorgen in das afrikanische Dorf. Der Stammesführer begrüßte ihn zusammen mit den Dorfältesten. Voller afrikanischer Warmherzigkeit dankten sie ihm für seinen Beitrag. Im Sprech der Unternehmens- und Wohlfahrtsbranche handelte es sich um einen ‚Monitoring- und Evaluierungsbesuch'.

Die Wasserpumpen wirkten neu und sauber. Der Amerikaner setzte sich und unterhielt sich höflich mit den Dorfbewohnern. Alsbald kamen die Kinder wieder scharenweise mit Plastikbehältern aus ihren Häusern gelaufen. Der Milliardär schaute zu, wie sie in Richtung der Pumpen gingen. Doch dann liefen sie einfach weiter. Wie im Jahr zuvor setzten sie ihren Weg fort und liefen zum Fluss.

„Warum tun sie das?", beschwerte sich der Milliardär. „Es gibt doch jetzt Wasser im Dorf!"

„Lassen Sie uns unter vier Augen sprechen", meinte der Stammesführer und bat den Amerikaner abseits seiner Entourage in sein Haus.

„Mein Freund", sprach er, „eure Absichten in allen Ehren, aber ihr habt uns nicht gefragt, ob wir fließendes Wasser im Dorf brauchen. Habt ihr unsere winzigen Häuser gesehen? Wir haben große Familien, viele Personen leben in einem Raum zusammen. Wir schicken die Kinder zum Wasserholen, damit Mann und Frau eine Weile allein sein können, um ihre Ehe zu pflegen!"

Dem amerikanischen Milliardär hatte, obwohl er sich so nahe am Geschehen wähnte, einfach das Insiderwissen über die Lebenswirklichkeiten in Westafrika gefehlt. Und dem Stammesoberhaupt war es nicht in den Sinn gekommen, diesen Umstand zur Sprache zu bringen. Auf ganz ähnliche Weise versteht der Westen auch heute den Islam und die Muslime nicht so, wie sie sind.

Alles wird vom liberalen, westlichen Individualismus durchdrungen: Den Westen infrage zu stellen gilt als rückständig und primitiv. Während der Westen sich selbst als fortschrittlich rühmt, wird der Islam als ultimativ rückschrittliche Religion betrachtet. Verstärkt wird dies noch durch die alltäglichen Schlagzeilen über islamischen Extremismus, Terrorismus, Frauenhass und sogar Sklaverei, die das westliche Überlegenheitsempfinden nur weiter steigern.

Als die arabischen Aufstände von 2011 gänzlich unerwartet die vom Westen gestützten Diktaturen in Tunesien, Ägypten, Jemen und Libyen stürzten, blickten wir zu Recht voller Achtung auf die arabische Jugend. In der ganzen Region rief sie nach *hurriya*, *karama*, *adala idschtima'iya*, was ‚Freiheit, Würde und soziale Gerechtigkeit' bedeutet. Im ersten Moment nahmen wir an, die Aufstände seien säkular. Wie vorprogrammiert dachten unsere Experten und Staatenlenker an die Französische Revolution von 1789: Letzten Endes habe die Demokratie den Nahen Osten erreicht. Wie falsch wir doch damit lagen.

Wer mit der islamischen Welt vertraut ist, konnte die Anzeichen jedoch erkennen. Die Proteste im Zuge des Arabischen Frühlings fanden nicht samstagabends statt, sondern freitagnachmittags. Wieso? Weil das der Tag für das gemeinschaftliche Gebet ist. Jeden Freitag zogen Millionen Muslime aus den Moscheen, um gegen ihre Politiker zu demonstrieren. Das waren keine Radikalen, sondern ganz normale Muslime. In Ägypten und andernorts wurden die zu Tode gekommenen Jugendlichen *schahid* (Pl. *schuhada*) genannt – Märtyrer. Dieses Wort aus dem Koran bezeichnet diejenigen, die als Zeugen Gottes sterben. Auch die Fotos der Toten wurden mit Koranversen versehen.

Bald beteten Christen und Muslime sonntags und freitags gemeinsam auf öffentlichen Plätzen. Auf dem Tahrir-Platz in Ägypten bildeten Christen einen Schutzring um ihre muslimischen Brüder. Wir übersahen diese religiösen Aspekte, bis Extremisten auftauchten und die Proteste vereinnahmten, indem sie Kirchen anzündeten und die israelische Botschaft in Kairo angriffen. In Tunesien wurde die amerikanische Vertretung attackiert, in Libyen der amerikanische Botschafter umgebracht. Dieser Wirbelsturm des Radikalismus, der durch den Nahen Osten fegte, fand schließlich im sektiererischen Milieu des Irak und Syriens eine neue Heimat. Von unseren Medien wurde dieses Gebilde fälschlicherweise als ‚Islamischer Staat im Irak und Syrien' (ISIS) bezeichnet. Wir gewähren dem selbsternannten Kalifat einen PR-Erfolg, indem wir es ‚den islamischen Staat' nennen, ungeachtet dessen, dass wir im Westen gar nicht im Stande sind, festzulegen, ob ISIS nun islamisch ist oder nicht.[1]

Die Fehleinschätzungen des Westens lassen sich weit zurückverfolgen: sei es die Überhöhung der Unterstützerbasis Chomeinis, die Toleranz gegenüber Intoleranz von Muslimen im Westen im Fall Rushdie, die Tatenlosigkeit in Algerien, als das Militär islamistischen Demokraten die Macht verwehrte, das Unverständnis für die religiösen Befindlichkeiten bei der Stationierung von US-Truppen in Saudi-Arabien, oder die Warnungen in den Wind zu schlagen, dass die Absetzung des Sunniten Saddam Hussein eine stärkere iranisch-schiitische Präsenz im Nahen Osten heraufbeschwören würde. Und der Westen begeht wieder folgenschwere Fehler, so zum Beispiel mit der Duldung der Masseninhaftierungen von Islamisten nach dem Sturz des ersten islamistischen Präsidenten Mohammed Mursi im Jahr 2013 in Ägypten. Haben wir nichts aus dem Terror gelernt, der in den 1960er Jahren in Ägyptens Folterknästen entstand? Wir haben in den 1980er Jahren arabische und afghanische Islamisten für ihren Kampf gegen den Sowjetkommunismus in Afghanistan ausgerüstet und unterstützt. Und daraus wurde al-Qaida. Jetzt unterstützen wir kurdische Kommunisten dabei, Islamisten in Syrien zu töten.

Lawrence von Arabien versprach verschiedenen Stammesfürsten ein und dasselbe arabische Königreich, um sie zum Aufstand gegen die Osmanen zu bewegen. Aktiv wurde im letzten Jahrhundert der Wahhabismus gegenüber dem türkischen Sufismus gestärkt (kannten wir überhaupt den Unterschied?), jetzt raufen wir uns verzweifelt die Haare, weil sich die wahhabitische Intoleranz über den gesamten Globus ausbreitet. Immer mehr Kämpfer schließen sich den Dschihadisten an und haben es auf unsere eigene muslimische Bevölkerung im Westen abgesehen.

Immer wieder interpretiert der Westen die politischen Entwicklungen in der islamischen Welt falsch. Im Jahr 1917 versprach die britische Regierung in der Balfour-Erklärung eine ‚jüdische Heimstätte' in Palästina. Was für einen Frieden haben wir Juden und Arabern seither gebracht? Im Geheimen wurde im Hussein-McMahon-Briefwechsel von 1915/16 die Aufteilung der arabischen Länder sowie die Vertreibung der Osmanen aus diesen Gebieten vereinbart. Was für einen Frieden hat das den Arabern im Irak, in Syrien oder Ägypten seither gebracht, außer von nationalistisch-sozialistischen Diktatoren beherrscht zu werden? Durch das Sykes-Picot-Abkommen von 1916 entstanden Nationalstaaten, die in Europa nach dem Westfälischen Modell gebildet worden waren. Welche Bedeutung haben diese Grenzen heute noch, wenn transnational agierende Islamisten und Dschihadisten sich einfach über diese hinwegsetzen? Wir haben 1979 dabei geholfen, ‚Ajatollah' Chomeini populär zu machen – bis ins 19. Jahrhundert gab es den formalen Titel *Ajatollah*, was ‚Zeichen Gottes' bedeutet, überhaupt nicht. Er nannte sich selbst Ajatollah, also haben wir die Bezeichnung einfach übernommen. Weshalb? Chomeini beanspruchte Autorität und als mediales Sprachrohr halfen wir ihm dabei, seine Stellung zu konsolidieren. Mit

Urteilen hielten wir uns dabei zurück. Dasselbe Prinzip von damals gilt heute für ISIS. Dass die große Mehrheit der Muslime weder die Autorität des Ajatollah noch die von ISIS anerkennt, spielt dabei keine Rolle.

Der religiöse Extremismus hat die iranische Regierung seit 1979 fest im Griff. Der Westen versteht das im Iran vorherrschende messianische Bekenntnis zur *Wilayat al-Faqih* (Herrschaft des Klerus) jedoch nicht, die eine Art Übergangsregierung für die Wartezeit bis zur Ankunft des gelobten Messias, bekannt als der unfehlbare Mahdi, darstellt. Unter dem Vorwand, das Land auf diesen vollkommenen Mahdi vorzubereiten, rechtfertigt die klerikale Regierung ihre tyrannische Herrschaft. Über 1000 Jahre kannten die Schiiten kein solches Konzept von Geistlichen, die in Abwesenheit ihres Mahdi regieren. Geduldig erwarteten sie sein Himmelreich. Chomeini hat diesen machtbewussten Kunstgriff erfunden. Jetzt geht es dem Iran darum, andere schiitische Gemeinschaften auf der ganzen Welt mit dem Dogma der *Wilayat al-Faqih* zu beeinflussen. Sowohl die Unterstützung des Terrorismus gegen Israel von Seiten des Iran durch seine Stellvertreter Hisbollah und Hamas als auch der Versuch, Nuklearwaffen zu erlangen, sind von einem imaginären apokalyptischen Krieg gegen den Westen und seine Verbündeten getrieben. Die iranische Regierung hat jedes Mal davon profitiert, wenn der Westen sich wieder einmal blamierte. Heute dominiert im Irak, nach der Beseitigung Saddam Husseins, der Iran und kontrolliert mehrere Städte, darunter Bagdad. In Syrien hat der Iran, nachdem der Westen zum Sturz Asads aufrief, aber keine Taten folgen ließ, Hunderttausende friedliche Demonstranten ermordet, um die pro-iranische Regierung in Damaskus an der Macht zu halten. Wenn der Westen schon nicht das notwendige strategische Stehvermögen für den langwierigen Kampf im Irak oder in Syrien hat, warum dann halbherzige Maßnahmen ergreifen, die nur den Iran stärken? Nicht allein im Nahen Osten ist der Westen ins Wanken geraten.

Wir töten unsere eigenen Bürger, ohne uns an Gesetze zu halten. Im Jahr 2015 verteidigte der Premierminister Großbritanniens seine Entscheidung, britische Muslime in den Reihen von ISIS mit Drohnenangriffen umzubringen. Im Jahr 2012 hatten die Vereinigten Staaten bereits den Weg gewiesen, indem sie den amerikanischen Staatsbürger Anwar al-Aulaki mit einer Drohne töteten. In einem weiteren Fall wurde sogar die Unschuldsvermutung übergangen, das herrschende Gesetz ignoriert und ein Gerichtsverfahren verwehrt. Wenn wir diese zivilisatorischen Errungenschaften wieder hochhielten, dann wären unsere Armeen sicher bereit, für deren Verteidigung zu sterben. Ohne Verhaftungen oder Gerichtsverfahren, mit einer neuen Form von Schnelljustiz, wird stattdessen die Grenze zwischen Diktatur und Demokratie immer schmaler. Das Schlimme daran ist, dass wir auf diese Weise den Zorn der Fanatiker nähren und ihr universales Narrativ bestätigen: Sie hätten weder Rechte noch Würde, ihnen bliebe nur zu töten oder getötet zu werden.

Der Westen gießt mit aufsehenerregenden Schlagzeilen weiter Öl ins Feuer, gängelt die unschuldige Mehrheit mit Sanktionen und setzt Drohnen gegen die Symptome ein, statt sich mit den Ursachen der Konflikte in und mit der islamischen Welt auseinanderzusetzen. Unsere führenden Politiker sind nicht im Stande, über die nächste Wahlperiode hinauszudenken. Sie entwerfen kurzfristige Strategien, wohingegen unsere extremistischen Feinde viel langfristiger denken.

Der Westen kann den unter den Muslimen weitverbreiteten Anti-Amerikanismus nicht umkehren, ohne die tiefsitzenden Gefühle des Verrats, des Schmerzes, der Ungerechtigkeit und Erniedrigung anzuerkennen, welche von vielen – nicht nur Radikalen – gehegt werden. Wie der amerikanische Milliardär betrachten auch wir die Probleme durch eine materialistische Brille. Uns entgeht, was nicht sichtbar, aber überaus wirkmächtig ist: Gefühle, Narrative und Wahrnehmungen. Eben hier hat sich eine Kluft zwischen dem modernen Westen und dem Islam aufgetan.

Vor gerade mal etwas mehr als einem Jahrhundert bezogen sich Schriftsteller und Politiker auf das Christentum als globale Einheit. Diesen Bezug stellen heute nur noch eine Handvoll Kirchenoberhäupter her. In weiten Teilen des Westens hat der enorme Einfluss eines lautstarken Säkularismus die Religion aus der öffentlichen Sphäre verdrängt. Was früher als ‚das Christentum' galt, ist nun ‚der Westen' geworden. Moderne säkulare Philosophen sind an die Stelle von Propheten getreten. Jean-Jacques Rousseau (1712–1778), Vordenker der französischen Revolution, argumentierte, der Mensch sei ein selbstgenügsames Individuum mit absoluter Freiheit. Tradition und Glauben zum Trotz hatte er mit seiner Hausmagd fünf Kinder, die er alle in einem Heim zurückließ. Familie bedeutete Rousseau nichts. Und ebenso wenig wie Kinder ein Recht auf Familie hatten, gab es auch kein göttliches

Vorrecht von Königen und Königinnen. Die Monarchie wurde gestürzt, die moderne Freiheit war geboren.

Die rückhaltlosen Verfechter der Moderne blicken ehrfürchtig auf die Aufklärung – in blindem Glauben, wenn man so will. Wir übersehen dabei, dass die Herren damals ebenso Fehler begingen wie ihre Nachfolger heute. Sie waren eben nicht immer die freidenkerischen Befreier, für die wir sie heute halten. Der britische Philosoph John Gray enthüllt deren regressives Denken. Voltaire, so erinnert uns Gray, glaubte an eine säkulare Variante der antisemitischen Präadamitentheorie. So wird die von einigen christlichen Theologen vorgebrachte Vorstellung bezeichnet, die Juden seien Präadamiten, Überbleibsel einer älteren Spezies, die vor Adam existiert habe.[2] Immanuel Kant, der ultimative Guru der Aufklärung, stellte die Behauptung auf, es gebe angeborene, natürliche Unterschiede zwischen den ‚Rassen'. Er urteilte, weiße Menschen „verfügten über sämtliche Eigenschaften, die für das Fortschreiten zur Vollkommenheit notwendig seien", schreibt Gray. Afrikaner seien „für die Sklaverei prädisponiert". Gray zitiert Kant mit den Worten „Die Negers (sic!) von Afrika haben von der Natur kein Gefühl, welches über das Läppische stiege."[3] Asiaten erging es nur wenig besser. In *Über die Freiheit* beschrieb John Stuart Mill China als eine stagnierende Kultur: „Es ist zum Stillstand gekommen – schon seit Tausenden von Jahren; und was ihm noch an Verbesserung in Aussicht steht, wird es den Fremden verdanken."[4] Sein Vater James Mill meinte in seiner Schrift *Geschichte des britischen Indien*, dass die Einheimischen Fortschritt nur erlangen könnten, wenn sie ihre Sprachen und Religionen hinter sich ließen. Marx verteidigte koloniale Herrschaft als einen Weg, die Idiotie des Landlebens zu überwinden. ‚Fortschritt' war das Heilsversprechen der Aufklärung. Gray erinnert uns daran: „Alle sollten zu Europäern gemacht werden, wenn nötig mit Gewalt."[5]

Voltaire verhöhnte die katholische Kirche und den Islam. Nietzsche erklärte Gott für tot. Rousseau, Bentham, Voltaire, Mill, Nietzsche, Marx, Lenin und ihre Weltanschauungen herrschen heute im Westen vor. Ebenso wie Juden und Muslime Propheten und deren Gräber verehren, hält es der moderne, liberale Westen mit seinen Philosophen. Rousseau wurde von den französischen Revolutionären exhumiert und 1794 ins Pantheon überführt, eine der höchsten Ehrbezeugungen im säkularen Frankreich. Bentham wurde einbalsamiert und wird noch immer am University College

London in Bloomsbury zur Schau gestellt. Lenin wurde in Moskau ebenfalls mumifiziert.

Dennoch existiert ein anderer, weniger bekannter Westen: jener von Edmund Burke (1729 – 1797). Über den angelsächsischen Raum hinaus weitgehend unbekannt, war Burke als Ire Mitglied im britischen Parlament. Als frommer Gläubiger bezog er dezidiert Stellung gegen die Französische Revolution und sah die Verwerfungen sowie den Terror voraus, welche sie entfesselte. Die radikalen Angriffe auf die französische Monarchie und die Konfiszierung von Kircheneigentum betrachtete er als gottlos. Für Burke verhießen Rousseau und Voltaire Zerstörung und Finsternis. Die Grundlage von Burkes Konservatismus bildete die Religion, sein Einsatz für die britische Monarchie war begleitet vom Drang nach größerer parlamentarischer Mitbestimmung. Seine politische Philosophie brachte die älteste Partei der Welt hervor: die ‚British Conservative Party' (Konservative und Unionistische Partei).

In seinem wegweisenden Werk *Bemerkungen über die Französische Revolution* schrieb Burke folgendes: „Gesellschaft umfasst in einem weiten umfassenden Bande nicht nur alle die leben, sondern Lebende, Tote und Kommende."[6] Er legte dar, dass dieses soziale Band „die sichtbare und die unsichtbare Welt"[7] verbände. Unsere Zeit auf Erden betrachtete er als Sachwalterschaft über ihre Ressourcen für die kommende Generation sowie als das Erbe der vorherigen. Somit lehnte er Tyrannei und Ungerechtigkeit wider die Schöpfung Gottes ab. Darum unterstützte er auch die Emanzipation der Menschen in Amerika, Irland und Indien. Andererseits kam er schon früh zu dem Schluss, dass in Frankreich die Revolutionäre die Tyrannen waren, da sie danach trachteten, alle Reste von Tradition abzuschaffen und der Gesellschaft neue abstrakte Vorstellungen aufzuerlegen.

Richtet der moderne Westen sich stärker nach Rousseau und Bentham, so hält sich die islamische Welt an den konservativen Burke. Mit konservativ meine ich, dass Muslime nach dem Erhalt von kollektiv überlieferter Weisheit und der Güte vergangener Zeiten streben. Diese Auffassung klingt in Burkes *Bemerkungen* an: „Wenn alte Meinungen und Lebensregeln dahin schwinden, wer ist den Verlust zu bestimmen fähig. Von da ab fehlt uns der Kompass: der Lauf des Schiffes geht verloren."[8] Aber uns ist die Verbindung zwischen Burke, dem Konservatismus und der islamischen Welt nicht aufgefallen – stattdessen haben wir seit der Invasion Napoleons 1798 in Ägypten versucht, ihr Rousseau, Voltaire und Marx durch Kriege, Propaganda, Bildung und Besatzung aufzuzwängen. Wir müssen die Kraft des Konservatismus erst noch verstehen lernen, um beständige Bündnisse mit der islamischen Welt aufzubauen.

Auf die Frage zum Beispiel: „Gibt es Traditionen und Bräuche, die Ihnen wichtig sind, oder nicht?", antwortete in muslimischen Ländern jeweils eine Mehrheit mit: „Ja." In Jordanien 96 Prozent, in Saudi-Arabien 95 Prozent, in der Türkei 90 Prozent und in Ägypten 87 Prozent. Im Vergleich dazu sehen die Zahlen in postmodernen Gesellschaften wie folgt aus: Vereinigte Staaten von Amerika 54 Prozent, das Vereinigte Königreich 36 Prozent, Frankreich 20 Prozent und Belgien 23 Prozent.[9] Diese Zahlen zeigen, dass Tradition, Religion und Brauchtum in so unterschiedlichen muslimischen Ländern wie der Türkei und Ägypten sehr bedeutsam sind. Wenn dem so ist, was sind das für Traditionen, was ist das für eine Gläubigkeit, die mehr als eine Milliarde Menschen auf der ganzen Welt vereint?

Im Gegensatz zu einem im Verschwinden begriffenen Christentum existiert ‚die islamische Welt' noch und ihre auf Glauben basierende Identität sprüht vor Leben. Eine Gallup-Umfrage in mehr als 35 muslimischen Staaten aus dem Jahr 2007 ergab, dass der Islam für 90 Prozent der Muslime eine wichtige Rolle im Alltag spielt. Dazu zählen Spiritualität und Essen, Kleider- und Hygienevorschriften, tägliche Gebete mit älteren Angehörigen, eine gemeinsame Kultur und geteilte Geschichte – all das verbindet Muslime. Von Marokko bis Indonesien, von Bosnien bis in den Jemen ist der Islam in der Sprache ebenso präsent wie im Verhalten, in Gebeten, der Architektur, den Speisen und Gewohnheiten, die allesamt die Menschen einen. Natürlich gibt es sprachliche, kulturelle, ethnische und politische Unterschiede, jedoch existiert eine grundsätzliche Einheit inmitten dieser Vielfalt.

„Man kann sich immer darauf verlassen, dass die Amerikaner das Richtige tun", sagte Winston Churchill und fuhr fort, „nachdem sie alles andere ausprobiert haben." Churchills Ausspruch über Amerika war damals instinktiv richtig und ist es heute umso mehr. Wie viele neue Kriege, Drohnenattacken und Anti-Terroroperationen wird der Westen noch führen? Und wie viele neue Terrororganisationen werden in den muslimischen Ländern hervorsprießen? Der Kreislauf aus Terror und Anti-Terrormaßnahmen seit dem 11. September hat unsere Welt nicht sicherer gemacht. Der Westen übersieht, dass die politisch motivierte Gewalt nur das Symptom einer viel tiefer liegenden Misere in der islamischen Welt darstellt, die wir noch gar nicht ganz erfasst haben.

In der ganzen islamischen Welt gibt es drei vorherrschende Tendenzen, die jede muslimische Gemeinde heutzutage spürt und auf verschiedene Art und Weise bereits seit einigen Jahrzehnten zu spüren bekommen hat. Bei der ersten handelt es sich um eine Arabisierung, ungeachtet dessen, dass die große Mehrheit der Muslime weltweit keine Araber sind. Lediglich 20 Prozent der Bevölkerung in der islamischen Welt sind Araber, allerdings lassen sich die Konflikte und Ideologien, welche die muslimischen Gemeinden weltweit prägen, in die arabischen Staaten des Nahen Ostens zurückverfolgen. Das pulsierende Herz des Islam, den Nahen Osten, zu verstehen, ist daher für das Verständnis der islamischen Welt entscheidend. In den ersten Kapiteln werde ich die Begriffe Islam, Muslime, Koran, Sunniten und Schiiten näher bestimmen.

Getragen wird dieser unverhältnismäßige arabische Einfluss auf die Lebenswelt der Muslime von mehreren Faktoren: Der Islam erblickte in Arabien das Licht der Welt, der Koran ist auf Arabisch niedergeschrieben, der Prophet Mohammed war Araber, die Frühgeschichte des Islam mit ihren Hauptprotagonisten ereignete sich in Mekka und Medina auf der arabischen Halbinsel, und auf der ganzen Welt wenden sich Muslime fünf Mal am Tag im Gebet gen Mekka. Diese Frömmigkeit, Geschichte, Kultur und Geografie sind ausschlaggebend. Der Hidschab als Kleidungsstück für Frauen entstammt der arabischen Kultur, die Relevanz des Palästinakonflikts, die Beliebtheit arabisch-islamistischer Autoren bei allen Muslimen – all diese Punkte weisen, neben vielen weiteren, auf die arabische Vormachtstellung hin, die den zeitgenössischen Islam durchzieht.

Noch vor hundert Jahren waren sich Muslime in der Türkei, Indien oder Afrika kulturell fern, jetzt gilt jedoch zunehmend die Kultur vom arabischen Golf als Maßstab islamischer Authentizität und religiöser Identität: vom Kleidungsstil, der Verwendung religiöser arabischer Begrifflichkeiten in Gesprächen, der Namensgebung bei Kindern sowie Fernseh- und Lesegewohnheiten und der Beliebtheit golf-arabischer Geistlicher bis dahin, wie Männer ihre Bärte trimmen und Frauen sich kleiden. Diese Entwicklung kommt nicht von ungefähr: Saudi-Arabien hat über die letzten 70 Jahre schätzungsweise 200 Milliarden US-Dollar für den Bau von Moscheen sowie die Ausbildung und die weltweite Entsendung von Geistlichen ausgegeben. Darüber hinaus werden saudische Botschaften benutzt, um die Welt mit ihrer Form eines solchen arabisierten Islam zu missionieren.

Die Kapitel 7 bis 11 beschäftigen sich mit den Vorstellungen, Gemeinsamkeiten und Konsequenzen dieser Arabisierung, als deren Begleiterscheinung in wachsendem Maße Wut und Zorn zu beobachten sind. Diese Kapitel behandeln die muslimische Auseinandersetzung über Bedeutung und Stellenwert von Scharia, Sufismus, Islamismus, Salafismus, Wahhabismus, Dschihadismus sowie das Wiederauftreten des Charidschitentums.

Die zweite Tendenz kann als Verwestlichung und als Verlust muslimischen Selbstvertrauens gefasst werden: An die gesamte islamische Welt ergeht der Ruf, eine Spielart der säkularen, liberalen sowie demokratischen westlichen Regierungsweise zu übernehmen. Dabei wird keine andere auf Konsens beruhende Regierungsform geduldet. Ein Staat, der nicht demokratisch ist, wird vom Westen als autokratisch eingestuft. Genauso wie in der Antike: wer kein Grieche, der Barbar. Der Westen duldet hierbei keine Grauzonen, das heißt jegliche Anerkennung von konsensuellen oder tribalen Regierungsformen wird anderen Kulturkreisen verwehrt. Dabei schrieb der nordafrikanische Gelehrte Ibn Chaldun (gest. 1406) 200 Jahre vor Hobbes über einen Gesellschaftsvertrag. Ebenso wie die Arabisierung die Traditionen von Muslimen aus dem Gleichgewicht gebracht hat, geschieht dies durch Verwestlichung. Diejenigen, die nicht arabisiert sind, sind meist nominell verwestlicht, was sich in Musikgeschmack, Kleidungsstil, Konsumverhalten, einer Vorliebe für Hollywoodfilme sowie im Gebrauch der englischen Sprache äußert. Die Kapitel 12 bis 16 setzen sich mit der Tragweite dieser anhaltenden Ausrichtung am Westen, im Positiven wie Negativen, und dem damit verbundenen Unbehagen in der islamischen Welt auseinander.

Die dritte Tendenz entsteht dann, wenn Verwestlichung und Arabisierung aufeinanderprallen und der Spagat zwischen beiden gewagt wird. Im Zuge dessen treten Menschen mit widersprüchlichen Einstellungen in Erscheinung, die zwar fließend Englisch sprechen, amerikanische Autos fahren, bei McDonald's Essen gehen, Jeans und Baseballcaps tragen, sich aber gleichzeitig für die Errichtung eines Kalifats oder die Zerstörung Israels aussprechen.

Doch ungeachtet dieser verwirrenden Tendenzen zieht der Islam seine Anhänger, wie Kapitel 17 bis 20 zeigen werden, außergewöhnlich stark in seinen Bann. Muslime wissen vieles zu schätzen, was in der Moderne im Westen verloren gegangen ist. Doch das allein erklärt noch nicht den gegenwärtigen Konflikt – Offenheit und Koexistenz sind möglich.

Was tun gegen die vielschichtige Misere in der islamischen Welt? Das Schlusswort dieses Buches bietet einen Ausblick auf neue Ideen, die einer besseren Zukunft den Weg ebnen könnten.

Über die Jahrhunderte haben Muslime die Traditionen ihres Glaubens mittels mündlicher Überlieferung und Erzählkunst weitergegeben. Der Koran enthält Abschnitte, die nach Propheten und deren Geschichten benannt sind. Die großen Sufis vermittelten ihre Weisheit durch Erzählungen. Muslime suchen in ihrer Vergangenheit gleichermaßen nach Bestätigung und einer Vision für die Zukunft. Burke vertrat eine ähnliche Auffassung: „Das Volk, das seine Vorfahren vergisst, wird auch seine Nachkommen nicht bedenken."[10]

Der moderne Westen sperrt die Vergangenheit aus und schafft sich in „schöpferischer Zerstörung" eine neue Zukunft, wie es Joseph Schumpeter auf einen Begriff brachte. Diese Annahme rührt von einem unbeirrbaren Fortschrittsglauben her. Für Muslime sind die Geschichte und deren Persönlichkeiten wichtig: Um nach vorn schauen zu können, blicken wir zurück; vor dem Sprung voraus treten wir einen Schritt nach hinten.

Wenn es um Persönlichkeiten und Begebenheiten geht, die für Muslime zur Allgemeinbildung gehören – wie zum Beispiel die Ereignisse von Kerbela oder Persönlichkeiten wie Rumi, Chayyam, Hafis, Ibn Arabi, Dschahanara oder Hasan al-Banna, um nur einige zu nennen – habe ich Einzelheiten aufgeführt, die den Lesern den Blick aufs Ganze vermitteln sollen.

Für die im Westen verbreitete Denkweise ist es beispielsweise schwer vorstellbar, an Wunder, Engel, das Göttliche oder ein Leben nach dem Tod zu glauben. Für die am schnellsten wachsende Bevölkerungsgruppe der Erde sind das jedoch ganz lebendige Glaubensinhalte. Lassen wir für ein besseres Verständnis unsere Vorurteile einmal außen vor.

# Teil I

## Tausend Jahre Vorherrschaft

Welche Glaubensüberzeugungen und Rituale haben den Islam in den letzten vierzehn Jahrhunderten geprägt?

Warum besitzt die historische Spaltung in Sunniten und Schiiten ein derart großes Gewicht und ist bis in die heutige Zeit so aktuell?

Ist das historisch gewachsene Scharia-Recht mit der Moderne vereinbar?

Weshalb genießt der Sufismus unter Muslimen so eine Anziehungskraft und Popularität?

## Kapitel 1

# Was bedeutet eigentlich Islam?

„Der Islam ist als Fremder erschienen", sprach der Prophet Mohammed, der den Glauben im 7. Jahrhundert auf der arabischen Halbinsel begründete. „Eines Tages", sagte er voraus, „wird er wieder zu einem Fremden werden." Und in der Tat ist der Islam im Westen heutzutage ein vertrauter Fremder in unserer Mitte.

Wir benutzen das Wort ‚Religion', um den Islam zu beschreiben, doch der Islam ist keine Religion im Sinne dessen, was wir im Westen darunter verstehen. Die Definition von Religion im *Oxford English Dictionary (OED)* wirkt auf einen Glaubensanhänger des Islam kühl und befremdlich: „Ein Lebensumstand, der an religiöse Gelübde gebunden ist; der Zustand, einem religiösen Orden anzugehören." Das Leben nach dem Tod, der wichtigste und beständigste Aspekt des Glaubens mit Auswirkungen auf das alltägliche Verhalten eines Gläubigen, wird weder erwähnt, noch gibt es irgendeinen Bezug auf einen göttlichen Text oder Prophezeiungen. Weitere Definitionsvorschläge des *OED* sprechen vom Glauben an das „Übermenschliche" – was im Westen Anklang finden mag, für einen Anhänger des Islam jedoch wenig Sinn ergibt. Für einen Muslim ist Gott nichts „Übermenschliches", sondern ein unbegrenztes Wesen, eine Kraft, eine Einheit, welche der begrenzte menschliche Verstand nie vollständig erfassen kann. Doch die rationale Denkweise im Westen verschließt sich davor, ihr eigenes begrenztes Fassungsvermögen überhaupt in Betracht zu ziehen. Mit den Definitionen angefangen, scheint unser Verhältnis zum Islam spannungsgeladen, da wir darauf aus sind, ihm unsere Geschichte, unsere Weltsicht sowie unsere Erwartungen und Konzepte aufzuerlegen.

„Die Vorstellung von Religion als einer privaten und zugleich auf einem festen System beruhenden Praxis war dem klassischen Griechenland, Japan, Ägypten, Mesopotamien, dem Iran, China oder Indien vollkommen fremd", schreibt die Historikerin Karen Armstrong.

> Und auch die hebräische Bibel kennt keine abstrakte Vorstellung von Religion. Die talmudischen Rabbis hätten unmöglich mit einem einzelnen Wort oder auch nur einer Formulierung ausdrücken können, was sie unter Glauben verstehen. Die einzige Glaubenstradition, die zur westlichen Vorstellung von Religion als etwas Festgeschriebenem und zugleich Privatem passt, ist die protestantische Ausprägung des Christentums, und sie ist, wie alle Religion in diesem Sinne, ein Ergebnis der frühen Neuzeit.[1]

Was also ist der Islam?
Islam ist eine Lebenseinstellung, die auf drei Aspekten beruht: dem Gefühl und der Überzeugung, dass es den einen Gott gibt; dem Glauben an die Botschaft des Propheten Mohammed; sowie an die Erlösung im Jenseits. Muslime nennen diese Grundsätze *tauhid* für die Einzigkeit Gottes, *risala* für das Prophetentum und die Botschaft Mohammeds und *achira* für das Leben nach dem Tod beziehungsweise die Ewigkeit.

Für den frommen Muslim prägen diese Facetten des Islam den Alltag. Die Liebe zu Gott veranlasst Muslime dazu, dem Propheten Mohammed nachzueifern, der Gott am nächsten stand. Rituelle Pflichten, die manch einem mühsam erscheinen mögen, fallen denjenigen leicht, die sich dem Göttlichen in Liebe hingeben. Wenn eine aufrichtige Gläubige erwacht, dankt sie Gott dafür, ihr nach einer geruhsamen Nacht einen neuen Tag zu schenken. Den ganzen Tag über, indem sie steht, sich beugt, rezitiert, sich niederwirft und Gott preist, ahmt sie den Propheten Mohammed nach. In ihre Hausschuhe schlüpft sie zuerst mit dem rechten Fuß, so wie er es tat. Das Badezimmer betritt sie zuerst mit ihrem linken und putzt sich die Zähne von rechts nach links. Im Anschluss an ihre rituelle Waschung geht sie mit dem rechten Bein voran und richtet ihr Gesicht gen Mekka, um zu beten.

Von ihrem Frühstück, das *halal* ist, bis zur Wahl sittsamer Kleidung ist alles vom Islam beeinflusst, so wie es im Koran geschrieben steht und vom Propheten vorgelebt wurde. Durch jede Handlung erfährt und spürt sie die Freude des Glaubens und fühlt, wie ihre Seele einem inneren Frieden immer näher rückt. Ein materialistischer, skeptischer Geist kann sich solchen gottgeweihten Anschauungen nur schwerlich fügen. Das Wort Islam hat dieselbe Wurzel wie das arabische *istislam*, oder „sich unterwerfen", was wiederum zu einer weiteren Ableitung führt: *Salam*, also Friede. Indem sie sich Gott unterwirft, findet die Seele letztlich Frieden.

Der Islam und seine Anhänger halten sich noch immer treu an das Arabische, die ewige Sprache des Koran und des Propheten Mohammed. Kaum ein Christ spricht oder betet heute auf Aramäisch, der Sprache Jesu, aber jeder einzelne der weltweit 1,7 Milliarden Muslime betet auf Arabisch.[2] Die Gebetsrufe erschallen auf Arabisch von den Minaretten, in den Moscheen der muslimischen Gemeinden begegnen und grüßen sich die Gläubigen sogar mit *salamu alaikum* auf Arabisch, was „Friede sei mit euch" bedeutet. Von Indonesien bis Bosnien ist die liturgische Sprache der Muslime vom Zahn der Zeit unberührt geblieben. Dass die Wurzeln der Muslime noch heute ins 7. Jahrhundert und auf die Arabische Halbinsel zurückreichen, ist ein Segen und gleichzeitiger Fluch, wie wir in späteren Kapiteln noch sehen werden.

Als ich von 2003 bis 2005 in Damaskus in Syrien lebte, war ich fasziniert, Redewendungen wie *inscha'llah*, was „so Gott will" heißt, oder *alhamdulillah* für „Gepriesen sei Gott" auch von syrischen Christen zu hören. Als Muslim geboren und groß geworden, hatte ich stets angenommen, dass diese weit verbreiteten arabischen Worte irgendwie uns gehörten. Doch dies war die Stadt, in der Paulus gepredigt hatte, ihre Mauern zeugten davon, wie er der Verfolgung entkam, und die biblische ‚Gerade Straße' in Damaskus war voller Werkstätten christlicher Kunsthandwerker. Dort war Allah gleich Gott. Und Gott gleich Allah.

Der Gott des Islam unterscheidet sich nicht von dem Gott, den Christen oder Juden anbeten. Allah ist bloß das arabische Wort für Gott. Im 7. Jahrhundert rief der Prophet Mohammed auf der Arabischen Halbinsel seine Landsleute in Mekka auf, dem vorherrschenden heidnischen Glauben abzuschwören und sich dem einen Gott von Adam, Noah, David, Jakob, Josef, Abraham, Sarah, Hagar, Isaak, Moses und Jesus zuzuwenden. Muslime erkennen die Propheten des Alten Testaments an und verehren sie. Sie glauben an Jesus als einen mächtigen Gesandten desselben Gottes. Warum aber braucht es den Islam, einen von Christentum und Judentum abweichenden Pfad, dann überhaupt?

Mohammed war Kaufmann in Mekka, wurde im Jahr 570 in den edlen Stamm der Quraisch hineingeboren, ihres Zeichens Schirmherren der antiken Wallfahrt, des jährlichen Hadsch. Sein Vater Abdallah starb sechs Monate vor Mohammeds Geburt. Seine Mutter Amina träumte während ihrer Schwangerschaft, dass sie ein Licht in sich trage, welches die Paläste Roms und Persiens erleuchten würde. Von ihrer Niederkunft berichteten ihre Dienerinnen etwas Außergewöhnliches: Ein Kind war geboren worden, das nicht wie andere wimmerte und schrie, sondern ruhig atmete. Widerwillig folgte Amina den Erwartungen ihres Stammes der Quraisch und gab ihr Kind in die Wüste, damit es fern des Trubels und Lärms von Mekka heranwachsen würde.

Die Quraisch schätzten die Wüste. Ihre Weite barg für nomadische Araber viele Geheimnisse. Neugeborene wurden oft zur Erziehung zu beduinischen Frauen in die öde Wildnis gegeben. Dort atmete man frische Luft und sprach ein reineres Arabisch. Im Wüstensand war man fern der schlechten Einflüsse von Mekka, wo die Pilger an der Kaaba, die 360 Götzen beherbergte, die poetische Sprache der mekkanischen Araber verdarben.

In dem Jahr als Mohammed geboren wurde, kam Halima, eine Amme vom ehrwürdigen Stamm der Banu Saad, spätnachts auf einer lahmen, gebrechlichen Kamelstute in Mekka an. Ihr Mann fragte herum, doch die wohlhabenderen Kinder waren bereits in die Obhut von Pflegeeltern gegeben worden. Sie waren zu spät, um noch ein Kind zu finden, dessen Familie für seine Betreuung in der Wüste aufkommen würde. Nur Mohammed war noch übrig geblieben.

Halimas Ehemann wollte die Suche schon vertagen, aber Halima gab nicht nach. „Der kleine Junge sieht gesegnet aus", sagte sie, als sie Mohammed sah. „Lass uns ihn aufnehmen. Vielleicht wird Gott uns eines Tages segnen, weil wir gut zu ihm waren." Nicht alle Araber waren Heiden – viele, die mehrere Gottheiten anbeteten, glaubten ebenfalls an einen Hauptgott. Einige waren auch als *hanîfen*, das heißt Monotheisten, bekannt.

Auf ihrer Rückreise ins Lager der Banu Saad bemerkte Halima Veränderungen in ihrer Umgebung. „Habt ihr die plötzliche Genesung unserer Kamelstute bemerkt?", fragte sie ihren Mann und ihre Reisegefährten, als sie in ihre Wüstenzelte zurückgekehrt waren. „Ist euch aufgefallen, dass sie schneller ging? Habt ihr auch gesehen, dass ihr Euter voller Milch ist?"

Halima fiel noch mehr an Mohammed auf. Wenn sie ihren eigenen Sohn zusammen mit dem neuen Baby stillte, so erzählte sie den anderen Frauen, trank Mohammed immer nur von einer Brust und überließ die andere Halimas Sohn.

Halima und ihre Familie schlossen dieses besondere Kind in ihr Herz. Die beiden Jungen spielten zusammen in der Wüste. Eines Tages kam Halimas Sohn zu seiner Mutter gerannt.

„Mutter, Mutter“, rief er. „Mein Quraisch-Bruder wird von zwei Fremden festgehalten! Komm schnell!“

Halima beeilte sich und fand den jungen Mohammed erschrocken, aber unaufgeregt. Die Jungen erzählten, wie zwei Männer in strahlend weißer Kleidung auf Mohammed zugekommen waren, ihn auf den Boden gelegt, sein Gewand hochgezogen und sein Herz mit heiligem Wasser und Eis gewaschen hätten. Obwohl Mohammed ruhig wirkte, machte sich Halima Sorgen. Sie hatte dem Jungen so viele außergewöhnliche Dinge zustoßen sehen, dass sie zu zweifeln begann, ob sie ihn noch weiterhin beschützen konnte. Nach reiflicher Überlegung brachte sie Mohammed nach Mekka zurück.

Fortan lebte Mohammed wieder bei seiner Mutter, die von seinem Großvater sowie Onkel unterstützt wurde.

Mohammed war noch keine zehn Jahre alt, als seine Mutter in al-Abwa, einem Dorf in der Nähe von Mekka, starb. Umm Aiman, die Helferin seiner Mutter, war bei deren Tod bei Mohammed. Jahre später erinnerte sie sich, wie der Junge immer wieder zum Grab der Mutter rannte und sich weigerte, nach Mekka zurückzukehren. Als Mohammed 57 Jahre später mit Tausenden seiner Anhänger die Hadsch-Pilgerfahrt unternahm, die mit seiner berühmt gewordenen Abschiedspredigt in Mekka endete, kehrte er zur letzten Ruhestätte seiner Mutter in al-Abwa zurück. Die inneren Verletzungen des Waisenjungen waren nicht verheilt. So sensibel, demütig und menschlich war der Mann, der die Massen zu dem einen Gott, Allah, führen würde.

Nachdem er schon in jungen Jahren herausstach, begleitete Mohammed seinen Onkel bald auf Geschäftsreisen nach Syrien. In Bosra, nahe Damaskus, wurde sein Onkel von einem christlichen Mönch vorgewarnt, dass dem Jungen eines Tages ein Unglück drohe. „Beschütze deinen Neffen“, mahnte er ihn, „denn er ist zu Großem bestimmt.“

Als Mohammed etwa zwanzig Jahre alt war, bat ihn Chadidscha, eine wohlhabende Mekkanerin, ihre Karawane nach Syrien zu führen und ihre Handelsgeschäfte abzuwickeln. Mit einem beachtlichen Gewinn kehrte der vertrauenswürdige Verwalter Mohammed nach Mekka zurück, wo sein wirtschaftlicher Scharfsinn bleibenden Eindruck auf Chadidschas Familie machte. Bald darauf verliebte sich die 40-jährige Witwe in ihren neuen Kaufmann und hielt durch ihre Verwandten um seine Hand an.

Mit dieser Heirat festigte Mohammed seinen Ruf als angesehener Herr von hohem sittlichen Charakter. Unter den Mekkanern war er als *al-Amin* oder der Vertrauenswürdige bekannt. Die Menschen gaben ihre Wertsachen in Chadidschas und Mohammeds Obhut. Er verwahrte deren Schuldbriefe und Geheimnisse. Wenn Streitigkeiten aufkamen, wandten sich die Leute für eine gerechte Schlichtung an Mohammed. Und dennoch sehnte er sich, je mehr er dem Trubel, der Verdorbenheit und dem Chaos der Stadt ausgesetzt war, nach Abgeschiedenheit. Lag darin ein Überbleibsel seiner Kindheit in der Wüste? Oder hatte er die christlichen Mönche beobachtet, wie sie Mekka für ihre spirituellen Exerzitien den Rücken kehrten?

Wenn er Zeit für sich benötigte, zog sich Mohammed in eine Höhle am Berg Hira, am Stadtrand von Mekka, zurück. Mit vierzig Jahren war der Vater dreier Kinder langen Phasen ausgesetzt, in denen er über die Zukunft der Menschheit, die Ungerechtigkeit in Mekka sowie die verbreitete Vielgötterei nachdachte. Mohammed erkannte darin Anzeichen von Undankbarkeit gegenüber dem Schöpfer – Allah. Der heidnische Glaube in Mekka bereitete ihm Sorgen. Obwohl Judentum und Christentum zu jener Zeit monotheistische Alternativen boten – und tatsächlich war Chadidschas Cousin Christ –, verspürte Mohammed den inneren Ruf nach etwas anderem.

Den Berg Hira habe ich erklommen und auch die Höhle betreten, in der Mohammed Trost fand. In der Tageshitze ist es ein steiler, vierzigminütiger Aufstieg über hartes Gestein. Die Spalte am höchsten Punkt des Berges ist schmal und bietet gerade genug Platz und Bewegungsfreiheit für eine Person. Die Stille, die Distanz zu den Menschenmassen sowie die langen Tage und Nächte, die er hier meditierend verbrachte, flößen tiefen Respekt ein. Vom Gipfel aus konnte ich das Zentrum von Mekka und die Kaaba, das Haus Gottes, erkennen. Auch der Prophet wird bei seinen Auf- und Abstiegen diese Orte erblickt haben.

In einer dieser zurückgezogenen Nächte sah Mohammed jemanden am Horizont auftauchen. Das Wesen, lichterfüllt in der Dunkelheit und erstaunlich gütig und majestätisch, befahl Mohammed zu „lesen".

„Ich kann nicht lesen", antwortete Mohammed ängstlich. Abermals forderte das Wesen ihn auf, zu lesen, woraufhin er sich weigerte. Dann kniete der Engel nieder, schloss Mohammed in die Arme und sprach: „Lies im Namen deines Herrn, der dich erschuf. Die Menschen aus geronnenem Blut erschuf."[3]

Diese Worte, die Mohammed in gereimtem, erhabenen Arabisch wiederholte, waren die ersten im zentralen Text des Islam, dem Koran, den Muslime als eine Offenbarung Gottes betrachten.

„Wer seid Ihr?", fragte Mohammed.

„Ich bin Gabriel. Du bist der letzte auserkorene Prophet Gottes. Geh und warne dein Volk. Lies, im Namen deines Herrn ..."

Mohammed bebte vor Angst und brach in Schweiß aus. Fluchtartig verließ er die Höhle und lief zurück nach Mekka. Am Himmel sah er über sich den Engel Gabriel, gewaltig in seiner Pracht.

Damit war der Islam, die letzte der drei monotheistischen Religionen, geboren. Der Prophet Mohammed führte die abrahamitische Tradition fort, den einen Gott Abrahams, Isaaks, Jakobs, Josefs, Moses', Aarons, Jesus' und anderer anzubeten. Er wollte die Mekkaner zum Monotheismus zurückführen. Er beanspruchte nie für sich, einen neuen Glauben begründet zu haben – stattdessen bestätigte und belebte er die Verehrung des einen Schöpfers aufs Neue.

## Kapitel 2

# Die Ursprünge des Koran

Als Mohammed nach Mekka zurückkam, nahm Chadidscha ihn in die Arme.

„Deck mich zu", flehte er. Trotz der Hitze Arabiens fror er, vom Fieber erhitzt, und stellte sich selbst ernsthaft infrage. War das wirklich Gottes Engel gewesen oder spielte der Teufel ihm einen Streich? Mohammed zweifelte an seinen Erlebnissen, nicht aber seine Frau. Sie war die erste, von der er Zuspruch erhielt. Er schade niemandem, meinte sie, und daher werde ihn auch kein Unheil befallen. Um ihn weiter zu besänftigen, rief sie ihren Cousin herbei, den Christen Waraqa ibn Naufal.

Als Mohammed Waraqa erzählte, was geschehen war, veränderte sich dessen Gesichtsausdruck.

„Er ist es, wahrhaftig. Es ist Gabriel, der Gesandte Gottes an seine Auserwählten."

Mit der Bestätigung Waraqas, Mohammed sei in der Tat Gottes Prophet, rief Chadidscha an Ort und Stelle aus: „Niemand ist der Verehrung würdig außer Allah, und du, Mohammed, bist Allahs Prophet." Es war ungefähr das Jahr 610 und mit diesem kurzen Ausspruch wurde Chadidscha zur ersten Konvertitin des Islam.

Kurz darauf, am selben Tag, verspürte der Prophet, wie die Offenbarung erneut schwer auf ihm lastete. Es war, als drückte ihn ein Gewicht nach unten, und wieder begann er zu rezitieren:

„Oh der du dich bedeckt hast ... Erhebe dich und überbringe deine Warnung. Und deinen Herrn, den preise. Und deine Kleider halte unbefleckt. Und meide alle Gräuel. Erwarte beim Spenden keinen Lohn für dich selbst. Stattdessen sei für die Sache deines Herrn beharrlich und geduldig."[1]

Auf Arabisch reimen sich diese Verse und treten grammatikalisch in Reinform in Erscheinung. In den nächsten 23 Jahren sprach Gott durch Gabriel in eben dieser poetischen Sprache zu Mohammed. Aus diesen Offenbarungen wurde der Koran, die Heilige Schrift des Islam.

*Al-Quran*, arabisch für „die Rezitation", begleitet Muslime durch das Leben. Seine Verse werden Neugeborenen ins Ohr geflüstert. Die kürzeren Abschnitte werden für die täglichen Gebete auswendig gelernt. Bei Hochzeitszeremonien werden Muslimen ihre ehelichen Pflichten im poetischen Arabisch des Koran verlesen. In den letzten Momenten des Lebens spendet das heilige Buch Trost, wenn Familienmitglieder daraus am Totenbett rezitieren. Die meisten Muslime betrachten den Koran als das unmittelbare Wort Gottes, welches dem Propheten offenbart wurde, doch hat es stets Debatten darüber gegeben, ob Gott die Verse tatsächlich ‚sprach'. Einige Muslime glauben, dass die Melodie des Arabischen von Gott eingegeben und anschließend von Gabriel und dem Propheten artikuliert wurde.

Hatte Mohammed Fragen, erschien Gabriel mit Antworten. Der Koran bildet einen Dialog, ein Gespräch zwischen dem Propheten und Gott. Vers für Vers gibt er wieder, was der Prophet an Offenbarungen von Gabriel verkündete: „Sprich, Er ist Gott, Der Eine und Einzige. Gott, der Ewige, Absolute. Er zeuget nicht, Noch ist Er gezeuget worden. Und niemand ist Ihm gleich." (Sure 112)

Auf vielfältige Weise unterscheidet sich der Koran vom Alten und Neuen Testament. Nicht immer ist er thematisch kohärent, sondern springt von einem Sujet zum nächsten in einer Art, die dem unbedarften Leser unzugänglich erscheinen mag. Absätze sind nicht voneinander getrennt, es gibt keine festgelegten Satzanfänge oder logischen Schlusspunkte. Am nächsten kommen dem vielleicht die biblischen Bücher der Propheten, wie zum Beispiel das Buch Jesaja.

Diesen Kontext zu fassen, gestaltet sich für diejenigen schwierig, die noch nie mit etwas Derartigem konfrontiert waren. Im 8. Jahrhundert spottete Johannes von Damaskus, einer der wenigen Chronisten und Augenzeugen des frühen Islam, über den Koran und warf den Muslimen vor, bloß Geschichten von nicht-orthodoxen Christen zu sammeln. Tausend Jahre später tat der französische Aufklärer Voltaire den Koran als unwissenschaftlich und voll von Widersprüchen ab. Der schottische Denker Thomas Carlyle, der den Propheten als einen der „großen Männer" verehrte, die Geschichte machten, hatte ebenfalls seine Schwierigkeiten mit dem Koran. Für ihn war er „mühsame Lektüre", „unausstehliche Albernheit" und ein „lästiges verworrenes Durcheinander, roh, wüst; endlose Wiederholungen,

Weitschweifigkeit, Verstrickungen".[2] Trotz seines mangelnden Verständnisses stellte er fest, „Aufrichtigkeit, in jedem Sinne, scheint mir das Verdienst des Koran".[3] Carlyle las den Koran auf Englisch, ihm entging daher der poetische Reichtum des Arabischen, nichtsdestotrotz erfasste er die Wahrhaftigkeit des Propheten.

Napoleon sammelte Koranmanuskripte in Kairo, als er 1798 in Ägypten einfiel, und schickte die arabischen Originale nach Frankreich. Die Wörter haben sich nie verändert. Es gibt nicht wie von der Bibel eine ‚King-James-Version' beziehungsweise eine eigene Fassung des osmanischen Sultans alternativ zum arabischen Text. Sunniten und Schiiten, in so vielen Fragen gespalten, sind sich im Koran allesamt einig. Die Spezialisten der Universität Birmingham haben das von Napoleon beschaffte Material aus dem 18. Jahrhundert eingehend untersucht. Sie datieren die Koranmanuskripte ins 7. Jahrhundert, auf die Zeit dreizehn Jahre nach dem Tod des Propheten. Mohammeds enger Vertrauter Amr ibn al-ʿAs, der Eroberer Ägyptens, hatte die Koranausgaben höchstwahrscheinlich aus Medina mitgebracht, jener Stadt, in der sich der Prophet niedergelassen hatte und wirkte. Für Muslime kommen die Erkenntnisse aus Birmingham weder überraschend, noch dienen sie ihnen als neuerlicher Beweis. Denn von Anfang an haben sie keinerlei Zweifel daran gehegt.

Der Koran, so glauben die Muslime, entstand aus dem Wunder, das Gott auf den Propheten Mohammed herabsandte, im Zusammenspiel mit einer Gesellschaft, die ganz in der Kunst des Wortspiels und der Poesie aufging. Ebenso wie Moses die Magier des Pharaos ausstach und Jesus die Heiler von Jerusalem übertraf, so stellte Mohammed die Dichter Mekkas in den Schatten. Niemand war in der Lage, vergleichbare Verse hervorzubringen. Vierzehn Jahrhunderte später sind sie noch immer unübertroffen. Von den ersten Gläubigen auswendig gelernt, von den Gefährten des Propheten, den ersten Muslimen, auf Pergament und Papier niedergeschrieben, behielt der Koran seine Form seit der Zeit des Propheten unverändert bei.

Gewalttätige Extremisten berufen sich heutzutage im Namen ihrer Sache auf den Koran, doch für die meisten Muslime ist ihr heiliges Buch alles andere als ein Zeugnis von Gewalt. Außer einer beginnen alle 114 Kapitel mit „*Bismillahi al-Rahman al-Rahim* – Im Namen Gottes, des Barmherzigsten, des Gnädigsten". Dieser tägliche Ausspruch, der an die Gnade und Barmherzigkeit Gottes erinnert, soll sich im Verhalten des Gläubigen spiegeln. Ein beliebter Abschnitt des Koran heißt *al-Rahman*, der Barmherzigste, aber keine der Kapitelüberschriften beschwört Krieg, Gewalt, Kampf oder das Töten. In Wirklichkeit machte der Prophet sogar mit der Abschaffung der unter den Arabern bei ihren Neugeborenen verbreiteten Namensgebung *harb*, was „Krieg" bedeutet, von sich reden. Das Hauptanliegen des Koran spiegelt den Charakter und die Berufung des Propheten wider: freundlich und barmherzig zu sein. Über den Propheten sagt der Koran aus: „Wir entsandten dich allein als Barmherzigkeit für alle Geschöpfe." (Sure 21:107) In einem Zeitalter, das von Krieg und Feindschaft zwischen den Stämmen geprägt war, rief der Koran zum Frieden auf.

Die 6236 Verse des Koran sind grob in zwei Teile aufgeteilt: Jene Kapitel, die dem Propheten in Mekka offenbart wurden, und in der Folge des Jahres 622 dann jene, die ihm in Medina eingegeben wurden. Die mekkanischen Abschnitte sind reich an Vergleichen, Allegorien und erhabener Prosa, welche die Herrlichkeit des Jenseits wachrufen, jene vortreffliche Belohnung für die Versuchungen und Entbehrungen in dieser Welt. Im Vergleich dazu beziehen sich die Passagen aus Medina auf die Umstände und Bedingungen in dem Stadtstaat, dem der Prophet fortan als weltliches Oberhaupt vorstand.

Auf diesen Kontext der einzelnen Kapitel im Koran beziehen sich die muslimischen Gelehrten mit dem Begriff *asbab al-nuzul*: die Gründe der Offenbarung. In der Vergangenheit hätte ein Muslim niemals auf die Bedeutung von Versen geschlossen, ohne vorher einen Gelehrten hinsichtlich der Motive und Gründe des jeweiligen Abschnitts zu konsultieren. Diese Vorgehensweise verändert sich im Informationszeitalter zunehmend, da Google ebenso wie frei zugängliche Bücher den Einzelnen genauso gut dazu in die Lage versetzen. Der Koran wird, wie andere Bücher auch, zu einem Handbuch. Genau genommen geht der Kontext des Koran verloren, weil jeder Gläubige direkt auf den Text zugreifen und zum ‚Experten' werden kann. Sich mit einer solch modernen Unbedarftheit Zugang zur Schrift zu verschaffen, höhlt den einstmaligen Respekt vollkommen aus.

Meine Eltern haben mir beigebracht, dass der Koran stets auf das oberste Regal gelegt gehört, gerade außerhalb der Griffweite. Zu Hause war unser Koran in teurem Samt eingeschlagen. Meine Eltern waren fromme Muslime und die Ehrerbietung, die sie dem Koran sowohl als handfestem Buch als auch der darin enthaltenen Botschaft entgegenbrachten, war die gelebte Realität eines Islam, der auf das Leben der Gläubigen großen Einfluss hatte. Vor kurzem erzählte mir Erzbischof Justin Welby in einem Gespräch, wie sehr er die älteren Muslime, die er in abgeschiedenen Gegenden Afrikas kennengelernt hatte, dafür bewundere, wie sie diesen Brauch bis heute pflegten. Um die gleiche Verehrung des Göttlichen zum Ausdruck zu bringen, so sagte der Erzbischof mir, habe er sich angewöhnt, seine Bibel nun ebenfalls auf das oberste Regalbrett zu legen.

In gewisser Weise verkörpert dieses Wechselspiel von innerer Überzeugung und äußerer Hingabe die zentrale Botschaft des Koran. In dem heiligen Buch wird der Glaube selten ohne den Bezug auf gute Taten erwähnt. Zu den größten und frühesten Kommentatoren gehören Imam Ali (gest. 661) sowie Dscha'far al-Sadiq (gest. 675). Beide betonten die vielfältigen Bedeutungen des Koran und warnten davor, den Text wortwörtlich zu nehmen und die darin verfügten Bestimmungen buchstabengetreu umzusetzen. Ebenso wie Gott *zahir* und *batin*, außen und innen zugleich, sei, so habe Sein Buch innen- und außenliegende Bedeutungen. Dieser Aspekt des historisch betrachtet mehrdimensionalen Koran kommt vielen Muslimen langsam abhanden. Das Haus des Islam verliert seine Verbundenheit mit dem Koran.

## Kapitel 3

# Was bedeutet Muslimsein heute?

„Geh in den Jemen", instruierte der Prophet Muadh ibn Dschabal, einen seiner engsten Gefährten. „Ruf die Menschen dazu auf, nur an einen Gott zu glauben. Teil ihnen mit, dass wir für unsere Taten in dieser Welt zur Rechenschaft gezogen werden. Wenn sie das akzeptieren, lade sie zum Gebet ein. Unterrichte sie darüber, dass die Armen unter ihnen ein Anrecht auf einen kleinen Prozentsatz an den Besitztümern der Reichen haben."

Diese Worte halten die Kernelemente des Islam fest: an Gott und seinen Propheten Mohammed, den letzten in der Reihe der Propheten, zu glauben. Diese Tatsachen auszusprechen gilt als *Schahada* oder Glaubensbekenntnis. Solange eine Person sich ergeben daran hält, ist sie Muslim. Das ist, genau genommen, die Definition eines Muslims.

Über Jahrhunderte fanden diese Glaubensgrundsätze in einer vielfältigen und reichen islamischen Kultur ihren Ausdruck, getragen von Muslimen, die in diesem gemeinsamen und kosmopolitischen Glauben geeint waren. Der Historiker John Darwin aus Oxford fasst dies treffend zusammen:

> Das kulturelle Leben des Islam (im und außerhalb des Osmanischen Reichs) war erstaunlich kosmopolitisch. Ein gebildeter Mensch konnte sein Glück vom Balkan bis nach Bengalen suchen. Der Historiker Abd al-Latif (1758–1806), der in Schustar am oberen Ende des Persischen Golfs geboren worden war, erwarb sein Wissen bei Gelehrten im Iran. Die Hoffnung auf eine bessere Stellung führte ihn jedoch nach Indien, wo sein Bruder bereits in Awadh als Arzt tätig war. Er wurde *Vakil* (Agent, Interessenvertreter) des Herrschers von Hyderabad bei der Regierung der Ostindien-Kompanie in Kalkutta. Seine Sicht der indischen Geschichte war islamisch und nicht ‚indisch'. Den Mitgliedern der islamischen Intelligenz war die Vorstellung eines territorialen Patriotismus gegenüber einem osmanischen, iranischen

> oder Mogul-‚Vaterland' zutiefst fremd. Der Nationalstaat als einziger Fokus der Loyalität war für sie schlicht bedeutungslos. Im Osmanischen Reich bezogen die Muslime, so wie die Christen und Juden, ihre Identität aus ihrer Schrift und Religion, nicht aus ihrer Sprache oder Rasse.[1]

Diese Einstellungen haben sich verändert. Das Osmanische Reich, welches große Territorien über Jahrhunderte beherrschte, existiert nicht mehr. Und dennoch, auch wenn Muslime heute viel nationalistischer eingestellt sind als noch unter den Osmanen oder Moguln, so teilen sie doch weiterhin eine starke universelle, religiöse Identität. Wo aber leben Muslime auf der Welt? Und was bedeutet es genau, sich gemäß der viel zitierten ‚Fünf Säulen' des Glaubens an den Islam zu ‚halten' oder ihn zu ‚praktizieren'?

Verbreitet wurde der Islam durch eine Kombination aus arabischen Händlern, die in ihrem Geschäftsgebaren die Moral ihres Glaubens einhielten (faire Preise, nicht betrügen, Zuverlässigkeit); arabischen Eroberern, die ihren Herrschaftsbereich ausbauten, um Angriffen vorzubeugen und Reichtümer zu erbeuten; teils den missionarischen Bestrebungen einiger Muslime; und am allermeisten durch die Ausstrahlung der mystischen Sufis und deren Überzeugungskraft. Oftmals war es ein Amalgam all dieser Bemühungen, das zum raschen Vordringen des Islam führte. Heutzutage wächst der Islam jedoch in erster Linie nicht aufgrund von Konversionen, sondern wegen der hohen Geburtenraten.

Die 1,7 Milliarden Muslime auf der Welt leben in sieben verschiedenen kulturellen und geografischen Räumen. Der erste davon ist der arabischsprachige vom Irak bis Mauretanien, Heimat von schätzungsweise 400 Millionen Muslimen. Er bildet den ältesten Seitenflügel im Haus des Islam. Der Prophet selbst lebte in Arabien und entsandte Boten in benachbarte Länder, um sie aufzufordern, Teil der muslimischen Gemeinschaft zu werden. Heute leben nur 20 Prozent der Muslime in diesem Gebiet. Die poetische Sprache des Koran hat sich mit den ersten Muslimen in all diesen Ländern ausgebreitet. Irak, Syrien, Nordafrika und Ägypten haben alle das Arabische übernommen. Ethnisch betrachtet sind diese Nationen daher nicht ursprünglich arabisch, nur sprachlich sind sie es; getroffen wird diese Unterscheidung jedoch selten. Das Herz des arabischen Nationalismus etwa schlug in den 1950ern und 1960ern in Kairo und Damaskus, nicht in Riad oder Doha. Perser und Türken fingen andererseits nicht an, Arabisch zu sprechen, obwohl sie den islamischen Glauben annahmen.[2]

Der persische Raum, bestehend aus dem heutigen Iran, Afghanistan und Tadschikistan, bildet den zweiten großen Bereich im Haus des Islam. Hier sprechen die 100 Millionen Einwohner Farsi, Dari oder Tadschikisch – verschiedene Dialekte derselben Sprache. Persische Muslime fühlen sich in der Regel dem Prophetengefährten Salman al-Farsi (gest. 656) eng verbunden, dem ersten persischen Konvertiten zum Islam. Bereits im Jahr 636 führten die Muslime Krieg mit den Persern, am bekanntesten wurde die Schlacht von Qadisiya (636 – 637). Um das Jahr 750, nachdem die Muslime bereits ein Jahrhundert Handel getrieben und Schutzsteuern von persischen Gemeinden erhoben hatten, war die persische Präsenz innerhalb des Islam stark genug geworden, um die umayyadischen Herrscher zu stürzen und durch eine neue Dynastie, die der Abbasiden, Nachfahren der Familie des Propheten, zu ersetzen.

Heute lebt ein Großteil aller Schiiten im Iran. Von seinen 80 Millionen Einwohnern gehört die große Mehrheit dieser Strömung des Islam an, in der besonderer Wert auf die Achtung des Hauses des Propheten gelegt wird. Mit Ausnahme des Iran sowie Irak, Libanon, Bahrain und Teilen Pakistans, Afghanistans und Aserbaidschans sind die meisten Muslime keine Schiiten.

Das subsaharische Afrika, Heimat von etwa 250 Millionen Muslimen, ist der dritte große Raum. Der Islam breitete sich im 7. Jahrhundert zuerst in Mali und dem Senegal aus. Mehrere Gefährten des Propheten Mohammed sind im Tschad beerdigt worden, was auf eine Präsenz des Islam dort im ersten Jahrhundert nach seiner Entstehung hindeutet. Im 11. Jahrhundert existierte in Westafrika das mächtige islamische Königreich Ghana. Araber und Perser trieben Handel, ließen sich in Kenia und Somalia an der Küste Ostafrikas nieder und brachten so den Islam in diese Gegend. Erst im 10. Jahrhundert erreichte der Islam Nigeria mit seinem vielfältigen Sprachgemisch. Für Afrikaner hat Bilal al-Habaschi, ein geschätzter Prophetengefährte und der erste afrikanische Konvertit zum Islam, besondere Bedeutung. Bilal war der erste Muezzin und rief vom Dach der Prophetenmoschee in Medina die Menschen zum Gebet.

Die vierte Sphäre stellt der indische Subkontinent dar. Muhammad ibn al-Qasim, General des Umayyaden-Kalifats (661 – 750), eroberte den Sindh im Jahr 710, aber erst die friedfertigen Sufis verhalfen mit ihrer Musik, ihrer von Wundern durchdrungenen Mystik und Meditation dem Islam seit dem zehnten Jahrhundert in ganz Indien zum Durchbruch. Heutzutage bilden Pakistan, Indien, Bangladesch, Birma, Nepal und Sri Lanka diesen Zweig mit der weltweit höchsten Dichte von ungefähr 400 Millionen Muslimen. Ab dem 16. Jahrhundert wurde der Islam in diesem Erdteil durch die Herrschaft der Moguln konsolidiert und kodifiziert.

Der fünfte Ballungsraum ist der turksprachige. Er umfasst circa 170 Millionen Muslime, die überwiegend eine Turksprache sprechen, aber auch Menschen mit anderem Hintergrund wie Aseri, Tschetschenen, chinesische Uiguren, Usbeken, Kirgisen und Turkmenen. Die Turkvölker eroberten Zentralasien im Jahr 1071 in der Schlacht von Manzikert (Malazgirt in der heutigen Türkei) von den Persern. Das bereitete dem muslimischen Seldschukenreich in Anatolien den Weg, was schließlich zur Einnahme Konstantinopels durch die Osmanen im Jahr 1453 führte. Der turksprachige Raum, sprich die Osmanen, beherrschte den gesamten Nahen Osten über sechs Jahrhunderte und dominierte die arabischsprachige Peripherie.

An sechster Stelle steht das malaiische Gebiet in Südostasien, bestehend aus Indonesien, Malaysia, Brunei sowie beachtlichen muslimischen Minderheiten in Thailand und auf den Philippinen. Über 200 Millionen Muslime leben hier. Der Islam drang relativ spät in diese Breiten vor und verbreitete sich schrittweise vom 13. bis ins 15. Jahrhundert. Handeltreibende Sufis aus Arabien, insbesondere die Nachfahren des Propheten aus dem Hadramaut-Tal im Jemen, bewegten in diesem Teil der Erde die ersten Muslime dazu, den Islam anzunehmen.

Die siebte und letzte Region, in der Muslime beheimatet sind, ist der Westen. Ungefähr 60 Millionen von ihnen leben dort beispielsweise in Frankreich, Deutschland, Großbritannien und den Vereinigten Staaten als Minderheiten und neue Immigranten, aber ebenso als alteingesessene Bevölkerungsmehrheiten in Ländern wie Albanien, dem Kosovo und Bosnien.

Aber was bedeutet es überhaupt, Muslim zu sein?

Um als ‚praktizierender oder frommer Muslim' zu gelten, sollte eine gläubige Person seinem oder ihrem Glauben entsprechend handeln. Was aber sollte ein Gläubiger praktizieren beziehungsweise woran soll er oder sie sich halten?

Der Prophet hat gelehrt, dass der Islam auf „fünf gebaut" sei. Beruhend auf diesem *Hadith* oder Ausspruch des Propheten, lehren und bewahren Muslime die ‚fünf Säulen des Islam', Handlungen, die den Gläubigen von Indonesien bis Marokko ein Gefühl von Einheit und Gemeinsinn stiften. Muslime aus der Türkei oder Bosnien mögen weiß und europäisiert sein, aber sie werden sich durch diese allgegenwärtigen Rituale überall zu Hause fühlen, egal ob im schwarzen Sudan oder dem braunen Bangladesch. Jede der fünf Säulen wird im Koran erwähnt, wodurch diese Grundsätze von der breiten Mehrheit der Muslime anerkannt werden.

Das Aussprechen der *Schahada* und der Glaube an sie bilden die erste Säule. Die zweite besteht aus den fünf Gebeten, an die der Prophet sich hielt. Das erste, *Fadschr*, ist im Morgengrauen. *Zuhr*, das zweite, zur Mittagszeit. Das dritte, *Asr*, findet am späten Nachmittag statt, *Magrib* bei Anbruch der Dämmerung und *'Ischa'*, das fünfte und letzte Gebet, etwa eine Stunde nach Sonnenuntergang. Diese täglichen Gebete bilden die Wegmarken im Tag eines Gläubigen. Sie verbinden den frommen Menschen mit dem Göttlichen und erinnern die Muslime daran, warum sie auf der Erde sind: um den Schöpfer anzubeten, aufrichtig mit anderen umzugehen und sich auf die Rückkehr zu Allah in der Stunde ihres Todes vorzubereiten.

Auf seinem Sterbebett erinnerte der Prophet die Muslime daran, ihre Gebete nicht zu vernachlässigen. Indem er sich an die Anwesenden wandte, mahnte er: „*Al-salah, al-salah* – Das Gebet, das Gebet."

Die fünf täglichen Gebete sind in der gesamten islamischen Welt nach wie vor von zentraler Bedeutung. Der Gebetsruf (*Adhan*) erfüllt die Luft, wenn der Muezzin die Gläubigen zum Beten in die Moschee lädt. Der Prophet hat gelehrt, dass der göttliche Lohn für gemeinschaftlich verrichtete Gebete mehr wiegt, was wiederum den muslimischen Gemeinschaftssinn, die *Dschama'a*, stärkt. Ein Gläubiger kann jedoch auch alleine beten, egal ob zu Hause oder in einem Flugzeug. Es herrscht jedoch Uneinigkeit darüber, wann genau die fünf täglichen Gebete zu verrichten sind – einige Muslime beten zu fünf bestimmten Zeiten, während andere sie auf einen Zeitpunkt zusammenlegen. Als der Prophet die Idee des täglichen Gebets aufbrachte, war sie weder neu noch ungewohnt. Das Stehen, Verneigen und sich in Anbetung Niederwerfen war unter Juden und Christen normal und ist es in der katholischen und orthodoxen Frömmigkeit bis heute.

Gläubige wiederholen die Gebetsrituale ihr ganzes Leben lang. Als erstes, während sie beim Gebet stehen, sprechen sie auf Arabisch die erste Passage des Koran, die kurze und viel zitierte *al-Fatiha*, die Eröffnende:

> Lob sei Gott,
> Dem Herrn der Welten,
> Dem Gnädigsten, Dem Barmherzigsten,
> Herrscher am Tag des Gerichts,
> Dich beten wir an,
> Deine Hilfe ersuchen wir.
> Zeige uns den geraden Weg,
> den Weg derer, denen
> Deine Gnade Du erwiesen hast,
> deren Los nicht Zorn ist,
> und die nicht fehlgehen.

Dann, indem sie sich verneigen, sprechen die Gläubigen: *Ruhm Meinem Herrn, in Herrlichkeit.*

Und schließlich beim sich Niederwerfen: *Ruhm Meinem Herrn, in der Höhe.*

Araber und Muslime im Osten tragen Kleidung, in der es sich bequem beten lässt, Gewänder, die nicht zu viel preisgeben, wenn man sich vornüber beugt und auf den Boden wirft. Den meisten Nicht-Gläubigen sind diese intimen Augenblicke des muslimischen Glaubens in der Moschee unbekannt. Vor dem Gebet waschen sich die Gottesdienstbesucher Hände, Gesicht und Arme. Sie wischen sich über ihren Kopf und reinigen ihre Füße mit Wasser.

Das Gebet und die Notwendigkeit der täglichen Waschungen führten zu fortschrittlichen Bewässerungstechnologien in der islamischen Kultur – wie beispielsweise den Springbrunnen und Wasserbassins in den Innenhöfen der weltberühmten Moschee von Córdoba. Auch auf andere Weise war das regelmäßige Gebet gesellschaftlicher Mittelpunkt. Die großen Moscheen in Bagdad, Damaskus und Kairo wurden gen Mekka ausgerichtet, der Gebetsrichtung für Muslime. Marktplätze, Spitäler und Schulen wurden in der Folge um die Moscheen angesiedelt, da sich dort die Massen jeden Tag zum Gottesdienst versammelten. Handwerker und Kalligrafen wurden damit beauftragt, die Mauern der Moscheen mit Koranversen und Poesie zu verzieren. Kurzum, die islamische Kultur entwickelte sich um die fünf Gebete herum.

Almosen, die *Zakat*, an die Armen zu geben, lautet die dritte Säule des Islam. Von jedem Muslim wird erwartet, 2,5 Prozent des Einkommens an die Bedürftigen zu spenden. Mit diesem Geld sollen Schulen, Kranken- und Waisenhäuser, Herbergen und Moscheen finanziert werden. In der Vergangenheit landete das Geld manchmal im Staatshaushalt. Heutzutage verwalten einige muslimische Regierungen die *Zakat*, doch die meisten Muslime verteilen sie privat an diejenigen, die sie benötigen.

Die vierte Säule des Islam ist möglicherweise am schwierigsten durchzuhalten, was sie aber gleichzeitig so erfüllend macht. Für einen ganzen Monat im Mondkalender, den Ramadan, fasten gesunde Muslime von Sonnenaufgang bis Sonnenuntergang.[3] Während des Tages sind Trinken, Essen, Rauchen und Sex verboten, in den heißesten wie auch den kältesten Ländern lassen Muslime keinen einzigen Tropfen Wasser über ihre Lippen. Sobald die Sonne untergeht, herrscht eine besondere Feierlichkeit, da Familien und Gemeinden gemeinsam, so wie einst der Prophet Mohammed, das Fasten mit Datteln und Wasser brechen. Auf das reguläre Abendgebet folgt ein Festessen. Nach dem Nachtgebet gibt es ein zusätzliches längeres Gebet, den *Tarawih*, bei dem im Laufe des Monats der gesamte Koran rezitiert wird.

Die fünfte und abschließende Säule war einst die härteste Anforderung, ist aber jetzt, in einer durch Züge und Flugzeuge vernetzten Welt, relativ komfortabel zu bewerkstelligen: die Pilgerfahrt nach Mekka beziehungsweise Hadsch. Der Flughafen von Dschidda wirkt wie die meisten anderen Flughäfen, und die Autobahn nach Mekka ist mittlerweile asphaltiert, voller Autos, Straßenschilder und Werbetafeln. Über weite Teile der islamischen Geschichte kamen Pilger zu Fuß, zu Pferd oder auf dem Kamel in die Stadt in der Wüste Arabiens. Während ihrer monatelangen Reise rezitierten sie: „Hier sind wir, oh Herr, hier sind wir zu deinen Diensten – *Labbaik, allahumma labbaik.*“ Noch immer stimmen Muslime diesen Gesang an, worin die Verbundenheit mit dem Göttlichen mitschwingt, da sie mit diesen Worten Abrahams, Ismails und Mohammeds gedenken. Von Ägypten aus dauerte es damals in der Regel zwei Monate nach Mekka. Von Indien oder Afrika aus sogar vier. Für ihren Schutz während der beschwerlichen Reise und ihre sichere Heimkehr vertrauten die Gläubigen auf Gott.

Nach meinen Besuchen in Mekka wollte ich immer wieder dorthin zurückkehren. Noch immer ist es eine Handelsstadt, doch der beschauliche, vom Gebet erfüllte Bereich rund um die Kaaba flößt jedem Besucher Ehrfurcht ein.

Etwa 200 Meter von der Kaaba entfernt erklimmen die Muslime eine kleine Erhebung namens Safa, wo sich Tausende Pilger versammeln. Von Safa aus laufen sie nach Marwa, einem nahegelegenen Hügel. Im Gehen, manchmal rennend, gedenken sie Hagars Suche nach Wasser für den kleinen Ismail. Hagar war neben seiner Ehefrau Sarah Abrahams rechtmäßige Geliebte, aber Muslime nennen Hagar auch seine ‚Zweitfrau'. Alle Muslime bekommen diese Geschichte, die zum Teil im Koran erwähnt wird, zum Teil vom Propheten überliefert wurde, von klein auf von ihren Eltern erzählt. Hagar rannte sieben Mal von Safa nach Marwa. Sie war verzweifelt und allein, aber sie vertraute auf Gott und auf ihre Liebe zu Abraham und Ismail. Diese Selbstaufopferung brachte ihr göttlichen Beistand. Als sie zurückkam, um nach Ismail zu sehen, war eine kleine Quelle neben dem Kind entsprungen: Der Zamzam-Brunnen steht noch heute in Mekka.

Über Jahrtausende haben Pilger Wasser aus diesem Brunnen getrunken und dabei Hagars Vertrauen in Gott gedacht sowie seiner Hilfe für diese reinherzige, Gott und Abraham liebende Frau in der Wüste. Muslime stammen von Ismail ab. Unsere jüdischen Cousins und Cousinen von Isaak. Wir teilen in Abraham denselben Stammvater, dem Gott in der Bibel „Nachkommen so zahlreich wie die Sterne im Himmel" versprach.[4]

In Mekka, wohin Pilger aus der ganzen Welt strömten, konnte ein Gläubiger auf Heilige und Gelehrte treffen. Die Wärter des Zamzam-Brunnen schöpften das Wasser mit edlen Kannen, aus denen sie Generationen von Glaubensanhängern einschenkten. Barfuß überquerten die Pilger Safa und Marwa auf Wegen, die noch nicht wie heute mit Marmor gepflastert waren. Männer vollzogen die Hadsch-Rituale zu Ehren Abrahams, Hagars und des Propheten Mohammed in einem zweiteiligen, losen Baumwollgewand, Frauen in einfacher Kleidung. Im Anschluss an Mekka reisten sie nach Medina weiter, wo ihr geliebter Prophet die erste muslimische Gemeinschaft aufgebaut und seine letzte Ruhestätte gefunden hatte. Dort hatten sie Gelegenheit, am Grab des Propheten Gedichte zu rezitieren, die Gräber seiner Familie und seiner Gefährten zu besuchen, beseelt vom Gefühl einer die

Jahrhunderte überdauernden Bindung durch die Religion. Danach machte sich jeder Pilger wieder allmählich auf den Heimweg nach Afrika, Indien oder Indonesien. Die modernen Muslime kommen sehr viel schneller nach Hause. Sie nehmen den Segen des Hadsch in sich auf und versuchen, die spirituelle Erbaulichkeit der fünften Säule des Islam bei der Rückkehr in ihr normales Leben zu bewahren. Wer die Pilgerreise unternommen hat, wird fortan mit dem Ehrentitel *Hadschi* angesprochen.

Die Frage, wer die Muslime beim Einhalten der fünf Säulen anführen soll, ruft bei vielen Muslimen Ängste und bei Nicht-Muslimen Verwirrung hervor. Muslime benötigen keine religiöse Führung, der Islam ist nicht wie die katholische Kirche und besitzt keinen vergleichbaren Klerus oder einen Papst. Der Prophet betonte immer wieder, dass er den Muslimen den Koran, seine Familie und sein eigenes Beispiel als Richtschnur vermacht habe. Das Überleben, beziehungsweise das Aufblühen des Islam über ein ganzes Jahrtausend, belegt anschaulich, dass der spirituelle Kern der Religion größtenteils stabil und intakt ist. Doch in weltlicher, materieller Hinsicht leiden Muslime an der Uneinigkeit und haben keine zentralisierte politische Führung mehr wie einst unter den Osmanen und Moguln. Einige Muslime sehnen sich nach einem Kalifat aufgrund von dessen Ruhm und Macht in der islamischen Vergangenheit. Der sogenannte ISIS verkörpert für die meisten Muslime jenen Glanz gerade nicht. Als der Prophet starb, wählten seine Gefährten mit Abu Bakr, dem engsten Vertrauten des Propheten und Vater seiner Lieblingsfrau Aischa, einen Kalifen beziehungsweise Anführer. Der Titel Kalif bedeutet Stellvertreter, Abu Bakr galt als der Vertreter des Propheten nach dessen Tod.

Diese erste Phase des Kalifentums nach dem Tod des Propheten hielt nur knapp dreißig Jahre, von 633 bis 661, an. Der Statthalter von Damaskus, Muʿawiya, verhalf einer neuen Ordnung zum Durchbruch, indem er das Kalifat nach der Ermordung des vierten Kalifen Imam Ali im Jahr 661 für sich beanspruchte. Von 661 bis 750 war es als das Kalifat der Umayyaden bekannt, mit Sitz in Damaskus, wobei der Islam sich weit über die arabische Wüste hinaus ausbreitete und sich unter der vollen Kontrolle Muʿawiyas befand. Im 9. Jahrhundert war das Umayyaden-Kalifat im Angesicht rivalisierender Kalifen bis auf eine Provinz in Spanien zerfallen, die in der Folge Schauplatz der ruhmreichen muslimischen Kultur Andalusiens wurde. Bald darauf übernahmen in den arabischen Ländern die Abbasiden (750–1258) von Bagdad aus die politische Führungsrolle im Islam. Dann überlappte sich die Herrschaft der Mameluken (1250–1517) mit Hauptsitz in Kairo zeitlich mit jener der Seldschuken (1077–1307) in Zentralasien und kurz darauf im Iran. Die Osmanen (1281–1924) beherrschten Arabien und Zentralasien und weiteten im 16. Jahrhundert ihren Herrschaftsbereich nach Nordafrika sowie Osteuropa aus. Parallel dazu herrschten die Safawiden (1501–1732) über die persischen Muslime und die Moguln (1526–1858) über die Muslime Indiens. Überall gab es Machtkämpfe, wurde Gefolgschaft verweigert und vor allem in den kleinen Sultanaten in Indien und Südostasien kam es zur Zersplitterung der Herrschaft. Das muslimische Subsahara-Afrika war hingegen in Fürstentümer aufgeteilt. Seit dem Propheten hat es selten einen einzelnen Herrscher über alle Muslime in der Welt gegeben. Rivalität und Konkurrenz bis hin zu Kriegen zwischen Kalifatsanwärtern waren die Normalität.

Es wird oft behauptet, der Islam sei ‚mit dem Schwert verbreitet' worden. Doch dieser Eindruck rührt womöglich eher von den heutigen Schlagzeilen als von historischen Fakten her. Der Prophet Mohammed kehrte im Jahr 629 siegreich von Medina nach Mekka zurück. Nach jahrelangem Morden, Folter und Boykott durch die mekkanische Elite wäre es nach damaliger Sitte sein gutes Recht gewesen, aus Rache ihre Häuser dem Erdboden gleich zu machen. Stattdessen ritt er auf einem Esel in Mekka ein, den Kopf demütig gesenkt, und vergab den Einwohnern der Stadt mit einer Generalamnestie. Die gleiche geistige Grundhaltung lebte unter seinen Anhängern fort. Der Historiker Peter Frankopan aus Oxford schreibt in seinem richtungsweisenden Werk *Licht aus dem Osten*:

> In Wirklichkeit gingen die arabischen Eroberer allem Anschein nach keineswegs so grausam oder schockierend vor, wie die Kommentatoren behaupteten. In der ganzen Provinz Syria und in Palästina etwa gibt der archäologische Befund kaum Hinweise auf eine gewaltsame Eroberung. Damaskus, die wichtigste Stadt im Norden Syrias, kapitulierte rasch, nachdem sich der dort ansässige Bischof und der angreifende arabische Feldherr auf die Bedingungen geeinigt hatten. Der Kompromiss war so vernünftig wie pragmatisch: Im Gegenzug dafür, dass die Kirchen weiterhin

> geöffnet und unangetastet blieben und die christliche Bevölkerung nicht behelligt wurde, willigten die Bewohner ein, die Oberherrschaft der neuen Herren anzuerkennen. In der Praxis hieß das, dass die Steuern nicht länger an Konstantinopel und die kaiserlichen Stellvertreter gezahlt wurden, sondern an Repräsentanten des ‚Propheten, der Kalifen und der Gläubigen'.[5]

Die Besatzung der umliegenden Länder durch die Araber war ebenso wenig wie ihr Führungsanspruch über die Muslime von Dauer. Nicht-Araber dominierten bald die islamische Welt. Die osmanischen Türken herrschten beispielsweise 600 Jahre lang bis ins frühe 20. Jahrhundert über die Sunniten. Nach dem Ende der abbasidischen Herrschaft im Jahr 1258 waren es die Turkvölker, die Inder und Perser, die den Verlauf der islamischen Geschichte bestimmten. Die Osmanen, Moguln und Safawiden waren keine Araber, doch ihr Einfluss und ihre Institutionen haben den Islam geprägt.

Obwohl heute 80 Prozent vom Haus des Islam nicht arabisch ist, bestimmen die Araber und die Konflikte in der arabischen Welt weltweit die geopolitische und religiöse Tagesordnung. Im Grunde durchläuft die islamische Welt eine erneute Arabisierung, angeführt vom Salafismus saudi-arabischer Prägung und dem internationalen Engagement der ägyptischen Muslimbrüder, wie wir noch sehen werden.

Es gab immer eine Vielzahl an Aspiranten für die Führungsrolle der Muslime, der Konkurrenzkampf setzte sehr früh in der Geschichte des Islam ein. Nur fünfzig Jahre nach dem Ableben des Propheten war der Frieden, für den er sich eingesetzt hatte, brüchig geworden. Blutvergießen und Zerstörung nahmen mit der Schlacht von Kerbela ihren Lauf.

## Kapitel 4

# Das Schisma zwischen Sunniten und Schiiten

Der Name ‚Kerbela' weckt bei jedem gebildeten Muslim Emotionen. Kerbela, heute eine Großstadt im Zentralirak, ist der Ort, wo die frühen Muslime im Richtungsstreit um die Zukunft des Kalifats gewaltsam aneinandergerieten. Der berühmte muslimische Dichter und Philosoph Allama (alias Muhammad) Iqbal (1877–1938) aus dem heutigen Pakistan schrieb: „Der Islam erwachte in Kerbela zum Leben". An diesem Ort, wo im Jahr 680 n. Chr. eine Schlacht tobte – oder besser gesagt das Massaker an den männlichen Nachkommen des Propheten – klafft für die meisten Muslime eine schwelende Wunde. Schiiten und Sunniten interpretieren bestimmte Ereignisse der islamischen Geschichte komplett unterschiedlich. Sehen Schiiten Ali als vom Propheten designierten Nachfolger an, betrachten ihn Sunniten völlig anders.

Die Spannungen zwischen Schiiten und Sunniten sind unmittelbare Folge davon, dass der Prophet keinen Nachfolger bestimmt hatte. Dieser Umstand alleine erzeugte unter den Muslimen eine tiefgreifende Spaltung. Doch wie hätte ein Ersatz auch benannt werden sollen? Nach ihm durfte es keinen Propheten mehr geben, Mohammed war der letzte von Gottes Gesandten in der monotheistischen Tradition Abrahams. Innerhalb nur eines Jahrhunderts nach seinem Ableben brachten Muslime, die dem Umayyaden-Kalifat die Treue hielten, in Kerbela gar den Enkel des Propheten, Imam Husain, mitsamt seinen 72 Reisegefährten um.[1]

Die Wurzeln dieser 1300 Jahre alten Spaltung reichen also bereits in die Zeit vor Kerbela. Die Uneinigkeit darüber, wer dem Propheten nachfolgen sollte, legte bald nach dessen Tod die Saat für die erbitterte Teilung. Während Ali, der Schwiegersohn und enge Freund des Propheten, mit den Bestattungsvorbereitungen beschäftigt war, traf sich Abu Bakr, Mohammeds Intimus und Schwiegervater, mit den Prophetengefährten, um zu bereden, wer die Muslime anführen sollte. In den folgenden drei Jahrzehnten, unter der Herrschaft von Abu Bakr als erstem Kalifen (632–634), gefolgt von

Omar (634 – 644) und anschließend Uthman (644 – 656), reifte bei einer beständig wachsenden Zahl von Muslimen die Überzeugung, dass Ali das Kalifat zustünde. Als der Prophet starb, hatten viele noch die Ansicht vertreten, der zu jener Zeit 28-jährige Ali sei zu jung für die Führungsaufgabe. Andere dachten, er wäre für die schwarze Kunst der Politik zu fromm und mystisch veranlagt. Dennoch bestanden einige Muslime darauf, dass Ali und nicht Abu Bakr der rechtmäßige Nachfolger des Propheten wäre. Alis Anhänger waren als *Schi'at Ali* beziehungsweise Parteigänger Alis bekannt. Denn das Wort *Schia* bedeutet auf Arabisch ‚Gemeinschaft' oder ‚Anhängerschaft'. Nach Ali unterstützte die Schia dessen Söhne, die großen Imame Hasan und Husain, und schließlich deren Kinder.

Bis heute hält die Schia der Nachkommenschaft Alis die Treue, wohingegen Sunniten ihre Loyalität zum Propheten betonen. Ali war mit Fatima verheiratet, Mohammeds Lieblingstochter. Beide waren dem Propheten aufs Engste verbunden, ebenso wie ihre Kinder. Schiitische Muslime behaupten, den Propheten zu lieben heiße, dessen Familie zu lieben. Ihre Gegner erhoben allerdings den Anspruch, dass im Islam die Verdienste zählten und nicht die Abstammung.

Hierbei handelt es sich nicht um eine weltfremde theologische und historische Auseinandersetzung: Noch immer ist dieser ungelöste Streit für Muslime gegenwärtig. Lesley Hazletons einflussreiches Buch *After the Prophet* (dt.: Nach dem Propheten) gibt diesen Konflikt akkurat wieder – auf sie und meine eigenen Lehrer beziehe ich mich hier. In der ganzen islamischen Welt ist die Sunna-Schia-Problematik Triebfeder für Politik, Proteste und Konflikte, wie allein der Blick auf die vergangenen fünfzig Jahre beweist. Beispielsweise wurde die Revolution 1979 im Iran von der Symbolkraft der Schia angeheizt. Ajatollah Chomeini (1902 – 1989), die Hauptfigur des Widerstands der Massen gegen Schah Mohammad Reza Pahlavi (1919 – 1980), nannte den Monarchen Yazid, gab ihm also den Namen des Kalifen, der Imam Husain tötete. Während des Iran-Irak-Krieges der achtziger Jahre standen Kerbela und Husains Martyrium im Mittelpunkt der iranischen Propaganda. Die schiitische Geisteshaltung, sich für das Streben nach Gerechtigkeit selbst zu opfern, brachte den ersten muslimischen Selbstmordattentäter hervor, der im Jahr 1981 einen mit Sprengstoff beladenen Lastwagen in einen US-Stützpunkt in Beirut fuhr.[2]

Seit 1979 hat Saudi-Arabien die Gegnerschaft zum Schiismus Teherans zu einem zentralen Bestandteil seiner Außenpolitik erhoben. Der saudische Staat erblickte 1932 das Licht der Welt, bis über beide Ohren im von Staatsgründer Mohammed ibn Abd al-Aziz Al Saud vergossenen Blut versunken. Unter sunnitisch-salafistischen Einflüssen stehend, hatte er in den östlichen Provinzen der Arabischen Halbinsel schiitische Muslime umgebracht und saudische Streitkräfte zur Plünderung des Schreins von Imam Husain in Kerbela entsendet. Reformistische, sunnitische Hardliner, auch bekannt als Salafisten, betrachten Gräber als Zeichen von Polytheismus und die tatkräftige Zerstörung von Heiligtümern als Tugend. Bis jetzt sind 95 Prozent der ältesten Gebäude in Mekka, die über tausend Jahre Bestand hatten, abgerissen worden.[3] Schiitische Muslime bilden die größte religiöse Minderheit in Saudi-Arabien, bislang ist es ihnen jedoch untersagt, sich in den Moscheen in Mekka und Medina zu versammeln.

Im Januar 2016 wurde in Saudi-Arabien der einflussreiche saudisch-schiitische Geistliche Scheich Nimr al-Nimr unter anderem wegen Vorwürfen enthauptet, er habe zur Autonomie einer der ölreichen, von der Schia dominierten Ostprovinzen aufgerufen. Der Iran und Saudi-Arabien brachen daraufhin die diplomatischen Beziehungen ab. Mehrere Verbündete Saudi-Arabiens zogen nach und stellten sich hinter das sunnitische Königreich und gegen die schiitische Republik.

Im Verlauf der letzten zehn Jahre sind in Pakistan in einer Woge konfessioneller Gewalt unschuldige Schiiten zum Ziel von Selbstmordanschlägen und anderen Angriffen geworden. Obwohl Pakistan von Muslimen mit einem schiitischen Hintergrund gegründet wurde – unter anderem von Muhammad Ali Jinnah, einem ismailitischen Schiiten – hat die anti-schiitische Rhetorik in den Medien, Moscheen und Schulen die von sunnitischen Extremisten ausgehende Gewalt genährt. Tausende Schiiten sind in den vergangenen Jahrzehnten getötet worden. Millionen schiitischer Pakistani leben heute in Angst.

In Teilen des Irak und Syriens schwelt ein Bürgerkrieg zwischen Sunniten und Schiiten, begünstigt durch Länder und Organisationen auf der einen Seite, die sich selbst als schiitisch bezeichnen und Baschar al-Asad unterstützen, und regionalen sunnitischen Geldgebern auf der anderen, die die Rebellen fördern. Das Regime in Damaskus wird von Anhängern der alawitischen Schia angeführt, die ihren Namen von Ali ableitet. Der Iran, der Irak und die Hisbollah stellen zur Unterstützung der syrischen Regierung Geld und Kämpfer zur Verfügung. Darüber hinaus statten sie Tausende mit dem nötigen Rüstzeug für das Martyrium im Gefecht aus. Sie setzen sich außerdem für den Schutz von schiitischen Heiligtümern in Syrien ein.[4]

Im Gegensatz dazu unterstützen die sunnitischen Mächte Türkei, Saudi-Arabien, Katar sowie die extremsten der weltweit verbreiteten salafistisch-dschihadistischen Kampfgruppen jene Aufständischen in Syrien, die für sich den Vertretungsanspruch der sunnitischen Mehrheit vor Ort reklamieren. Nicht das Schisma zwischen Sunnis und Schia hat diesen Krieg entfacht, und dennoch hat er die Eigendynamik dieses klaffenden Gegensatzes angenommen. In dem Moment, als regionale Mächte sich in Syrien einmischten, traten automatisch Identität, Religion und Geschichte als Mitspieler auf den Plan.

Die Entmachtung von Saddam Hussein im Jahr 2003 im Irak, einem sunnitischen Diktator in einem Land mit schiitischer Mehrheit, führte dazu, dass sich der Iran der neuen schiitischen Regierung im Irak annäherte. Der Aufstieg von ISIS und sunnitischen al-Qaida-Extremisten innerhalb des Irak sowie deren Angriffe auf Heiligtümer und prominente Vertreter der Schia sind von einem Konfessionalismus getrieben, den nur die Wenigsten im Westen oder außerhalb der Länder mit muslimischer Bevölkerungsmehrheit wirklich nachvollziehen können.

Sunniten leben mehrheitlich in seliger Unwissenheit darüber, wie die Schia über jene Persönlichkeiten denkt, die sie in Ehren halten. Niemand verkörpert diese Spaltung besser als die jüngste Frau des Propheten, Aischa. Sie ist unter Sunniten aus mehreren Gründen ausnahmslos hoch geachtet. Sie war die Tochter Abu Bakrs, des besten Freunds des Propheten. Durch Aischa sind uns die intimen Gewohnheiten des Propheten als Ehemann und Geliebter überliefert. Generationen muslimischer Männer versuchten auf Grundlage der Berichte Aischas, dem Propheten nachzueifern. Mohammed liebte sie von ganzem Herzen, und aufgrund ihrer starken Persönlichkeit, ihres Witzes und ihrer Schönheit wurde sie seine Lieblingsfrau. In ihren Gemächern hauchte er, den Kopf in ihren Schoß gelegt, seinen letzten Atemzug aus. Unter Sunniten ist sie als *Umm al-Mu'minîn*, die Mutter der Gläubigen, bekannt.

Durch einen Koranvers kam Aischa zu diesem Beinamen, den sie keinesfalls leichtfertig erhielt. Aischa reiste häufig mit dem Propheten und begleitete ihn auf seinen Feldzügen. Eines Tages, während einer dieser Reisen, verließ sie die Karawane und folgte dem Ruf der Natur in die Wüste. Dann verlor Aischa ihr Fußkettchen – ein Geschenk Mohammeds – bei einem Busch und machte sich auf die Suche danach. Ohne zu bemerken, dass sie noch nicht wieder in die Kamelsänfte zurückgekehrt war, setzte der Tross die Heimreise nach Medina fort. Als Aischa nun auf die Rückkehr ihres Geleitzuges wartete, kam Safwan, ein junger Gefährte des Propheten, des Weges und nahm die Mutter der Gläubigen auf seinem Kamel mit zurück nach Medina. Daraufhin kursierten Gerüchte, wonach sie eine Affäre miteinander hätten. Das Getuschel in Medina betrübte den Propheten, der seine Lieblingsfrau daraufhin monatelang mied. Ali legte dem Propheten nahe, Aischa zu verstoßen und somit seinen Sorgen ein Ende zu bereiten. Sie vergab Ali diesen ungefragten Rat nie.

Bald darauf sprach Gott Aischa von jeglichem Fehltritt frei. Gabriel kam aus den höchsten Höhen herab und verkündete ihre Unschuld. Im Koran wird sie für *mubarra'a* erklärt, das heißt ‚untadelig'. Für sunnitische Muslime ist ihr kein Unrecht anzulasten. Gott selbst war der höchste Garant für ihre Reinheit und treue Ergebenheit gegenüber dem Propheten. Ihre Liebe zu ihm und seine Zuneigung zu ihr – er kehrte zu seinem Schöpfer zurück, während er in ihrem Schoß lag – verleihen ihr in den Herzen und Gedanken sunnitischer Muslime einen unvergleichlichen Rang.

In der Folge bekämpfte Aischa Ali an der Spitze eines 10 000 Mann starken Heeres, mit dem sie Alis Ansprüche auf das Kalifat infrage stellte. Aus diesem Grund, sowie wegen ihrer generellen Ablehnung Ali gegenüber, hat die Schia sie und ihren Vater Abu Bakr seit jeher verflucht. Am Mausoleum des Propheten in Medina besuchen Muslime Aischas Gemach, in dem der Prophet verstarb und begraben wurde. Dort befinden sich neben seiner Ruhestätte die Gräber von Abu Bakr und Omar. Viele schiitische Muslime wenden sich mit Friedensgebeten an den Propheten und verdammen die anderen beiden.

Wo Sunniten Aischa verehren, wird von Schiiten eine ganz andere Geschichte erzählt. Für sie war Aischa darauf aus, das Kalifenamt und die Macht für ihren Vater Abu Bakr zu sichern. Um das zu erreichen, habe sie dem Propheten Gift eingeflößt und ihn getötet. Über Jahrtausende ist diese skandalöse Behauptung, die schwerwiegende Konflikte auslösen kann, in Büchern niedergeschrieben und von schiitischen Geistlichen weitergetragen worden. Die meisten Sunniten haben zu Gunsten der Koexistenz beider Gemeinschaften die Augen davor verschlossen, doch in Zeiten von Twitter und Informationsfreiheit wird dieser für Sunniten ruchlose Vorwurf von Führern der Schia wiederbelebt, die damit Aischa, ihren Vater Abu Bakr und andere als Mörder darstellen. „Der größte Schmerz ist der Verlust unseres Heiligen Propheten. Ebenso schmerzhaft ist die Tatsache, dass er umgebracht wurde, auch wenn wir nicht öffentlich darüber sprechen dürfen", lautet ein Tweet eines bekannten schiitischen Gelehrten.[5] Es ist nur eine Frage der Zeit, bis ein populistischer Sunni-Geistlicher derartige, für Sunniten zutiefst anstößige Überzeugungen der Schia aufgreift. Das Feuer kämpferischer Auseinandersetzungen zwischen Sunnis und Schia droht weiterhin um sich und sogar noch auf andere überzugreifen.

Was genau geschah in Kerbela? Warum bekämpfen sich Sunnis und Schia noch immer?

Die beiden Prophetenenkel Hasan und Husain waren in Mekka und Medina, den Heimstätten des Islam, sehr beliebt. Die zwei Söhne der frommen Prophetentochter Fatima und des tapferen Imam Ali wurden mit einem Jahr Abstand in den Jahren 625 und 626 geboren. Die Gefährten des Propheten trafen die fünf Anverwandten häufig zusammen an. Geschlossen wurden sie vom Propheten und den Gläubigen *Ahl al-bait* beziehungsweise ‚Leute des Hauses' genannt. Der Koran bezeichnet die Familie des Propheten als von Gott geläutert, was bedeutet, dass ihre Mitglieder weniger als andere zu Sünde und Fehlbarkeit neigten. Der Prophet bedeckte sie mit seinem Mantel, um gemeinsam mit ihnen zu beten. In der Moschee sprangen Hasan und Husain ihrem Großvater stets auf die Schultern, wenn dieser beim Gebet stand. Er küsste sie dann und schloss sie fest in die Arme, gerade so, als wüsste er, welches Unheil seinen Enkeln bevorstünde.

Im März 632 stand der Prophet vor einer riesigen Menschenmenge am Berg Arafat bei Mekka und hielt seine letzte Rede, die uns heute als seine Abschiedspredigt bekannt ist. „Leiht mir eure Ohren", setzte er an, „ich weiß nicht, ob ich nach diesem Jahr überhaupt je wieder unter euch weilen werde." Er wandte sich an die Zehntausenden Gläubigen und warnte sie vor Rassismus mit den Worten, dass kein Araber einem Nicht-Araber überlegen sei. Frömmigkeit, nicht Hautfarbe, sei das Einzige, was einen Menschen vor einem anderen auszeichne, erklärte er der Menge. Im Islam beruht sozialer Aufstieg auf Treue und Hingabe zum Glauben. Der Prophet rief die Muslime dazu auf, Frauen gut zu behandeln, und erinnerte sie daran, dass die Frauen Rechte vor ihren Männern hätten. Er unterstrich in seiner Rede erneut, dass das Leben und der Besitz eines Gläubigen als heilig gelten und nicht durch Zwang oder Selbstjustiz verletzt werden dürfen, wie es zur Zeit der vorislamischen arabischen Stämme gängige Praxis gewesen war. Nach ihm, so rief er den Muslimen ins Gedächtnis, werde es keinen weiteren Propheten mehr geben. Und er fuhr fort, dass er den Muslimen als Orientierungshilfe zwei Prüfsteine hinterlasse: den Koran sowie die *Ahl al-bait*. Dann erhob er sein gesegnetes Antlitz gen Himmel und bat: „*Allahumma hal balaght?*", was bedeutet: „Mein Herr, habe ich deine Botschaft überbracht?" Herz, Gemüt und Seele des Propheten verbanden das Weltliche mit dem Göttlichen. Er war ein Medium, um das Übersinnliche zu übermitteln, und nicht dazu bestimmt, zu verfügen, wer die Muslime nach seinem Tod anführen sollte.

In der Predigt hatte der Prophet keinen Nachfolger benannt, denn niemand konnte sein Amt übernehmen. Doch der Schia ist die Geschichte anders in Erinnerung geblieben.

Auf seiner Rückreise nach Medina, im Anschluss an die letzte Pilgerfahrt, rastete Mohammed mit seinen Gefährten an einem Oasenteich namens Ghadir Chumm. Dort zeigte er auf Imam Ali und verwies auf ihn als Schutzherren all derjenigen, die der Prophet in seinem Leben beschützt hatte. „Wem immer ich ein Herr war, dem sei auch Ali der Herr", sprach er. Legte der Prophet damit nun einen Nachfolger fest? Falls ja, warum tat er es vor einer kleinen Schar und nicht vor der riesigen Menge in Mekka? Er benutzte für ‚Herr' das Wort *maula*, das auf Arabisch ebenfalls ein Stammesoberhaupt, einen Freund oder Schutzherren bezeichnet.[6]

Noch im selben Jahr befiel den Propheten eine Grippe, was die muslimische Gemeinde in Sorge um sein Wohlergehen versetzte. An einem Tag verließ er das Zimmer seiner Frau Aischa, wo er sich ausruhte, und begab sich zu der Gebetsnische, von der aus er üblicherweise das Gebet anleitete. Abu Bakr, während jenes Abendgebets der Vorbeter, trat bereits einige Schritte zurück, als er den Propheten herannahen sah. Mohammed lächelte und bestand darauf, dass Abu Bakr als Vorbeter fortfahre. An diesem entscheidenden Punkt wollte der Prophet, dass Abu Bakr die Leitung übernahm. Sunniten erkennen darin, dass der Prophet somit Abu Bakr zu seinem Nachfolger erkor.

Ali war erst 28 Jahre alt, als der Prophet verstarb. Abu Bakr ein betagter, weiser und weithin respektierter 61-jähriger Mann. Alis Anhänger mögen sich übergangen gefühlt haben, aber Abu Bakr hielt sich nur zwei Jahre von 632 bis 634 als erster Kalif, ehe er eines natürlichen Todes starb. Nach ihm wurde Omar von einer Gruppe, die Abu Bakr zur Wahl seiner Nachfolge eingesetzt hatte, zum zweiten Kalifen gewählt. Omar herrschte über zehn Jahre, von 634 – 644, bis ihn ein persischer Diener ermordete, der über die muslimische Eroberung seiner Heimat in Zorn geraten war. Nach Omar herrschte der ältere, vornehme Uthman von 644 bis 656 für zwölf Jahre, bis auch ihn politische Widersacher töteten. Und dann, schlussendlich, wählte die Elite in Medina den großen Imam Ali zum Kalifen. Er herrschte von 656 bis 661. Ihn brachten die Charidschiten ums Leben, eine erste extremistische Splittergruppe innerhalb des Islam, die sich gegen Alis Schlichtungsversuche zwischen sich bekriegenden Verbänden stellte. Diese vier Kalifen gingen für die Muslime als *Raschidun*, oder die Rechtgeleiteten, in die Geschichte ein. Nach Ali ging man weithin davon aus, dass die Führungsrolle fortan den *Ahl al-bait* vorbehalten sei und Imam Hasan in der Folge anstelle seines Vaters regieren würde.

Doch der gerissene Statthalter von Damaskus Muʿawiya, der von Uthman eingesetzt worden war und gigantische Reichtümer und Armeen kontrollierte, machte Hasan seinen rechtmäßigen Platz streitig. Hasan wurde dazu gedrängt, alle Ansprüche auf das Kalifat fallen zu lassen. Um Blutvergießen und weitere Zwietracht zu vermeiden, nachdem bereits drei der ersten vier Kalifen des Islam umgebracht worden waren, stimmte Hasan einem in Gelehrsamkeit und Gebet zurückgezogenen Leben in Medina unter der Bedingung zu, dass nach dem Kalifen Muʿawiya die islamische Herrschaft an die Familie des Propheten zurückfiele. Sein Bruder, Imam Husain, sollte der sechste Kalif des Islam werden und von Medina, der Stadt des Propheten, aus herrschen.

Von seinem neuen, für Verschwendung berüchtigten Zuhause in Damaskus aus akzeptierte Kalif Muʿawiya die Bedingungen Hasans und schwor,

Husain als künftigen Führer der Gläubigen anzuerkennen. Die muslimische Gemeinschaft vertraute darauf, dass Muʿawiya die Zügel an den allseits beliebten Husain übergeben würde, doch er behielt das islamische Reich zwanzig Jahre lang unter seiner Kontrolle. Während dieser Zeit baute sich Muʿawiyas Sohn Yazid einen korrupten und grausamen Ruf auf. Der eigentlich zurückhaltende syrische Historiker Ibn Kathir (gest. 1301) bezeugte das Gerede der Menschen im Umfeld des designierten Kalifen Yazid: Er war ständig betrunken. Er hielt sich gerne in Gesellschaft von Jünglingen auf – ein Euphemismus für Pädophilie. Er veranstaltete Bärenkämpfe. Er hielt sich mehrere Affen als Haustiere, verband ihnen die Augen und setzte sie auf Pferde, um mit anzusehen, welches Chaos sie anrichteten. Er trat nicht gerade wie ein Gläubiger im Sinne des Propheten auf.

Welche Art von Islam sollte das sein, fragten sich die Muslime.

Im Jahr 680 erkrankte Muʿawiya. Anstatt sein Wort zu halten, dass Imam Husain Kalif werden würde, sandte er Schreiben an seine Provinzgouverneure, in denen er ihnen befahl, seinem Sohn Yazid die Treue zu schwören. Diese folgten seinem Befehl. Im April 680 wurde Yazid von Damaskus aus zum Kalifen ausgerufen.

Die Nachricht erreichte Husain in Medina. Aus mehreren Städten im heutigen Irak sandten seine Anhänger ihm Satteltaschen voller Briefe, in denen sie ihm, und nicht Yazid, Treue gelobten. Was sollte Husain tun? Yazids Statthalter in Medina wurde angewiesen, Husain festzunehmen. Dieser scharte die Mitglieder seiner Familie um sich und begab sich nach Mekka, der Stadt seiner Vorfahren, um sich mit weiteren Verbündeten, Freunden und Unterstützern zusammenzutun. Aus dem Irak, nach Syrien das zweite Zentrum des Frühislam, trafen unaufhörlich Briefe und Gesandtschaften ein. In den irakischen Städten drängten große Teile des muslimischen Heeres auf Husains Kommen, um sie anzuführen. In Mekka erkannten seine Unterstützer Yazid nicht an, der jedoch mitteilen ließ: „Selbst wenn sich Husain an die Mauern der Kaaba kettet, ist er nicht sicher – wir werden ihn töten."

Da er der heiligen Stadt, in der sein Großvater eine Generation zuvor verfolgt worden war, nicht noch mehr Krieg und Totschlag bringen wollte, verließ Husain im September 680 Mekka und machte sich auf den Weg in den Irak, von wo Tausende ihm geschrieben und ihre Unterstützung zugesichert hatten. „Eile zu uns, oh Husain", flehten sie, „die Menschen erwarten dich und wir unterwerfen uns niemandem außer dir. Nimm deinen rechtmäßigen Platz als wahrer Erbe des Propheten ein, als sein Enkelkind, sein Fleisch und Blut durch Fatima, deine Mutter. Hole die Macht dorthin zurück, wo sie hingehört, in den Irak. Unter deinem Banner werden wir die Syrer davonjagen. Wir werden die Seele des Islam zurückerobern." Husain entsandte eine eigene Abordnung in den Irak, die ihm bestätigte, dass ein Heer von 12 000 Mann bereitstehe. Seit dem Mord an seinem Vater, dem Kalifen Ali, hatte er sich zwanzig Jahre lang in Geduld geübt.

Seit dem Tod seines Großvaters, des Propheten, bei dem er noch im Kindesalter war, hatte Husain sein ganzes Leben im Schatten der Kalifen verbracht. Jetzt, mit Mitte fünfzig, waren er und sein Geschlecht die Hüter und Bewahrer der Religion, die sein Großvater begründet hatte. In Begleitung seiner Familie verließ er nun Mekka. Die achtzehn Frauen und Kinder in seinem Gefolge waren seine und seines Bruders nächste Verwandten. Husains Instinkt riet ihm, dem Kalifen Yazid nicht zu vertrauen, und die Urenkel des Propheten nicht alleine zurückzulassen.

Als er Medina gen Mekka verließ und kurz darauf von Mekka in den Irak aufbrach, wiederholte Husain folgende Worte: „Ich möchte kein Unheil anrichten, noch dem Volke schaden, aber ich verlange Gerechtigkeit. Wir müssen das Rechte tun und dem Bösen ein Ende bereiten. Ich will, dass die Botschaft des Islam, für die mein Großvater einstand, weiterlebt." Das war Husain in Höchstform. Gleichzeitig kam darin die Idealvorstellung eines Islam zum Ausdruck, dem es allen Widrigkeiten zum Trotz um Gerechtigkeit und Freiheit von Tyrannei ging. Die nachfolgenden Tage sollten sich als voll von Entbehrung, Schmerz und Tränen erweisen. In der Dunkelheit der Nacht wandte sich Husain an seine 72 Reisegefährten und gestattete ihnen, jederzeit zu gehen. „Es ist Nacht und ihr könnt gehen, ohne dass ihr euch schämen müsstet, gesehen zu werden, wie ihr mich und meine Familie verlasst. Niemand soll es erfahren. Und ich vergebe euch. Bitte geht guten Gewissens."

Seine Gefährten weigerten sich jedoch, ihn alleine zurückzulassen, und trotz der Gefahren, die vor ihm lagen, brach Husain entschlossen in den Irak auf. „Die Herzen der Iraker mögen mit dir sein", warnte ihn ein Bote, der aus Kufa, der Hauptstadt zur Zeit des Kalifats seines Vaters Ali, zu Husain geritten kam, „doch ich fürchte, ihre Schwerter gehören Yazid. Ich bitte dich, bei Gott, nach Mekka zurückzukehren."

In der Zwischenzeit hatte der Statthalter von Mekka in Sorge um Husains Leben Boten nach ihm gesandt, die ihn inständig zur Umkehr aufforderten und ihm „sicheres Geleit, Wohlwollen, Großzügigkeit und Schutz" zusicherten. Husain war der Enkel des Propheten. Der Prophet Mohammed hatte seine Familie und seine Gefährten gelehrt, dass ein Prophet, der einmal sein Kriegszeug gerüstet hatte, niemals heimkehren würde. Er hatte bis zum Sieg in dieser Welt zu kämpfen oder zum Märtyrer in der nächsten zu werden. Husain antwortete: „Die beste Garantie für sicheres Geleit stammt von Gott. Ein Mann reist in der Dunkelheit, wobei sein Schicksal ihm entgegenreist."

Auf ihrem Weg nach Kufa holten weitere Sendboten Husain und sein Gefolge ein. Angst breitete sich aus. Husain müsse zurückweichen, übermittelten ihm die Botschafter, und einen besseren Zeitpunkt für sein Vorhaben abwarten. Sein Vater, Imam Ali, hatte Verhandlungen zugestimmt. Sein älterer Bruder Hasan hatte sich für den Machtverzicht entschieden. Aber Husain war fest entschlossen, weder zu verhandeln, noch abzudanken. Er wollte den Islam mit seinem Blut erneuern. Sowohl für Sunniten als auch Schiiten bildet der Aufbruch Imam Husains in den Irak ein mustergültiges Beispiel für Mut, Selbstaufopferung und das Streben nach Gerechtigkeit.

Drei Wochen nachdem er Mekka verlassen hatte, stand Husain kurz vor Kufa. Aus dieser Stadt an den Ufern des Euphrats hatte er den Löwenanteil an Unterstützerbriefen erhalten. Unter Imam Ali war Kufa die Hauptstadt des islamischen Kalifats gewesen. Die Bewohner Kufas wollten, dass das Kalifat wieder an die Familie des Propheten überginge – und somit auch an sie selbst, da sie sich den Tyrannen aus Damaskus widersetzten. Ihr Treuegelübde galt dem Propheten sowie Imam Ali und der Dynastie, deren Bannerträger Husain nun war.

Am Ende des Tages, 30 Kilometer vor Kufa, schlugen Husain und sein Gefolge ihr Nachtlager auf. Sie zogen es vor, nicht bei Dunkelheit in die Stadt einzuziehen. Als sich dort die Kunde verbreitete, der Enkel des Propheten stehe kurz vor den Toren, entsandte der Yazid treu ergebene Statthalter einhundert Mann, um Husain und seine Gefährten zur Umkehr zu bewegen.

Der Krieger, der das Bataillon anführte, ging in die Annalen der islamischen Geschichte ein. Sein Name lautete Hurr al-Riyahi, wobei *hurr* ‚frei' bedeutet. Mit Befehlen des Statthalters von Kufa ausgestattet, schritt er auf Imam Husain zu. Sein Gang zeugte von Tapferkeit, allerdings drehte er sein Schild als Zeichen des Friedens herum. Entgegen den Anweisungen des Statthalters konnte sich Hurr nicht dazu durchringen, die Familie des Propheten festzunehmen. Mit seinen Soldaten im Rücken bat er Imam Husain, in Frieden nach Mekka abzuziehen oder andernfalls Yazid Treue zu geloben.

„Nein, bei Gott", entgegnete Husain. Er stand erhobenen Hauptes in seinem Sattel und wandte sich an die Soldaten aus Kufa:

> Niemals werde ich einem Tyrannen meine Hand reichen wie ein gedemütigter Mann, noch werde ich fliehen wie ein Sklave. Nicht, dass mein Name Yazid laute. Niemals werde ich Verachtung vor Würde hinnehmen. Ich habe hier zwei Satteltaschen voller Briefe an mich. Eure Boten haben mir euren Treueschwur überbracht. Wenn ihr diesen Schwur nun erfüllt, werdet ihr rechtens handeln. Mein Leben wird fortan mit eurem Leben, meine Familie mit euren Familien verbunden sein. Wenn ihr aber euren Bund mit mir aufkündigt, habt ihr euer Schicksal vertan und euer Los besiegelt, denn wer gegen sein Wort handelt, handelt gegen seine Seele.

Noch immer halten Muslime die bewegenden Worte Husains in Erinnerung. Schiiten lernen sie auswendig und tragen sie jedes Jahr vor, wenn sie der Katastrophe von Kerbela gedenken. Eindeutig auf Yazid und seinen Statthalter in Kufa gemünzt, brüllte Husain: „Das Gute in der Welt befindet sich auf dem Rückzug. Was einst gut war, schmeckt nun bitter. Erkennt ihr denn nicht, dass die Wahrheit nicht länger gepflegt wird? Dass der Verlogenheit nichts mehr entgegengesetzt wird? Wenn dem so ist, sehe ich in einem Leben unter solchen Unterdrückern nur Mühsal und im Tod ein erlösendes Martyrium."

Für Imam Husain gab es nun kein Erbe mehr anzutreten, keine Gelübde, keine Waffen, weder Wohlstand noch Macht, geschweige denn eine organisierte Schar von Unterstützern hinter sich. Rein gar nichts. Yazid und die Umayyaden kontrollierten jeden Winkel der Gesellschaft. Husain blieb nur noch eine Waffe: sein eigener Tod. Für ihn bedeutete das Martyrium keinen Verlust. Es war eine bewusste Entscheidung, zum *Schahid*, einem Zeugen, zu werden, im Widerstand gegen den ungerechten Kalifen Yazid seinem Herrn im Tode gegenüberzutreten, zu seinem Vater, seiner Mutter und seinem Großvater zurückzukehren.

Hurr war nicht in der Lage gewesen, Husain festzunehmen, doch ebenso wenig konnte er ihm den Zuritt nach Kufa gewähren. Husain machte dem Krieger allerdings ein Zugeständnis, indem er sich von der Stadt abwandte, ohne aber nach Mekka umzukehren. Stattdessen marschierte er drei Tage lang nach Norden und führte seine kleine Karawane in der Wüstenhitze ins Niemandsland. In Sichtweite des kühlen blauen Wassers des Euphrats trieb er sie weiter an.

Die Neuigkeiten, dass Hurr die Familie des Propheten zwar von Kufa weggeleitete, sie aber nicht festgenommen hatte, erreichten bald den Statthalter von Kufa. Außer sich vor Wut entsandte dieser daraufhin eine viertausend Mann starke Streitmacht aus berittenen Einheiten und Bogenschützen, die von einer menschlichen Bestie angeführt wurde: Schimr. Die Truppe ging einem unmissverständlichen Auftrag nach: Husains Familie in der unerbittlichen Wüstenhitze festzusetzen und ihnen jeglichen Zugang zum Fluss zu verwehren. Letztlich würde der Durst Husain mit Sicherheit zur Kapitulation zwingen.

Der Ort dieser Belagerung sollte als Kerbela Bekanntheit erlangen, was wörtlich ‚Ort von *Karr* und *Bala*', also von ‚Prüfung und Drangsal', bedeutet. Die Stelle, an der Tausende Soldaten des korrupten Kalifats von Yazid Imam Husain und sein 72-köpfiges Gefolge in der unerbittlichen Sonne in einen Hinterhalt lockten, wurde zum Sinnbild für den Kampf der Wahrheit gegen die Verlogenheit.

In den nächsten sieben Tagen gab Husain Anlass für eine neue Geschichtsschreibung. Sein Leiden bildet das Herzstück für *Aschura*, das alljährliche Gedenken, bei dem die Schiiten Husains Schmerz und seinen Verlust mit *Ta'ziye*, sogenannten Passionsspielen, betrauern. Die Qualen Husains werden zudem im heutigen Selbstbehauptungskampf der Muslime von Schiiten wie Nicht-Schiiten wach gehalten. Seine Taten und seine Haltung, seine Gelassenheit angesichts der Belagerung, sind Muslimen zu einem inspirierenden Vorbild geworden.

Husains Neffe Qasim, der Sohn Imam Hasans, der mit der Karawane zog, wusste, dass der Gruppe in Kerbela das Martyrium bevorstand. Bei sich trug er ein Schreiben, das sein Vater auf dem Totenbett verfasst hatte, mit dem Wortlaut: „Der Tag wird kommen, wenn der Islam durch das eigene Blut gerettet werden muss. Mein Bruder Husain wird dich brauchen. Sei an diesem Tage bei ihm und vertrete mich." Unter der Führung von Qasim ritten mehrere Mitglieder aus dem Hause des Propheten in die feindlichen Reihen und damit in den sicheren Tod. Die für Muslime schmerzvollste Erinnerung ist dabei jene an den sechs Monate alten Sohn von Husain, Ali al-Asghar, der in der sengenden Hitze qualvoll vom Durst geplagt wurde.

Imam Husain hielt das durstige, weinende Kind Schimr und den Wächtern Yazids entgegen und sprach: „Mit mir seid ihr im Krieg. Dieses Kind hat nichts Falsches getan." Bevor Husain seinen Satz beenden konnte, durchbohrte ein dreiköpfiger Pfeil den Hals des hilflosen Babys. Husain kehrte mit dem winzigen blutgetränkten Leichnam in sein Zelt zurück. Als das Weinen des Babys verstummte, hoben die Frauen zu klagen an. Es war der letzte Tag der Belagerung.

In jener Nacht richtete sich Imam Husain ein weiteres Mal an sein Gefolge. Vollkommen beherrscht sprach er: „Euch alle entbinde ich hiermit eures Treuegelübdes mir gegenüber. Ich erlege euch keine Pflichten auf. Geht nun im Schutz der Dunkelheit nach Hause. Nutzt die Nacht als Kamel, auf dem ihr davonreitet. Yazids Männer wollen allein mich. Sobald sie mich haben, werden sie aufhören, euch zu verfolgen. Ich bitte euch, kehrt um in eure Heimat und zu euren Familien."

Doch niemand regte sich. Mit trockenem Mund und heiserer Stimme sprach einer von Husains Gefährten: „Wir werden mit dir kämpfen, bis unser Schicksal uns einholt." Andere schickten sich an, ihren Schwur zu erneuern, und bekräftigten, den Prophetenenkel niemals zurückzulassen. Sichtbar bewegt, die Fassung aber bewahrend, sprach Husain: „So bittet Gott um Vergebung. Unser letzter Tag wird der morgige sein." Dann rezitierte er einen allen Muslimen wohlbekannten Koranvers, der bei Todesfällen oder Schwierigkeiten vorgetragen wird: „Zu Gott gehören wir und zu Gott kehren wir zurück."[7]

In jener Nacht legte Imam Husain ein weißes Baumwollgewand an – sein Leichenhemd. Er zerließ etwas Myrrhe und legte sie als Parfüm auf. Tränen rannen über die ausgetrockneten Gesichter der Prophetenfamilie in Anbetracht des bevorstehenden Endes.

Am Morgen verabschiedete sich Imam Husain von den Frauen in seiner Familie und stieg auf seinen weißen Hengst. Mit einer kleinen Schar an Kriegern setzte er den feindlichen Linien heftig zu. „Bei Gott, ich habe seinesgleichen vorher nicht gesehen und auch hinterher nicht mehr", erinnerte sich später einer von Yazids Soldaten. „Das Fußvolk wich vor ihm zurück, wie Ziegen vor einem Wolf fliehen." Trotz seines Vordringens hielt die feindliche Streitmacht ihre Angriffe aufrecht. Als er schließlich zu Boden ging, steckte ein Pfeil in seiner Schulter und sein Körper war mit 33 Messer- und Schwertstichen übersät. Sein Pferd ritt alleine ins Lager zurück. Rein physisch war Imam Husain nicht länger am Leben, doch spirituell hält er das muslimische Bewusstsein seither gefangen.

Schimrs Männer gaben sich nicht damit zufrieden, ihn zu töten. Sie trennten Husain den Kopf ab und spießten ihn auf eine Lanze. Dann schickte Schimr die Prophetenfamilie mit den Frauen und Kindern als Gefangene, unverschleiert, unehrenhaft, nach Damaskus, damit sie sich dem Kalifen Yazid unterwarfen. Husains sprachgewandte Schwester Zainab führte die Karawane mit Husains einzigem überlebenden Sohn Zain al-Abidin im Arm nun an. In Anwesenheit Hunderter Zeugen verkündete sie am Hofe des Kalifen:

> Oh Yazid, glaubst du, dass du tatsächlich den Himmel und die Erde vor uns versperrt hättest, sodass wir nun deine Gefangenen wären, nur weil wir in Reih und Glied vor dich gebracht worden sind? Und dass du nun die Kontrolle über uns behieltest? Jetzt bist du überheblich in deiner Freude, aber warte nur. Freue dich nicht zu früh.

Sodann rezitierte sie einen Koranvers, der Yazid daran erinnern sollte, was Tyrannen letzten Endes in dieser wie in der nächsten Welt zu verlieren haben. Und tatsächlich herrschte Yazid, nachdem seinetwegen so viel teures Blut vergossen worden war, nur für drei Jahre von 680 bis 683.

Der gewaltsame Tod des Prophetenenkels erschütterte die gesamte islamische Welt. In Mekka und Medina brachen Aufstände aus, die Yazid mit brutaler Härte niederschlagen ließ. Die Armee des Kalifen belagerte Mekka und nahm den heiligen Bezirk unter Katapultbeschuss, bis die Kaaba in Flammen aufging. Seine Streitkräfte griffen ebenso Medina an und vergewaltigten zahlreiche Frauen in der Stadt des Propheten. Derlei Grausamkeiten fügten Muslime innerhalb nur eines Jahrhunderts nach dem Ableben des Propheten in dessen eigener Stadt einander zu.

Während all dessen baute sich Zainab am Kalifenhof erhobenen Hauptes vor Yazid auf. Sie zieh ihn dafür, dass er seinem eigenen Weibsvolk das Tragen des Schleiers gewährte, während die Prophetentöchter barhäuptig und unehrenhaft vor Damaskus zur Schau gestellt worden waren. Zainab zog sich bis zu ihrem Tod im Jahr 682 an den Stadtrand von Damaskus zurück. Sie lebte mit einer Schar Gläubiger, Imam Ali und Husain treu ergeben, trug die Lektionen von Kerbela weiter und hielt die Erinnerung an das Geschehene wach.

Ihr Neffe, der große Imam Zain al-Abidin, wuchs heran und wurde, seinem Namen entsprechend, zum ‚Fürsten der Frommen'. Er war auch als Imam al-Sadschad bekannt beziehungsweise als der Imam, ‚der sich dauernd zum Gebet niederwarf'. Von allen Muslimen, Sunniten wie Schiiten, war es seine legendäre Frömmigkeit, die Sufiorden und spirituellen Traditionslinien, die bis heute Bestand haben, den Weg bereitete. Muslime halten sich noch heute an seine Lehren. Er kehrte nach Medina zurück, wo er eine erlesene Schar von Muslimen unterrichtete und im Jahre 713 starb und beigesetzt wurde. Mehr als eintausend Jahre später, im Jahr 1925, wurde sein Heiligenschrein auf Anweisung salafistischer Geistlicher, welche die Verehrung der Prophetenfamilie für eine Art Polytheismus hielten, von der damaligen saudischen Obrigkeit zerstört. Die Auslöschung historischer Stätten durch die Saudis befeuerte die Spannungen mit Mainstream-Muslimen und vor allem der Schia. Die Feindseligkeit der Türkei und des Iran gegenüber dem saudischen Salafismus entspringt eben solchen vorsätzlichen Zerstörungen durch die Saudis.

Das überwältigende Grabmal Zainabs steht auch heute noch in Damaskus. Und in der Umayyaden-Moschee findet sich die Gebetsnische Zain al-Abidins in jener Ecke, in der Yazid das Haupt von Imam Husain vergraben ließ. Ein nicht abreißender Strom von Muslimen besucht diese Heiligtümer und gedenkt dabei Kerbela. Sowohl für Schiiten als auch Sunniten liegt Kerbela nicht 1300 Jahre zurück. Es fühlt sich an, als habe das Massaker zu unseren Lebzeiten stattgefunden, als sei es unser persönliches Versagen, dass niemand Imam Husain zu Hilfe kam. Diese Schuld liegt noch immer schwer auf dem Gewissen der Muslime. Die iranische Regierung hat Soldaten nach Syrien geschickt, um Gräber vor der Zerstörung durch gewalttätige Salafisten wie ISIS zu beschützen.

Dennoch, auch wenn sowohl Sunniten als auch Schiiten diese Schuld empfinden, manifestiert sie sich auf sehr unterschiedliche Weise. Nach Kerbela befragt, empfinden die meisten sunnitischen Muslime Bedauern, Reue und Kummer darüber, dass der geliebte Enkel des Propheten von anderen Gläubigen getötet wurde. Allerdings erfassen sie die Komplexität des Geschehenen nicht. Als Sunniten fürchten sie die *fitna*, die Zwietracht, was zur Verzerrung jener schmerzvollen Episode der Geschichte führt.

Für Schiiten ist es gerade umgekehrt. Sie klammern sich an jedes Detail von Kerbela. Im Leben, der Kleidung, den Farben und dem Bekenntnis der Schia spiegelt sich diese Katastrophe wider. Die Mehrheit der praktizierenden Schiiten trägt schwarze Kleidung. Frauen tragen schwarze Gewänder und Männer, die ihre Abstammung auf Ali zurückführen, tragen schwarze Turbane und Gewänder, um ihrer Trauer um den Tod Imam Husains Ausdruck zu verleihen. Dieser Trend zeigt sich bei Hasan Nasrallah von der Hisbollah, Muqtada al-Sadr im Irak und Chomeini im Iran ebenso wie bei Millionen von Frauen, die im Iran oder in Afghanistan einen Tschador tragen, mit dem sie Kinn, Stirn sowie ihren Körper in schwarzen Tuchstoff hüllen. Sunnitische Frauen tragen in der Regel eher ein separates Kopftuch zur *Abaya*, ihrem Überwurf.

Schiiten glauben daran, dass Zain al-Abidin, der Sohn Imam Husains, nach dem Tod seines Vaters zu ihrem Imam avancierte. So wurde das Imamat vom Vater auf den Sohn übertragen, bis der zwölfte Imam im Jahr 873 ins Verborgene beziehungsweise an einen spirituellen Geheimort entschwand. Daher sind die meisten schiitischen Muslime auch als *Ithna Ashariya*, als ‚Zwölfer' bekannt, weil sie von dem Glauben erfüllt sind, dass es inklusive Ali zwölf Imame gab. Sektiererische Glaubensgruppen wie zum Beispiel die Ismailiten oder Alawiten glauben an eine abweichende Zahl von Imamen. Während Sunniten davon überzeugt sind, dass nur der Prophet vor Fehlbarkeit gefeit war, glauben Schiiten, dass die Imame als Abkömmlinge des Propheten ebenfalls unfehlbar gewesen seien. Schiiten leben in der Erwartung des letzten Imams, der auch als Mahdi bezeichnet wird, eine mythische Figur, die am Ende der Zeit erscheinen und – gemeinsam mit Jesus – Frieden über eine Welt im Chaos bringen wird. Der frühere Präsident des Irans, Mahmud Ahmadinedschad, hielt in Kabinettssitzungen stets einen Stuhl für den Mahdi frei.

Die meisten Muslime glauben, dass der Prophet nur seine unmittelbare Familie als nächste Angehörige bezeichnete. In der Schia spendet man jedoch ein Fünftel des Einkommens an diejenigen, die als Nachfahren des Propheten und damit als religiöse Führer gelten. Auf diese Weise folgt man der koranischen Verfügung, ein Fünftel der Kriegsbeute beziehungsweise ein Fünftel des muslimischen Staatsschatzes solle an die Prophetenfamilie abgeführt werden. Eine Praxis, die als *Chums*, oder ‚ein Fünftel' bekannt ist. Heutzutage finanziert dieses uralte Verfahren Tausende schiitische Gelehrte in den heiligen Stätten von Qom im Iran, Nadschaf im Irak und in Syriens Hauptstadt Damaskus ebenso wie in kleineren muslimischen Gemeinden auf der ganzen Welt.

Wenn Schiiten beten, drücken sie ihre Stirn auf einen flachen Stein, der dem Erdboden von Kerbela entnommen wird. In ihren Gebeten und Ritualen tritt häufig das Gedenken an den Propheten und seine Familie in den Vordergrund. Beim Besuch von Gräbern und Heiligtümern im Nahen Osten trauern und weinen gläubige Anhänger der Schia für gewöhnlich und rezitieren traurige Verse, um an Kerbela zu erinnern. Sunniten gehen im Allgemeinen keinen derartigen Gepflogenheiten nach.

Unter arabischen Sunniten, insbesondere in Saudi-Arabien und am Golf, lautet die abwertende Bezeichnung für Schiiten *Rawafid* für ‚die Verweigerer'. Der Name leitet sich von der Ablehnung der ersten drei Kalifen des Islam durch die Schia ab. Diese Verunglimpfung der Schia ist seit den 1790er Jahren, als salafistische Extremisten aus dem heutigen Saudi-Arabien Kerbela und andere von der Schia dominierte Städte überfielen, fester Bestandteil des modernen arabisch-islamischen Sprachgebrauchs. Al-Qaida, ISIS und andere gewalttätige salafistisch-dschihadistische Bewegungen verwenden eben dieses Wort, um das massenhafte Morden an Schiiten zu rechtfertigen.

Auch wenn die Gebräuche und Gebete der Schia auf Sunniten sonderbar wirken, so erscheinen im Gegenzug den Schiiten ihre sunnitischen Brüder tyrannisch, unüberlegt, illoyal, und – schlimmer noch – als Unterstützer von

Mördern. Sunniten erkennen Abu Bakr, Omar und Uthman als ‚rechtgeleitete' Kalifen an, womit sie Imam Ali als Mohammeds rechtmäßigen Nachfolger zurückweisen. Unter Berücksichtigung der Lebenswirklichkeit jener Epoche betrachten sie die Umayyaden-Dynastie, wenn auch mit Makel behaftet, als Kalifat und Teil einer legitimen historischen Abfolge.

Von Seiten der Schia herrscht viel Groll auf die sunnitische Mehrheit. Gegenüber den Schiiten verhielten sich die Sunniten, die die ganze islamische Geschichte hindurch sowohl zahlenmäßig als auch militärisch die stärkere Gruppe bildeten, jedoch weitestgehend tolerant. Wo diese Toleranz in der Vergangenheit in einigen wenigen Fällen fehlte, schufen Schiiten das *Taqiya*-Dogma, die legitime Verheimlichung ihres Glaubens, um Verfolgung zu entgehen.[8] Den meisten Sunniten ist die *Taqiya*-Doktrin unbekannt, obwohl seit dem 11. September sunnitische Aktivisten in Amerika von anti-muslimischen Experten regelmäßig der *Taqiya* beschuldigt werden, mit deren Hilfe sie den Westen nämlich zum Islam konvertieren wollten (falscher Vorwurf und verkehrte Konfession). Dies ist ein weiteres Beispiel dafür, wie Außenstehende missverstehen, was drinnen im Haus des Islam vor sich geht. Die Rivalität des Iran und seiner Verbündeten mit Saudi-Arabien und dessen Golf-Alliierten wuchert bis in den Syrienkrieg. Dabei hat dieser Krieg zwischen Sunnis und Schia seinen Höhepunkt längst noch nicht erreicht.

Die Emotionen rund um Kerbela leben weiter. Eine mögliche Ausweitung des derzeitigen Konflikts zum Flächenbrand wäre weitaus schlimmer als alles, was wir im Irak, in Syrien, im Libanon, dem Jemen und Pakistan bisher zu sehen bekamen. Was vermag diese Jahrhunderte alte Wunde zu heilen? Falls irgendetwas das innermuslimische Blutvergießen aufhalten kann, dann ist es die Rückkehr zu einem tieferen, umfassenderen Verständnis der Scharia, das heißt des islamischen Lebenswegs, den die Mehrheit der Muslime, Sunniten wie Schiiten, für heilig erachtet.

Kapitel 5

# Was genau ist die Scharia?

Als die Gefährten des Propheten nach Jemen aufbrachen, um die Menschen dort auf den Pfad Gottes zu führen, ernannte Mohammed den Muadh ibn Dschabal zum Anführer der kleinen Abordnung. Doch den Propheten plagten Zweifel. Er fragte: Wenn es Meinungsverschiedenheiten innerhalb der Gruppe oder mit den Menschen geben sollte, wie würden sie diese beilegen?

„Indem wir den Koran zu Rate ziehen", entgegnete Muadh.

„Und was, wenn der Koran keine Antwort dazu bietet?", hakte der Prophet nach.

„Dann berücksichtigen wir deine Handlungsweisen [oder *Sunna*] hier in Medina", antwortete Muadh darauf.

„Und was, wenn meine *Sunna* keinen zu eurer Frage vergleichbaren Fall kennt, lieber Muadh?"

„So werde ich von meinem Menschenverstand und meiner Urteilskraft Gebrauch machen, oh Prophet Gottes", antwortete Muadh.

Der Prophet lächelte und dankte Gott für Muadhs zufriedenstellende Antwort. Muadh war einer der kundigsten und aufrichtigsten Prophetengefährten. Seine Haltung, die er vor seinem Aufbruch in den Jemen zeigte, verkörpert geradezu den Geist der Scharia, des islamischen Gesetzes.

Vor schwierigen Entscheidungen, die Rat erfordern, befragen Muslime den Koran und den Propheten. Findet sich keine Antwort, so bedient sich ein Muslim seines logischen Denkvermögens, auch *Idschtihad* genannt. Was aber bedeutet es in der Praxis, die heiligen Texte zu deuten? Und weshalb ist die Scharia so kontrovers und im Westen gefürchtet? Lässt sich die Scharia mit der modernen Welt in Einklang bringen?

Das Wort „Scharia" bedeutet auf Arabisch „Pfad zur Wassertränke", ein Ausdruck, der auf das nomadische Erbe verweist. Doch das derart Grundlegende und Einfache hat sich durch die über Jahrhunderte gewachsene muslimische Gelehrsamkeit und die dadurch angesammelten Kommentare zur

Schrift stark verkompliziert. Dass in der islamischen Welt die Scharia größtenteils nicht das Staatsrecht bildet, gibt heutzutage einer weitverbreiteten politischen Sache Auftrieb, nämlich der Protestbewegung moderner Islamisten. Deren Erfolg lässt sich am populär werdenden Ruf nach der Scharia messen, der vermeintlichen Lösung für die Probleme, welche die islamische Welt heimsuchen.

Im Jahr 2011, kurz nach der Revolution in Ägypten, dem größten arabisch-muslimischen Land, ergab eine Umfrage, dass 87 Prozent der Bevölkerung die Scharia als offizielle Rechtsprechung befürworteten.[1] In Ägypten waren 88 Prozent, in Jordanien 83 Prozent für die Todesstrafe auf Apostasie, den Abfall vom Glauben. 80 Prozent der Ägypter sprachen sich für die Steinigung von Ehebrechern aus, während 70 Prozent dafür waren, Dieben die Hände abzuhacken. Im Jahr 2012, als das neue Parlament in Ägypten eine Verfassung entwarf, stellte der zweite Artikel die ‚Prinzipien der islamischen Scharia' als Quelle der Rechtsprechung sicher. Für die Puritaner war diese Klausel eine herbe Niederlage: Die ‚Prinzipien' reichten nicht aus, sie forderten die ganze Scharia als Gesetz. Dieser Vorstoß war das Ergebnis von acht Jahrzehnten volksnahem Aktivismus der Muslimbruderschaft, der in der Öffentlichkeit die Idee „Der Koran ist unsere Verfassung" verankert hatte. Seither gilt alles als Verrat, was vom Koran als „der Verfassung" abweicht. Der saudische Monarch, König Salman, beugte sich dieser Auffassung, als er in seiner ersten großen Rede im Jahr 2015 erklärte, der Koran stelle die Verfassung Saudi-Arabiens dar. Was bedeutet das in der Realität? Die politische Freiheit, den König oder die Puritaner ungestraft infrage zu stellen, existiert in den meisten arabischen Ländern noch nicht.

Islamisten hängen wie besessen am ‚Gesetz Gottes', schon seit Imam Ali im Namen der Auffassung „die Herrschaft ist Gott vorbehalten" getötet wurde. Genau genommen sammeln sich muslimische Aktivisten unter der Scharia, seitdem das säkulare und ‚menschengemachte Gesetz' im Westen die Vorherrschaft antrat.

Die erste Generation von Muslimen hatte entweder direkten Zugang zum Propheten, oder es war nur eine Person dazwischen geschaltet. Fragen der Rechtleitung, die der Koran nicht beantwortete, konnten leicht vom Propheten selbst oder seinen Gefährten gelöst werden. Es kam zu verzwickten Situationen, doch die Lösungen lagen in Reichweite. Stellten die frühen Muslime dem Propheten zu viele Fragen über ihr persönliches Leben oder Befindlichkeiten, die ihm zu weltlich schienen, reagierte er häufig mit Schweigen. Manchmal tadelte er diejenigen auch nachsichtig, die Antworten auf alle Lebensdetails wollten. „*Istafti qalbak* – Frag dein Herz“, entgegnete er dann für gewöhnlich. Das Gewissen war für jedes moralische Dilemma ein ebenso guter Ratgeber wie er. Bekanntlich lehrte der Prophet seine Gefährten: „*Antum a'lamu bi umuri dunyakum* – Ihr wisst am besten über die Angelegenheiten eurer Lebenswelt Bescheid“.

Muslimische Gelehrte nahmen das später als starken Beleg dafür, dass der Islam nicht danach trachte, alle Aspekte im Leben eines Gläubigen zu regeln. Vielmehr sind im Islam weit gefasste moralische Prinzipien angelegt, wie zum Beispiel im Koran und im Leben des Propheten. Ein solch breites Spektrum an Meinungen gefährdete jedoch den Zusammenhalt des neuen Glaubens. Der Koran ist in Mekka und Medina offenbart worden, als die muslimische Gemeinschaft noch relativ überschaubar war. Einhundert Jahre später aber umfasste der Islam ein Reich von Spanien bis nach Zentralasien. Die Schlacht von Kerbela mit ihren Epizentren in Kufa und Damaskus deutete bereits an, dass Mekka und Medina innerhalb der islamischen Welt geopolitisch an den Rand gedrängt worden waren.

Mit dem Anwachsen des Reiches nahm auch die Komplexität des Islam zu. Vom 8. bis ins 10. Jahrhundert wendeten muslimische Denker viel geistige Energie für die folgende Fragestellung auf: Ist es möglich, ein Rechtssystem zur Verwaltung des Reiches zu entwerfen und gleichzeitig lokale Bräuche und Stammeskonventionen zu bewahren sowie den Lehren des Koran und dem Leben des Propheten treu zu bleiben? Diese Suche führte zu der komplizierten Kodifizierung der Scharia.

Die muslimischen Juristen entwickelten fünf Antwortkategorien für die möglichen Anfragen der Gläubigen. *Wadschib* sind Pflichthandlungen wie das Gebet oder die Almosengabe, die von Gott im Jenseits belohnt werden. Mit *mandub* werden Handlungen bezeichnet, die Gott zwar ebenfalls belohnt, welche aber nicht verpflichtend sind, wie beispielsweise die Straßen sauber zu halten. *Makruh* bezeichnet Taten, die man besser unterlässt, welche jedoch keine Sünde darstellen, wie das Rauchen zum Beispiel. Taten, die eine Bestrafung durch Gott im Jenseits verdienen, wie Mord oder Diebstahl, sind *haram*. Zulässige Handlungen hingegen *mubah* oder *halal*. Diese Einstufungen haben die Zeiten überdauert. In der gesamten islamischen Welt beantworten Imame in den Moscheen die Anfragen der Gläubigen, indem sie zwischen *wadschib*, *mandub*, *makruh*, *haram* oder *halal* auswählen.

Historisch betrachtet, ist die große Mehrheit der Rechtswissenschaftler, wie die meisten anderen Muslime auch, darin übereingekommen, dass abgesehen von einigen wenigen Einschränkungen alles *halal* sei. Diese Haltung unterscheidet sich kaum von der Lehre des Apostels Paulus: „Alles ist erlaubt, aber nicht alles dient zum Guten."[2] Doch der Aufstieg der Buchstabengläubigkeit und des Extremismus unter Muslimen weltweit (wie im Kapitel über Salafismus dargestellt) hat einen wesentlichen Wandel hervorgerufen. Damit ist muslimischen Puritanern und ihren Anhängern jetzt alles verboten – *haram* –, außer es ist explizit erlaubt. Ihr Motto lautet: „Für jede Handlung braucht es einen schriftlichen Beleg."

Neben dieser puritanischen Forderung nach einem grundlegenden Gesinnungswandel haben Muslime mit einer weiteren großen Herausforderung zu kämpfen. Die Agenda der Islamisten zielt darauf ab, ihre eigene Schariaauslegung über staatliches Recht zu setzen. Islamisten zufolge sollten *haram*-Handlungen sowohl im Diesseits vom Staat als auch von Gott im Jenseits bestraft werden. Darin liegt der Unterschied zwischen Islamisten und normalen Muslimen. Die meisten Muslime stimmen beispielsweise darin überein, dass Alkohol und Homosexualität gemäß der Scharia verboten sind (wenngleich beides tolerant ausgelegt werden kann). Ginge es nach den Islamisten, sollten derlei Taten vom Staat bereits in der hiesigen Welt verboten und bestraft werden. Dies entsprach in der Vergangenheit jedoch keinesfalls der Haltung der meisten Muslime. Wir wissen das, weil in der 700 Jahre währenden osmanischen Geschichte nur ein einziger Ehebrecher öffentlich gesteinigt wurde. Die Empörung, die dieser eine Fall auslöste, war so groß, dass es unter osmanischer Herrschaft nie wieder so weit kam. Im Lauf der Geschichte haben Muslime es über Jahrhunderte so verstanden, dass *haram* nicht zum Gesetz eines Staates erhoben gehört, sondern dem Gewissen eines jeden Gläubigen überlassen bleiben sollte.

Die puritanische Einstellung der Salafisten, alles zu verbieten, solange es nicht explizit in der Schrift erlaubt wird, mündet in Kombination mit einer islamistischen Rechtsauffassung in Totalitarismus und Faschismus. Mit Zivilcourage und intellektueller Geradlinigkeit scheuen einige muslimische

Führer nicht davor zurück, eben dies als eine Spielart des Faschismus zu benennen. Zum Beispiel hat Salman bin Hamad al Chalifa, der Kronprinz von Bahrain, wiederholt vor den aufstrebenden „faschistischen Theokratien" gewarnt, deren Gefahr wir verstehen und der wir entsprechend begegnen müssten.[3]

Die Scharia ist weitaus komplexer und konstruktiver als die rein binäre Vorstellung von Verbotenem und Erlaubtem. Wenn sich normale Muslime nach mehr Scharia sehnen, dann spiegelt sich darin das Verlangen nach der Komplexität und dem Einfühlungsvermögen, das sie erleben, wenn sie ihre Fragen vor die *Ulama* bringen, die studierten Gelehrten des Islam. Allerdings sollte diese Erfahrung nicht in Schlagzeilen übersetzt werden, die Muslime als Fanatiker darstellen, die nach Steinigungen und Amputationen rufen.

Sunnitische Rechtsexperten beziehen sich auf vier Quellen, um auf die Fragen von Muslimen zu antworten. Ein Rechtsspruch, oder eine *fatwa*, kann nur gefällt werden, nachdem alle vier in Betracht gezogen wurden. Die erste Quelle ist der Koran, der zwar das Verhalten in Angelegenheiten wie Ehe, Scheidung und Erbe vorschreibt, andere Einzelheiten des Lebens jedoch nicht genauer ausführt. Warum sollte er auch? Ja, wenn Gott weitere Einzelheiten hätte aufnehmen wollen, so hätte Er es mit Sicherheit getan. Muslime haben lange diskutiert, ob der Koran als Richtschnur im Leben ausreiche. Doch nach den ersten zwei Jahrhunderten, als das Reich des Islam konsolidiert und das Recht kodifiziert wurde, verlangte es die Muslime nach mehr als dem Koran. Jenes Vermächtnis, mehr als den Koran zu wollen, begleitet Muslime bis heute.

Die zweitwichtigste Quelle bilden die Traditionen rund um den Propheten Mohammed, seine Aussprüche (*Hadithe*), Ansichten und Taten. Muslime fassen diese als *Sunna* oder „Handlungsweisen" zusammen. Der Koran lehrt die Muslime, dem Propheten nachzueifern, um Gott in Liebe näherzukommen. Die Schwierigkeit liegt darin, auseinanderzuhalten, was der Prophet von den Dingen, die ihm zugeschrieben werden, tatsächlich gesagt hat.

Einige der heutzutage unter allen Muslimen am meisten verbreiteten Hadithe lauten wie folgt:

„Wer den Menschen keinen Dank entgegenbringt, dankt auch Gott nicht."

„Eine ältere Person zu ehren, zollt auch Gott Respekt."

„Der Himmel liegt zu den Füßen eurer Mütter."

„Gott ist schön und Er liebt die Schönheit."

„Der Schlüssel zum Paradies liegt im Gebet."

„Niemand ist ein wahrer Gläubiger, bis dass er seinem Bruder zugesteht, was er für sich selbst begehrt."

Diese Hadithe beispielsweise stehen nicht im Widerspruch zum Koran, sie sind ganz und gar mit dem Geist der Lehren des Propheten vereinbar. Derlei korankonformes Hadithmaterial findet bei Muslimen Anklang und wird gleichermaßen in Predigten, Buchzitaten und anderen religiösen Erzeugnissen aufgegriffen. Allerdings existieren auch andere angebliche Hadithe, die Hunde und Frauen als verabscheuungswürdig darstellen sowie Juden, Homosexuelle und Christen verdammen – deren Echtheit ist jedoch fragwürdig. Sie spielen aber dennoch eine Rolle, weil sie den Glauben und die Einstellung der Muslime gegenüber Hunden, Frauen, Homosexualität, Juden und Christen direkt beeinflussen. Bestimmte Hadithe zu prüfen und infrage zu stellen, ist darum mehr als nur eine akademische Spielerei.

Es existieren schriftliche Koranbelege aus der Zeit des Propheten, doch die frühen Kalifen verboten die Niederschrift von Hadithen, welche wiederum mehrheitlich zweihundert Jahre nach dem Tod des Propheten verschriftlicht wurden. Die Kalifen befürchteten, die Muslime würden den Propheten mit Gott gleichstellen beziehungsweise die Hadithe mit dem Koran. Omar bestrafte einen bedeutenden Hadithsammler, Abu Huraira, dafür, dass er die angeblichen Taten und Aussprüche des Propheten dokumentierte, und verbannte ihn nach Bahrain. Das Hauptaugenmerk hatte auf dem Koran zu liegen.

Und trotz dieser Vorkehrungen wollen die meisten Muslime sowohl dem Koran als auch der *Sunna* Folge leisten. Auf der ganzen Welt konzentrieren sich die islamistischen und salafistischen Bewegungen auf diese beiden Stränge der Scharia. Allerdings schenken sie der Tatsache, dass die Hadithe erst so spät nach dem Dahinscheiden des Propheten aufgeschrieben wurden, keinerlei Beachtung. Es findet außerdem, was noch schlimmer ist, kaum Kritik am Inhalt der Hadithe statt. Zum Beispiel findet weder die Steinigung von Ehebrechern bis zum Tode, noch das Töten Abtrünniger oder die Vorgabe, Homosexuelle von Hochhäusern zu werfen, im Koran Erwähnung. Genauso wenig steht dort, Männer müssten sich einen Bart wachsen lassen und kurze Gewänder tragen, oder dass Frauen ihr Haar zu bedecken hätten. All diese Handlungen entstammen angeblichen Aussprüchen des Propheten. Den Muslimen ist der Mut abhandengekommen, Hadithe infrage zu stellen, die nicht dem Koran entsprechen.

Sind diese Praktiken heute überhaupt noch zulässig oder überhaupt notwendig? Sind sie ursprünglich religiös oder eher kulturell bedingt? Apostasie bedeutete einst Hochverrat – aber warum werden Apostaten noch heute mit dem Tod bestraft, wo jeder frei ist, in seinem Glauben zu missionieren und sich gleichermaßen von ihm loszusagen? Wo liegt der Vorteil, wenn eine verschleierte Frau in Kairo mit derselben Wahrscheinlichkeit belästigt wird wie eine Frau, die kein Kopftuch trägt? Die gesammelten Hadithe einer neuerlichen Prüfung zu unterziehen oder infrage zu stellen, fällt unter den Tisch, stattdessen wird der Verstand in diesen Angelegenheiten lieber abgeschaltet. Unter den meisten Muslimen ist das zur Normalität geworden. Fatalerweise wird der Inhalt von Hadithen, der *matn*, nicht zum Koran in eine logische Beziehung gesetzt und so auf seine Stichhaltigkeit überprüft. Solange der *isnad*, die Überliefererkette und Herkunftsangabe, stimmig ist, wird ein Hadith gemeinhin akzeptiert.[4] Diese Vorgehensweise hat dazu geführt, dass Tausende gefälschte Pseudo-Hadithe Eingang ins kollektive Bewusstsein der Muslime fanden.

Die dritte ergänzende Quelle der Scharia stellt der Analogieschluss oder *Qiyas* dar. Ergab sich für die Juristen eine Situation, für die es keinen Präzedenzfall im Koran oder in der *Sunna* gab, so zogen sie auf Grundlage des *Qiyas* neue Schlüsse. Imam Abu Hanifa (gest. 767), Gründer einer der großen Rechtsschulen, führte dieses Instrument des gesunden Menschenverstandes in die islamische Rechtstheorie ein. Den Ausgangspunkt hierfür bildeten die Anweisungen des Propheten an Muadh, als dieser in den Jemen aufbrach. Beispielsweise wird der *Qiyas* auf das koranische Weinverbot angewandt, indem dieses Verbot auf den Konsum von Kokain sowie anderen Drogen übertragen wird. In Ermangelung klarer Hinweise in der Schrift wenden die Gelehrten *Qiyas* als Richtschnur für die Gläubigen an.

Die letzte zusätzliche Rechtsquelle ist der Konsens der muslimischen Gemeinde, der *Idschma*. Vom Propheten wird angenommen, dass er erklärt habe, seine Gemeinde würde sich nie auf einen Irrtum einigen. Um islamische Sitten und Gebräuche aufrechtzuerhalten, entwickelte sich *Idschma* zum vierten Nebenarm der Scharia. Die Anwendung von *Idschma* findet sich beispielsweise darin wieder, wie und wann Muslime beten. Unter Gelehrten ist die exakte Definition von *Idschma* jedoch umstritten: Soll zum Beispiel der *Idschma* gewöhnlicher Muslime mit einbezogen werden oder lediglich jener der führenden Gelehrten?

Diese vier Quellen der Scharia – Koran, *Sunna*, *Qiyas*, *Idschma* – werden von der großen Mehrheit der Muslime anerkannt. Die Pionierarbeit und Systematisierung geht auf Abu Hanifa und seine Schüler zurück. Aber wie bei allen anderen menschlichen Errungenschaften auch, stimmt nicht jeder allem vorbehaltlos zu. Die meisten Muslime glauben heutzutage, dass Koran und *Sunna* die Hauptquellen der Scharia bilden, wobei ersterer unanfechtbar sei, letztere zumindest diskutabel. Anhänger anderer Rechtsschulen beanstanden allerdings, dass der *Qiyas* zu stark von den frühen, griechisch beeinflussten Logikern im Islam, den Mu'taziliten, bestimmt sei. Die Schule des Imam Malik (gest. 795) lehnt den *Qiyas* rundheraus ab und zieht es stattdessen vor, den Gepflogenheiten der Bewohner von Medina, der Stadt des Propheten, zu folgen.

Neben jenen vier beziehen unterschiedliche Denkschulen auch andere Quellen der Scharia mit ein. Unter anderem den *Rai al-sahaba*, die Meinung von ehrwürdigen Prophetengefährten; *Urf* oder *Aada*, was Sitten oder Gewohnheiten bedeutet; *Scharia man qablana*, die Gesetze der Menschen aus vorislamischer Zeit; sowie *sadd al-dara'i*, was soviel wie „von Irrwegen abhalten" heißt. Diese Ansätze hängen für viele muslimische Juristen wiederum von einer weiteren Quelle ab: *Istichsan*, was „für gut oder schön befinden" bedeutet. Juristisch betrachtet, lässt sich durch *Istichsan* die persönliche Meinung ins Spiel bringen, um Härten oder unfaire Bestimmungen zu vermeiden, die aus einer buchstabengetreuen Anwendung des Rechts resultieren würden. *Istichsan* kann somit auch als ‚juristische Präferenz' oder ‚Ermessensentscheidung' übersetzt werden und zielt darauf ab, dem Gerechtigkeitsideal sowie dem Allgemeinwohl zu dienen.

All diese Prinzipien finden an vielen verschiedenen Stellen im Koran Erwähnung, die allesamt bekräftigen, dass der Islam auf Leichtigkeit (*Yusr*) – nicht auf Mühsal (*Usr*) – ausgerichtet sei. Wenn Muslime ein Schariaurteil verlangen, rezitieren sie Koranverse wie den folgenden: „Gott möchte Glückseligkeit und Erleichterung für euch und Er will euch keine Erschwernis auferlegen“[5]. All diese islamischen Rechtsvorgaben sind den diversen Rechtsschulen (*madhabs)* eigen, denen die große Mehrzahl der Muslime angehört.

Für Sunniten gibt es vier große Imame, die diese Denkschulen begründeten: Imam Abu Hanifa (gest. 767), Imam Malik ibn Anas (gest. 795), Imam Idris al-Schafi‘ (gest. 820) sowie Imam Ahmad ibn Hanbal (gest. 855). Über die Jahrhunderte sind Hunderte solcher Schulen entstanden, aber diese vier haben die Zeit überdauert. Zusammengenommen lenken und unterweisen sie die überwiegende Mehrheit der Muslime heutzutage in ihren Geschicken. Dabei handelt es sich bei den betreffenden Juristen nicht um realitätsferne Wissenschaftler: Sie sind fester Bestandteil des im muslimischen Mainstream vorherrschenden Selbstverständnisses. Zuerst identifiziert man sich als Sunnit, danach als Angehöriger einer der vier genannten Schulen.

Imam Abu Hanifa war persischen Ursprungs. In Kufa geboren, half er beim Aufbau von Bagdad, wo er auch starb. Seine Schule, die Hanafiya, gilt als die erste Exegeseschule, da sie zeitlich dem Propheten am nächsten steht. Ihr Fokus liegt auf der Einbeziehung logischer Prinzipien in die Scharia. Abu Hanifa erfreut sich noch heute großer Beliebtheit unter Muslimen. Die Osmanen und Moguln zählten zu den Hanafiten. Noch heute gehören Muslime vom indischen Subkontinent sowie aus der turksprachigen Welt überwiegend zur Hanafiya, womit die Anhänger dieses Imams mit Abstand die Mehrheit unter den Sunniten weltweit ausmachen.

Imam Malik stammte aus Medina. Dort starb er auch, wobei er seine Schariaschule auf den dortigen, unter den Bewohnern verbreiteten Gepflogenheiten aufbaute und einen konservativen Ansatz verfolgte. Die malikitische Schule ist vorwiegend in Nord- und Westafrika populär. Seine Schüler lehrte Imam Malik, mit seitlich angelegten Händen beim Gebet zu stehen.

Imam Schafi‘i kam aus Gaza und starb in Kairo. Er vervollständigte und vollendete die Methoden der Rechtsprechung. Die schafi‘itische Schule genießt bei Ägyptern, Malaysiern in Südostasien sowie unter Indonesiern hohes Ansehen. Die hanbalitische Schule beruft sich auf Imam Hanbal, der aus Bagdad stammte und eine sehr strenge Auslegung der Scharia pflegte. Sie beruht einzig auf dem Koran und den Hadithen. Der Großteil seiner zahlenmäßig kleinen Anhängerschaft lässt sich in der Golfregion verorten.

Alle vier Herangehensweisen helfen den Gläubigen dabei, ein muslimisches Leben zu führen. Im Wesentlichen handelt es sich jeweils um methodische Ansätze, bei denen Logik und Analogie (Hanafiya) beziehungsweise die Gepflogenheiten der Bewohner von Medina, der Stadt des Propheten (Malikiya) betont werden oder ein striktes Augenmerk auf die Hadithe (Schafiʿiya) beziehungsweise die Ansichten der Prophetengefährten (Hanbaliten) gelegt wird. Diese großen Imame kamen nicht immer zu endgültigen Schlüssen, doch sie hinterließen Methoden, mit deren Hilfe ihre Schüler die Scharia weiterentwickelten und anwandten.

Betrachten wir einmal, wie die traditionellen Methoden eines *madhab* in die Realität umgesetzt werden. Heutzutage gehen die meisten Menschen davon aus, dass den Muslimen generell jede Form von Alkohol verboten sei. Ich trinke selbst keinen Alkohol, aber ich respektiere die islamischen Lehrmeinungen vergangener Zeiten, die das Trinken erlaubten. Das vermeintliche Alkoholverbot leitet sich von der Bedeutung des Wortes *chamr* ab, was Alkohol bedeutet und laut Koran untersagt ist, wie landläufig angenommen wird. Frühe hanafitische Korangelehrte wollten es genauer wissen und gelangten zu der Überzeugung, dass sich *chamr* nur auf Wein und nicht auf andere alkoholische Getränke bezog.[6] Darum gestatten sie auch den maßvollen Konsum verschiedener Biersorten und Spirituosen. Juristen anderer Schulen argumentierten, dass diese Getränke den Körper vergiften und darüber hinaus gesellschaftlich sowie gesundheitlich schaden könnten und darum verboten gehörten. Das osmanische Kalifat übernahm die hanafitischen Lehren, und so hat sich der hochprozentige Raki bis zum heutigen Tage als türkisches Nationalgetränk gehalten. Offenkundig mangelte es in der Vergangenheit an einem allumfassenden Verbot alkoholischer Getränke. Und in der Tat sprachen einige Religionsgelehrte und Kalifen dem Alkohol zu, andere wiederum nicht. Ein echter Pluralismus florierte, die herrschenden Ansichten waren anpassungsfähig.[7]

Den Muslimen von heute sind die prinzipiell veränderlichen Feinheiten der vier *madhabs* verlorengegangen. Aus historischer Sicht unterschieden sich die Denkschulen für den Betrachter in ihrer Herangehensweise. Heutzutage treten die inneren Machtkämpfe zwischen den Anhängern der einzelnen Schulen in den Moscheen zu Tage. Das hat zweierlei Gründe: Verbreitete Unkenntnis über die Rolle der *madhabs* sowie der Aufstieg salafistischer Buchstabengläubigkeit. Bisher wurden die Methoden der Schulen von den Muslimen angewandt, um Antworten in Fragen religiöser Praktiken zu erhalten. Mittlerweile ist im Namen des salafistischen Mantras von der ‚Rückkehr zu den Quellen' eine ganze Generation von Muslimen den *madhabs* gegenüber äußerst skeptisch eingestellt. Da die meisten Muslime jedoch keine formelle Bildung in den eigentlichen philosophischen Leitsätzen erhalten, ist der Stellenwert dieser großen Schulen auf ein mit Lokalrivalitäten zwischen Fußballclubs vergleichbares Niveau gesunken.

Ein typischer Streitpunkt entzündet sich an der Art und Weise, wie Muslime beten, insbesondere daran, wo muslimische Männer ihre Arme zu halten haben, wenn sie vor Gott stehen. Ein Hanafit legt seine Hände über den Bauchnabel, ein Malikit lässt sie seitlich ruhen und ein Schafi'it unterhalb der Brust. Für einen von Ritualen und äußerlichen Glaubensbekundungen besessenen Salafisten liegen alle drei falsch. Die hanbalitische Verschränkung der Arme über der Brust kommt der salafistischen Praxis am nächsten. Gemäß deren wortwörtlicher Lesart der Hadithe müssen die Hände fest oberhalb der Brust aufliegen.

Dabei wird übersehen, dass Hanafiya, Malikiya und Schafi'iya ihre jeweils ganz eigenen, vernunftgeleiteten und nachvollziehbaren Ratschlüsse dafür vorbringen, wo, wie und warum sie die Arme entsprechend halten. Das mag wie eine Nichtigkeit erscheinen, doch im Alltag führt die Missachtung der traditionellen islamischen Rechtsschulen durch Salafisten zu handfesten Auseinandersetzungen in Moscheen, wo diese gegen die *madhabs* polemisieren – was einem Anschlag auf den jahrhundertealten Pluralismus des Islam gleichkommt. All das geschieht jenseits des Scheinwerferlichts der Kameras. Nur sehr wenige Außenstehende verstehen diesen Konflikt.

Reihe für Reihe beten die Männer in ISIS- und al-Qaida-Videos nach salafistischer Art. Bei anderen Muslimen löst das Sorgen sowie Hilflosigkeit darüber aus, den buchstabengetreuen Entstellungen der Salafisten nichts entgegensetzen zu können. Der Rest der Welt sieht freilich nur betende Muslime. Das Unterscheidungsmerkmal zwischen Freund und Feind gerät hierbei aus dem Blick.

Trotz erbitterter intellektueller Auseinandersetzungen und Polemiken zwischen den Rechtsschulen erkannten sich muslimische Juristen in der Vergangenheit gegenseitig an und respektierten die Rechtmäßigkeit der jeweils anderen. Bekannt als *Ichtilaf* – Uneinigkeit – werden Bücher zur Scharia mit Fußnoten und Randbemerkungen darüber aufgebläht, welcher Gelehrte mit seinem Lehrer uneins war und weshalb. Ein Hadith legt dem Propheten folgende Worte in den Mund: „*Ichtilafu ummati rachmah* – Uneinigkeit innerhalb meiner Gemeinde ist ein Segen." Gelehrte streiten über die Gültigkeit dieses Hadiths, die frühen Muslime sahen darin jedoch den islamischen Geist des Wissens widergespiegelt. Diesen dem Islam eingeschriebenen Pluralismus hat der hanafitische Gelehrte Abu Hafs al-Nasafi im 12. Jahrhundert am besten auf den Punkt gebracht: „Unsere Schule hat immer Recht, unter Berücksichtigung möglicher Fehler, wohingegen die anderen Schulen stets falsch liegen, mit Rücksicht darauf, dass sie möglicherweise Recht haben."

Immer wieder haben in der Vergangenheit politische Autoritäten versucht, den Absolutismus in muslimischen Gesellschaften durchzusetzen, womit sie in der Regel scheiterten. Nur 147 Jahre nachdem der Stadtstaat Medina dem Propheten zur Heimat wurde, überwarf sich Imam Malik mit dem Kalifen. Der Statthalter von Medina ließ ihn dafür nackt auspeitschen und ihm die Schulter seines Schreibarms auskugeln. Ungeachtet der Grausamkeit des kalifalen Statthalters hinterließ die Unnachgiebigkeit und Unabhängigkeit des Imam Malik einen bleibenden Eindruck, denn Muslime erzählen sich diese Begebenheit bis heute. Imam Malik starb infolge der ihm auferlegten Strafe. Nichtsdestotrotz hat der dem Islam innewohnende Pluralismus seit der Frühzeit überlebt.

Heute wird unter Federführung Saudi-Arabiens von Neuem weltweit versucht, eine *einzige* Lesart des Glaubens, der muslimischen Gottesverehrung und selbst der Kleiderordnung durchzusetzen. Beispielsweise konfisziert die Religionspolizei in den Moscheen von Mekka und Medina Schriftstücke von Pilgern, die nicht mit der wahhabitischen Lehre oder dem Salafismus im Einklang stehen. Dieses Ansinnen, einen Jahrtausende alten islamischen Pluralismus zu vernichten, stützt den Aufstieg von al-Qaida, ISIS, al-Schabab und anderen gewalttätigen Bewegungen, die ihrem Umfeld allesamt ihre strikte buchstabengetreue Lesart der Scharia aufoktroyieren wollen. Die Mittel, um derlei Anmaßungen den Nährboden zu entziehen, liegen im Mainstream-Islam längst vor. Ein besseres Verständnis der Tiefe, der Vielfalt und der Nuancen der Scharia ist die Antwort auf den Extremismus und die Gewalt von heute.

Die umfassendste Kontextualisierung der Scharia geht auf die malikitische Schule zurück, und auch die Ausgestaltung und Anwendbarkeit der Scharia in der Moderne hat darin ihren Ursprung. Die Malikiya genoss nicht nur in Afrika, sondern auch im islamischen Spanien hohe Popularität. Dort waren es in Granada malikitische Rechtswissenschaftler, wie Imam al-Schatibi (gest. 1388), die das islamische Recht mit der Rechtstheorie der ‚Höheren Zwecke der Scharia' (*Maqasid al-Scharia*) verbanden. Schatibi lehrte, was auch andere anerkannten, nämlich dass die Schrift in Fragen der persönlichen Glaubenspraxis (*Ibadat*) wörtlich befolgt gehöre, während die *Maqasid* oder höheren Ziele in weltlichen oder gesellschaftlichen Belangen, den *Mu'amalat*, in Betracht zu ziehen seien. Mit anderen Worten: Muslime sollten sich an die geistige Grundhaltung des Rechts halten und nicht an den reinen Wortlaut der Vorschriften.

Heutzutage hat der führende Großgelehrte in der islamischen Welt, Scheich Abdallah ibn Baiya, die Weitervermittlung dieser hehren Ziele übernommen. Die Höheren Zwecke oder *Maqasid* der Scharia sind die folgenden fünf: der Erhalt von Leben, Eigentum, geistiger Tätigkeit, Familie und Religion. In ihrer Gesamtheit sind Koran und Hadithe darauf ausgerichtet, diese Bereiche zu schützen. Zu den *Maqasid* der Scharia zählt es, Eigentum zu bewahren – und nicht die Hände von Dieben zu amputieren. In der Scharia geht es nicht darum, den auszupeitschen, der Unzucht treibt: Ihr höheres Ziel liegt im Erhalt der Familie. Kurzum, die *Maqasid* befassen sich mit dem Sinn hinter den Regelungen der Scharia.

Vor und nach al-Schatibi sprachen sich auch andere Schwergewichte unter den muslimischen Gelehrten für diesen auf Bewahrung ausgerichteten, tiefsinnigen Zugang zur Scharia aus, darunter Imam al-Dschuwaini (gest. 1085), Imam al-Ghazali (gest. 1111) und andere. Der Historiker und Soziologe Ibn Chaldun, ein malikitscher Gelehrter, erwähnte in der seinem Werk vorangestellten Rede *al-Muqaddima* ebenfalls die *Maqasid* als eine Grundlage muslimischer Lebensführung. Darin lag seinerzeit nichts Aufsehenerregendes oder gar Außergewöhnliches, aber zu wissen, dass frühe muslimische Vordenker das so propagierten, trägt zur Festigung dieser Theorie bei heutigen Muslimen bei. Ibn Qaiyim al-Dschauziya (gest. 1350), ein gestrenger Rechtswissenschaftler aus Syrien, schrieb:

> Die Grundlage der Scharia ist Weisheit sowie der Schutz des Wohlergehens der Menschen in diesem Leben und dem nächsten. In ihrer Gesamtheit handelt die Scharia von Gerechtigkeit, Gnade, Weisheit und Güte. Jede Regel, die Gerechtigkeit in Ungerechtigkeit, Gnade in ihr Gegenteil, das Allgemeinwohl in Schädliches und Weisheit zu Torheit wendet, ist nicht Teil der Scharia, selbst dann nicht, wenn behauptet wird, es entspräche irgendeiner Auslegung.

Der frühislamische Gelehrte Imam Sufyan al-Thauri (gest. 778) sann über dieses der Scharia eigene Mitgefühl nach und lehrte: „Wenn du einen Mann etwas tun siehst, über das sich die Gelehrten uneinig sind, und das du selbst für verboten hältst, so solltest du es ihm nicht verbieten." Sogar der strengste aller Imame, der Gründer der peinlich genauen hanbalitischen Rechtsschule, Imam Ahmad, war dieser Vielfalt verpflichtet.

Heute ist der Einfluss dieses pluralistischen Zugangs durch Scheich ibn Baiya auch andernorts zu beobachten. Während der arabischen Aufstände von 2011 wurde in den Parlamenten von Tunesien und Ägypten darüber debattiert, ob der salafistische Ansatz des *Tatbiq*, der Rechtspraxis einer buchstabengetreuen Anwendung der Schariastrafen, oder eher die *Maqasid*-Perspektive in der modernen Welt Anwendung finden solle. Letztere wird von Konservativen wie Scheich Raschid al-Ghannouchi in Tunesien verfochten. Der Reiz, die Glaubwürdigkeit und Herangehensweise des *Maqasid*-Ansatzes reichte so weit, dass sogar der in Saudi-Arabien prominente, inoffizielle Staatsgelehrte Scheich Salman al-Auda, ein ehemaliger Mentor Osama bin Ladens, die Muslime dazu aufrief, den Buchstabenglauben abzulegen und die *Maqasid* der Scharia anzunehmen.

Die *Maqasid*-Methode gelangt bei Muslimen im Westen, wie auch bei der großen Mehrheit von Muslimen weltweit, die in Ländern ohne wortwörtliche Anwendung der Scharia leben, zu neuer Blüte. Das liegt daran, weil dieser Denkweise entsprechend jede Regierung, die die Höheren Ziele der Scharia für sich in Anspruch nimmt, von jeher als islamisch gilt. Mittels dieser Definition sind Großbritannien und die USA ganz und gar islamisch, da dort das Leben, die Religion, Familie, Eigentum und geistige Tätigkeit bewahrt werden. Der Westen ist längst koranverträglich. Darum kann man, obwohl kein westlicher Staat die Scharia offiziell zum Gesetz erhoben hat, von einer kulturellen Parallele sprechen. Die Sowjetunion hingegen wäre mit diesem Ansatz nicht kompatibel gewesen, da dort Gebete und Religiosität versuchsweise verboten wurden. In China ist es Muslimen untersagt, einen langen Bart zu tragen, sich zu religiösen Anlässen zu versammeln, im Ramadan zu fasten und sogar den Namen Mohammed zu vergeben.

Mit den *Maqasid* können Muslime Regeln, die das Töten von Abtrünnigen und Gotteslästerern vorsehen, glaubwürdig infrage stellen und kippen. Mit derlei extremen Gesetzen werden Minderheiten in einigen muslimischen Ländern Intoleranz und manchmal Unterdrückung ausgesetzt, außerdem ist es Muslimen verboten, den Glauben zu wechseln. Doch der Koran erklärt ganz offen, dass es „im Glauben keinen Zwang geben kann"[8]. Für Buchstabengläubige – wobei die Entstehungszeit der vier Rechtsschulen beziehungsweise *madhabs* berücksichtigt werden muss – war Apostasie gleichbedeutend mit Hochverrat. Heutzutage entspricht der Glaube jedoch nicht gleich der Nationalität. Wenn Menschen sich dazu entscheiden, vom Islam zum Christentum überzutreten, so verschwören sie sich nicht insgeheim gegen einen Staat oder ein muslimisches Gemeinwesen. *Maqasid* erlauben uns, genau das zu diskutieren. Manche Muslime betrachten diesen Zugang als erzwungene Hinwendung zu liberal-säkularen Werten. Dabei hilft er letztendlich, die Scharia in der Gesellschaft zu erhalten, indem ein frommer Lebenswandel erleichtert wird.

Dieser Zugang ist im muslimischen Mainstream Konsens. Ebenso wie die große Mehrzahl muslimischer Gelehrter in der Geschichte inklusive der höchsten Bildungsstätte des sunnitischen Islam, der al-Azhar-Universität und -Moschee in Kairo, berief man sich im Osmanischen Reich auf diese Methode, um einen Konsens unter Muslimen (*Idschma)* wider die Buchstabengläubigkeit herzustellen. Heute wird im überwiegenden Teil der weltweit 59 Staaten mit muslimischer Bevölkerungsmehrheit weder ausgepeitscht, gesteinigt, amputiert, noch an der Sklaverei festgehalten – mit Ausnahme des Iran, Saudi-Arabiens und Gegenden in Indonesien und Nigeria. Salafisten und Islamisten haben es allerdings darauf abgesehen, diese Übereinkunft zu brechen (siehe Kapitel 8 und 9), wobei ein Symptom unserer modernen Zeit zum Tragen kommt: Maßgeblich wird diese Art des Traditionsbruchs durch die Stärkung des Individuums samt dem Vorrang von Selbstbestimmung gegenüber kollektiver Sinngebung hervorgerufen.

In der islamischen Geschichte bildeten die Studien der heiligen Schriften stets eine herausragende Disziplin. Als *Mufassir* bezeichnete Gelehrte studierten Korankommentare, ein *Muhaddith* war in der Beurteilung von Hadithen ein Experte, leidenschaftliche Historiker wurden *Mu'arrich* genannt, und ein *Faqih* oder Jurist hatte sein Spezialgebiet, bezog sich bei seiner Entscheidungsfindung aber auf die anderen. Der *Muhaddith* war der Apotheker, wohingegen ein *Faqih* in etwa dem Hausarzt entsprach. Wenn die Leute den *Faqih* aufsuchten, zog er oder sie eine Auswahl an Hadithen zur Rate. Dazu waren sie ausgebildet, dazu stellten sie die richtigen Fragen oder verwiesen auf die entsprechenden Stellen im Koran, in den Hadithen sowie der Geschichte.

Moderne Muslime fühlen sich den Primärquellen auch ohne den Umweg über den *Faqih* und dessen *madhab*-basierte Methodologie gewachsen. Das hat dazu beigetragen, den Geist des Islam auszuhöhlen. Homosexuelle sind zu keinem Zeitpunkt in der islamischen Geschichte von Klippen geworfen worden, das koranisch begründete Mitgefühl und die Güte standen stets über einem angeblichen Hadith zur Bestrafung von Homosexualität. (Der amerikanisch-muslimische Wissenschaftler Scott Siraj al-Haqq Kugle hat überzeugend zu den Rechten von schwulen, lesbischen und Transgender-Muslimen geschrieben.)

In der islamischen Tradition sind Handlungen nie auf Grundlage eines einzelnen Hadiths bewertet worden, stattdessen wurden sie im Kontext unterschiedlicher Quellen betrachtet. Wenn die Anführer puritanischer Organisationen von heute, die keine ausgebildeten islamischen Gelehrten sind, Hadithe zu Rate ziehen, missachten sie diesen breiteren Kontext. Das Ergebnis davon ist in Saudi-Arabien und den von ISIS besetzten Gebieten zu sehen: Hinrichtungen, Auspeitschungen, Sex-Sklaverei, das Verbrennen von Gefangenen sowie Krieg als vorsätzlicher Dauerzustand.

Zusammengefasst lässt sich sagen, dass es wenige, aber schlüssige Verbote im Koran gibt, zum Beispiel bezüglich Mord, Diebstahl oder Geschäftsbetrug. In der Scharia wird das menschliche Unterfangen deutlich, durch Interpretationen und Kommentare ein Fundament für ein ethisches Leben bereitzustellen. Imam Buchari legte die für Sunniten größte Hadith-Sammlung an – zweihundert Jahre nach dem Tod des Propheten. Dabei handelte es sich um ein überwiegend männliches Betätigungsfeld. Die islamischen

Wissenschaften wurden und werden weiterhin von Männern dominiert, mit all den damit einhergehenden Problemen. Der Frau des Propheten, Aischa, werden insgesamt 2200 Hadithe zugeschrieben, von denen jedoch nur 128 in Bucharis Werk Eingang fanden.

Über tausend Jahre haben männliche muslimische Gelehrte die Bestandteile der Scharia diskutiert und perfektioniert. Dieser von Sorgfalt und menschlicher Vernunft geleitete Prozess ist gerade in Bereichen, die im Koran nicht angesprochen werden – beziehungsweise selbst dann, wenn es einen koranischen Beleg gibt – als *Idschtihad* bekannt. Die islamische Kultur und Wissenschaft gelangten zur Blüte, weil der *Idschtihad* neue Auslegungen und neue Wege zuließ, um auf neue Gegebenheiten einzugehen. Diese Offenheit und Anpassungsfähigkeit bilden den Kern des Islam – und das schon seit seiner Kodifizierung.

Doch nicht alle Muslime hielten sich an das Regelwerk. Der Staat und seine Machtapparate wahrten die Sicherheit und Gesetze, wohingegen die Masse der Muslime der Mystik und Freizügigkeit der Sufi-Bruderschaften zugeneigt war und ist. Selbige streben nach der inwendigen Bedeutung der Scharia – dem *batin*, dem Esoterischen, und eben nicht nur den exoterischen Regeln und Ritualen, dem *zahir*. Und diese inwendige Dimension des Islam ist der Sufismus.

## Kapitel 6

# Was sind Sufis?

Unter Sufis kursiert eine Geschichte von drei Männern, die in die Moschee zum Beten gingen. Dabei wurden sie von einer Gruppe Außenstehender beobachtet. Als der erste der Männer die Moschee betrat, bemerkte er die Leute und zog sich behutsam die Schuhe am Eingang aus, sodass jedermann sehen konnte, wie fromm er die Regel befolgte, nicht mit Schuhen zum Gebet zu gehen. Ein wohlwollendes Raunen ging durch die Menge und die Menschen priesen Gott ob der Frömmigkeit des Mannes. Drinnen verrichtete er derweil sein Gebet wie aus dem Lehrbuch: Korrekter Stand, perfekte Verbeugung, mustergültiges Niederwerfen. Sowie die Menge das von außen beobachtete, stieg sein Ansehen immer höher.

Daraufhin betrat ein zweiter, ebenso für seine Frömmigkeit bekannter Mann die Moschee. Er zog ebenfalls seine Schuhe aus, nahm sie aber mit sich hinein. Sein Gebet verrichtete er gleichfalls gewissenhaft und vorbildlich. Als die beiden die Moschee verließen, wurden sie von den Außenstehenden in eine hitzige Diskussion verwickelt. Was war richtig: Die Schuhe vor der Moschee zu lassen oder mit hineinzunehmen?

In der Zwischenzeit, die frommen Männer tauschten immer noch ihre jeweiligen Standpunkte mit der Menge aus, schlich sich ein unauffälliger Typ unbemerkt von allen durch den Seiteneingang in die Moschee hinein. Er betete in Ruhe für sich und ging gleichmütig nach Hause. Allein Gott wusste von seinem Gebet, kannte seine Absichten und seine spirituelle Einstellung, und mehr interessierte den Mann auch nicht. Die Bewunderung der Menschen war ihm gleichgültig, ebenso wenig kümmerten ihn triviale Äußerlichkeiten wie die Frage, was mit den Schuhen während des Gebets zu tun sei. Dieser Mann war ein Sufi. Denn ein strebsamer Sufi möchte allein Gott gefallen und er tut das im Geheimen und so oft wie möglich. Ein Sufi scheut vor dem irdischen Leben und dessen Banalitäten zurück.

Die Sufis zu verstehen bedeutet, Herz und Seele des Islam auf den Grund zu gehen. Der Sufismus ist im Wesentlichen das größte Geheimnis des Islam. Das außergewöhnliche Buch *Die Sufis* von Idries Shah, das erstmals 1964 veröffentlicht wurde, machte den Sufismus im Westen bekannt. Der Blick auf diese mächtige Strömung innerhalb der islamischen Welt bleibt den meisten Außenstehenden allerdings verborgen. Nicht aus böser Absicht, sondern einfach weil sehr wenige Nicht-Muslime bereit sind, diese immaterielle, metaphysische Komponente, die den Reiz des Islam für die Gläubigen ausmacht, zu verstehen beziehungsweise zu begreifen. Doch gerade die Sufis haben dem Islam sowie der Religiosität von Generationen von Muslimen wahres Leben und spirituelle Tiefe verliehen.

Im Sufismus geht es vor allem um *batin* (Unzugängliches), die nach innen gewandten Geheimnisse des Propheten, des Koran und der Scharia. Wo die Schariagelehrten, die *Ulama*, darauf bedacht sind, wann gebetet werden soll, wohin die Hände zu legen seien und wie man zu stehen, sich zu verbeugen und niederzuwerfen habe, sorgen sich die Meister der Sufis um Herz und Seele eines Gläubigen, wenn er im Gebet vor Gott steht. Die Schariaspezialisten sind erpicht darauf, den Koran zu erklären, Sufis haben gemäß ihren eigenen Worten indessen „kein Interesse am Liebesbrief, sondern am Geliebten selbst". Darum stürzen sie sich in Liebe, Wunderwerke und fromme Hingabe.

Über die Herkunft des Begriffes ‚Sufi' existieren vier Erklärungen. Die erste besagt, dass neben dem Haus des Propheten in Medina ein Ort namens Suffa lag, wo die hingebungsvollsten seiner Anhänger tagein, tagaus im Dienste und im Studium des Islam ihre Zeit verbrachten. Die *ahl al-Suffa* – „Die Leute von Suffa" – waren für ihre Abkehr von materiellen wie weltlichen Dingen bekannt, und ihr Spitzname wandelte sich später in ‚Sufis'. Eine weitere Erklärung lautet, dass der Name von *safa* herrührt, einem arabischen Ausdruck für Reinheit und Sauberkeit für das sufische Streben nach spiritueller Reinigung von aller weltlichen Verdorbenheit. Andererseits lässt sich ‚Sufi' vom arabischen *suf* ableiten, was Wolle bedeutet, da viele Sufis in Ablehnung des Reichtums und prachtvollen Luxus der frühen umayyadischen Kalifen einfache, erschwingliche Kleidungsstücke aus Wolle trugen. Als viertes steht eine Abkunft des Wortes vom griechischen Begriff *sofia* (Weisheit) im Raum, da viele der frühen Sufis als Liebende der Weisheit beziehungsweise Philosophen galten.

Bei Sufi-Muslimen handelt es sich um einen bunten Haufen, dessen Verhalten von strikter Einhaltung der Scharia bis zu sehr nachlässigen Einstellungen reicht, von Tänzern und Derwischen (ursprünglich ein persisches Wort für diejenigen, die sich aus der Welt zurückziehen und göttliche Liebe suchen) bis hin zu ernsten Gelehrten, vom höchst Geheimnisvollen zum völlig Offensichtlichen. Viele erhalten Unterweisungen von Lehrmeistern mystischer Orden, wie beispielsweise die weltweit populären Schulen der Naqschbandi, Qadiri und Tschischti, andere wiederum streifen frei umher und folgen allein ihrem Herzen. Alle teilen jedoch eine tiefe Liebe zum Göttlichen sowie eine lebhafte Verbundenheit zum Propheten Mohammed (der im Sufismus spirituell fortlebt). Sie sind im Besitz eines außerweltlichen Charismas, das diejenigen ergreift, die ihre Herzen öffnen, um zu verstehen. Ihre innere Ruhe ist greifbar und strahlt Gelassenheit auf alle aus, mit denen sie verkehren – in etwa so wie bei sexueller Anziehung: schwer zu erklären, aber für alle nachvollziehbar, die die Erfahrung gemacht haben. Die Sufis und ihre Meister verbreiten Stille, göttliche Energie. Der Besuch eines Sufischreins oder eines Sufimeisters schenkt der Seele Ruhe.

Bei der Verbreitung des Islam eroberten die Sufis ganze Gebiete nicht mit dem Schwert, sondern mittels ihrer Liebe, Wunder und geheimnisumwobenen Lehren, sowie durch ihre Weise, mitten im Volk Gottgefälligkeit vorzuleben. Wanderderwische legten häufig weite Wege zurück, nachdem ihnen in ihren Träumen der Prophet Mohammed Anweisungen gegeben hatte, die Menschen in Indien, Afrika, Zentralasien, der Türkei oder Indonesien zu Gott zu rufen. Zum Beispiel erschien dem ursprünglich aus Persien stammenden Gründer des Tschischti-Ordens im 12. Jahrhundert im Schlaf der Prophet und befahl ihm, die Menschen in Indien zur Anbetung des einen Gottes zu bekehren.

Heutzutage haben die Sufis in um den ganzen Globus verteilten Moscheen Hunderte Millionen Anhänger unter den Muslimen – und dennoch machen sie keine Schlagzeilen. Andauernd hören wir von al-Qaida, den Taliban, ISIS und Boko Haram, doch die ungleich größeren und jahrhundertealten Sufiorden der Naqschbandi, Tschischti, Qadiri, Schadhili, Tidschani, Rifaʿi, Mevlevi, Dscherrahi und Dutzende weiterer sind im Westen kaum jemandem ein Begriff. Dieses Kapitel wird in die Kulturen Persiens, Indiens und der Türkei eintauchen und aufzeigen, welchen bleibenden Eindruck führende Sufi-Persönlichkeiten in der ganzen islamischen Welt hinterließen. Indem wir mehr über Rumi, Chayyam und Prinzessin Dschahanara erfahren, werden wir unser Verständnis des allgegenwärtigen Geistes der Sufis im Haus des Islam vertiefen.

In jeder größeren muslimischen Stadt geben jahrhundertealte *dergah* – auf den Gräbern von Sufimeistern errichtete Schreine – sowie *khanqah* – Sufi-Herbergen und Versammlungsorte – Zeugnis von der tiefen emotionalen und spirituellen Anziehungskraft des Sufismus. Selbst in unseren von Zweifeln geprägten Zeiten wird, wer nach Kairo, Mombasa, Khartoum, Xinjiang, Fes, Delhi, Lahore oder Istanbul reist, an den dortigen *dergahs* und *khanqahs* den Einfluss des Sufismus auf das Handeln und die Überzeugungen ganz gewöhnlicher Muslime hautnah erfahren. Viele der alten Lehrmeister sind auch heute noch ein Begriff, ihre anhaltende Wirkung spiegelt sich in den Einstellungen zeitgenössischer Muslime, in Kunst und Poesie und im Widerstand gegen den Aufstieg des modernen islamistischen Radikalismus wider.

Konya in der Türkei ist eine dieser antiken Städte, die noch immer Abertausende Bewunderer anzieht. Dort, in einem Mausoleum, ruht Dschalal ad-Din Rumi (1207–1273), ein gerühmter muslimischer Poet, Sufimeister und Begründer des Mevlevi-Ordens, im Westen besser bekannt als ‚wirbelnde Derwische', weil seine Anhänger sich das Göttliche tanzend gewahr halten. Rumi lebte von seinem fünften Lebensjahr an in Konya, nachdem seine Familie aus Balch im heutigen Afghanistan geflohen war, um der Verfolgung durch die Mongolen zu entgehen. Bekannt ist er unter dem Namen ‚Rumi', was ‚Römer' bedeutet, da das anatolische Konya ehemals Teil des Byzantinischen beziehungsweise Oströmischen Reiches war.

Die Seldschukensultane Anatoliens hießen Rumis Vater Baha ad-Din Walad als Lehrer einer Scharialehranstalt willkommen. Rumi selbst erhielt seine Bildung in den großen Lehrzentren seiner Zeit, Damaskus und Aleppo. Um das Jahr 1244 verfügte er, der als eigenständiger Gelehrter in die Fußstapfen seines Vaters trat, über eine gelehrsame Gefolgschaft in Konya und genoss den Ruf eines aufrichtigen, gelehrten Mannes. Doch all das sollte sich bald ändern.

Ein wandernder Derwisch aus Persien, Schams von Tabris, traf in der Stadt ein. Rumis Stellung und Ruhm ließen ihm jedoch wenig Zeit für niedere Derwische – für Rumi zählten allein seine Bücher, Vorlesungen und Studenten, nicht das Gespräch mit Vagabunden, mochten sie noch so sehr in leibhaftiger Verbindung mit Gott stehen. Schams von Tabris' Absichten waren hingegen anderer Art.

Eines Tages saß Rumi in der Nähe eines Brunnens in Konya, eine seltene Prachtausgabe des mystischen *Ma'arif*-Traktats seines Vaters offen aufgeschlagen auf dem Brunnenrand liegend, in die Unterhaltung mit seinen Studenten vertieft. Da trat Schams an Rumi heran, unterbrach den Lehrzirkel und stieß das *Ma'arif* und andere Bücher ins Wasser. „Was tun Sie da?", fragte Rumi, wie versteinert davon, dass eine der seltenen Ausgaben des Meisterwerks seines Vaters gerade ruiniert worden war. „Oh Rumi, du wirst es nicht verstehen, solange du nicht endlich auch lebst, worüber du die ganze Zeit nur gelesen hast", entgegnete Schams, „aber wenn du willst, kann ich die Bücher da wieder herausholen und dir in trockenem Zustand zurückgeben." Gesagt, getan: Schams zog die Bücher aus dem Wasser heraus, trocken, ohne eine feuchte Stelle.

Rumi hatte über Wunder gelesen, jedoch nie eines erlebt. Er rief sich die Lehre seines Vaters ins Gedächtnis: „Höre auf diejenigen, die sich nach Gott verzehren." Da wurde ihm bewusst, dass eine solche Person gerade vor ihm stand. Ein Botschafter göttlicher Gegenwart war zu Rumi gekommen und Rumi wusste, ja spürte es. Nun stand der nüchterne Professor dreizehn Jahre nach dem Tod seines Vaters und drei Jahre vor seinem eigenen 40. Geburtstag davor, sein bisheriges Selbst abzustreifen und neu in Erscheinung zu treten – was weder leicht werden noch ohne großes Aufsehen verlaufen würde.

Wenig später kam Schams von Tabris im Basar von Konya auf Rumi zu und stellte ihm eine Frage: Wer war der Größere gewesen: der Prophet Mohammed wegen seiner Lehre des ‚*Subhan Allah* – Preis sei Gott' oder der hoch verehrte Bayazid Bistami (gest. 874), ein frühislamischer Heiliger, der ‚*Subhani* – Ich sei gepriesen' verkündete? Bistami hatte die himmlische Einheit mit Gott erfahren und glaubte, mit dem Göttlichen verschmolzen zu sein, sodass ihn zu preisen dem Preis Gottes gleich käme. Auf Schams' schamlose Frage verschlug es Rumi die Sprache.

Für Rumis Studenten war das ein unangenehmer Moment, als ein umherziehender Derwisch ihren hochverehrten Theologieprofessor zum Schweigen brachte. Doch mit Schams' Hilfe lernte Rumi bald die Antwort auf die Frage kennen: Der gerühmte Bistami hatte nur den Geschmack des Göttlichen gekostet und war in dessen Sphäre verschmolzen, wohingegen Mohammed wieder und wieder von der Gegenwart des Göttlichen zurückkehrte, um an die Menschen weiterzugeben, wie sie sich Seinem Quell zu nähern vermochten. Von da an verlangte es Rumi nach dem Wissen um diesen Quell.

Die beiden wesentlichen Einflussfaktoren auf Rumis Leben, sein afghanischer Vater Baha ad-Din und nun der Perser Schams von Tabris, verliehen ihm Flügel. Beide stammten aus dem Osten, hatten den Koran vollständig auswendig gelernt, unterwiesen die Menschen in religiösem und mystischem Wissen und fluchten, was das Zeug hielt. Am wichtigsten aber: Beide vertrauten Rumi ihre spirituellen Geheimnisse an.

Rumi verbrachte daraufhin immer mehr Zeit alleine mit Schams. Ununterbrochen fragte er ihn über die erhabenen Geheimnisse des Sufismus aus: über die Widrigkeiten auf diesem Pfad, über die Prüfungen beim Erreichen der Liebe Gottes, darüber, wie das Gleichgewicht zu halten sei, während man in den tiefen Ozean spiritueller Achtsamkeit eintaucht, sowie über die Methoden, um das menschliche Ego zu bändigen.

Schams sprach von Rumi nie als seinem Schüler, ebenso wenig war es Rumi gestattet, sich auf Schams als seinen Lehrer zu berufen. Sie begegneten einander auf Augenhöhe, zumindest bestand Schams auf dieser Darstellung. Wenn er sich an die Studenten und Söhne Rumis wandte, war er voll des Lobes für den Professor. Schams sah in Rumi einen vollkommenen Menschen, das bestmögliche Gefäß für die von Schams auf seiner Wanderschaft als Sufi gesammelten Geheimnisse über die von Liebe getragene, grund- und fragenlose Annäherung an Gott. Schams hatte weite Distanzen zurückgelegt, um seine Einsichten einer so verständigen und tiefgreifenden Seele weiterzugeben.

Allerdings äußerte sich Schams weniger positiv, oder besser gesagt geradezu beleidigend, über die Bewohner von Konya – von Rumis Familie und Studenten einmal abgesehen. Für die spirituelle Trägheit der anderen hatte er nichts als Verachtung übrig, wobei seine scharfe Zunge und offene Feindseligkeit ihn nicht unbedingt beliebter machten.

Indessen trat Rumi mit unverständlichen Aussagen an die Öffentlichkeit: „Ich bin roh gewesen, gekocht worden und verbrannt." Derartige mystische Verlautbarungen ergaben allein für denjenigen Sinn, der über den

Weg zu Gott im Bilde war. Als mögliche Zurechtweisung all derer, die fast schon besessen von der Scharia waren, schrieb er: „Jenseits von richtig und falsch gibt es da draußen ein Feld. Dort werde ich zu euch stoßen." Und in Bezug auf das menschliche Streben nach dem Göttlichen: „Was ihr sucht, sucht euch." Was hatte das alles zu bedeuten? Die Menschen waren verschreckt und verwirrt.

Schams und Rumi waren fortan unzertrennlich, verbrachten gemeinsam ganze Monate vertieft in Meditation und Studien und tauschten göttliche Geheimnisse aus. Dass Rumi seine beruflichen Pflichten vernachlässigte, erregte unter seinen Studenten und Kollegen Ärger und Missgunst. Wer war dieser Derwisch, der sich anmaßte, ihren Lehrer in Beschlag zu nehmen? Schlimmer noch war Schams' unflätige Art – nicht, dass ihn die öffentliche Meinung gekümmert hätte. Das Licht, welches Schams aus dem Osten gebracht hatte, hatte ein Zuhause gefunden. Seine Träume hatten ihn zu Rumi nach Konya gelotst. Und die skandalumwitterte Bindung der beiden sollte die islamische Spiritualität – den Sufismus – für immer verändern.

Rumi war nun von innen erleuchtet worden und vermochte nicht mehr, sich trockenem Buchwissen und den bloßen Ritualen der Religion zu widmen. Unter Druck kehrte er ins Kollegium zurück, wo er jedoch unaufhörlich, Liebeslyrik murmelnd und sich nach dem Göttlichen verzehrend, seine Runden um eine Säule drehte. Seine Schüler sahen es mit an und gaben dem Fremden Schams die Schuld daran, ihren Lehrer derart verwirrt zu haben. Schams drängte Rumi, mit allen Konventionen und sakrosankten Vorschriften zu brechen, was ihn in den Augen der Menschen zu einem Niemand machte, wofür sie ihn erwartungsgemäß verdammten – aber in den Augen des Göttlichen war Rumi alles geworden, allein der Liebe Gottes verschrieben, Annahme nur im Himmel suchend. Die Gefallsucht seines Egos, das Streben nach Respekt, tötete er ab und tat stattdessen all die Dinge, die gesellschaftlich verpönt waren: Er sang, er tanzte, er war frei.

Diese rasende, ekstatische Form des Sufismus ist bis heute lebendig. Der Bestseller *Die vierzig Geheimnisse der Liebe* der türkischen Autorin Elif Shafak knüpft an die anhaltende Liebe der Menschen zu Schams und Rumi an. Die *Qawwali,* Sänger hingebungsvoller sufischer Musik in Pakistan und Indien, sind auf dem indischen Subkontinent YouTube-Hits. Bollywoodfilme sind gespickt mit heiligen Schreinen und Sufi-Poesie – sowie den Sufi-Prinzipien von Tapferkeit und Spiritualität. Die meisten Hindus in Indien betrachten den Sufismus eben nicht als etwas Fremdes. Zahlreiche Sikhs, Hindus und andere indische Bevölkerungsgruppen teilen eine Art mystischer Neigung zu den muslimischen Heiligen von Delhi und Bombay und suchen deren Grabstätten auf.

Darüber hinaus ist Rumis Dichtung in Amerika ein Kassenschlager, weil er die der menschlichen Seele innewohnende Sehnsucht direkt anspricht, die im Islam nur den Sufis zugänglich ist:

> Komm, komm, wer immer du bist.
> Wanderer, Götzenanbeter, du, der du den Abschied liebst.
> Es spielt keine Rolle.
> Die unsrige ist keine Karawane der Verzweiflung.
> Komm, auch wenn du deinen Schwur tausendfach gebrochen hast.
> Komm, komm, noch einmal, komm.

Diese Botschaft von Hoffnung und Erneuerung hat mehrere Jahrhunderte überlebt und wird zweifellos noch viele weitere überdauern. Doch Rumi bildet nur ein Beispiel sufischer Praxis unter vielen. Der moderne Westen macht es sich zu einfach, wenn er den Sufismus mit den wirbelnden Derwischen des Mevlevi-Ordens gleichsetzt und die viel breiteren und tieferen Strömungen islamischer Mystik außer Acht lässt. Der Einfluss der Sufis auf den Islam reicht viel tiefer. Die Mehrheit der Muslime sind heute Sufis oder vom Sufismus zumindest stark geprägt.

Sufis aus dem Hadramaut-Tal im Jemen – sechs Händler, die dem Alawi-Orden angehörten – haben beispielsweise den Islam einst in ganz Indonesien verbreitet. Dort folgt die heute weltweit größte muslimische Nation sufischen Praktiken: Gemeinden mit Millionen von Mitgliedern versammeln sich zum *maulid*, dem Feiertag zu Ehren des Prophetengeburtstags, sowie zum gemeinsamen *dhikr*, der kollektiven Zusammenkunft zum Lobpreis Gottes.

In Indien, Pakistan und Bangladesch waren es die großen Sufis aus Adschmir Scharif und Delhi, die durch ihre kontemplative Versenkung und ihr Wunderwirken dem Islam eine Millionenanhängerschaft bescherten und damit die hinduistischen Yogis übertrafen. Später standen die Mogul-Kaiser unter dem Einfluss des Sufismus und erfüllten die großen Sufischreine mit neuem Leben.

Im Irak gründeten der Sufi Abd al-Qadir al-Dschilani (gest. 1166) und seine Schüler den Qadiri-Orden, der heute in der ganzen islamischen Welt verbreitet ist. Abd al-Qadir wurde in der Region von Gilan in Persien geboren, doch seine Mutter schickte ihn zum Studium des Islam nach Bagdad. Sufis haben die Geschichte so überliefert, dass seine Mutter dem jungen Abd al-Qadir Proviant für die Reise mitgab und eine große Geldsumme im Futter seines Hemds vernähte. Sein Äußeres ließ den verborgenen Schatz nicht erahnen. Auf dem Weg nach Bagdad wurde die Karawane von Banditen überfallen. Ihr Anführer fragte den Jungen, ob er oder irgendwer sonst Wertsachen bei sich trüge. Daraufhin öffnete Abd al-Qadir sein Hemd und händigte das versteckte Geld aus. „Hier habt ihr, was ihr von dieser Welt wollt", sprach er zu den Räubern, „jetzt lasst uns sicher zum Schatz des Wissens in Bagdad weiterreisen, der uns die Wohltaten der nächsten Welt zuteilwerden lässt." Von Abd al-Qadirs Aufrichtigkeit und Geradlinigkeit ganz gerührt, schlossen sich die Räuber ihm an und begleiteten ihn nach Bagdad. Dort wurden sie die ersten Schüler des heute im Nahen Osten, in Indien und Pakistan vorherrschenden Qadiri-Ordens.

In Afrika hatten wandernde Derwische, die durch Wundertaten zu Ruhm gelangten, großen Anteil an der Verbreitung des Islam. Wie auch in Indien brachen die Sufis nicht mit den lokalen Bräuchen und Traditionen, solange diese nicht im Widerspruch zum Islam standen. Gemäß ihrem Verständnis der Scharia war alles erlaubt, solange kein ausdrückliches Verbot vorlag. Tanz, Musik, Kleidung, Architektur, Sprache und Landschaft waren nebensächlich – das einzige Ziel der Sufis lag darin, den Massen Spiritualität und eine Verbindung zum Göttlichen zu vermitteln, den *batin*, das innere Sein, zu beeinflussen. Sobald dieser berührt worden war, würde sich der Glaube von selbst im *zahir*, dem Äußerlichen, manifestieren.

Jenseits von Indonesien, Indien, dem Irak und Afrika gab es auch noch Osman Gazi, den Sufi, der das Osmanische Reich gründete. Im Jahr 1300 führte er seine Turkkrieger nach Anatolien, wobei sie von einem Sufi-Derwisch begleitet wurden. Osman hätte seine Armee niemals ohne seine spirituellen Sufimeister in die Schlacht geführt. Auf einer dieser militärischen Expeditionen träumte er, der Mond käme aus dem Mund seines Sufimeisters und ginge direkt in Osmans Brust über, woraufhin an jener Stelle seines Körpers ein Baum entsprang, dessen Äste die ganze Welt umspannten. Auch 700 Jahre danach bildet der Sufismus noch immer das Rückgrat muslimischen Lebens in der Türkei und den turksprachigen Ländern auf dem Balkan sowie in Zentralasien.

Doch leider sind alle menschlichen Aktivitäten auch anfällig für Konkurrenzdenken, Machtspiele und Intrigen, wovon der Sufismus selbstverständlich nicht ausgenommen ist. Zuweilen litt sein guter Ruf unter Korrumpierung und Nutznießertum. Denn die Beliebtheit des Sufismus in Ägypten, Nigeria und Pakistan führte eben auch dazu, dass er in die Fehlentwicklungen dieser fragilen Staaten verwickelt wurde. In allen drei Ländern halten Sufis zwar Distanz zur Macht, doch gerade die Mächtigen sind häufig ebenfalls Mitglieder in Sufiorden.

In Ägypten tat der fromme und beliebte (ehemalige) Großmufti Ali Gum'a nach der Absetzung von Präsident Mursi im Jahr 2012 offen seine Unterstützung für das Militär und die Regierung kund und lieferte die religiöse Rechtfertigung dafür, dass Hunderte Mitglieder der Muslimbruderschaft umgebracht wurden. In Pakistan sind Sufi-*pirs* (Lehrer) und ihre Schüler hier und da in bandenmäßigen Betrug verstrickt. Ihr weit gespanntes Netz aus Grundbesitz und politischer Einflussnahme durch das Sichern von Wählerstimmen hat den Ruf der Derwische besudelt, die eigentlich auf Abstand zur *dunya*, der vergänglichen Welt, gehen sollten. In Nigeria wiederum ist das von Sufilehrern eingeforderte Vertrauen oft missbraucht worden. Eltern gaben ihre Kinder in die Obhut der Lehrer, nur damit der Meister sie den lieben langen Tag betteln schickte unter dem Vorwand, er ‚lehre sie ihr Ego zu bekämpfen'. Diese Mudschiri-Kinder (eine Ableitung des Arabischen *muhadschir* für ‚Migrant') finden sich mittlerweile in verschiedenen Milizen im Norden Nigerias wieder.

Im Großen und Ganzen orientiert sich die Mittelschicht gerade in Entwicklungsländern neu, wo gelehrte Sufis sich vom Staat haben korrumpieren lassen und ihre Unabhängigkeit einbüßten: hin zu den aufstrebenden Islamisten und Salafisten – unter anderem. Durch die Ablehnung des Sufismus haben Islamisten und Salafisten einen Islam entworfen, der in seiner Übereinstimmung mit der Schrift zwar funktional und gleichförmig, aber bar jeder Schönheit ist. Von dieser Warte aus betrachtet, haben sie die Seele des Islam abgetötet, den Sufismus mit seiner Verehrung des Propheten, der Wertschätzung von Schönheit in Poesie, Kunst und Architektur sowie dem Einsatz für das Zusammenleben mit anderen Religionen.

Im Iran war diese lebendige Spielart des Sufismus einst beheimatet. Heute unterstützen die Regierung in Teheran und ihre Verbündeten, die Hisbollah im Libanon sowie die Regierungen im Irak und Syrien, einen Religionsentwurf, den Welten von der fröhlichen Freiheit der Sufis trennen. Nichtsdestotrotz war einer der Pioniere des Sufismus der gefeierte persische Gelehrte und Dichter Omar Chayyam.

Kaum ein Bücherregal im Westen kommt ohne eine Ausgabe der viel gerühmten *Rubaiyat* des Omar Chayyam aus, eine Sammlung von euphorischen Vierzeilern über die Liebe, Göttlichkeit, Wein und Lebensgenuss in vollen Zügen. Der inständig fromme Sufi Chayyam wirkte im 12. Jahrhundert als islamischer Gelehrter, Dichter und Astronom, der dem im Islam verbotenen Wein verfallen, aber ebenso von der Liebe zum Göttlichen berauscht war. Die im 19. Jahrhundert von Edward FitzGerald beseelten Übersetzungen von Chayyams wilder, überschwänglicher Poesie ins Englische, die gerade mal zwei Jahre nach dem Trauma des Indischen Aufstandes gegen die britische Herrschaft von 1857 erschienen, trugen dazu bei, die Wahrnehmung des islamischen Ostens in England zu revidieren.

In Amerika führten FitzGeralds Übersetzungen von Chayyams Meisterwerk dazu, dass sich Dining- und Drinking-Clubs nach dem großen muslimischen Gelehrten benannten. Es sollte jedoch angemerkt werden, dass der Chayyam, den FitzGerald da hervorholte und mit dem er die literarische Elite des 19. Jahrhundert so in Entzücken versetzte, nicht der ganze Chayyam war. Die selektiven Übersetzungen FitzGeralds waren von der Abscheu gegenüber seinem fanatisch predigenden Bruder getrieben, was FitzGerald dazu veranlasste, die religiöse Seite Chayyams zu unterschlagen und dem englischsprachigen Publikum nur eine zurechtgestutzte Version des Dichters zu präsentieren.

Wie dem auch sei, FitzGerald verlieh Chayyams Werk neues Leben und brachte ihn aus England über Amerika mit neuem Ruhm, Ansehen und der neugewonnenen Wertschätzung des Westens zurück in seine persische Heimat. Die Iraner entdeckten ihren mittelalterlichen Vorfahren von Neuem und benannten Straßen und Schulen nach ihm. Seine Verse liegen jungen

Iranern zum Missfallen der Theokraten immer noch auf den Lippen. Doch niemals würden die es wagen, den hochgradig populären Chayyam zu ächten. Warum aber ist er 900 Jahre nach seinem Tod so wichtig in der islamischen Welt, ebenso wie in Amerika und Großbritannien?

Abulfath Omar bin Ibrahim Chayyam (1048–1129) kam in der Altstadt von Nischapur im Verwaltungsbezirk Schadiach zur Welt, was heute der iranischen Ostprovinz Chorasan entspricht. Omars Vater Ibrahim war von Beruf ein *chayyam*, ein Zeltmacher. Wie aber sollte ein vom Zeltmachen lebender Analphabet ohne Geld und Beziehungen seinem Sohn Zugang zu Bildung ermöglichen? Wie viele andere fromm erzogene muslimische Jungs (damals wie heute) hatte der kleine Omar bereits große Teile des Koran auswendig gelernt, sodass sein Vater mit ihm beim Imam der örtlichen Moschee vorstellig wurde. Dort wurde er in arabischer Grammatik sowie Koranexegese unterwiesen und erwarb sich grundlegende religiöse Kenntnisse.

Sobald er in der Religion und im Arabischen auf festen Füßen stand, zog es Chayyam zu einem anderen Lehrmeister, der ihm Mathematik, Astronomie und Kosmologie beibrachte. Der Sohn des Zeltmachers besaß intellektuelle Gaben, die seine Lehrer verblüfften, und so wurde er als einer der ‚Besten unter den Besten' fortan von den Lehrern der Prinzen und Adligen unterrichtet. Die bescheidenen Verhältnisse, aus denen er stammte, verlor Chayyam jedoch nie aus den Augen.

Die Muslime jener Zeit waren von der Astronomie fasziniert. Die Lektüre des Koran mit seinen zum Nachdenken anregenden Versen über die Sterne und den Kosmos weckte ihr Interesse, mehr über die Geheimnisse des Universums zu erfahren. Die exakte Beobachtung der Sterne diente reisenden Händlern zur Navigation und half mittels der genauen Berechnung von Tagesanbruch, Dämmerung, Mittagszeit und Sonnenuntergang, die Gebetszeiten zu bestimmen. Von Ibn Hazm in Andalusien bis Omar Chayyam in Persien konnte von einem Mangel an muslimischen Astronomen nicht die Rede sein. Doch Chayyams Beitrag auf diesem Gebiet ragt über alle hinaus.

Traditionsgemäß erlangte man höhere Bildung durch Reisen, Studium und die *idschaza* (Bescheinigung) eines Lehrmeisters. Chayyam begab sich nach Isfahan, wohin sein Ruhm als führender Astronom und Mathematiker ihm bereits bis an den Hof der Seldschukensultane vorausgeeilt war. Im Jahr 1076 beauftragte Sultan Malik Schah I. Chayyam damit, an einem neuen Sonnenkalender für das Reich zu arbeiten. Über drei Jahre dauerte die sorgfältige Arbeit an dem *Taqwim Dschalali*, dem genauesten Kalender, der jemals erstellt worden ist. Omar Chayyams Name ist seitdem nicht mehr aus dem Nationalbewusstsein der Iraner wegzudenken, bis heute hat sich der Kalender hochoffiziell im Iran bewährt.

Nur wenig später ging Chayyam auf Hadsch, während dem er von anderen Gelehrten als *allama* beziehungsweise Hoher Ordinarius empfangen wurde. Seine Schriften und naturwissenschaftlichen Traktate waren überall bekannt, wenn sie auch nicht überall in gleichem Maße rezipiert wurden. In Mekka trug er wie die anderen Pilger auch zwei weiße Leichentücher, eine Erinnerung an den Tod, und vollzog darüber hinaus die Pilgerrituale, von der siebenmaligen Umrundung der Kaaba bis zum Fußmarsch zwischen den beiden Bergen, um Hagars Aufopferung für ihren Sohn Ismail zu gedenken. Diese spirituelle Erfahrung sollte Chayyam ein Leben lang begleiten, und die Begegnungen mit Gelehrten, Händlern, Geistlichen und Richtern während seiner Reise trugen dazu bei, den Rebellen zu formen, zu dem er sich im Laufe der Zeit wandelte.

Am Sultanshof war Chayyam ein Außenseiter, er war eben nicht in den Adelsstand hineingeboren worden, dafür aber ein scharfsinniger Beobachter. Es nimmt daher kaum Wunder, dass die Poesie, die aus seiner Feder floss, den Underdogs und den gegen das Establishment gerichteten Sufis sowie allen Genussfreudigen über die Zeiten hinweg Halt gab.

Die *Rubaiyat* (‚Vierzeiler') Chayyams bestehen aus einer Sammlung von 1200 Versen. FitzGerald edierte und übertrug diese Zeilen auf kongeniale Weise in eine glühend passionierte englische Fassung, die den zeitlos lebenslustigen Drang sowie den Genuss und die Freiheit wider den Argwohn der Kleriker nachempfindet. Chayyam schrieb frank und frei über die Tavernen und die weingefüllten Trinkbecher von Nischapur im 12. Jahrhundert, womit er für uns eine ganze Epoche lebendig werden lässt. Wein zu trinken bedeutete für Chayyam, aus dem Schlummer des Lebens zu erwachen. Seine Eingangsverse in den *Rubaiyat* lauten:

Auf! denn die Sonne, die mit Siegermacht
Die Sterne vor sich trieb vom Feld der Nacht,
scheucht nun vom Himmel auch die Nacht und trifft

des Sultans Turm mit ihrer Strahlen Pracht!
Noch hing die Dämmerung am Himmelssaum,
da rief es aus der Schenke mir im Traum:
– Erwacht, ihr Kinder, füllt den Becher auf,
eh' euch des Lebens Saft versiegt und Schaum![1]

Mit der Betonung des Weinkonsums, ob metaphysisch oder auf andere Weise, vermittelt Chayyam eine Vielzahl an Themen und Botschaften und gewährt Einblicke in das Innenleben des Sufis Chayyam, des Abweichlers, Freidenkers, der geflügelten Seele. In den nachfolgenden Zeilen spielt er mit Verweis auf die Flüchtigkeit unseres irdischen Lebens dessen Stellenwert herunter. Ein Schlüsselmotiv des Sufismus, um die Herzen der Menschen weg vom Augenmerk auf diese Welt hin zur Liebe zum Göttlichen zu bewegen:

Denn hat dies eitle Hoffen einen Sinn?
Dies Starren nach der Ewigkeit Gewinn?
Es leuchtet wie der Schnee auf breitem Sand
Ein Stündlein oder zwei – und ist dahin!

Und aufs Neue lädt uns Chayyam ein, indem er die Vergänglichkeit des irdischen Daseins herausstreicht, uns ihm anzuschließen und die Gelehrten sich selbst und ihrem leeren Gerede zu überlassen:

Komm, lass die Weisen reden, setz dich nieder,
das Leben ist so kurz und süß der Flieder.
Nur eins ist sicher und der Rest ist Trug:
Verwelkte Blumen blühen niemals wieder.

Aber wohin soll es gehen? So wie Dschalal ad-Din Rumi führt uns auch Chayyam dahin, die Einheit mit dem Göttlichen zu suchen:

Da war kein Schlüssel und doch eine Tür.
Da war ein Schleier, undurchsichtig schier.
Von ‚mir' und ‚dir' vernahm ich kurze Rede
hindurch und dann nichts mehr von dir und mir.

Das war kein belehrender Gelehrten-Sufismus, sondern der unbändige Sufismus göttlicher Liebe: frei von Regeln und Rechtleitung, immer und immer wieder in und durch das göttliche Feuer tauchend. In eben diesem vollständigen Verzehren werden Liebender und Geliebter eins. Und so klingt Chayyams Gottvertrauen nach einer trinkseligen Nacht:

> Besser im Wirtshaus mit Dir wohlbekannt
> Als am Altar zu flehn, von Dir verbannt!
> O Erster und Du Letzter aller Wesen,
> verwirf mich oder – gib mir Deine Hand!

Auch wenn immer wieder die Vorliebe Omar Chayyams für Wein und Trunkenheit im Mittelpunkt steht, besteht kein Zweifel, dass er ein frommer Sufi-Muslim war. Chayyams philosophische und naturwissenschaftliche Abhandlungen begannen und endeten allesamt mit einem Lob des Propheten und Dankpreis Gottes. Die Behauptung, damit habe er lediglich den Konventionen seiner Zeit entsprochen, hält einer eindringlichen Prüfung aber nicht stand. Chayyams Religiosität erschöpfte sich nicht darin, jedes Schriftstück mit einem Gebet zu beginnen.

Gegen Ende seines Lebens erkrankte Chayyam. Und wenn Gelehrte ihm Fragen schickten, schrieb er zurück, dass er krank sei, und schloss mit der Floskel: „Möge Gott uns und unseren Brüdern die letzte Gnade gewähren." Mit dieser „letzten Gnade – *husn al-chatima*" war ein Gebet gemeint, das der Prophet sowie Generationen von Muslimen seit jeher sprechen. Ein enger Vertrauter Chayyams, sein Schwiegersohn Imam Muhammad al-Bagdadi, hielt dessen letzten Tag im Detail fest:

> Er pflegte sich die Zähne mit einem goldenen Zahnstocher zu reinigen, während er das *Kitab al-Schifa* [die Metaphysik des Avicenna (Ibn-Sina)] studierte. Als er zu dem Abschnitt über das „Eine und das Viele" kam, legte er den Zahnstocher zwischen zwei Blätter, klappte das Buch zu und rief seine Freunde zusammen, um seinen letzten Willen zu erklären. Als seine Freunde kamen, standen sie auf und beteten, Chayyam aß und trank bis zum Abendgebet nichts mehr. Als er sich mit der Stirn gen Boden niederwarf, sprach er die Worte: „Oh Gott, Du weißt, dass ich, soweit

> es mir möglich war, Dich erkannt habe, und vergib mir. Denn in meiner Kenntnis von Dir besteht meine Annäherung an Dich" – und verstarb.

So sah die „letzte Gnade" aus, die er gewollt hatte.

Einer unserer größten Gelehrten, Poeten und Sufis war also ein Trinker – so wie viele andere vor und nach ihm auch, sogar Kalifen. Lasst die Trinker trinken und den Rest von uns enthaltsam sein. Es ist nicht Aufgabe der Regierung oder von Geistlichen, sich da einzumischen und Menschen im Namen ihres schriftgetreuen Islam per Gerichtsbeschluss auspeitschen zu lassen. Wo immer das auch passiert, regieren Scheinheiligkeit und Heuchelei. Ich habe das selbst in Saudi-Arabien und Pakistan erlebt, wo die Oberschicht importierten Wein und Whiskey aus Europa und Russland trinkt, während arme Lastenfahrer und Dorfbewohner, weil sie Selbstgebrautes trinken, im Gefängnis schmachten und öffentlich ausgepeitscht werden.

Über tausend Jahre lang, vom 8. bis ins 18. Jahrhundert, haben Muslime ihren Glauben ausgelebt, indem sie den Propheten verehrt, den Koran rezitiert, die Scharia befolgt und die Ausschweifungen des Sufismus genossen haben. Belege dafür begegnen uns in jeder muslimischen Stadt, in den Gedichten zum Lobpreis des Propheten sowie kalligrafischen Verzierungen aus dem Koran an den Wänden bedeutsamer Gebäude, zur Verehrung der Heiligen und zum Schutz der Hadsch-Karawanenrouten. Es gab zwar Spannungen zwischen den Welt- und Jenseitsbezogenen, zwischen Buchstabenglauben und Sufismus sowie zwischen Kalifendynastien und ihren Widersachern. Man fand jedoch zu einem Ausgleich, indem der Scharia Respekt gezollt, gebetet, Almosen (*Zakat*) gegeben und der Hadsch vollzogen wurde, stets im Geiste der Sufis aus Liebe, Ergebenheit und Reinheit heraus. Das Überleben der Sufiorden, ihrer Bücher, Musik und Zusammenkünfte in *dergahs*, *khanqahs* und *zawiyas*, den Schreinen und Versammlungsorten, spricht für die langlebige Kontinuität dieser islamischen Lebensweise.

Schließlich fanden die Spannungen zwischen Geist und Gesetz, zwischen Mystik und Schrifttreue, im 17. Jahrhundert in den höfischen Intrigen der Moguln in Indien einen beispiellosen Höhepunkt. Und die Auseinandersetzung zwischen Mystik und Buchstabenglaube, wie sie von zwei Prinzen mit ihrer Sufischwester als Vermittlerin zu jener Zeit ausgefochten wurde, hält bis heute an.

Prinzessin Dschahanara Begum war die Lieblingstochter des indischen Kaisers Schah Dschahan (1592–1666), einem eng mit dem indischen Tschischti-Orden verbundenen sunnitischen Herrscher. Dschahanara war siebzehn, als im Jahre 1631 ihre Mutter, die Lieblingsfrau (von drei Ehefrauen) Schah Dschahans, starb – woraufhin dieser in tiefe Trauer stürzte, die ihn bis an den Rand der Verzweiflung trieb. Er schwor, ein einzigartig prachtvolles Mausoleum als Denkmal für seine Liebe zu seiner verstorbenen Frau sowie zur Verherrlichung ihres Schöpfers zu bauen: den Tadsch Mahal.

Hindus pflegen ihre Toten einzuäschern, orthodoxe, schrifttreue Muslime verbieten ein demonstratives ‚Anbeten der Gräber', da dies bei ihnen den Beigeschmack von Götzenverehrung weckt und Furcht auslöst. So rührte die Errichtung kunstvoller Mausoleen für Muslime in Indien hauptsächlich vom Sufismus her. Bei seiner Fertigstellung stellte der Tadsch Mahal mit seiner Moschee und der neben kalligrafischen Inschriften aus dem Koran stehenden Sufi-Symbolik und -Versen einen architektonischen Höhepunkt der muslimischen Mogulherrschaft dar.

Schah Dschahan liebte die Kinder aus jener Ehe am meisten: Dschahanara sowie ihren jüngeren Bruder, Kronprinz Dara Schikoh. Und beide fühlten sich ebenfalls zur Sufi-Mystik hingezogen. Dara Schikohs Sufilehrmeister war der aus Lahore stammende Baba Mian Mir, der mit den rivalisierenden Sikhs exzellente Beziehungen pflegte. Auf Dara Schikohs und Dschahanaras Wunsch hin legte Baba Mian Mir den Grundstein des großen Goldenen Tempels der Sikh in Amritsar.

Von der spirituellen Offenheit seines Meisters ganz begeistert, ging Dara Schikoh noch einen Schritt weiter. Er übersetzte die hinduistischen Upanischaden – von orthodoxen Muslimen als blasphemisch und götzendienerisch verachtet – ins Persische, zu jener Zeit die *lingua franca* der indischen Muslime. Dara Schikoh ging sogar so weit, zu behaupten, die Upanischaden seien Gottes „vollkommenste Offenbarung", und er sah darüber hinaus keinen Widerspruch zwischen den tieferen Botschaften der alten hinduistischen Schriften und des Koran. Unter den engsten Freunden des Prinzen befanden sich Sikhs, Hindus und auch der Jude Sarmad, ein umherziehender jüdischer Mystiker, der von antisemitischen Geistlichen auf muslimischer Seite verunglimpft wurde. Die Prinzessin unterstützte Dara Schikoh vorbehaltlos mit den Worten: „Mein Bruder und ich tragen eine Seele in zwei Körpern."

Als Lieblingstochter des Kaisers war Dschahanara das Herz der Dynastie und stete Beraterin ihres Vaters sowie ihres Bruders, des Kronprinzen. Mehr als einmal war sie maßgeblich daran beteiligt, dass das muslimische Reich inneren Bedrohungen standhielt. Dschahanara war eine *Hafisa*, das heißt, sie hatte den Koran auswendig gelernt. Sie sprach fließend Arabisch und Persisch, womöglich auch Hindi. Sie war es, die ihrem Vater, nachdem ihre Mutter gestorben war und sie ihn während der Trauermonate zu trösten versuchte, seine alte Leidenschaft für Hindi-Musik wieder näherbrachte. Als sie daraufhin am Hofe zur Prinzessin gekürt wurde, zur First Lady, war es das erste Mal, dass eine Tochter und keine Gemahlin eine solch herausragende Stellung am Mogulnhof innehatte.

Gleichzeitig zog es sie immer stärker – sowohl öffentlich als auch im Privaten – zum Sufismus hin. Zunächst trat sie dem Qadiri-Orden aus Bagdad bei, der von dem ortsansässigen Lehrmeister Mullah Schah Badachschi (gest. 1616) geführt wurde. In seinen Schriften bezeugte Badachschi, dass die Prinzessin „sich auf so außergewöhnliche Weise das mystische Wissen angeeignet hat, dass sie das Zeug zu meiner Stellvertreterin hätte – wäre sie keine Frau". Badachschis Lehre von Demut und Liebe gegenüber Gott und gottgefälligen Menschen prägten sie, was sie aber nicht davon abhielt, sich ebenfalls dem Tschischti-Orden zuzuwenden.

Die Tschischtis waren zu jener Zeit unter den Muslimen in Indien stark vertreten und sind es bis heute noch. Gegründet wurde der Orden von Muinaddin Tschischti (gest. 1236), sein Grab in Adschmir nahe Delhi war für Muslime ein Wallfahrtsort und ist es noch heute. Interessanterweise zog und zieht Tschischti nicht allein Muslime in seinen Bann: Auch Hindus und Sikhs besuchen in Indien den Schrein, um in Verbindung mit dem Jenseits, dem Metaphysischen zu treten. An solchen Orten wird ebenfalls die hingebungsvolle *Qawwali*-Musik der Sufis gespielt, die durch renommierte Musiker wie Nusrat Fateh Ali Khan weltweit Bekanntheit erlangt hat.

Als ich im Jahr 2012 Adschmir besuchte, zeigten mir die Wächter, welche Schäden in jüngster Zeit durch Bombenanschläge buchstabengläubiger Muslime angerichtet worden waren, weil diese voller Feindseligkeit auf die dort abgehaltenen multireligiösen Versammlungen blickten. Dennoch kommen die frommen Anhänger der Sufis, ob Sikhs, Hindus oder Muslime, trotz der Gefahr für Leib und Leben weiterhin in Scharen zusammen, in ihrer Hingabe zum Göttlichen geeint.

In der Zeit, als Dschahanara ihrem Vater am Hof zur Seite stand, machte sie sich auch daran, über den Sufismus zu schreiben. Im Jahr 1640 verfasste sie ein Buch mit dem Titel *Seelenvertrauter*, eine Biografie über Scheich Muinaddin Tschischti, die wegen ihrer tadellosen Quellenforschung unter den damaligen Gelehrten in hohem Ansehen stand.

Im November 1643 ging sie mit ihrem Vater zu Tschischtis Mausoleum. Zum Teil entsprach der gemeinsame Besuch von First Lady und Kaiser am bedeutendsten und beliebtesten Sufischrein Indiens dem Protokoll und hatte den Zweck, den Rückhalt in der Bevölkerung zu festigen. Doch für Dschahanara hatte der Besuch eine besondere Bedeutung. Sie war nicht mehr bloß Schülerin, sondern völlig vom Sufismus durchdrungen. Ihre Verbundenheit zu dem Grabmal brachte sie mit der Selbstbezeichnung „deine niedere *faqira*" zum Ausdruck, ein Sufibegriff für jemanden, der spirituelles Leid erfährt und sich danach sehnt, dass ihm Gottes Besitztümer zuteilwerden. Mit außerordentlicher Demut und Ehrfurcht schrieb sie über die unterschiedlichen Orte im Mausoleum und wie die Heiligkeit des dort bestatteten Sufis sie rührte:

> Im letzten Tageslicht begab ich mich zu der heiligen Stätte und rieb mein blasses Gesicht an der staubigen Türschwelle. Barfuß schritt ich von der Pforte zum segensreichen Grabmal, wobei ich immer wieder den Boden küsste. Sobald ich unter der Kuppel stand, umschritt ich das lichterfüllte Grab meines Meisters sieben Mal, mit meinen Wimpern streifte ich darüber, der süßlich duftende Staub wurde so zu meinem Mascara.

Indiens First Lady hatte dem Tod bereits 1644 ins Auge geblickt, als die 31-jährige einen Brand zu löschen versuchte, der einen ihrer Diener eingeschlossen hatte, wobei ihre mit Ölen parfümierten Seidenkleider Feuer fingen. Sechs ihrer Zofen eilten herbei, um die Flammen an ihrem Körper zu ersticken, was nur weitere Verletzungen verursachte. Beinahe wäre Dschahanara gestorben. Zwei der Zofen starben tatsächlich an den Folgen des Brandes. Der Kaiser ließ die besten Ärzte aus Persien und Europa kommen, um seiner Tochter beizustehen, darunter einen Mediziner vom englischen Königshof.

Just an diesem Punkt, als sie am schwächsten schien, trat die Prinzessin am stärksten in Erscheinung. Trotz ihres Zustands holte sie zum größten Schlag zugunsten der Herrschaft der Moguln aus, indem sie ihre Rolle als höchste Prinzessin am Hofe dazu nutzte, Frieden zwischen ihrem Vater und ihrem kriegerischen Bruder Aurangzeb zu vermitteln. Über Jahre war deren Verhältnis von Rivalität und Misstrauen bestimmt gewesen. In Agra hatte Aurangzeb den Vater sogar unter Hausarrest gestellt, während er mit dem Kronprinzen Dara Schikoh um die Herrschaft im Reich rang. Der Schlachtruf von Aurangzeb lautete, seinen Vater von „dem Ungläubigen Dara Schikoh“ zu befreien. Durch die Aussöhnung mit dem Kaiser ermöglichte Dschahanara es Aurangzeb, wichtige Amtsträger am Hofe an sich zu binden, und ebnete so dessen Weg auf den Thron. Aufgrund dieser Intervention stand Aurangzeb fortan in der Schuld seiner Schwester. Nachdem er im Jahr 1658 (bis ins Jahr 1707) schließlich König geworden war, ersuchte er Dschahanara stets weiter um Rat.

Der Sufiprinz Dara Schikoh hingegen hatte nicht bloß den Krieg um die Nachfolge auf den Thron der Moguln verloren, ihm wurde wegen Apostasie und aufgrund seiner den Islam entehrenden liberalen Äußerungen im Hinblick auf Hindus, Sikhs, Juden und andere der Prozess gemacht. Der siegreiche Aurangzeb schickte Dara Schikohs Kopf dem gebrechlichen Kaiser Schah Dschahan zu, der von dem Anblick traumatisiert wurde.

Aurangzeb bestieg zwar den Thron, doch es sind Dara Schikohs Worte, die überliefert worden sind und anderen Muslimen sowie Ratsuchenden in der Auseinandersetzung mit den Buchstabengläubigen bis heute als Inspiration dienen. Als er vor Gericht gefragt wurde, ob er sich als Hindu oder Sikh sehe, antwortete er energisch:

> Natürlich nicht, ich bin Muslim. Aber Mensch zu sein, habe ich mit jedermann gemein. Wenn wir eine besondere Person lieben, heißt das etwa, dass sie die einzige liebenswerte Person sei? „Euch euer Glaube und mir mein Glaube.“ „Es gibt keinen Zwang im Glauben“ – so steht es im Koran. Wir können unsere Religion anderen nicht aufzwingen ... unsere Pflicht als Muslime besteht darin, allen Glaubensrichtungen zur Blüte zu verhelfen. Ruht nicht darauf unser Reich und die Größe der Moguln? Wir waren die Minderheit. Warum sollten ausgerechnet wir neue Gebiete erobern

> und unseren Glauben einer massiven Übermacht von anderen Glaubensrichtungen aufdrängen? Babur wusste das. Akbar der Große wusste es, Dschahangir wusste es ... Akbars Genialität lag darin, sich die Traditionen zunutze zu machen, und der Lohn dafür war ein florierendes Reich. Akbar verlangte von seinen Statthaltern, dass sie Gedichte von Rumi lasen!

Bis zum letzten Atemzug hielt Dara Schikoh an einer pluralistischen wie sufischen Vision der Mogulherrschaft fest, der sein überlegener Bruder Aurangzeb freilich nichts abgewinnen konnte. Obwohl er Protest einlegte: „Von den 22 Erwähnungen von Apostasie im Koran sieht keine einzige den Tod vor!", wurde er von Aurangzebs Henkern hingerichtet.

Die Sufiprinzessin hingegen entging dem Blutvergießen unter Aurangzebs Herrschaft und versuchte, wenn auch erfolglos, sich für Frieden und Versöhnung einzusetzen. Trotz alledem wahrte sie weiterhin ihren Einfluss am Hofe: Der neue König hatte Dschahanaras Friedensvermittlungen zwischen ihm und ihrer beider Vater nicht vergessen. Doch als Mogulprinzessin und angesehene Hofdame durfte sie nicht heiraten. Ein Ehemann hätte womöglich den Thron beansprucht und so wurden, um Liebhaber in Schach zu halten, Gerüchte gestreut, dass der Kaiser alle Freier vergiften ließe. In ihren Memoiren ist Leidenschaftliches über ihre Liaison mit einem Hindu zu lesen, die die Prinzessin zwar nicht vollzog, aber versprach, im nächsten Leben daran anzuknüpfen. Bei ihrem Bruder setzte sie sich dafür ein, die alten Gesetze von Akbar dem Großen abzuschaffen, die es der Prinzessin untersagten zu heiraten. Prinz Dara Schikoh hatte zugesagt, das Verbot zu kippen, so er denn König würde. Aber Aurangzeb wollte unbedingt verhindern, dass Außenstehende in den königlichen Harem einheirateten.

Was auch immer über ihr Seelenleben letztendlich wahr ist, so können wir mit Gewissheit sagen, dass Dschahanara eine Vorliebe für wilde Nächte hatte – was Aurangzeb zutiefst beunruhigte. Ein venezianischer Beobachter am Hofe der Moguln berichtete:

> Die Prinzessin sprach dem Wein stark zu, welcher ihr aus Persien, Kabul und Kaschmir beschafft wurde. Der beste Tropfen jedoch wurde im Hause selbst gebrannt. Es handelte sich um einen wohlmundenden Geist aus Wein und Rosenwasser, mit zahllosen kostbaren Gewürzen und aromati-

> schen Essenzen versetzt. Manches Mal tat sie mir den Gefallen und ließ mir als Zeichen der Dankbarkeit dafür, dass ich meine Heilkünste am Haremsvolke erprobte, einige Flaschen davon zukommen ... Die Dame pflegte in den Abendstunden bei allerlei reizendem Schabernack, Musik und Tanz, zu zechen. Bisweilen kam es soweit, dass sie nicht mehr stehen konnte und man sie ins Bett tragen musste.

Im Jahr 1666 starb Kaiser Schah Dschahan. Dschahanara beweinte den Tod ihres Vaters mit Worten, die an die Zeilen des Sufidichters Rumi über die Rohrflöte erinnern:

> Vor Kummer weine ich einem Schilfrohr gleich,
> gehalten nur vom Wind.
> Vor Sorge brenne ich einer Kerze gleich,
> bloß Rauch entsteigt meinem Haupte.

Der Kummer mag noch andere Gründe gehabt haben als nur den Tod des Vaters: Das Vermächtnis der Familie, das Erbe der Moguln war bedroht. Während sie mit anderen Familienmitgliedern den verstorbenen Kaiser im Tadsch Mahal neben ihrer Mutter zur letzten Ruhe bettete, wurde der liberale wie inklusive, intellektuelle und künstlerische Geist des Sufismus von dem militant orthodoxen Aurangzeb bedroht.

Trotz des Todes ihres Vaters und Dara Schikohs blieb Dschahanara – auch wegen ihrer Popularität innerhalb des Königshofes und beim gemeinen Volk sowie dank Aurangzebs Vertrauen – die First Lady des Mogulreichs. Doch vermochte ihre liberale Gesinnung den neuen Kaiser nicht umzustimmen. Die Tage von Dschahanaras Vater und ihrem Großvater Akbar dem Großen – der eine *din-i llahi*, eine synkretistische Mischung aus Hinduismus und Islam angestrebt hatte – waren gezählt.

Aurangzeb wollte den Islam der Schreine, der Kunst, Musik, Trunksucht und so weiter hinter sich lassen. Seine Herrschaft sollte von einem wortgetreuen Verständnis der Schrift bestimmt sein. Aurangzeb untersagte am Hof Musik sowie Poesie und schaffte selbst die offizielle Chronik mit der Begründung ab, diese Form der Prahlerei zieme sich für einen frommen Muslim nicht. Unvermittelt setzte er die indische Praxis des *Jaroka Darschan*, den täglichen Auftritt vor seinen Untertanen auf dem Balkon, aus, da dies götzendienerisch wirken könnte. Des Weiteren verbot er Alkohol, Cannabis und außerehelichen Sex.

Aurangzebs Buchstabengläubigkeit scheint von seiner Erziehung im Kindesalter herzurühren. Während Dara Schikoh und Dschahanara von zum Sufismus neigenden spirituellen Mentoren begleitet worden waren, war Aurangzeb als Prinz bei schrifttreuen Muslimen in Obhut gewesen. In seinem späteren Leben nahm er dennoch eine kritische Haltung gegenüber seinen Lehrern ein, da sie seiner Meinung nach zu sehr auf Rituellem beharrt hatten und zu wenig darauf, wie er ein besserer Krieger oder Monarch hätte werden können.

Seine Schwester Dschahanara behauptet in ihren Memoiren, dass Aurangzeb in jüngeren Jahren eine Hindufrau zur Geliebten gehabt hätte. Angeblich trank er sogar Wein mit ihr, um zu beweisen, dass er sich ihrem Willen und ihrer Liebe ungeachtet der Gesetze und gesellschaftlichen Konventionen unterwerfen würde. Doch die Beziehung ging letztlich trotzdem in die Brüche. Aurangzeb konnte sich diese ‚Sünden' nie ganz verzeihen, was den Schluss nahelegt, die von ihm wiederbelebte Treue zur Schrift sei eine Art Buße dafür gewesen. Entschlossen, sich von seinem älteren Sufi-Bruder und seinem unter Sufi-Einfluss stehenden Vater abzugrenzen, wählte er letzten Endes das, wogegen sie sich widersetzt hatten: den Puritanismus.

Der tolerante Geist der Moguln war somit Geschichte und lebte in Indien nie wieder auf. Aurangzebs Vorstellungen, seine Haltung und sein Vermächtnis bilden den Rahmen für das Blutbad von 1948, als während der Abspaltung Pakistans von Indien fast zwei Millionen Muslime getötet wurden. Dara Schikoh hatte danach gestrebt, unter dem Gottesvolk der Hindus und Sikhs zu leben und sie zu lieben. Aurangzeb wollte hingegen sicherstellen, dass die Muslime und der Islam stets die Oberhand behielten.

Im Jahr 1679 trat Dschahanara öffentlich in Opposition zu ihrem Bruder und forderte – vor Gericht – dass er „gegenüber allen dasselbe Recht anwende, so wie auch derselbe Gott über alle herrscht". 115 Jahre zuvor hatte ihr Urgroßvater Akbar der Große entschieden, dass Hindus und Muslime in Indien gleichgestellt seien und keine Sondersteuer von den Hindus erhoben werden sollte. Und das, obwohl der Koran eine Kopfsteuer (*Dschiziya*) für protegierte Nicht-Muslime unter muslimischer Herrschaft vorsieht.

Akbar hatte so argumentiert, dass die *Dschiziya* im arabischen Kontext zur Zeit des Propheten zwar sinnvoll gewesen, für das Indien seiner Tage aber nicht weiter relevant sei. Nur wenige indische Muslime und Geistliche widersprachen ihm in dieser Frage. Sein Urenkel Aurangzeb jedoch verfolgte einen wortgetreuen Ansatz und setzte die *Dschiziya*-Steuer für Hindus und Sikhs wieder ein. Wie alle treuen Anhänger der Schrift rechtfertigte er seine Haltung mit wortwörtlichen Zitaten aus dem Koran.

Wie kann die Vernunft jemals obsiegen im Angesicht roher Gewalt, die göttliche Rechtleitung beansprucht? Und muss alles, was im Koran steht, zwangsläufig in der Gesellschaft umgesetzt werden? Wenn dem so ist, sollten Muslime dann auch die Sklaverei wiedereinführen, weil sie im Koran wiederholt erwähnt wird?

Aurangzebs Schwester Dschahanara stritt vor Gericht, um ihn von seinem rigiden Vorgehen und der Aushöhlung der Familientraditionen abzubringen. Der venezianische Chronist Niccolò Manucci berichtet, wie ihr Aurangzeb in der Öffentlichkeit „Lebewohl sagte und ihr den Rücken zukehrte, eine Geste, die für die Prinzessin das Ende bedeutete". Für die First Lady der Moguln, Tochter des Erbauers des Tadsch Mahals, Enkelin des Dschahangir, Urenkelin Akbar des Großen, war die Abkehr ihres eigenen Bruders ein herber Schlag. Achtzehn Monate später, im Jahr 1681, starb Dschahanara im Alter von 67 Jahren.

Hätte sie es gewollt, wäre Dschahanara neben ihren geliebten Eltern im Tadsch Mahal beigesetzt worden. Doch stattdessen wählte sie ein einfaches Grab unweit der Grabstätte eines Sufimeisters zu ihrer letzten Ruhestätte. Nachdem sie ihrem Vater einst bei der Errichtung des Tadsch Mahal in all seiner Herrlichkeit zur Seite gestanden hatte, legte sie am Ende selbst keinerlei Wert auf weltlichen Pomp. In einem einfachen Mausoleum, zwischen Dichtern und Heilsuchenden gebettet, liegt sie unter einer Inschrift begraben, die ich bei meinem Besuch an ihrem Grab in Delhi entziffert habe:

> Keine reichen Zinnen sollen mein Grab bedecken: Dies Gras sei dem Grab der Faqira das beste Kleid, der demütigen, flüchtigen Dschahanara, Schülerin der Heiligen von Tschischt, Tochter des Kaisers Schah Dschahan (1681 n. Chr.)

Der öffentlich ausgetragene Kampf zwischen rivalisierenden Strömungen im Islam endete somit mit dem Sieg der Buchstabengläubigkeit über die Mystik. Dieselbe Schlacht wütet auch heute. In Pakistan ist Aurangzeb den meisten Menschen ein Begriff, ihm wird gehuldigt, aber nur wenige kennen seinen großen Bruder Dara Schikoh. Aurangzeb regierte zwar mit eiserner Hand, doch mit seinem Versuch, den Sufismus, die einfühlsame Seele des Islam, aus dem Palast und seiner Einflusssphäre zu verdrängen, verhalf er einem Fanatismus zum Durchbruch, der den Niedergang der Moguln und des Islam in Indien einleitete.

In diesem Kapitel haben wir die legendären Sufis Dschalal ad-Din Rumi, Omar Chayyam, Dara Schikoh und Dschahanara kennengelernt, allesamt Abkömmlinge einer in der Türkei, in Persien sowie Indien ehemals stolzen, selbstbewussten islamischen Kultur. Doch jene poetische, mystische und pluralistische Weitsichtigkeit geriet zunehmend unter Beschuss – sowohl innerhalb des Islam als auch kurz darauf, auf weitaus bedrohlichere Weise, von Außen.

# Teil II

## Der Ursprung des Zorns

Warum führte der Untergang muslimischer Großreiche zum Aufkommen des politischen Islam?

Wie kam es dazu, dass Salafisten oder Wahhabiten als Streitmacht des Hasses gegen Mainstream-Muslime auftreten?

Warum halten Dschihadisten trotz weltweiter Vergeltungsmaßnahmen an der Gewalt fest?

Können radikale Muslime im Namen des Islam töten und Menschen verstümmeln, aber dennoch Teil ihrer Glaubensgemeinschaft bleiben?

## Kapitel 7

# Ein Jahrhundert der Demütigung

Es gab einmal eine Zivilisation, die als die großartigste der Welt gelten kann. Sie war in der Lage, ein Kontinente umspannendes Großreich zu errichten, das sich von Ozean zu Ozean, von der nördlichen Hemisphäre bis in tropische Gefilde und Wüstengebiete erstreckte. In ihrem Herrschaftsgebiet lebten Hunderte Millionen Menschen verschiedenen Glaubens und unterschiedlicher ethnischer Zugehörigkeit.

Eine ihrer Sprachen wurde zur *lingua franca* großer Teile der Welt und bildete eine Brücke zwischen Menschen aus Hunderten von Ländern. Ihre militärische Streitmacht rekrutierte sich aus vielen Nationalitäten, sie garantierte ein bis dato unbekanntes Maß an Frieden und Wohlstand. Die Handelsbeziehungen dieser Zivilisation reichten von China bis Lateinamerika.

Dieser Kulturkreis war, mehr als alles andere, beflügelt vom Erfindungsgeist. Seine Architekten erschufen Monumente, die der Schwerkraft trotzten. Seine Mathematiker erdachten die Algebra und Algorithmen, die später die Entwicklung von Computern und die digitale Verschlüsselung ermöglichen sollten. Naturwissenschaftler ergründeten den menschlichen Körper und entdeckten neue Heilmethoden für Krankheiten, während seine Astronomen die Himmelssphäre erforschten, Sterne benannten und den Weg für spätere Entdeckungen und die Weltraumerkundung ebneten. Literaten erdachten Tausende von Geschichten – Erzählungen von Tapferkeit, Romantik und Übersinnlichkeit. Dichter schrieben über Liebe, als andere allein bei dem Gedanken daran von Furcht ergriffen wurden.

Während andere Völker neuen Ideen misstrauten, führte diese Kultur selbige zur Blüte und bewahrte sie. Als das Wissen früherer Kulturen durch Zensur von der Auslöschung bedroht war, bewahrte eben diese Kultur solche Wissensschätze und gab sie an die Nachwelt weiter.

Obgleich die moderne westliche Kultur viele dieser Eigenschaften teilt, ist die Kultur, von der hier die Rede ist, die islamische Welt von 800 bis

> 1600, die das Osmanische Reich, die Herrscherhöfe von Bagdad, Damaskus und Kairo sowie solch aufgeklärte Herrscher wie Süleyman den Prächtigen hervorbrachte.
>
> Wir sind uns oft nicht bewusst, was wir diesem fremden Kulturkreis verdanken, obwohl gerade seine Hinterlassenschaften so sehr ein Teil unseres eigenen Erbes geworden sind. Die Hightech-Industrie würde nicht existieren ohne den Beitrag der arabischen Mathematiker. Sufische Philosophen-Dichter wie Rumi forderten unsere Vorstellungen des Selbst und der Wahrheit heraus, Führungsfiguren wie Süleyman prägten unsere Ideen von Toleranz und gerechter Herrschaft.
>
> Möglicherweise kann dieses Vorbild ein lehrreiches Beispiel sein: Es war eine Herrschaft, begründet auf Meriten, nicht auf ererbten Privilegien. Eine Herrschaft, die sich die gesamten Fähigkeiten und Potenziale einer vielfältigen Bevölkerung zunutze machte, die sich aus der christlichen, islamischen und jüdischen Tradition speiste.

Dies sind nicht die Worte eines muslimischen Herrschers, sondern die letzten Zeilen einer Rede, die die erfolgreiche amerikanische Geschäftsfrau Carly Fiorina, damals Vorstandsvorsitzende von Hewlett-Packard, im September 2001 in Minnesota hielt und die den Titel „Technology, Business and Our Way of Life: What's Next?" („Technologie, Wirtschaft und unsere Lebensart: Was wird die Zukunft bringen?") trug.

Fiorina hatte Recht damit, das Thema Führung hervorzuheben. Der Koran betont die Erwartung an Muslime, in besonderem Maße Gottes Schöpfung zu bewahren. Über Jahrhunderte hinweg verlangte diese Geisteshaltung von ihnen, dabei verantwortungsvoll eine führende Rolle zu übernehmen. Damit ist es nun aber vorbei.

Der Islam verbreitete sich zuerst durch Handel, spirituelle Beharrlichkeit und militärische Erfolge in der arabischen Welt. Im ersten Jahrhundert nach dem Tod des Propheten Mohammed war Muslim zu sein gleichbedeutend damit, der herrschenden Klasse anzugehören, jener siegreichen und großen Macht, die der Islam verkörperte. Im achten und neunten Jahrhundert bildeten Muslime die neue herrschende Ordnung im Nahen Osten. Der syrisch-christliche Autor Johannes von Damaskus, ein Augenzeuge der muslimischen Eroberungen in Syrien im achten Jahrhundert, schrieb über ihren Glaubenseifer, aber auch über ihre Effizienz bei der Steuereintreibung. Wenn Christen und andere in jener Zeit zum Islam konvertieren wollten, lehnten umayyadische Kalifen dies gemeinhin ab, da sie ein gesteigertes Interesse hatten, höhere Steuern einzunehmen, die Nicht-Muslime als Gegenleistung für ihren *dhimmi* (Schutz-)Status, zu entrichten hatten. Nach und nach bekannten sich Syrer, Ägypter und andere zum Glauben der muslimischen Eliten und nahmen den Lebensstil, die Religion sowie die arabische Sprache der Eroberer an.

Muslim zu sein bedeutete in dieser Zeit, machtorientiert und expansionistisch zu sein, da sich das Reich immer neue Gebiete einverleibte. In der antiken Welt setzte sich ein Volk, welches nicht vorwärts marschierte und eroberte, der Gefahr aus, selbst erobert zu werden. ‚Töten oder getötet werden' lautete das Mantra der Antike. Der Islam mit seinem schlichten Glauben an einen Gott und die Botschaft des Propheten stürzte die Vorherrschaft des Christentums im Osten – die der Kopten Ägyptens, der Christen von Nadschran, der Orthodoxen Jerusalems, und schon bald richteten die muslimischen Armeen ihren Blick gen Konstantinopel, der Hauptstadt des Byzantinischen Reiches. Obschon Jerusalem 1099 an die Kreuzfahrer fiel, eroberte Saladin die Stadt 1187 zurück und der osmanische Sultan Mehmed II. („der Eroberer') nahm 1453 Konstantinopel ein. Die Osmanen belagerten im Jahr 1529 und abermals 1683 sogar Wien im Herzen Europas. Weiter im Westen brachte ein Spross der Umayyaden-Dynastie die muslimische Herrschaft bis nach Nordafrika und Spanien. Erst im fünfzehnten Jahrhundert vertrieben die Spanier Juden und Muslime und der Katholizismus gewann die Überhand.

In diesen legendären Völkerschlachten der Weltanschauungen waren der Islam und die Muslime für ein Jahrtausend nahezu unbesiegbar, der Kern ihres Glaubens, ihrer Vorstellungen, ihrer Handelsbeziehungen und ihres Hoheitsgebiets war geschützt. Selbst die verheerende Heimsuchung durch den Mongolensturm in der Mitte des dreizehnten Jahrhunderts im Nahen Osten wendete sich ins Positive, als die mongolischen Krieger aus den Steppen Zentralasiens, die muslimische Heere zerschlagen und Städte verwüstet hatten, innerhalb eines Jahrhunderts zum Islam konvertierten. Ihre Nachkommen schufen die muslimische Dynastie der Moguln in Indien und Afghanistan, während ihre osmanischen Vettern über das Gebiet der heutigen Türkei, den Balkan, Nordafrika und große Teile des Nahen Ostens herrschten. Weder aufkommende Ideen noch fremde Heere vermochten es, die muslimische Überlegenheit infrage zu stellen. Darauf beruhten die Macht und das Selbstbewusstsein des Islam.

Und dann wurde alles anders.

Im Jahre 1789 wurde im Namen von Freiheit, Gleichheit und Brüderlichkeit die Französische Revolution gegen die Monarchie proklamiert. Frankreich wurde Zeuge, wie ein unterdrückerisches Königtum gestürzt, der Klerus angegriffen, Kirchen geplündert, eigene Traditionen verworfen und gottlose Denker wie Voltaire und Rousseau verehrt wurden. Es war gerade Voltaire, der sein Publikum mit Stücken unterhielt, in denen Muslime und der Prophet ‚Mahomet' (anstelle von Mohammed) als Begründer eines barbarischen Kults, Schwindler, Schurken und Eiferer verhöhnt wurden. Eine forsche, neue und moderne Kultur erwuchs aus den sterblichen Überresten des europäischen Katholizismus – und innerhalb eines Jahrzehnts entsandte sie ihre Emissäre in die islamische Welt.

Die Franzosen zogen in Alexandria mit einem Heer von Wissenschaftlern ein, die eine Bibliothek moderner europäischer Literatur und eine Buchdruckpresse mit arabischen Lettern (der erste Eingriff in die heilige Kunst der koranischen Kalligrafie) errichteten. Bei seinem Einmarsch in Kairo schauten die Muslime mit Verwunderung auf den 29-jährigen General Napoleon Bonaparte, ein waschechtes Kind der Französischen Revolution. Wo blieb die Reaktion von europäischen Intellektuellen zur Verteidigung von Glaube, Tradition, Monarchie und Familie? Als die Franzosen am 1. Juli 1798 in Alexandria in Ägypten landeten, war sich die islamische Welt der glaubens- und prinzipienbasierten Ablehnung des bilderstürmerischen Eifers französischer Revolutionäre seitens des britischen Philosophen Edmund Burke noch nicht bewusst.

Als muslimische Armeen in der Vergangenheit Städte erobert hatten, verbreiteten Sufi-Derwische Spiritualität unter der Bevölkerung. Die Herrscher der Moguln und Osmanen zogen mit heiligen Männern an der Spitze ihrer Heere in die Schlacht. Bonaparte indes erschütterte die islamische Welt bis ins Mark mit seiner neuen Herangehensweise. Als Herrscher über Ägypten führte er die Werte der westlichen Kultur ein. Er begründete das Institut d'Egypte für französische Wissenschaftler, eine Bibliothek, ein Chemielabor, das Gesundheitswesen, einen botanischen Garten, eine Sternwarte, ein Museum für Altertümer sowie einen Zoo. Napoleon forderte die britische Vormachtstellung auf See heraus, die er nun selbst beanspruchte, und Ägypten stellte dabei eher einen Kollateralschaden dar. Allerdings ging es in seiner ‚Zivilisierungsmission' (*mission civilisatrice*, A. d. Ü.) um wesentlich mehr als lediglich darum, den Einfluss der Briten zurückzudrängen. Die (natur-)wissenschaftliche und neue säkulare Kultur des Westens war dazu bestimmt, die islamische Welt für immer zu verändern.

Der Mangel an eigenem Wissen und der Eifer der Franzosen für die säkulare Aufklärung erschütterte die Muslime so sehr, dass sie diese neue überlegene Zivilisation aus dem Westen stillschweigend akzeptierten. Was die Sache aber noch schlimmer machte: Als Napoleon 1801 aus Ägypten vertrieben wurde, waren nicht die Osmanen oder Araber federführend, sondern eine britische Flotte unter dem Befehl von Lord Nelson. In lediglich drei Jahren hatte Napoleon Ägypten und der islamischen Welt eine intellektuelle Kampfansage übermittelt, die bis heute immer noch nachhallt. Die mittelalterlichen Kreuzzüge waren wirkungslos am Kern des Islam vorübergezogen, ohne dessen weltlichen Niedergang herbeizuführen. Mit Napoleons modernem französischen Gedankengut wurde ihm jedoch die Saat des Misstrauens eingepflanzt.

Damit begann ein Jahrhundert der Demütigung. 1901 waren die glorreichen Zeiten der Muslime vorüber: Russlands Zar Nikolaus I. bezeichnete das Osmanische Reich als den „kranken Mann am Bosporus". Während des Jahrhunderts, das auf die Vertreibung Napoleons aus Ägypten im Jahr 1801 folgte, lief in den beiden größten islamischen Imperien, dem Reich der Osmanen und dem der Moguln, einiges schief. Bestimmte Fehlentwicklungen führten in den 1920er Jahren zur Geburt genau jenes Islamismus, der heutzutage muslimische Länder und Gemeinschaften auf der ganzen Welt heimsucht.

Französisches Gedankengut breitete sich gerade in den Teilen des Osmanischen Reiches aus, die den Franzosen am nächsten waren. Im Februar 1804 begann ein christlicher Aufstand in Serbien gegen die osmanische Herrschaft. Im Osmanischen Reich existierte ein ‚Millet'-System, bestehend aus autonomen Gemeinschaften religiöser Minderheiten, das zu Multikulturalismus, religiösem Pluralismus und Toleranz beitrug. Doch selbst diese

Schutzgebiete der verfolgten Minderheiten Europas konnten den Schlachtrufen aus Frankreich nicht widerstehen. 1804 schlugen die Osmanen den Ersten Serbischen Aufstand nieder, indes brachte eine neuerliche Erhebung bereits 1815 den Serben ihre Autonomie innerhalb des Reiches. Dem folgten mit europäischer Unterstützung die Griechen und erlangten ein unabhängiges griechisches Königreich. Die christliche Bevölkerung des Balkans rebellierte erfolgreich und errang für sich Freiheit, Gleichheit und Brüderlichkeit.

Die Französische Revolution entsandte nicht nur Napoleon, um Herr über Ägypten zu werden, vielmehr erschütterte sie auch die Osmanen in Istanbul, der großartigen Hauptstadt des Islam. Zwischen 1789 und 1807 reagierten die Osmanen auf die Französische Revolution, indem sie ihr Staatssystem mit der Schaffung des *Nizam-ı Cedid* oder der ‚Neuen Ordnung' modernisierten. Dafür wurden europäische Berater ins Reich geholt, um die Janitscharen, die militärische Elite des Sultans, zu reformieren. Das Militär reagierte mit der Absetzung des Sultans und der Inthronisierung eines von ihm präferierten Monarchen. Dies bedeutete eine Herabwürdigung der Exekutivmacht des früheren Kalifen Sultan Selim III. (reg. 1789–1807), da sein kurzlebiger Nachfolger Mustafa IV. (reg. 1807–1808) lediglich als Marionette der Janitscharen fungierte. Die ‚Neue Ordnung' starb bereits im Kindbett.

Sultan Selim III. sah die Ursache für die Bedrohung durch den Westen primär in der militärischen Überlegenheit der Europäer. Als Reaktion eröffnete er eine Reihe von Militärschulen mit französischen Ausbildern, um die Schüler in Französisch, Mathematik und Navigation unterweisen zu lassen. Dabei bestand das Problem darin, dass die Europäer weder besiegt noch mit ihnen auch nur konkurriert werden konnte, solange die Muslime ihre geistige Haltung nicht grundlegend veränderten. Allerdings konnten die Muslime nicht so weit wie die Franzosen gehen und eine umfassend individualistische und rationale Kultur annehmen, geschweige denn die Bindung zu ihrer Vergangenheit vollends kappen. Gerade diese Diskrepanz plagte die Osmanen bis an ihr Ende.

Sehr rasch bestieg ein neuer osmanischer Sultan, Mahmut II. (reg. 1808–1839), den osmanischen Thron. Dieser war weitaus besser auf das Murren seiner Untertanen und deren Abneigung gegenüber den Machenschaften an der Spitze des Reiches eingestellt. Um europäischer zu erscheinen und im Einklang mit dem Zeitgeist zu stehen, erließ er 1808 die „Charta der Allianz" (türk. *sened-i ittifak*). Dies war in der osmanischen Geschichte der erste Gesellschaftsvertrag zwischen dem Herrscher und den Untertanen, woraufhin lokale Notabeln im Austausch für ihren Treueschwur gegenüber dem Sultan mehr Rechte erhielten. Oft wurde dieser Vorgang als eine osmanische Magna Charta bezeichnet. Allerdings lassen sich Autokratien nicht so einfach verändern. Die Vereinbarung hatte nicht lange Bestand – dennoch war damit der Präzedenzfall für den Wandel geschaffen.

Die vielversprechendste Hoffnung auf Wandel, die gleichzeitig mit der größten Demütigung einherging, kam in Form der osmanischen Reformen, den *Tanzimat* („Neuordnung"). Diese waren als umfassendes Reformprogramm einer muslimischen Gesellschaft konzipiert, das von der Hauptstadt vorangetrieben und vollständig durch den gleichermaßen in Frankreich wie Großbritannien auf dem Siegeszug befindlichen Säkularismus beeinflusst war. Dabei war es kein Zufall, dass der Mann, der den Wandel durch die *Tanzimat*-Reformen vorantrieb und als deren Architekt gelten kann, 1834 als osmanischer Botschafter in Frankreich und 1836 in Großbritannien wirkte. Mustafa Reschid Pascha kehrte als Außenminister nach Istanbul zurück und wurde später Großwesir (Premierminister). Seit 1839 führte er eine Reihe von Reformen ein, um die osmanische Monarchie konstitutioneller, säkularer und liberaler – alles in allem also europäischer – zu gestalten.

Zwar fanden diese Entwicklungen Beifall in London, Paris und Wien, jedoch wurden sie seitens der muslimischen Bevölkerung mit großem Argwohn beäugt. Für die meisten Muslime, allen voran die führenden religiösen Gelehrten, die *ulama*, wirkten die Reformen wie ein devotes Buckeln vor Europa. Als in den 1450ern erstmals im osmanischen Herrschaftsbereich die Druckpresse eingeführt wurde, setzten sich gerade die Hardliner unter den *ulama* erfolgreich beim Sultan dagegen ein und erwirkten letztlich das Verbot des Buchdrucks als einem Werkzeug des Teufels. In Europa spielte die Druckpresse eine zentrale Rolle in der Reformation des Christentums, da sich damit die bahnbrechenden Ideen Martin Luthers in rasender Geschwindigkeit verbreiten konnten. Die Verfügbarkeit von massenhaft gedruckten Bibeln, die von Luther und anderen in die europäischen Volkssprachen anstelle des Lateins übersetzt wurden, führte unmittelbar zu einem massenhaften Leseinteresse. Im Gegensatz dazu hielten sich Muslime vom Buchdruck fern. Folglich kam es zu einer um zwei Jahrhunderte verzögerten Entwicklung des Geisteslebens und zu einer Stagnation unter den Muslimen in weltlichen Angelegenheiten. Erst mit Napoleon hielt das Druckwesen letztlich in Kairo Einzug.

Die Muslime staunten geradezu ehrfürchtig angesichts der modernen und augenscheinlich überlegenen Europäer. Die Osmanen reformierten weiterhin so viele Bereiche des Staates wie möglich, im Bestreben, ein wenig zu Europa aufzuschließen. Die *Tanzimat*-Reformen strebten eine umfassende Verwestlichung an: 1850 wurde das napoleonische Handelsrecht übernommen; 1858 wurde Homosexualität entkriminalisiert – mehr als ein Jahrhundert vor der britischen Gesetzgebung zu Schwulenrechten; die Scharia-basierten Strafen für Apostasie und Ehebruch wurden abgeschafft; ebenso wurden Nicht-Muslime zu vollwertigen Bürgern des Osmanischen Staates erklärt, indem ihrer Sonderbesteuerung und dem *dhimmi*-Status ein Ende gesetzt wurde. Radikale Schritte waren notwendig, um das Osmanische Reich auf Augenhöhe mit der modernen Welt zu bringen und Sultan Abdülmecid I. (reg. 1839–1861), der Sohn Mahmuts II., machte dabei große Fortschritte.

Im Jahr 1859 war die Feindseligkeit gegenüber der Verwestlichung so stark angewachsen, wurde die Demütigung des Islam als so tief empfunden, dass es zu einem Mordanschlag auf den Sultan kam – ein nie dagewesenes Ereignis in der osmanischen Geschichte, das als ‚Vorfall von Kuleli' bekannt wurde. In der Vergangenheit hatte es zwar höfische Familienintrigen gegeben, aber niemals zuvor hatten 41 Vertreter der Öffentlichkeit die gewaltsame Ermordung des osmanischen Sultans geplant. Sein Vergehen sahen sie in der groß angelegten Verwestlichung und der generellen Abkehr vom Islam.

Die *Tanzimat*-Reformen vermochten es nicht, das strauchelnde Osmanische Reich zu retten – leider! Um 1900 war der Vorsprung der Europäer noch größer geworden, während Ideen wie Nationalismus, Darwinismus und die rassische Überlegenheit starken Anklang bei den arabischen Untertanen des Sultans fanden. Die Christen auf dem Balkan hatten sich bereits vom Reich losgesagt und wiesen damit den Weg für andere.

Die Demütigung von innen wie außen hatte nicht nur Auswirkungen auf das Kernland des osmanischen Kalifats. Weiter östlich in Indien, dem Sitz der mächtigen Moguln, bekam die muslimische Herrschaft ebenso einen Schlag versetzt, von dem sich die Moguln niemals wieder erholen würden. Nach einer Reihe von militärischen Erfolgen durch die Britische Ostindien-Kompanie (East India Company), von der Schlacht von Plassey im Jahr 1757 bis zur Niederlage des muslimischen Helden Tipu Sultan 1792, hatte die Mogul-Dynastie nur dem Namen nach überlebt. Aber immerhin war es ein Überleben und wo noch Leben war, gab es die Hoffnung auf Erneuerung und Wiederbelebung. Die Briten zerstörten diesen Hoffnungsschimmer mit einer weiteren, entscheidenden Demütigung.

Im großen Indischen Aufstand von 1857 gegen die britische Herrschaft in Indien kulminierten die lange schwelenden Konflikte mit dem imperialistischen England. Der Historiker William Dalrymple berichtet in seinem ergreifenden und meisterhaften Buch *The Last Mughal* (dt. Der letzte Mogul) darüber, dass von den 139 000 *sepoys* (indische Soldaten der Britischen Ostindien-Kompanie und der Britisch-Indischen Armee, A. d. Ü.) der bengalischen Armee, der größten Streitkraft in Asien, sich alle bis auf 7796 gegen ihre britischen Herren erhoben. Die Briten hatten die Inder, Hindus und Muslime gleichermaßen, dort gekränkt und malträtiert, wo es sie am meisten schmerzte und demütigte: in ihrem Glauben. Für Hindus war die Kuh ein heiliges Tier; für die Muslime tilgte das unreine Schwein die rituelle Reinheit. Etwa bis in die Mitte der 1850er Jahre, ähnlich wie im Osmanischen Reich, hatten die Briten die indischen Truppen einem Prozess der militärischen Modernisierung und Neuausrichtung unterzogen. Es gab weitverbreitete Gerüchte, dass die neuausgegebene Munition äußerlich mit Rinder- und Schweinefett behandelt sei. Ängste, dass die Britische Ostindien-Kompanie tatkräftig die Religionen Indiens untergrabe, hatten bereits frühere Aufstände in den Jahren 1806, 1824 und 1852 befeuert, als ein Truppenregiment, das sich mehrheitlich aus Hindus der obersten Kaste zusammensetzte, den Dienst in Birma verweigerte, da die Überquerung des Meeres eine Verunreinigung ihrer Kaste bedeutet hätte. Die Rebellion von 1857 vereinigte jedoch Muslime und Hindus, die auf Delhi zumarschierten und die uneingeschränkte Wiedereinsetzung des Mogulherrschers Bahadur Shah Zafar forderten.

Der Name Bahadur Shah Zafar lässt indischen Muslimen und Hindus gleichermaßen noch heute einen Schauer über den Rücken laufen. Bereits 82 Jahre alt, war er ein Poet und Sufi-Meister, der seine Tage am letzten Hof der Moguln in Delhi versunken in Meditation, islamischer Unterweisung und mit dem Verfassen von Versen verbrachte. Er hatte weder das Stehvermögen noch die militärische Stärke oder Finanzkraft, um die Rebellion gegen die Briten anzuführen. Allerdings war er der Erbe von Hindustan beziehungsweise Indien und der Spross einer großen muslimischen Dynastie, die legendäre Persönlichkeiten wie Babur, Humayun, Akbar, Dschahangir, Shah Dschahan, Dschahanara Begum, Aurangzeb und andere hervorgebracht hatte. So machtlos sich Bahadur Shah Zafars Situation auch darstellte, so war er doch der Bannerträger des Islam und Indiens gegen die christlichen Engländer und ihren zunehmenden missionarischen Eifer. Einige Jahre zuvor beschrieb Emily Eden, die ihren Bruder, den Generalgouverneur Lord Auckland, auf einer Reise durch Indien begleitete, das Prestige Bahadur Shah Zafars selbst innerhalb der Entourage des Generalgouverneurs, ganz gleich ob bei Hindus oder Muslimen: „All unsere Diener empfanden tiefe Verehrung", schrieb sie. Und: „Die Eingeborenen schauen alle auf den König von Delhi als ihren rechtmäßigen Herren, was er wohl auch ist, wie ich annehme."[1] Und im Jahr 1857 unterstützte dieser verehrte Herrscher den Aufstand und die Zurückweisung der Briten.

Das Scheitern der indischen Massen samt der militärischen, politischen und religiösen Eliten war nicht die einzige Herabwürdigung. Es war gerade die Art und Weise, wie die Briten den letzten Mogul-Monarchen absetzten und sich seiner entledigten, die die Muslime (und Hindus) am meisten demütigte. Seine Familie hatte 350 Jahre über Indien geherrscht. Er wurde 1775 geboren, als die britischen Kolonisatoren eine relativ unbedeutende und mehrheitlich entlang der Küste Indiens agierende Kraft darstellten, in einer frühen Phase ihres Aufstiegs von Händlern zu einer aggressiven militärisch-expansionistischen Macht. Dennoch entfernten die Briten Shah Zafars Namen von Münzen, verbannten die Moguln aus dem Roten Fort, ihrem angestammten Palastsitz, und übernahmen langsam selbst die Kontrolle über die Stadt Delhi. Zafar war kein Krieger. Vielmehr war er ein sufischer Dichter, Kalligraf, Gestalter von Gärten, Kunstmäzen und Hobbyarchitekt. Aber die Briten konnten diesen populären und gelehrten Sufi-Herrscher nicht einfach in Frieden leben lassen; dem unmittelbaren Nachkommen Dschingis Khans konnte nicht gestattet werden, in den angestammten Palästen seiner Vorfahren zu sterben. Stattdessen exilierten die Briten ihn nach Birma, wo er 1862 verstarb. Seine englischen Entführer setzten ihn in einem namenlosen Grab hinter dem Rangun-Gefängnis mit großen Mengen Kalk bei, um den raschen Verfall von Totenbahre und Leichnam herbeizuführen. Nach einer Woche schrieb der britische Hochkommissar Captain H. N. Davies nach London, um der Regierung zu versichern, dass die Nachricht vom Tod des Mogulherrschers geheim gehalten worden war und bewaffnete Wachen die Menschenmenge, die vom Basar herüberkam, vom Grab fernhielten. Davies telegrafierte: „Eine Bambusumzäunung umgibt das Grab in beträchtlichem Abstand. Und wenn der Zaun irgendwann verschlissen sein sollte, wird das Gras die Stelle weidlich verdeckt haben und keine Spur verbleiben, um zu erkennen, wo der letzte der großen Moguln ruht."

Großbritanniens Erfolg bei der Unterwerfung und Erniedrigung der Galionsfiguren des Islam im 19. Jahrhundert fand mit Shah Zafars schandhafter Bloßstellung kein Ende. Ägypten, im Kernland des sunnitischen Islam, mit Kairo als Sitz der jahrhundertealten al-Azhar-Moschee und -Universität, dem bedeutendsten Zentrum islamischer Gelehrsamkeit, wurde gleichermaßen entwürdigt.

Der Suezkanal durchschnitt Ägypten vom Mittelmeer zum Roten Meer und verschaffte Großbritannien, mehr als jeder anderen Weltmacht, einen Vorteil auf See sowie einen kürzeren Seeweg nach Indien. Die anglo-französische Kontrolle des Kanals war bereits im Jahrzehnt vor dessen Öffnung im Jahr 1869 von großem medialem Interesse begleitet worden. Dieser Umstand sorgte auch weiterhin weltweit für Schlagzeilen, da er den britischen Handel sowie die maritime und militärische Vormachtstellung beflügelte, bis 1956 der ägyptische Präsident Gamal Abdel Nasser den Suezkanal verstaatlichte. Von Beginn an war die anglo-französische Kontrolle von Ägyptens strategisch wichtigstem Wirtschaftsfaktor, die Einsetzung eines verantwortlichen Ministeriums für den Kanal, die Dominanz über eine bankrotte ägyptische Regierung sowie die Präsenz Zehntausender Europäer in Kairo von zentraler Bedeutung, um Kontrolle über die ägyptische Wirtschaft und Politik auszuüben. Dies alles führte unter den Ägyptern zu einem zunehmenden Gefühl der Unterjochung.

Im Jahr 1878 führte der Offizier Urabi Pascha eine Revolte ägyptischer Eliten und Militärangehöriger gegen die europäische Einmischung in die Angelegenheiten Ägyptens an. Von konstitutionell gesinnten Liberalen bis hin zu Großgrundbesitzern, von islamisch-religiösen Führern bis zu der seit Langem notleidenden Landbevölkerung, schlossen sich Ägypter aller Schichten Urabi an. Die Revolte wurde in Paris, London und anderen europäischen Hauptstädten als eine Bedrohung für den Wohlstand Europas porträtiert. Schlagzeilen zur ‚Ägypten-Krise' suggerierten, ungeachtet des Mangels an Beweisen, dass der Suezkanal in ägyptischen Händen irgendwie unsicher sei. Als im Juni 1882 Aufstände in Alexandria ausbrachen und etwa vier Europäer umkamen, übertrieben britische und französische Zeitungen die Opferzahlen und berichteten aufsehenerregend von Hunderten getöteter Europäer.

Im Herbst 1882 besiegte ein britisches Expeditionskorps die ägyptischen Streitkräfte in der Schlacht von Tel-el-Kebir unweit des Suezkanals. Die Briten brachten Urabi ins Gefängnis und die Revolte unter Kontrolle. Der britische Premierminister William Gladstone scherzte daraufhin: „Wir haben unsere ägyptischen Angelegenheiten erledigt, wir sind nun die ägyptische Regierung." Um tatsächlich die Regierung Ägyptens zu übernehmen, wurde Lord Cromer, ein angesehenes Mitglied der Bankiersfamilie Baring, als Generalkonsul von London entsandt.

Aufkeimende Gefühle eines ägyptischen Nationalgefühls waren mit der Niederschlagung der Urabi-Rebellion jedoch nicht ausgelöscht. Es ist bedenkenswert, dass obwohl Urabi und seine Anhänger gegen die europäischen Mächte aufbegehrten, nationale Erhebungen in Ägypten und anderswo stets von eigentlich europäischem Gedankengut beseelt waren. Die Nationalbewegungen auf dem Balkan gegen die osmanische Herrschaft waren ebenfalls von Ideen motiviert, die aus Europa stammten.

Die Annahme des Westens, Nationalstaaten stellten eine löbliche Entwicklung dar, war Resultat einer spezifisch europäischen Geschichte von Kriegen und Übereinkünften. Diese Überzeugung, die als Antwort auf eine bestimmte Zeit und einen bestimmten Ort zutraf, wurde zu einem universellen Maßstab für Zivilisation und Moderne erkoren. Jahrhunderte zuvor gipfelten konfessionalistische Konflikte und der politische Aufruhr in ganz Mitteleuropa im ‚Dreißigjährigen Krieg' (1618–48). Um einen Frieden zwischen den fanatischen Kriegsparteien in Europa zu erreichen, beendeten die ausgelaugten Rivalen ihre Kämpfe, um ein Machtgleichgewicht zu kreieren. Dafür schufen sie mehrere politische Einheiten, von denen keine stark genug war, um alle anderen zu bezwingen. Der ‚Westfälische Frieden' war nach den Worten des amerikanischen Staatsmanns Henry Kissinger „eine pragmatische Anpassung an die Realität und keineswegs eine einzigartige moralische Einsicht".[2] Jedem Land wurde die Souveränität des Monarchen innerhalb seines Territoriums gewährt. Staaten würden die innere religiöse und politische Verfasstheit des jeweils Anderen als Faktum respektieren, sich gegenseitig anerkennen und davon absehen, dessen Existenzrecht infrage zu stellen. Dies war das Kräftegleichgewicht, das der Westfälische Frieden 1648 herstellte und welches zur Grundlage der modernen internationalen Weltordnung souveräner Nationalstaaten wurde.

Kissinger legt diesen viel gepriesenen und zitierten Vertrag wie folgt aus:

> Die Verhandlungsführer des 17. Jahrhunderts, die den Westfälischen Frieden aushandelten, konnten natürlich nicht ahnen, dass sie das Fundament für ein global anwendbares System legten. So unternahmen sie auch keinen Versuch, das benachbarte Russland einzubeziehen. Russland hatte gerade seinen eigenen Albtraum hinter sich, die sogenannte „Zeit der Wirren" und machte sich nun daran, seine innere Ordnung neu zu festigen. Dabei wurden bestimmte Prinzipien verankert, die in einem ausgeprägten Gegensatz zum Westfälischen Gleichgewicht standen: ein einzelner, absolut regierender Herrscher, eine einheitliche religiöse Orthodoxie und ein Programm territorialer Expansion in alle Himmelsrichtungen. Auch die anderen wichtigen Machtzentren betrachteten den Westfälischen Frieden (sofern sie überhaupt davon erfuhren) als für ihre eigenen Regionen nicht relevant.[3]

Dies war nun also die Ordnung, die dem muslimisch-osmanischen Territorium aufoktroyiert wurde. Eine islamische Kultur – aus religiösen Schriften und Netzwerken geboren und auch mehrheitlich von diesen erhalten – wurde nun zur Anpassung an französische Revolutionsideen auf den Kopf gestellt und gemäß dem Westfälischen Nationalstaatssystem umgestaltet. Nicht nur Osmanen und Russen waren davon überrascht. Die Chinesen brachte diese neue Ordnung aus nationaler Souveränität bei gleichzeitig eingeforderter Schwäche ebenso aus dem Tritt. Osmanen, Russen und Chinesen sowie möglicherweise Inder hatten über Jahrtausende auf Grundlage religiöser, politischer und kultureller Prinzipien agiert, die sich grundlegend vom Westfälischen Experiment unterschieden. Würde dieses neue europäische Prinzip in anderen Erdteilen gleichermaßen gut funktionieren? Die Europäer hatten keinerlei Zweifel: Sie wussten am besten, was richtig war.

„Der Westfälische Friede wurde zu einem Wendepunkt in der Geschichte der Nationen, weil er Elemente einführte, die ebenso unkompliziert wie weitreichend waren“[4], erklärt Kissinger und fährt fort:

> Statt Reich, Dynastie oder religiösem Bekenntnis wurde nun der Staat als Grundbaustein der europäischen Ordnung bestätigt. …
>
> Die Genialität des Systems beruhte darauf, dass seine Bestimmungen auf Verfahrensweisen und nicht auf inhaltliche Fragen gerichtet waren – und das war auch der Grund für seine weltweite Verbreitung. Wenn ein Staat bereit war, diese grundlegenden Erfordernisse zu akzeptieren, würde er als originäres Völkerrechtssubjekt anerkannt werden, würde seine jeweils eigene Kultur, Politik, Religion und inneren Strukturen bewahren können und vom internationalen System gegen Einmischung von außen geschützt werden.[5]

Die Theorie klingt überzeugend, allerdings war die Realität vollkommen anders und blieb es auch. In der islamischen Welt gab es keinen Präzedenzfall für einen säkularen Staat nach europäischem Vorbild.

Die Fehlentscheidungen der Muslime setzten sich indes fort. Während des Ersten Weltkriegs schlossen sie sich der falschen Seite an. Die Deutschen waren unterlegen und mit ihnen verloren ebenso die Osmanen. Mit dem Ende des Krieges 1918 fanden drei Reiche ihr Ende: das Russische, das Österreichisch-Ungarische und das Osmanische. Das Ende des russischen Imperiums brachte den Kommunismus hervor, das Deutschlands den Nationalsozialismus und der Niedergang der Osmanen zeitigte den Islamismus. Allerdings nicht, bevor das Jahrhundert der Demütigung sich noch verschlimmerte.

In einer kurzsichtigen, willkürlichen und zutiefst vorurteilsbeladenen Manier zerteilten französische und britische Imperialisten das Osmanische Reich, zogen Grenzen im Wüstensand, um neue Staaten zu erschaffen, wo zuvor keine Nationen existierten, beispielsweise im Irak und Jordanien. Aus dem Leichnam des Kalifats wurden 21 eigenständige Nationalstaaten tranchiert. Frankreich übernahm die Kontrolle über Teile Syriens, des Libanon und Marokkos, während Großbritannien über den Irak, Jordanien, Palästina und andere Gebiete herrschte. Mit dem Vertrag von Sèvres aus dem Jahr 1920, der mit dem Überbleibsel des Osmanischen Reiches geschlossen wurde, wurde gemäß dem Westfälischen Modell ein ‚Naher Osten' geschaffen, der einem Flickenteppich aus Staaten glich.

Seit dem Jahr 1924, knapp ein Jahrhundert nachdem Napoleon unerwartet die Bühne in Ägypten betreten hatte, fanden sich Muslime erstmals in ihrer Geschichte ohne einen Kalifen zurückgelassen. Und was noch viel schlimmer war: Europäische Mächte – Ungläubige – beherrschten nun muslimische Länder, nicht nur im Nahen Osten und Nordafrika, sondern auch in Asien, wo die Moguln nach Birma ins Exil geschickt worden waren und Indien nun allein von den Briten regiert wurde.

Wie hatte die Macht des Islam von den Höhen der Minarette zu dem Punkt hinabstürzen können, an dem Atatürk, der säkulare Präsident der Türkei, nun die Zusammenkünfte der Derwische sowie selbst den Gebetsruf verbieten konnte? Welches Unheil war über die Muslime hereingebrochen? Wie waren sie von ihrer Stellung als innovationsfreudigstes und mächtigstes Volk der Welt – in Handel, Technologie und politischer Vorherrschaft – zum Lakaien des Westens herabgesunken? Versuche, diese Frage zu beantworten, dauern bis in unsere Tage an.

## Kapitel 8

# Wer gilt als Islamist?

Islamisten tauchen zwar in unterschiedlicher Gestalt auf, alle eint sie aber das Bestreben, ihre Lesart des Islam zur vorherrschenden politischen Kraft in der heutigen Zeit machen zu wollen. Der Klarheit halber sollten wir sie als politische Aktivisten verstehen, die danach trachten, ihr Verständnis der Scharia als verbindliches, staatliches Gesetz durchzusetzen. Für Islamisten sind *haram*-Handlungen, welche gemäß der Scharia verboten sind, nicht bloß eine Frage von schlechtem Gewissen ob der eigenen Sünden und dem unentrinnbaren Urteil Gottes im Jenseits. *Haram* bedeutet vielmehr, etwas zu begehen, was auch im diesseitigen Leben auf Erden bestraft werden soll. Ein Islamist oder eine Islamistin empfindet es als religiöse Pflicht, nach einem islamischen Staat oder dem Kalifat zu streben, das imstande wäre, diese Gesetze auch durchzusetzen.

Die politische Ideologie des Islamismus bildet den Zeitgeist unter jungen muslimischen Aktivisten ab, dass es nicht reiche, nur Muslim, ein Gläubiger, zu sein. Islamisten sehnen sich nach etwas viel Weitreichenderem: der Rückkehr des Kalifats zur Wiederherstellung der verlorengegangenen muslimischen Würde sowie dem Ende des empfundenen Niedergangs und der Demütigung. Ungeachtet ihrer großen Ambitionen werden ihre Ansichten innerhalb des Mainstream-Islam immer wieder infrage gestellt.

In 1400 Jahren gab es im islamischen Schrifttum keinerlei Referenz auf den ‚Islamismus'. Nur sehr wenige Traktate beschäftigten sich mit einer ‚islamischen Regierung'. Es besteht ebenso kein Konsens darüber, was einen ‚islamischen Staat' konstituiert. Der Prophet hinterließ keinen Erben und ernannte auch keinen Nachfolger, wodurch es im Frühislam zu einer Führungskrise mit Ansprüchen und Gegenansprüchen von rivalisierenden Kalifen sowie zum Blutvergießen in der legendären Schlacht von Kerbela kam. Dies trug aber nicht zum Aufstieg von Islamismus oder politischem Islam bei.

In traditionellen muslimischen Gesellschaften waren die Familie, die örtliche Moschee, Lehrzirkel, der Kadi (Scharia-Richter), Stammesführer, Dorfvorsteher oder *za'im* (Notabeln) allesamt bedeutsamer als die Zentralregierung in Istanbul oder Delhi. Es existierte keine Ideologie des Etatismus und zentralisierter Staatsmacht oder irgendeine islamistische Massenbewegung – es gab nur den Islam und dessen verschiedene Auslegungen.

Während der Umwälzungen des 20. Jahrhunderts jedoch, als Weltkriege und neue politische Ideologien Millionen Menschen dazu brachten, ihre Regierungen im Namen des Marxismus, Kommunismus und Sozialismus umzuformen, reagierten muslimische Aktivisten mit der Politisierung ihres Glaubens: Nach hundert Jahren Demütigung, Machtverlust und Identitätskrise erblickte der Islamismus das Licht der Welt. Bis heute sind die Muslime weltweit in ihrer überwiegenden Mehrheit keine Islamisten, allerdings dominieren heutzutage islamistische Parolen, Diskurse und politische Visionen die innerislamische Debatte.

Ebenso wie der Marxismus, Kommunismus und Sozialismus sich in ein Spektrum von gewaltbereiten Revolutionären (wie die russischen Bolschewiken) bis zu demokratischen Sozialisten (wie die britische Labour Partei) ausdifferenzierten, verhält es sich auch mit dem Islamismus. Geprägt durch Geografie, die Lebensverhältnisse, Geschichte und politische Führung reicht das Lager der Islamisten von gewalttätigen Nationalisten (wie die Hamas in Gaza) über aufrührerische, unterdrückte Oppositionelle (wie die Muslimbruderschaft in Ägypten) bis hin zu Gruppen, die sich vom Islamismus distanziert haben und muslimisch-konservativ geworden sind, ähnlich den Christdemokraten Europas. Zu den beiden prominentesten Beispielen dieser Kategorie zählen Tunesiens Ennahda-Partei unter der Führung von Scheich Raschid al-Ghannouchi und die türkische AKP, auf die wir später noch zu sprechen kommen werden.

Das früheste islamistische Gedankengut war fast vollkommen – ob bewusst oder unbewusst – vom Aufstieg des Kommunismus beeinflusst. Insbesondere Abu al-A'la Maududi (1903–1979) widersetzte sich ganz dezidiert mit denselben Begriffen wie der Marxismus dem Kapitalismus, wobei er den Hintergrund des Propheten als Händler und die Achtung vor dem Privateigentum seitens der Scharia überging, beides Gegebenheiten, welche die Kommunisten verabscheuten und nicht geduldet hätten. Mittels seiner einflussreichen Bücher und journalistischen Arbeiten in den 1930ern gehörte Maududi zu den ersten, die den Islam als politische Ideologie begriffen. Er vertrat eine moderne muslimische Identität, die sich nicht mit Beten, Fasten, Wohltätigkeit und der Pilgerfahrt begnügte, vielmehr hatte er für jene Muslime nur Spott übrig, die sich mit diesen Dingen zufrieden gaben und nicht auf einen islamischen Staat, ein Kalifat mit einem einzigen Führer für alle Muslime, hinarbeiteten. In seinem Werk *Als Muslim leben* – eine Pflichtlektüre für alle islamistischen Gruppen – tadelt er Gläubige, die zwar praktizierend sind, den Islam jedoch nicht als ein zeitgenössisches politisches Projekt begreifen.

Anders als Marx, beschränkte sich Maududi nicht nur auf das Schreiben. Er schuf eine Massenbewegung nach dem Vorbild sozialistischer Parteiorganisationen mitsamt hoch ideologisierten Führungskadern: die Jamaat-e-Islami, eine der am besten organisierten und aktivsten politischen Parteien Pakistans, Indiens und Bangladeschs sowie der südasiatischen Diaspora im Westen. Die Jamaat Maududis erzielte allerdings keine signifikanten Wahlerfolge in Pakistan und Bangladesch. Sie lag in freien und demokratischen Wahlen immer wieder deutlich unter 20 Prozent der Wählerstimmen.

Der Schriftsteller und Gelehrte Ziauddin Sardar, der 1968 Maududi in London begegnete, beschreibt die Anziehungskraft dieses Mannes:

> Heutzutage gibt es kaum einen Fleck der islamischen Welt, in dem Maududi und die Jamaat-e-Islami keinen Einfluss hätten. Fromme Muslime lieben seine einfach gestrickten Hasstiraden. Die Vehemenz seiner Schriften in Fragen der Spiritualität und des Glaubens sowie sein Vertrauen in islamische Werte als allumfassendes System, welches sich in der Geschichte wieder behaupten wird, lenken davon ab, wie er den Wirkungskreis des Islam in unserer Zeit konzipiert. Als entfesseltes politisches Gebilde mangelt es seinen frommen Anhängern an Selbstkritik, Demut und vor allem dem Selbstzweifel, im Besitz der unerschütterlichen Wahrheit zu sein. In islamischen Buchläden stapeln sich seine Bücher, von denen viele frauenfeindlich und auf aggressive Art anti-westlich sind. Die Auswirkungen seines Denkens lassen sich in der nordwestlichen Grenzprovinz Pakistans beobachten, wo seine Anhänger eifrig damit beschäftigt sind, Kinos zu schließen, Musik zu verbieten, Frauen in ihren vier Wän-

> den einzusperren, eine Religionspolizei aufzustellen, um die öffentliche Moral zu überwachen, und damit eine umfassend islamische Gesellschaft zu erschaffen.[1]

Mit dieser neuen Form des politischen Aktivismus im Namen des Islam stand Maududi nicht allein.

In Ägypten reifte in Ismailia am Suezkanal eine ähnliche Strömung des Islam heran, nur vier Jahre nach der Abschaffung des osmanischen Kalifats im Jahre 1924. Die Muslimbruderschaft wurde 1928 mit dem selbsterklärten Ziel gegründet, den Niedergang der Muslime umzukehren. Die Antwort der Bruderschaft auf die Verwirrung unter den Muslimen war gleichermaßen simpel und umfassend: „*Al-Islam huwa al-hall* – Der Islam ist die Lösung" – ein Slogan, der bis heute immer noch sehr populär ist. Wenn andere Muslime hinterfragten, was solch eine vollmundige Behauptung in der Praxis bedeute, wenn es darum ging, die Lebensverhältnisse zu verbessern, der Regierung anzugehören oder den muslimischen Ruhm und Glanz wiederherzustellen, antwortete die Muslimbruderschaft mit dem häufig zitierten Leitspruch: „Gott ist unser Ziel, der Koran unsere Verfassung, der Prophet unser Führer, der Dschihad unser Pfad, und der Tod im Namen Allahs unsere Erfüllung."

Der Gründer der Muslimbruderschaft, Hasan al-Banna (1906–1949), kann als eine der einflussreichsten arabisch-muslimischen Persönlichkeiten des 20. Jahrhunderts gelten. Er verband sufische Einflüsse mit den Aktionsformen europäischer politischer Massenorganisationen, indem er aus dem Gefühl der Demütigung der Muslime durch den Westen die Überzeugung ableitete, dass jeder Muslim sich auf den Dschihad vorbereiten solle. Die Ideenwelt, die Infrastruktur und die politischen Ziele, die al-Banna seiner Millionen zählenden Anhängerschaft hinterließ, prägt auch weiterhin den modernen Nahen Osten und, im weiteren Sinne, die gesamte islamische Welt. Trotz des Drucks und der Verfolgung, dem islamistische Muslimbrüder ausgesetzt waren, sind sie noch immer eine allgegenwärtige und wirkungsstarke internationale Bewegung des sunnitischen Islam mit Ablegern in über siebzig Staaten. Dort operieren sie teils öffentlich und teils als informelle Opposition im Untergrund. Die Muslimbruderschaft unterhält gleichermaßen offizielle politische Parteien in vielen Ländern des Nahen

Ostens und Afrikas, wie Jordanien, Bahrain, Tunesien, Algerien, Irak, Syrien, Sudan, Somalia, Jemen und Israel.

Hasan al-Banna wurde 1906 als ältester Sohn einer gottesfürchtigen Mutter geboren, die den Koran täglich in Anwesenheit ihrer Kinder rezitierte. Allerdings war es al-Bannas Vater, der ihn seit frühester Kindheit mit dem Sufismus vertraut machte. Scheich Ahmad, Hasans Vater, war ein Uhrmacher und islamischer Gelehrter, der in der ägyptischen Kleinstadt al-Mahmudiya eine kleine Anhängerschaft um sich geschart hatte. Im Ägypten dieser Zeit waren gerade sufische Bruderschaften öffentlichen Anfeindungen durch eine neue Generation von Verfechtern der Moderne ausgesetzt, die deren Fixierung auf eintönige Gebetsrituale, Heiligengräber und einen Volksglauben verurteilten und als Hauptgrund für den Niedergang der Muslime ausmachten. Al-Bannas Vater hing nicht nur dem Sufiorden der Schadhiliya an, sondern veröffentlichte auch, als Hasan gerade sechs Jahre alt war, einen Kommentar zur Litanei des Sidi Ahmad Zarruq, ebenfalls ein Sufi der Schadhiliya-Bruderschaft. Das Buch wurde zu Hasan al-Bannas Lebzeiten mehrere Male neu aufgelegt.

Im Alter von zwölf Jahren erlebte al-Banna seine ersten Sufi-Zusammenkünfte in einer Moschee in Damanhur, einer Kleinstadt am westlichen Rand des Nildeltas. Der melodische Klang und der Sprechchor beim wiederkehrenden Rufen der Namen Gottes zogen al-Banna in den Bann dieser Männer, die Gott im Gleichklang ihrer schönen Stimmen priesen. Diese Sufigruppe des *Hasafiya*-Ordens, die im ländlichen Ägypten bis heute sehr populär ist, befasste sich ebenso mit den Gebetsgesängen Zarruqs, über die al-Bannas Vater geschrieben hatte.

Woche für Woche erschien der junge Hasan zu den Zusammenkünften der Sufis in der Moschee und schloss dabei Freundschaften mit jungen Sufis. Schon nach kurzer Zeit wollte er stärker in den Sufismus eintauchen und besuchte täglich einen Schrein unweit der Moschee am Grab des Gründers der *Hasafiya*-Bruderschaft, Scheich Hasanain. Dort hielt er Andacht, rezitierte Gebete und lief dann wieder nach Hause. Nachdem er die ruhige und besinnliche Atmosphäre des Sufi-Mausoleums gekostet hatte, nahm al-Banna es von nun an häufig auf sich, drei Stunden von Damanhur nach al-Disuq zu laufen, nur um das Grab eines anderen Sufimeisters vergangener Tage zu besuchen. Diese Angewohnheit behielt er sein ganzes Leben bei, sehr zum Missfallen der sittenstrengen salafistischen Puritaner, die sich seiner Organisation später scharenweise anschlossen. Sie waren geradezu davon beseelt, sufische Einflüsse in der Muslimbruderschaft auszumerzen.

Al-Bannas Frömmigkeit, seine regelmäßige Teilnahme an sowie die Verbundenheit mit sufischen Lehren und Praktiken führten 1923 im Alter von 17 Jahren zur offiziellen Aufnahme in den Hasafiya-Orden. Schnell traten al-Bannas schöpferische Seite und sein Organisationstalent zu Tage, als er einen Wohlfahrtsverein innerhalb der Hasafiya begründete, um Spenden für den Orden und seine Aktivitäten einzuwerben. Die jüngeren Anhänger des Ordens – unter ihnen gehörte al-Banna zu den Umtriebigsten – waren nicht nur an Gebeten, sufischen Sprechchören und Spiritualität interessiert, sondern auch an gesellschaftlich-politischem Aktivismus. Später bezeichnete al-Banna den Wohlfahrtsverein der Hasafiya als Vorläufer seiner Muslimbruderschaft. Für al-Banna waren die Ziele des Wohltätigkeitsvereins, Muslime von Alkoholkonsum und Glücksspiel abzuhalten und sie stattdessen zum Kampf gegen die christlichen Missionare zu ermuntern. Letztere waren in vielen Teilen Ägyptens, darunter auch in al-Bannas Dorf, aktiv geworden.

Im selben Jahr, 1923, ging al-Banna nach Kairo, um seine Ausbildung zum Schullehrer weiterzuverfolgen. Jedes Wochenende fuhr er nach Hause, um seine Sufibrüder bei ihren Predigten gegen die christlichen Missionare zu unterstützen, nachdem er freitagabends an der wöchentlichen Versammlung des Hasafiya-Ordens in dessen Hauptsitz in Kairo teilgenommen hatte. Inmitten der Sprechgesänge, Wechselgebete und der Warmherzigkeit der Sufis fand al-Banna spirituellen Beistand. In seinem Lebensumfeld Kairo nahm er jedoch eine ganz andere Welt wahr – eine Welt, in der die sufischen Lehren keinen Anklang fanden. Der Sufismus thematisierte nicht, was al-Banna als die zügellos ausschweifende Kultur des modernen Kairos wahrnahm, für die er die Europäer verantwortlich machte, die

> ihre halbnackten Frauen, ihren Alkohol, ihre Theater, ihre Tanzsäle, ihre Vergnügungsstätten, ihre Geschichten, Zeitungen, Romane und Phantasien, ihre frivolen Freizeitaktivitäten sowie ihre unverschämten Scherze in die Region brachten. Hier billigten sie Verbrechen, die sie in ihren eigenen Ländern nicht geduldet hätten, und staffierten diese ausgelassene und frivole Welt mit stinkender Sünde und übel riechendem Laster aus,

> die den Blick vieler naiver, vermögender und einflussreicher Muslime und Menschen von Stand und Einfluss vernebelten. Sie gaben sich erst zufrieden, als sie Schulen sowie wissenschaftliche und kulturelle Institutionen im Herzen des islamischen Kernlands gegründet hatten, welche Zweifel und Häresie in den Seelen seiner Söhne säen und ihnen beibringen sollten, sich selbst zu erniedrigen, ihre Religion und ihr Vaterland zu verunglimpfen, sich von ihren Traditionen und ihrem Glauben zu entfernen und alles als heilig zu betrachten, was westlich war, im Glauben, dass nur, was von den Europäern stamme, als überlegenes Vorbild diene, dem im Leben nachgeeifert werden solle.[2]

Den Westen für all die Übel zu beschuldigen, die al-Banna in seiner Umwelt sah, ohne überhaupt auf den Gedanken zu kommen, dass junge Ägypter sich willentlich diesen weltlichen Vergnügungen zugewandt haben könnten, wurde zu einem Markenzeichen der Muslimbruderschaft, die er kurz darauf gründete. Er sah den Westen im Kriegszustand mit dem Islam und war höchstwahrscheinlich der Erste in der Moderne, der bereits in den 1930er Jahren von diesem Krieg mit dem Westen sprach:

> Ich war tief und schmerzlich betrübt als ich das gesellschaftliche Leben meiner geliebten ägyptischen Nation sah, das zwischen dem geliebten und kostbaren Islam, den es vererbt, beschützt, gelebt und aus dem sie über vierzehn Jahrhunderte Stolz und Würde gezogen hatte, und jenem gewalttätigen westlichen *Ghazw* (Raubzug) oszillierte, welcher bewaffnet und mit allen tödlichen materiellen Waffen wie Geld, Prestige, äußerer Erscheinung, luxuriösem Genuss, Macht und allen Mitteln der Propaganda gerüstet war.[3]

Obgleich al-Banna an der sufischen Etikette festhielt, äußerte er seine Bedenken in Bezug auf einen führenden Sufi in Kairo, Scheich Jusuf al-Didschwi (1870–1946). Der Sufi-Tradition verpflichtet, nahm al-Didschwi eine passive, weltabgewandte Haltung ein und war davon überzeugt, dass Gott dafür verantwortlich sei, was sich in und um Kairo ereignete. Al-Bannas Zorn über diesen Fatalismus verleitete ihn dazu, einen altgedienten Sufi in einer Zusammenkunft zu tadeln. Doch wie es al-Bannas Art war, verkehrte er seinen Ärger in Aktionismus.

Zusammen mit einigen seiner Freunde aus dem Sufi-Orden in Kairo entschied sich al-Banna, den Islam den Massen näher zu bringen, anstatt darauf zu warten, dass die Massen von sich aus zu seinem Verständnis des Islam gelangen würden. Sie begaben sich auf die Straßen und sprachen in kurzen fünfminütigen Reden junge Männer in Kairos Kaffeehäusern an. Gemäß den Lehren der Sufis drohte al-Banna seiner Zuhörerschaft nicht mit der Hölle, sondern sprach sanftmütig über die Schönheit der Religion und die Sehnsucht der menschlichen Seele nach Gott – eine Herangehensweise, die Wirkung zeigte. Ermutigt von der Tatsache, dass man ihm zuhörte, statt davonzulaufen, predigte al-Banna weiter in kurzen Abständen an Straßenecken und rief die Leute zu Gott.

1927 endete al-Bannas Studienzeit in Kairo. Im Alter von 21 Jahren wurde er Volksschullehrer in Ismailia. Auch nachdem er sich in seinem gewählten Beruf eingerichtet hatte, hielt er an sufischen Gepflogenheiten fest, wobei ihn seine Erlebnisse aus der Großstadt verfolgten. Seine Leidenschaft zu predigen und zu missionieren sowie die Hingabe, mit welcher er den Islam vor den Bedrohungen des westlichen Materialismus und vor christlichen Missionaren zu bewahren suchte, imponierten auch anderen jungen Männern.

Im Frühjahr 1928 schlossen sich al-Banna sechs seiner Bewunderer an. In einer Reihe von Treffen beklagten sie den Zustand Ägyptens sowie den vermeintlichen Niedergang der Muslime. Die Anwesenden ersuchten al-Banna um Vorschläge, was zur Verbesserung der Situation getan werden könne, und ihre Diskussionen veranlassten ihn, einen praktischen Weg nach vorn zu konzipieren.

Statt der Gründung einer neuen Partei mit Hasan al-Banna als Vorsitzendem legten sie ihm gegenüber einen Treueschwur ab (*bai'a* im Jargon der Sufis, abgeleitet von einem Brauch der Prophetengefährten). Seit dieser Zeit wurde er der *murschid* (spiritueller Führer) der Gruppe genannt – abermals ein Beweis sufischer Einflüsse. Ebenso wie in seinem eigenen (Sufi) Orden kam al-Banna einmal wöchentlich zur Rezitation sufischer Litaneien mit seinen neuen Anhängern zusammen. Er nannte diese kleine Gruppe von Männern „*al-Ichwan al-Muslimin*", die Muslimbrüder.

Innerhalb von zehn Jahren baute al-Banna seine Organisation zu einer Massenbewegung mit Ablegern in ganz Ägypten aus. In den Universitäten,

Gewerkschaften, Unternehmen, Moscheen und unter den Staatsbediensteten begeisterten sich Millionen für al-Bannas Lehren von einem Islam, der sich dem Westen widersetzte, einem Islam, der ein gesellschaftspolitisches Programm bot und der Demütigung Ägyptens durch den ‚Krieg gegen den Islam' der Europäer trotzte.

Im April 1934, ermutigt durch den immensen Zuspruch aus allen Teilen der ägyptischen Gesellschaft, schrieb al-Banna in einem Traktat mit dem Titel *Wozu rufen wir die Menschen?*:

> Oh unser Volk: Mit dem Koran in unserer rechten Hand und der Sunna in unserer linken sowie den Taten der frommen und gottesfürchtigen Altvorderen und Vorfahren dieser Nation als unseren Leitfiguren rufen wir euch an. Wir laden Euch zum Islam ein, zu den Lehren des Islam, seinem Gesetz und seiner Rechtleitung, und wenn dies für Euch politisch ist, dann ist eben dies unsere politische Leitlinie. Und wenn derjenige, der Euch zu diesen Prinzipien [des Islam] aufruft, somit ein Politiker ist, dann – gepriesen sei Gott – sind wir die standhaftesten Männer in der Politik.[4]

Im Verständnis al-Bannas war der Islam mehr als nur die Beziehung zu Gott. In einer Ansprache an studentische Anhänger der Muslimbruderschaft im Frühjahr 1938 kündigte er den Auftritt der Organisation auf der politischen Bühne Ägyptens offiziell an:

> Sagt mir Brüder: Wenn der Islam etwas anderes als Politik, Gesellschaft, Wirtschaft und Kultur ist, was ist er dann? Besteht er lediglich darin, sich zum Gebet niederzuwerfen, ohne die Inbrunst des Herzens zu verspüren? ... Offenbarte der Koran allein dafür ein solch perfektes, feststehendes und detailreiches Ordnungsprinzip? ... Es ist genau dieses schwache und äußerst enge Verständnis des Islam, auf den ihn seine Feinde zu reduzieren versuchen, um uns zu verhöhnen und sagen zu können: „Wir haben Euch Eure Religionsfreiheit ja gelassen."[5]

Als al-Banna seine Vision in die Tat umsetzte, organisierte er seine Bewegung so, dass die Mitglieder der Muslimbruderschaft sich an ‚guten Taten' beteiligten und sich hinsichtlich der persönlichen Moralität gleichzeitig gegenseitig anspornten und überwachten. Doch al-Banna wagte sich ebenfalls in weitaus ungewissere und gefährlichere Gefilde vor.

So sehr er auch den europäischen Einfluss auf sein Heimatland verabscheute, war sich al-Banna durchaus der Wirkkraft der modernen politischen Massenbewegungen in Europa bewusst, weshalb er sich auch an diesen orientierte. Seine Bruderschaft war aus diesem Grunde auch eine Mischung aus sufischen Einflüssen und Elementen der Massenbewegung der italienischen Faschisten sowie der Nationalsozialisten Deutschlands in den 1930er Jahren. Genau wie die Schwarzhemden in Italien und die nationalsozialistischen Braunhemden schuf er seine eigene paramilitärische Organisation innerhalb der Muslimbruderschaft.

Höchstpersönlich bildete al-Banna für mehrere Jahre Kader in ägyptischem Patriotismus und islamischem Glaubenseifer aus, die unter dem Namen *Dschauwala* (‚Wandervögel') bekannt wurden. Dabei rief er seinen Schülern die großartige islamische Vergangenheit des Dschihad zu Zeiten des Propheten ins Gedächtnis. Mit al-Banna verbrachten sie Nächte in gemeinsamer Andacht und Gebet; allein die Gelegenheit, Zeit mit dem nun berühmten Führer zu verbringen, zog Tausende junger ägyptischer Männer an. Diese elitäre Gruppe um al-Banna beschwor fortwährend den Geist des Dschihad und der *futuwwa*, islamischer Ritterlichkeit auf dem Schlachtfeld, herauf. Selbst als al-Bannas Organisation zunehmend politisch und militärisch Stellung bezog, hielt er sie mithilfe eines Buches täglicher Gebetssprüche, das er 1936 erst für die *Dschauwala* und später für die gesamte Muslimbruderschaft herausgab, weiterhin tief im Sufismus verwurzelt. Er nannte dies *wird*, einen Brauch der Sufis (wörtl. Tränke, bezeichnet eine sufische Andacht bei Tages- und Nachtzeit, A. d. Ü.) – zweifelsohne inspiriert vom Kommentar seines Vaters zum *wird* des Zarruq und seiner eigenen Aneignung des *wird* der Hasafiya in seiner Jugendzeit und den frühen zwanziger Jahren.

Noch waren die *Dschauwala* nicht in kriminelle Machenschaften oder irgendeine Art von Terrorismus verstrickt. Neben al-Banna avancierten sie durch karitative Tätigkeiten, ein martialisches Auftreten und da sie bei Auftritten al-Bannas persönliche Sicherheit gewährleisteten, zum allgemein bekannten Gesicht der Muslimbruderschaft. Dies verlieh ihnen eine Aura von Autorität und Militanz. Seit jeher zieht sich der militärische Drill und die Indoktrination von Generation zu Generation junger Männer.

Im Herbst 1937 ging al-Banna noch einen Schritt weiter und schuf die *Kata'ib* (‚Bataillone') für ausgesuchte Mitglieder der *Dschauwala*. Jedes Bataillon bestand aus zehn bis vierzig Personen, die einen besonderen Treueschwur (*bai'a*) auf „Kampf, Gehorsam und Geheimhaltung" abgelegt hatten. Für sie entwickelte al-Banna ein maßgeschneidertes Ausbildungsprogramm, das auf nächtlicher Andacht mit Sufi-Litaneien basierte. Er verfasste eine Reihe von Traktaten für die *Kata'ib*, die er später als Schulungsmaterialien für die gesamte Muslimbruderschaft verwendete. Sein populäres Schreiben *Über den Dschihad*, das bis zum heutigen Tag zur Pflichtlektüre unter den Mitgliedern der Bruderschaft gehört, handelt von der Demütigung der Muslime und der Pflicht, den Dschihad auszuüben:

> Wie Ihr wisst, sind die Muslime heute dazu gezwungen, vor Nicht-Muslimen zu kuschen und sich von Ungläubigen beherrschen zu lassen. Ihre Heimatländer wurden überrannt und zertrampelt, ihre Ehre wurde geschändet. Ihre Feinde bestimmen über ihre Angelegenheiten, die Bräuche und Rituale ihrer Religion sind in ihrem eigenen Lande in Vergessenheit geraten, ganz zu schweigen von ihrer Kraftlosigkeit, den Ruf [eines missionarischen Islam] in die Welt zu tragen. Daher ist es die unerlässliche individuelle Pflicht eines jeden Muslims, sich für den Dschihad zu rüsten, bis dass sich die Gelegenheit bietet und Gott eine Sache verfügt, die es zu vollenden gilt [...] Ich will euch nicht vorenthalten, dass vor dem gegenwärtigen Zeitalter der Finsternis, in dem der Stolz verendet ist, Muslime in ihrer Geschichte den Dschihad niemals ausgesetzt oder vernachlässigt haben; weder sie noch ihre Religionsgelehrten, Sufis, Handwerker und andere, vernachlässigten ihn. Sie alle standen ganz und gar bereit.[6]

Dieser ganze aufrührerische Aktivismus gipfelte letztlich in Gewalt. Im Jahre 1949 erschoss ein Mitglied der Muslimbruderschaft den Premierminister Nukraschi Pascha, andere Mitglieder der Bruderschaft verübten Anschläge auf das Leben weiterer Politiker. Al-Banna hatte seiner Organisation den Geist des Dschihad eingeimpft und dieser Geist war nun aus der Flasche. Die Aktionen der Bruderschaft in ihrem Heimatland sowie im Ausland hatten sie mächtiger werden lassen, als gut für sie war, was im Jahr 1949 schließlich zu al-Bannas Ermordung durch den ägyptischen Geheimdienst führte.

Al-Bannas Lehren stachelten die Muslimbruderschaft schon zu seinen Lebzeiten zu Militanz an, die sich unmittelbar nach seinem Ableben zu einem ungezügelten Terrorismus ausweiteten. Sie erschossen und ermordeten Polizisten, legten Bomben in Kinos und landeten häufig im Gefängnis. Dieser Ausbruch der Gewalt ging ursprünglich von der Bruderschaft aus, von der sich nach verschiedenen Abspaltungen einige einzig und allein dem Dschihad verschrieben. Dies traf gerade auf die Gruppen al-Gama'a al-Islamiya und al-Dschihad al-Islami zu, Vorläufer von al-Qaida. Beide Gruppen waren unmittelbar in Terrorakte verwickelt, von der Ermordung des ägyptischen Präsidenten Anwar Sadat im Jahr 1981 bis zum ersten Bombenanschlag auf das World Trade Center in New York von 1993 sowie das Luxor-Massaker an ausländischen Touristen in Oberägypten im Jahre 1997.

Während all dessen wuchs die Muslimbruderschaft von 800 Mitgliedern im Jahr 1936 auf über zwei Millionen im Jahre 1948 exponentiell an, was die Wirkmacht dieser neuen politisierten Organisation verdeutlicht, die eine Konkurrenz zu althergebrachten traditionellen Sufiorden verkörperte. Die Sufis predigten Liebe und Mitgefühl und hatten im Verlauf eines Jahrtausends spirituelle Rechtleitung geboten, hatten allerdings keine mobilisierende Botschaft für dieses neue Zeitalter.

Die politischen Führer der islamischen Welt bewunderten die Sufis. Arabische Herrscher saßen regelmäßig in deren Zusammenkünften, nahmen am alljährlichen *maulid*, den Feierlichkeiten zu Mohammeds Geburtstag, teil, besuchten Schreine von Heiligen oder stifteten neue Moscheen für altehrwürdige Sufiorden. Im Gegenzug warben diese unter ihren unzähligen Millionen von Anhängern für die Gunst gegenüber den Herrschenden. Mit Ausnahme der Golfstaaten unterhielt jede arabische oder islamische Regierung enge und für beide Seiten nutzbringende Beziehungen mit den Sufis. Ägyptens Präsident Sadat war Mitglied eines Ordens, sein Nachfolger Hosni Mubarak besuchte Sufischeichs und beanspruchte für sich, ein Nachkomme des Propheten zu sein. Iraks Saddam Hussein hielt die Sufiorden der Naqshbandis und Qadiris in Ehren, Syriens Hafiz al-Asad beriet sich regelmäßig mit zwei führenden Naqshbandi-Gelehrten und vertraute sich ihnen an.[7]

Im Irak, in Syrien und Ägypten unterdrückte allerdings dieselbe politische Elite die Muslimbruderschaft als Vertreter eines neuen Islam – oder Islamismus, um genau zu sein –, welcher sich dagegen wehrte, vereinnahmt zu werden, und schlimmer noch, aktiv die Konfrontation mit diesen Regierungen suchte. In Ägypten brachte die Feindseligkeit allen westlichen Einflüssen gegenüber die Bruderschaft zuerst in unmittelbaren Konflikt mit König Faruk und dann mit den revolutionären Militäroffizieren unter Führung von Oberst Gamal Abdel Nasser, ihrerseits nationale Sozialisten, die für den Islamismus nur Abscheu übrig hatten.

Zwei Jahre nach Ägyptens sozialistisch-nationalistischer Revolution von 1952 wurde der bekannte Literaturkritiker Sayyid Qutb wegen des Versuchs inhaftiert, die Regierung Nassers zu stürzen oder, wie manche behaupteten, diesen sogar zu ermorden. Nach einem verstörenden Aufenthalt in den USA hatte sich Qutb der Muslimbruderschaft angeschlossen. Im Gefängnis schrieb er seine umstrittensten Werke, wie *Ma'alim fil-tariq* (dt.: Die Wegmarken), in welchen er behauptete, die muslimische Gesellschaft sei nunmehr *dschahili*, was heißen sollte, dass sie in die heidnischen Zeiten Arabiens, der vorislamischen Unwissenheit, zurückgefallen sei. Um dies umzukehren, so Qutb, müssten Muslime die Waffen gegen diejenigen ergreifen, die al-Banna als Zerstörer der muslimischen Identität ausgemacht hatte und die den Durchbruch der islamistischen Ideologie verhinderten. *Haram*-Handlungen müssten demzufolge für illegal erklärt werden.

Das Vorgehen der Regierung Nasser bestätigte Qutbs schlimmste Befürchtungen. Während der zehn Jahre im Gefängnis wurde er gefoltert, vergewaltigt und gedemütigt. Am absoluten Tiefpunkt wurde er gefragt: „Wo ist dein Gott nun?", Hunde wurden auf ihn und andere Häftlinge der Bruderschaft gehetzt. Sein zorniger Korankommentar *Fi zilal al-qur'an* (dt.: Im Schatten des Koran) wurde zum Verkaufsschlager in der arabischen Welt. Das Credo seiner Schriften lautete: „Die Herrschaft ist allein Gott vorbehalten." Mit wortwörtlich zitierten Koranversen untermauerte er seine Behauptung: „Diejenigen, die auf einer anderen Grundlage als der Offenbarung Gottes herrschen, sind die wahren Ungläubigen."

Qutbs klarer Appell ähnelte der Schlussfolgerung der Charidschiten aus dem siebten Jahrhundert, die Imam Ali ermordet hatten. Nasser ließ Qutb 1966 hängen und machte damit einen Märtyrer aus ihm. Die charidschitische Ideologie der Islamisten in den ägyptischen Gefängnissen war jedoch nicht mehr im Zaum zu halten. Die Ermordung Sadats 1981 war eine unmittelbare Folge aus Qutbs Lehren, welche die Ermordung eines muslimischen Führers auf Grundlage von *Takfir* rechtfertigten – dem Absprechen seines Muslimseins, was ihn folglich zum Apostaten mache, der deshalb den Tod verdiente.

Die Kultur der Selbstmordanschläge, die Geißel zeitgenössischen Terrorismus, kann indes nicht allein den sunnitischen Islamisten in die Schuhe geschoben werden. Nach dem Vorbild der Tamil Tigers in Sri Lanka setzte die schiitisch-islamistische Hisbollah als erste unter den Muslimen diese Taktik ein, anderen das Leben durch Selbstmordanschläge zu nehmen. Im Jahr 1983 schlug sie im Libanon gegen amerikanische und französische Truppen zu. Dabei verloren 300 Soldaten ihr Leben und der Iran errichtete später ein Denkmal, das die Mörder als ‚Märtyrer' ehrte. Diese neue Aktionsform schockierte selbst islamistische Aktivisten, die in Afghanistan gegen die Sowjets und in Palästina im Kampf gegen die israelischen Streitkräfte bislang vor Selbstmordattentaten zurückgeschreckt waren, da das Leben von Gott geschenkt sei und Er Selbstmord im Koran ausdrücklich verboten hatte. In arabischen Medien wurden solche Aktionen alsbald als ‚Märtyrer-Operationen' gerechtfertigt. Heutzutage haben die palästinensische Hamas und andere militante islamistische Gruppen Selbstmordbomber zur Waffe ihrer Wahl erkoren.

Bislang haben wir lediglich auf Islamisten an einem Ende des Spektrums, dem von Hasan al-Banna, Sayyid Qutb und ihren zunehmend gewalttätigen Erben, geschaut. Das ist aber nicht die ganze Geschichte. Es existiert eine andere, eher hoffnungsvolle Kehrseite der islamistischen Medaille, die wir zu unserem eigenen Schaden ignorieren. Bewegungen und Ideologien, ebenso wie Menschen, verändern sich und passen sich fortwährend an. Islamisten bilden hierbei keine Ausnahme. Es kommt auch innerhalb dieser Bewegungen zu Verschiebungen.

Lange vor Osama bin Ladens Hasstiraden bezeichnete der einflussreiche tunesische Gelehrte Scheich Raschid al-Ghannouchi die Vereinigten Staaten als „Amerika der Kreuzfahrer" und „den Feind des Islam", weil die USA 1991 Kuwait von der irakischen Besatzung befreit hatten. So wie wir Ghannouchi heute kennen, ist es schwer vorstellbar, dass er 1991 schrieb:

> Es darf keinen Zweifel daran geben, dass wir egal wo, gegen wen auch immer, zuschlagen werden, der den Irak angreift … Wir müssen einen unaufhörlichen Krieg gegen die Amerikaner entfesseln, bis sie das Territo-

> rium des Islam verlassen, andernfalls werden wir all ihre Gewinne und Bestrebungen in der gesamten islamischen Welt niederbrennen und zerstören ... Die muslimische Jugend muss diese Warnung entschlossen an die Amerikaner richten, dass ein Schlag gegen den Irak eine Lizenz dafür sein wird, in der gesamten islamischen Welt amerikanische und westliche Vorhaben anzugreifen.

Ghannouchi argumentierte, dass die Vereinigten Staaten einen Krieg gegen den Islam führten, und rief zu einem muslimischen Boykott amerikanischer Produkte, Flugzeuge und Schiffe auf. Er war von Grund auf davon überzeugt, dass Saddam Hussein mit der Annexion Kuwaits einen lobenswerten Schritt hin zu regionaler Einheit unternommen hatte, indem er „zwei von 22 arabischen Staaten vereinigt hat", wohingegen Amerika die arabischen Länder abermals gespalten habe.

Zwanzig Jahre später hatte sich Ghannouchis Haltung völlig gewandelt und er machte sich auf, New York und Washington, D. C., zu besuchen, um Amerika zu mehr Investitionen im Nahen Osten und einer engeren Kooperation mit Arabern und Türken aufzurufen. Ich traf ihn 2012 in der Zentrale des *Wall Street Journal* in New York, wo er für eine gewogenere Berichterstattung in Amerika über Tunesien Lobbyarbeit betrieb und versuchte, ausländische Direktinvestoren anzulocken. Der Wandel seiner Positionen versinnbildlicht die fortwährenden Veränderungen im Nahen Osten, wo die Menschen eine Neubelebung und Erneuerung herbeisehnen.

Während Sayyid Qutb den Islamismus einst auf den Pfad von Intoleranz und militanter Gewalt geführt hatte, steuert Ghannouchi diese globale Bewegung heutzutage in Richtung Pluralismus und Koexistenz. Als Exilant erlebte er in den 1990er und 2000er Jahren in London einen Westen, der sich von jenem Amerika unterschied, welches Qutb zu kennen geglaubt hatte und gegen das er sich wandte. Ghannouchi kehrte 2011 nach Tunesien zurück, um sein Land zu Demokratie und Wohlstand zu führen, frei von jeglicher Ideologie. Der Umstand, dass seine Gruppierung ihre Niederlage bei den Wahlen 2015 einräumte und eben nicht versuchte, ihre Lesart des Islam in der Öffentlichkeit durchzusetzen, markierte eine signifikante Absetzbewegung vom Islamismus früherer Tage. Im Jahre 2016 postulierte Ghannouchi vor den Kameras internationaler Medien sowie politischen

Repräsentanten arabischer Staaten, dass Politik von den Moscheen im Nahen Osten ferngehalten werden müsse. Er erklärte seine Ennahda-Bewegung zu einer islamisch-demokratischen Partei und verwarf den Islamismus als eine Ideologie der Vergangenheit.[8] Im Westen wurde dieser bedeutsame Richtungswechsel mehrheitlich ignoriert. Würde er aber richtig verstanden und angemessen unterstützt, dann hätte diese ideologische Verschiebung das Potential, eine freiheitliche und wegweisende Politik im Mittleren Osten zu begründen. In Wirklichkeit steckt dahinter auch die Tatsache, dass die Ennahda für die britische Konservative Partei oder die deutschen Christdemokraten nun zu einer politischen Schwesterpartei geworden ist.

Mir wurde das Privileg zuteil, Ghannouchi bei mehreren hochrangig besetzten Gesprächen am Runden Tisch im *Council on Foreign Relations* in Washington und New York willkommen zu heißen. „Die Moschee steht denjenigen offen, die es möchten ebenso wie der Strand denen, die es wollen"[9], war seine ehrliche Antwort auf kritische Fragen nach der Wahlfreiheit in seiner Heimat. Seine öffentliche und persönliche Ehrerbietung gegenüber der jüdischen Gemeinde in Tunesien kann als ein weiteres Anzeichen seiner Zuvorkommenheit gewertet werden. Als Ghannouchi zu Recht und Wirtschaft befragt wurde, verwies er die Fragenden an die Frauen in seiner Delegation und zollte ihnen damit Respekt und Anerkennung, die normalerweise nicht von politischen Führern im Nahen Osten zu erwarten sind.

Beim Thema Säkularismus zögerte Ghannouchi nicht, den Laizismus französischer Prägung als religionsfeindlich abzulehnen. Er meinte, dass eine militant säkulare Demokratie keinen Platz in der islamischen Welt habe und dort, wo sie eingeführt und erzwungen worden sei, gäbe es eine starke Gegenbewegung: Im Iran, in der Türkei und sogar in Algerien. Danach hob Ghannouchi zwei Formen des Säkularismus oder Pluralismus hervor, die, wie er sagte, nicht religionsfeindlich eingestellt seien und religiöser Hingabe tatsächlich einen Platz einräumten. Zum einen Großbritannien, wo die Queen das Oberhaupt von Staat und Kirche sei. Zum anderen Amerika, wo Christentum und Glaube generell vom Staat unabhängig, dieser gegenüber Frömmigkeit und Religiosität jedoch nicht feindlich eingestellt sei. Das britische und amerikanische Modell stünden eher mit den Befindlichkeiten und Erwartungen in der islamischen Welt im Einklang als das französische Modell.

Ghannouchis Einfluss auf die Politik und das Denken reicht weit über Tunesien hinaus. In Ägypten gehörte er einer Gruppe von Beratern rund um den ersten Präsidenten der ägyptischen Muslimbruderschaft, Mohammed Mursi, an. Aber Ghannouchis unmittelbarer Appell an Mursi, nicht alleine zu regieren, sondern eine Koalition mit den Säkularen und Nationalisten zu schmieden, traf auf taube Ohren. Heute schmachtet die Führung der Muslimbruderschaft im selben Gefängniskomplex, der einstmals Sayyid Qutb und den Dschihadismus hervorbrachte.

Während Ghannouchi sich in Ägypten nicht mit seiner Meinung durchsetzen konnte, zeitigte sein Eintreten für eine ethische Wirtschaftsweise sowie Mitte-Rechts-Politik in der Türkei Erfolge, wo seine Bücher und Artikel das Denken der islamisch orientierten AKP prägten. Präsident Recep Tayyip Erdoğan und sein Umfeld geben bereitwillig zu, geistig bei Ghannouchi in der Schuld zu stehen. Im Gegenzug versuchte Ghannouchi, das Beste von den Türken zu übernehmen, um Arbeitsplätze zu schaffen, ausländische Investoren anzulocken, die Infrastruktur zu verbessern und ein erstklassiges Bildungs- und Gesundheitssystem für die Bürger Tunesiens zu gewährleisten. Diese Fragen sind die für Regierungen und verantwortungsvolle Politiker entscheidenden, nicht die Besessenheit, gegen den Westen zu opponieren. Mit der Suche nach Lösungen für diese Regierungsherausforderungen haben sich die Türkei und Tunesien gleichermaßen von der islamistischen Ideologie ab- und einem Marktliberalismus und demokratischen Konservatismus zugewandt. Hierbei zeigen beide große Gemeinsamkeiten mit europäischen oder amerikanischen christlichen Konservativen. Ihr Islamverständnis drückt sich in persönlicher Frömmigkeit aus, nicht darin, ihre Sicht auf die Heilige Schrift in der Gesellschaft durchzusetzen und *haram*-Handlungen gesetzlich für verboten zu erklären. Wo aber bleibt die Unterstützung aus dem Westen für dieses aufkeimende, lebenswichtige politische Projekt? Wer wird die Islamisten von gestern als konservative muslimische Demokraten, die sie heute sind, behandeln?

Der angesehene Professor für Islamstudien Scheich Abdallah ibn Baiya, die womöglich bedeutendste religiöse Autorität der Gegenwart im sunnitischen Islam, der auch Ghannouchi und andere politische Führer folgen, legt es folgendermaßen dar: Da der Schutz und Erhalt von Leben, Eigentum, Geistesleben, Familie und Religion die fünf übergeordneten Ziele der Scharia, die *Maqasid*, bildeten, stelle jedes Regierungssystem, das diese *Maqasid* verwirklicht, eine schariakonforme Herrschaftsform dar. Gemäß dieser muslimischen Mainstreaminterpretation ist die säkular begründete Souveränität des Staates und seiner Gerichte vollkommen vereinbar mit dem Islam.

Auch wenn solch ein weit gefasster, kontextabhängiger Zugang zum Islam, zur Scharia, zu Politik und Autorität bei einer neuen Generation ehemaliger Islamisten und angehender muslimischer Konservativer Anklang finden mag, entfremdet er geradezu diejenigen, die einen ausschließlich buchstabengetreuen Ansatz vis-à-vis der Heiligen Schrift verfolgen: Die Salafisten.

## Kapitel 9

# Was macht einen Salafisten oder Wahhabiten aus?

Der Puritanismus existierte bereits im Westen, bevor er in der arabischen Welt aufkam. Während die puritanische Bewegung im Westen jedoch wieder verschwand, gedeiht sie in der islamischen Welt bis heute. Als Salafisten oder Wahhabiten werden die Puritaner des Islam bezeichnet: ‚Protestanten' wider den Mainstream-Islam. Als Edward VI. im Jahr 1547 im Alter von neun Jahren in England den Thron bestieg, ergriffen die Puritaner die Gelegenheit beim Schopf, evangelikale Reformen durchzuführen, Wandbilder in Kirchen zu übertünchen, Musikinstrumente zu verscherbeln oder ganz zu zerstören sowie Gräber- und Wallfahrtsstätten zu schließen, da diese der Götzenverehrung Vorschub leisteten. Insbesondere beharrten sie darauf, dass jeder einzelne Gläubige unmittelbaren Zugang zur christlichen Schrift habe, um so den Klerus zu umgehen. All dies ereignete sich zweihundert Jahre bevor der unheimliche Puritanismus der Salafisten in Arabien in Erscheinung trat.

Vereinfacht gesagt: Ein Salafist ist ein Muslim, der für sich in Anspruch nimmt, dem Vorbild der *Salaf* (den ‚Altvorderen') zu folgen, den ersten drei Generationen von Muslimen. Sie behaupten, ihre Rechtleitung aus dem ersten Jahrhundert des Islam (7. Jh. unserer Zeitrechnung) zu ziehen: vom Propheten Mohammed, dessen Gefährten und deren unmittelbaren Gefolgsleuten. Nach diesen drei Generationen – den *al-Salaf al-Salih* (‚den frommen Altvorderen') – sehen Salafisten den Islam als von wachsenden christlichen, römischen, persischen, griechischen und anderen Einflüssen korrumpiert an. Um davon rein zu werden, hätten Muslime daher ausschließlich die Praktiken der *Salaf* zu befolgen – und darum werden sie landläufig als Salafisten bezeichnet oder, um genauer zu sein, als Wahhabiten, nach dem modernen Wiederbeleben dieses Puritanismus durch den Beduinenprediger Mohammed ibn Abd al-Wahhab (gest. 1792).

Und hier ist der Haken: Ausnahmslos jeder Muslim glaubt an die Botschaft des Propheten und ist bestrebt, ihm und seinen Gefährten nachzueifern. Allerdings ist nicht jeder Muslim ein Wahhabit. An sich beruht der Salafismus auf einer edlen Vorstellung, der Wahhabismus lebt diese unter Berufung auf die Textauslegungen von Ibn Abd al-Wahhab und seinen Schülern in der Praxis aus. Indem wir hier das Augenmerk auf den Wahhabismus richten, wollen wir das wahre Wesen des modernen Salafismus eingehender untersuchen.

Osama bin Laden war ein Salafi-Wahhabit. Nach dem 11. September wurde der Fokus stark auf die historischen Wurzeln des Wahhabismus und die engen Verstrickungen mit der saudischen Regierung gerichtet. Gleichermaßen verhalfen die afghanischen Dschihadisten der 1980er dem salafistischen Wahhabismus zu internationaler Aufmerksamkeit, als sich Scharen aus der ganzen Welt aufmachten, um gegen den gottlosen sowjetischen Feind zu kämpfen. Auf den Schlachtfeldern Afghanistans lernten sie, mit Waffen umzugehen und Bomben zu bauen. Nach dem Zerfall der Sowjetunion nahm sich diese globale Kampftruppe eines neuen Feindes an: des Westens und seiner Verbündeten.

Einer der ursächlichen Gründe, welcher dem Wahhabismus heute zu seiner Wirkkraft verhilft, liegt im Umstand, dass Saudi-Arabien in den letzten Jahrzehnten schätzungsweise 200 Milliarden Dollar seines Ölreichtums dafür ausgegeben hat, um die eigene extreme Theologie mit aller Macht weltweit zu propagieren. Die Allianz zwischen Wahhabiten und dem saudischen Herrscherhaus reicht bis zu einem Pakt zwischen Ibn Abd al-Wahhab selbst und dem lokalen Stammesführer Mohammed ibn Saud im 18. Jahrhundert zurück, dem Stammvater der heute herrschenden Al Saud-Dynastie. Im Jahre 1749 schwor Ibn Saud dem Prediger eines strikten Monotheismus die Treue, als Gegenleistung erkannte Ibn Abd al-Wahhab den saudischen Machtanspruch an. Diese Allianz bildet bis heute die Grundlage der politischen Abmachung, wonach der saudische Staat die klerikale Klasse unterstützt, sodass diese, finanziell gepolstert und vor jedweder Rechenschaft gefeit, ihre eigen- sowie einzigartige Interpretation des Monotheismus in den heiligen Stätten des Islam durchsetzen kann.

Der salafistische Wahhabismus ist derzeit die vorherrschende islamische Kraft in Saudi-Arabien. Gemäß dieser sehr konservativ-restriktiven Lesart des Islam ist es Christen verboten, Kirchen zu erbauen, saudischen Frauen wird das Tragen eines schwarzen Gesichtsschleiers, eines *Niqab*, vorgeschrieben und nahe der heiligen Städte Mekka und Medina sind separate Autobahnen für Muslime und Nichtmuslime gebaut worden. Enthauptungen werden im Namen eines buchstabengetreuen, wahhabitischen Verständnisses der Scharia als staatlichem Recht von der Staatsmacht freitags auf öffentlichen Plätzen vor Moscheen vollstreckt.

Prominente saudische Gelehrte, wie der beliebte Fernsehmoderator und Schulbuchautor Saleh al-Fawzan, haben in jüngster Zeit verlauten lassen: „Sklaverei ist Teil des Islam. Sklaverei ist Bestandteil des Dschihad und wird es so lange geben, wie der Islam existiert." Im gleichen Zuge werden Muslime, die Sklaverei ablehnen, der Apostasie beschuldigt, worauf in Saudi-Arabien die Todesstrafe steht. Wer die Sklaverei ablehnt, verdient es folglich, umgebracht zu werden.

Wie können Mainstream-Muslime mit Salafisten in einen Dialog treten, um diese davon abzubringen, diejenigen zu töten, die mit ihren Auffassungen nicht übereinstimmen? Kurz gesagt: gar nicht. Al-Fawzan ist keine Randerscheinung in Saudi-Arabien. Für seinen Tötungsaufruf wurde er weder verhaftet noch vor Gericht gestellt. Der Umstand, dass ISIS und andere extremistische Organisationen Sex-Sklaverei praktizieren, steht in unmittelbarer Verbindung zu dieser Normalisierung der Sklaverei im saudischen Königreich. Al-Fawzan ist Professor an einer staatlichen Universität in Riad und war mehrfach Mitglied in den höchsten religiösen Gremien Saudi-Arabiens. Er ist ein prominentes Beispiel neben zahlreichen anderen vergleichbaren einflussreichen Klerikern. Sie alle beziehen ihre Legitimität aus Zitaten aus den Werken des Wahhabismus-Begründers Mohammed Ibn Abd al-Wahhab.

Seine Lehren sowie die strikte Auslegung des *Tauhid* (der Glaube an die ‚Einzigkeit' Gottes) konstituieren den offiziellen Islam in Saudi-Arabien, im Gegensatz zu dem, was die meisten anderen Muslime weltweit befolgen. Sein Buch *Kitab al-Tauhid* – „Das Buch der Einzigkeit Gottes" – dominiert den globalen muslimischen Buchmarkt in preiswerten, aber prachtvollen Ausgaben, die von durch Petro-Dollars finanzierten Verlagshäusern am Golf herausgegeben werden. Die finanziell am besten ausgestatteten Universitäten der islamischen Welt befinden sich in den saudischen Städten Mekka, Medina, Riad und Dschidda. Sie bringen Zehntausende junger Geistlicher hervor, die dazu ausgebildet wurden, die Ideen dieses Buches im muslimischen Teil der Erde missionarisch zu verbreiten.

Werfen wir einen näheren Blick auf seine Theologie. Seine fundamentalste Kritik behauptete, dass die überwiegende Mehrheit der Muslime der Welt vom Glaubensbekenntnis der *Salaf* abgefallen sei. So wie die Puritaner gegen den Katholizismus aufbegehrten, widersetzten sich die Wahhabiten dem Mainstream-Islam der Osmanen und Moguln. Der überwiegende Teil des Islam müsse physisch von der überhandnehmenden Glaubensverirrung des *Schirk* (Götzendienst oder Polytheismus) gereinigt werden – die Gründung der *Ichwan*, eines Freiwilligenkorps, das sich energisch der Durchsetzung wahhabitischer Ideen und Verhaltensweisen verschrieb, war die Folge. Die Glaubensdoktrin oder *'Aqida* ist für die Wahhabiten von zentraler Bedeutung, da sich selbige (in ihren Augen) auf ‚Abwegen' befinde, sei auch das Verhalten der Muslime unislamisch geworden. Mit seiner eigentümlichen *'Aqida*-Besessenheit zielte Ibn Abd al-Wahhab gerade auf die Reinheit des *Tauhid* ab, im Sinne eines buchstabengetreuen Verständnisses der Schriften, ungeachtet des Kontextes oder der Auslegungen durch Scharia-Autoritäten des gesamten vorangegangenen Jahrtausends.

Die überwiegende Mehrheit der sunnitischen Muslime glaubt an die sogenannte ascharitische Lehre, benannt nach dem frühislamischen Imam al-Ash'ari. Dieser herausragende theologische Lehrmeister wurde 873 in Basra geboren, lebte und verstarb in Bagdad. Er strebte nach einer theologischen Formel, die den muslimischen Glauben von externen Einflüssen abschottete. Wo immer Koranverse von Gottes Hand, Knie oder Gesicht sprechen, legt die ascharitische Denkschule dies als Metapher für die Erhabenheit Gottes aus, da diese jenseits des menschlichen Erkenntnisvermögens läge. Wenn Gott im Koran spricht, dass Er in den untersten Himmel hinabsteige, um diejenigen aufzusuchen, die Sein Erbarmen erbitten, wurden diese Verse von der muslimischen Mehrheit über tausend Jahre hinweg als allegorischer Ausdruck der göttlichen Fürsorge für Seine Schöpfung aufgefasst. Der Koran lehrt uns, dass die Mehrzahl der Verse *muhkamat* (mit eindeutiger Bedeutung) sind: „Sie sind die Fundamente des Buches." Gleichermaßen gibt es *mutaschabihat*: „Verse, die mehrdeutig sind".[1] Daraufhin verdammt der Koran diejenigen, welche die mehrdeutigen Verse verwenden, um mit ihren zweifelhaften Interpretationen Unruhe zu stiften. Um diesem Fluch zu entgehen, haben sich Mainstream-Sunniten ein Jahrtausend lang vor Buchstabengläubigkeit und Literalismus gehütet.

Nicht so aber die Salafisten oder Wahhabiten. Sie bestehen auf der Glaubensdoktrin, dass Gott im wahrsten Sinne des Wortes eine Hand, Füße, Knie und ein Gesicht habe und auf einem Thron sitze. Wenn Er zum untersten Himmel hinabsteigt, dann sei Er dort buchstäblich anwesend. Sie sehen das Gerede der ascharitischen Theologen über spekulative Theologie, rationale Theologie und Metaphern als von den Griechen beeinflusst an. Derlei fremde Einflüsse auf den Islam müssten durch die Reinheit des *Tauhid*, den Glauben an die Einzigkeit Gottes, gereinigt werden.

Imam al-Ashʿari war in der arabischen Poesie aus der Zeit des Propheten indes so gut bewandert, dass er sich auch auf den Sinn der Metaphern in der heiligen Schrift einen Reim zu machen verstand. Erwähnt der Koran „Gottes Hand", so sei dies ein Verweis auf Seine Macht. Das „Gesicht Gottes" habe als Metapher für Sein Wesen zu gelten, und der „Blick Gottes" sei ein Hinweis auf Seine fortwährende Wachsamkeit über Seine Schöpfung. Dass Er in den letzten Stunden der Nacht in die niederen Himmelsgefilde hinabsteige, versinnbildliche demnach Seine Barmherzigkeit und Liebe gegenüber den frommen Muslimen. Diese Interpretation der Mehrheit der Muslime überwog mehr als eintausend Jahre. Für moderne salafistische Wahhabiten beziehungsweise Salafi-Wahhabiten stellt all das jedoch pure Häresie dar. Hierin liegen die fundamentalen Unterschiede, was die Herangehensweise an die Heilige Schrift, ihr Verständnis sowie die daraus hinsichtlich der Glaubenslehre abgeleiteten Schlüsse betrifft. Für Salafi-Wahhabiten sind die meisten Muslime Ketzer, da sie nicht wortwörtlich daran glauben, dass Gott ein Gesicht und Augen zum Sehen hat und leibhaftig auf die Erde hinabsteigt. Um Muslime auf die Probe zu stellen, fragen Salafi-Wahhabiten häufig: „Wo ist Allah?" Worauf Muslime ausnahmslos antworten: „Überall", oder „In meinem Herzen", beziehungsweise „Bei mir." Um es noch einmal zu betonen: Das sind die mehrheitsfähigen, auf jahrhundertealten Koraninterpretationen begründeten Antworten. Beispielsweise sagt der Koran, dass Allah „uns näher als unsere eigene Halsschlagader" sei. Für Salafisten sitzt Gott jedoch auf Seinem Thron.

Mehr noch als die Haltung zum Terrorismus erklären diese Unterschiede, weshalb die meisten Muslime keine salafistischen Wahhabiten sind. Damit gehören sie unweigerlich zu den ersten Angriffszielen des salafistischen Wahhabismus, da die Salafi-Wahhabiten es als notwendig betrachten, den

Islam vom Schandfleck dieser gewöhnlichen und fehlgeleiteten Muslime zu reinigen. Dem Westen ist der Zusammenprall dieser theologischen und methodologischen Welten, das Schisma zwischen Salafi-Wahhabiten und der muslimischen Mehrheit, entgangen. Dies so hervorzuheben, unterscheidet aber viel klarer die meisten Muslime von dem fanatischen salafistischen Rand.

Trotz der diktatorischen Art und Weise sowie einer simplistischen Doktrin repräsentieren die Salafi-Wahhabiten weniger als fünf Prozent der Muslime weltweit. Sie finden sich mehrheitlich in Saudi-Arabien und am Golf sowie unter den Imamen, die jüngst von saudischen Universitäten ausgebildet wurden, um die Trommel zu rühren und neue Rekruten in allen Teilen der islamischen Welt anzuwerben.[2] Die überwiegende Mehrheit der Muslime weltweit sind Aschariten oder diesen sehr ähnlich in ihrer *'Aqida*. Mit dieser Flexibilität des Glaubens beten Muslime, die einen Heiligenschrein besuchen, nicht den Heiligen oder Sufi an, sondern suchen Fürsprache bei Gott durch diejenigen, die Gott liebt. Für die salafistischen Wahhabiten jedoch mit ihrer rigiden Buchstabengläubigkeit ist solch eine Praxis Götzendienst oder *Schirk* und muss um jeden Preis unterbunden werden.

Ibn Abd al-Wahhabs Werk *Kitab al-Tauhid* war im Wesentlichen eine Sammlung von Koranversen und Hadithen, buchstabengetreu verstanden und ohne jeglichen Kommentar, weder von ihm noch von anderen Gelehrten. Er argumentierte, dass Gott alleine angebetet werden solle, Schreine und Heilige ignoriert gehören sowie Sufis und die Schiiten Häretiker seien. Diejenigen, die Heilige, Schreine, Sufis oder die Schia guthießen, seien nicht länger Muslime, vielmehr Götzendiener. Diese folgten nicht länger dem *Tauhid*, sondern verübten *Schirk* oder Vielgötterei. Kurzum, sie seien Apostaten und Polytheisten.

Diese theologische Position hatte ernsthafte Konsequenzen. Als *Muschrikin*, Götzendiener und Polytheisten, eine verachtenswerte Art Mensch, galten diese Muslime in den Augen von Abd al-Wahhab und seinen Anhängern nicht länger als Muslime. Zu den größten Polytheisten gehörten indes der osmanische Sultan und sein lokaler Gouverneur, die Schirmherren und Förderer des Mainstream-Islam von Schreinen, Kirchen, Sufismus, Musik, Kunst, Kalligrafie und all dem, was von Ibn Abd al-Wahhab als unislamisch angesehen wurde. Mit deren Zurückweisung tat er dasselbe wie sein Mentor aus dem 14. Jahrhundert, Ibn Taimiya, der sich gegen die Mongolen aufgelehnt hatte, indem er ihnen vorwarf, der Scharia keine Geltung zu verschaffen. Ibn Abd al-Wahhab erhob dieselbe Klage gegen die Osmanen. Er sah sich selbst als einen neuen, von Gott entsandten ‚Propheten', um den Monotheismus wiederherzustellen und sich klar von den Muslimen des Mainstreams abzuheben. Er und seine Anhänger begannen daher, sich selbst als *Muwahhidun*, also Monotheisten, zu bezeichnen.

Ibn Abd al-Wahhab begann sich mit der Forderung an die benachbarten Stämme zu richten, seinen Monotheismus anzunehmen in Opposition zu den ‚Polytheisten', also den Muslimen des Mainstreams. Immer wenn er einen Schrein zerstörte und damit lokale Empörung provozierte, wurde er von der Obrigkeit verbannt und suchte Zuflucht bei den Stämmen Arabiens.

Genau wie ein Großteil des modernen Mittleren Osten, entstand das ‚saudische' Arabien 1932 aus den sterblichen Überresten des Osmanischen Reiches. Mit dem Wahhabismus als sozialem Kitt in Verbindung mit britischer Unterstützung und Beratung, war es die Realpolitik von Abd al-Aziz ibn Saud, einem direkten Nachkommen von Mohammed ibn Saud, der sich selbst mit den Wahhabiten verbündete, was die Stämme zusammenbrachte, finanziellen Erfolg sicherstellte und Allianzen mit dem Westen schmieden sowie nach und nach eine mehrheitlich beduinische Bevölkerung in Städten ansiedeln half. Schon um 1912 stellte Ibn Saud die Streitmacht der *Ichwan* auf, des Freiwilligenkorps von Puritanern aus dem Nadschd in Zentralarabien, die damit beschäftigt waren, sicherzustellen, dass die wahhabitischen Normen hinsichtlich ritueller Praxis und Glaubenslehre gewahrt und alle Abweichungen ausgerottet würden.

Diese Gruppe aus dem Nadschd bildete das Rückgrat der *Ichwan*-Kämpfer, die Ibn Saud Treue geschworen hatten und unter seiner Führung gegen den mächtigen Al Raschid-Stamm und die tausend Jahre alten Hüter von Mekka und Medina, die Scherifen, kämpften (nach ihrer Vertreibung von den heiligen Stätten des Islam jetzt bekannt als die jordanische Königsfamilie).

Zuvor wurde in den 1790ern der oberste Kadi von Mekka davon überzeugt, dass die Wahhabiten oder Salafis selbst nicht einmal Muslime waren. Er erließ eine Fatwa, die sie dezidiert außerhalb der Schar der Gläubigen stellte. Diese Auffassung teilte die Mehrheit der Muslime in Mekka und Medina und für zwei Jahre wurden Wahhabiten von dem Hadsch und den heiligen Stätten mit der Begründung ausgeschlossen, dass sie *Kuffar* (Ungläubige) seien und deshalb nicht die Stadt betreten könnten. Als Vergeltung wurden die heiligen Stätten des Islam von salafistisch-wahhabitischen Kämpfern unter der politischen Führung von Abd al-Aziz eingenommen und besetzt.

Bis zum heutigen Tag dauert diese Besatzung an. Und damit wird die Botschaft der *Muwahhid*-Bewegung lautstark überall in die islamische Welt exportiert. Jedes Mal wenn ich Mekka oder Medina besuche, bin ich, wie auch zwei Millionen Muslime aus jedem Teil des Globusses, die den Höhepunkt unserer Pilgerfahrt erleben, dem ausgesetzt: In Restaurants, Universitäten und anderen öffentlichen Räumen floriert die Geschlechterapartheid, in der Männer privilegiert und von den Frauen segregiert sind. Das Aufzwingen von schwarzer Bekleidung, Kopf- und Gesichtsverhüllungen für Frauen entstammt demselben Diskurs im Zentrum des Islam, der salafistisch-wahhabitisch dominiert ist.

Dies ist nun aufgrund saudischer Finanzkraft zum globalen muslimischen Zeitgeist geworden. Wir beobachten seinen Einfluss auf den Straßen von Paris, London, Wien, Brooklyn und Berlin: Männer mit langen Bärten, die Stelle des Oberlippenbarts rasiert und Hosen, die nicht über die Fußknöchel reichen, rot-weiß gemusterte Kopftücher tragend, um die eigene Andersartigkeit zu markieren. Ja, der Prophet lehrte, dass die Gewänder der Männer gekürzt sein sollten, aber dies resultierte aus dem Umstand, dass das Tragen von langen, wallenden Seidengewändern unter den mekkanischen Paganen als ein Zeichen für Arroganz galt. Ja, der Prophet sagte höchstwahrscheinlich: „Lasst Eure Bärte wachsen und kürzt Eure Oberlippenbärte", aber er versuchte damit dennoch, Demut zu lehren. Buchstabengläubige Muslime verlieren gerade den Geist dieser Lehren aus den Augen und fokussieren lediglich auf Äußerlichkeiten – wie die englischen Puritaner, die sich für jede ihrer Lebensstationen besonders kleideten und das angemessene Gewand für den Gelehrten, den Bauern, den Kaufmann festlegten, Mode ablehnten und sexuell aufreizende Kleidung mieden. Die Salafisten am Golf und ihre Anhänger weltweit haben die Kleidung der Beduinen angenommen, die mehrheitlich Ziegenhirten waren und einen Strick (*'igal*) um ihren Kopf trugen, um die *kuffiya*, das schachbrettartig gemusterte Kopftuch, festzubinden. Doch als ich eine Moschee in der Türkei besuchte, die erfrischend frei von salafistischem Puritanismus war, sah ich Frauen völlig frei hinein und hinaus laufen und Imame in westlicher und moderner Alltagskleidung, die sich eher auf den Zustand des Herzens konzentrierten als auf die Kurven des Oberkörpers.

Stellen Salafisten die einzig wahren Muslime dar? Waren protestantische Puritaner die wahren Christen? Dazu ‚ja' zu sagen bedeutet Buchstabenanbetung und die Geringschätzung des eigentlichen Sinns und Geistes. In England nahm der Puritanismus seinen Anfang, und seine Theokratie fand dort ihr Ende. In Saudi-Arabien war es, wo der Salafismus begann, und es wird eben auch Saudi-Arabien sein, wo dieser herausgerissen und entwurzelt werden muss. Die Allianz von 1749 zwischen der saudischen Königsfamilie und dem wahhabitischen Klerus muss für null und nichtig erklärt werden. Ohne Saudi-Arabien als finanzielle, geistige und predigende Basis könnten die salafistischen Wahhabiten am Rand der islamischen Welt nicht überleben. Bevor der Salafi-Wahhabismus Besitz von anderen Hauptstädten ergreift, muss er zu einem Ende gebracht werden. Seine Rückständigkeit ist nicht auf die Glaubenslehre, Verhaltensweise und einen radikalen Konservatismus beschränkt. Seine Gewalttätigkeit endete nicht 1932 mit der Schaffung von Saudi-Arabien, vielmehr entlädt sie sich heutzutage im internationalen Dschihadismus.

## Kapitel 10

# Was sind Dschihadisten?

So wie der Islamismus nicht gleichbedeutend mit dem Islam ist, so kann auch der Dschihadismus nicht mit Dschihad gleichgesetzt werden. Zu denken, Dschihad und Dschihadismus seien ein und dasselbe, hilft nur den Dschihadisten, ihren Propagandafeldzug zu gewinnen und die Lehren des Islam für ihre Zwecke zu missbrauchen. Taktiken und Selbstvermarktung der Dschihadisten vermitteln fälschlicherweise den Eindruck, dass ISIS sich von al-Qaida unterscheide und Boko Haram von den Taliban. Aber sie schwimmen alle im selben Gewässer und erwachsen demselben Terrain des Salafi-Wahhabismus. Dennoch ist nicht jeder Salafist ein Dschihadist, jeder Dschihadist heutzutage hingegen ein Salafist. Auf der Schnellstraße des Salafismus stellt der Dschihadismus die naheliegende Ausfahrt dar. Die eher aufrichtigen unter den salafistischen Klerikern erkennen durchaus die Überlappung von Salafismus und Dschihadismus an. Im August 2014 tweetete beispielsweise der ehemalige Imam der Großen Moschee von Mekka und ranghohe Salafi-Scheich Adil al-Kalbani seinen zwei Millionen Followern auf Twitter: „ISIS ist ein eindeutiges Resultat des Salafismus, und wir müssen vollkommen transparent damit umgehen."

Der Koran ruft die Muslime zum Dschihad auf – am besten übersetzt als „kämpferische Anstrengung" – was eindeutig von *qital* (Töten) oder *harb* (Krieg) abweicht. Der Prophet Mohammed mühte sich angesichts der Feindseligkeit der paganen Bewohner Mekkas über mehr als zehn Jahre beharrlich, mit der im Koran angemahnten Geduld, Güte und Sanftmut die Polytheisten Mekkas zum Glauben an Allah zu bewegen. Erst nach dreizehn langen Jahren, in denen die Heiden Muslime umgebracht, gefoltert, vertrieben, sozial ausgegrenzt und gedemütigt hatten, erging an die Gemeinde des Propheten der Befehl, zurückzuschlagen. Muslime sind keine Pazifisten und ebenso wie die japanischen Samurai oder die Krieger der antiken Kulturen Griechenlands oder Roms sind sie der Überzeugung, Barbaren und Wahnsinnige mit dem Schwert in der Hand unschädlich machen zu müssen. Allerdings gibt es für den Dschihad verbindliche Vorschriften, welche ihn von gewöhnlichem Krieg und Kampf abheben.

Die Scharia und die überwiegende Mehrheit der muslimischen Gelehrten waren sich über Jahrhunderte darin einig, dass der Dschihad auf bestimmten Vorbedingungen beruhe: So müsse der Dschihad von einem muslimischen Herrscher oder Staatsoberhaupt erklärt werden und nicht von Einzelpersonen oder eigenmächtig handelnden Banden junger zorniger Männer; nehmen Kämpfer den Dschihad auf, haben sie zuvor die Erlaubnis ihrer Eltern einzuholen; nur feindliche Kämpfer dürfen getötet werden, keine Unbeteiligten; Frauen, Kinder und Wehrlose müssen verschont bleiben; weder dürfen Brunnen vergiftet noch die Natur, das Vieh oder Nutztiere in Mitleidenschaft gezogen werden.

Über ein Jahrtausend hinweg befolgten Muslime die Lehren des Koran und des Propheten, wenn sie an Kriegshandlungen teilnahmen, und die muslimischen Heere kämpften gemäß den Regeln des Islam. Dabei standen ihnen Gelehrte und Sufis zur Seite, um sie immer wieder an diese hehren Ideale zu erinnern. Im zwölften Jahrhundert zollte der Kreuzfahrerkönig Richard Löwenherz der Ritterlichkeit und Güte seines muslimischen Feindes Saladin größten Respekt, als der ihm bei einer Erkrankung ärztliche Hilfe zukommen ließ.

Die Verletzung dieser Regeln macht den Dschihadismus aus – und eben nicht den Dschihad.

Der Dschihadismus von heute, der alle ethischen Werte des Islam verletzt, ist nicht mehr als eine Fortführung des Puritanismus der salafistischen Wahhabiten aus den Wüsten des Nadschd. Sie versuchen, ihre rigide Weltsicht des *Muwahhid* gewaltsam durchzusetzen. Im neunzehnten Jahrhundert waren die Osmanen der Stein des Anstoßes für sie, jetzt sind es die muslimischen Herrscher und ihre westlichen Verbündeten.

Heutzutage sind die Salafi-Wahhabiten global vernetzt und beschränken sich nicht länger auf die Wüsten Arabiens. Solange die Welle des salafistisch-wahhabitischen Puritanismus anhält, werden auch sie sich weiterhin ausbreiten. Dabei ist der Dschihadismus nur die logische Folge des Salafismus.

Als salafistische Wahhabiten glauben jene Gruppen an fünf Grundprinzipien, die ihnen zur Legitimation ihrer Gewalt gereichen.

Der erste Grundsatz, auf dem die Weltanschauung der Dschihadisten beruht, lautet, ‚*Ghuraba*' zu sein, das heißt, in der modernen Gesellschaft eine kleine Gruppe aus ‚Fremden' und Außenseitern zu bilden, die vom Mainstream abweicht und sich dabei selbst als gerecht und wahrheitstreu in einer Welt voll von Übeltätern empfindet. Sie tragen ihre ‚Fremdartigkeit' als eine Art Ehrenzeichen. Osama bin Laden, sein Nachfolger Aiman al-Zawahiri und unzählige radikale islamistische Organisationen haben das *Ghuraba*-Image gepflegt und beworben. Und auch die Terroristen hinter den Bombenanschlägen vom 7. Juli 2005 in London bezeichneten sich unmittelbar nach der Tat selbst als *Ghuraba*. Von Tschetschenien über den Jemen bis nach Berlin wird als Erkennungsmelodie und globale Hymne vieler Dschihadisten immer wieder ein *naschid*, ein Lied, mit dem Titel „Ghuraba, Ghuraba" gespielt. Aus dem Arabischen übertragen bedeuten die Worte:

> Ghuraba beugen ihr Haupt vor niemandem außer Allah. Ghuraba haben das zu ihrem Lebensmotto gemacht!
> Wenn ihr uns fragt, so sind uns die Tyrannen vollkommen gleichgültig.
> Wir sind das soldatische Fußvolk Allahs, unser Pfad ist ein vorherbestimmter.
> Die Gefängnisketten kümmern uns nicht, wir werden sowieso für immer weitermachen.
> So lasst uns in den Dschihad ziehen, kämpfen und fighten von Beginn an.
> Ghuraba, dies ist es, wie sie in Freiheit leben in dieser geknechteten Welt.
> So lasst uns in den Dschihad ziehen, in die Schlacht, und kämpfen.
> Ghuraba, so wird die Freiheit in diese geknechtete Welt gebracht.

Ein Hauptbestandteil von Extremismus liegt in dem Gefühl, marginalisiert, andersartig und andersgläubig zu sein, und darin einen religiösen Segen zu sehen. Die salafistischen Dschihadisten stützen sich nicht nur auf ihre rebellische und sektengleiche Art, sondern auch auf die *Harfiya*, den Buchstabenglauben. Der Prophet Mohammed soll gesagt haben: „Der Islam ist als Fremder erschienen, und wird abermals zu etwas Fremdem werden. Gesegnet sind die Fremden." An diesen Ausspruch klammern sie sich geradeso, als würde darin ihr eigenes Auftreten als das der wahren, gesegneten Gläubigen prophezeit. In ihrer geistigen Beschränktheit übersehen sie andere prophetische Aussprüche, unter anderem: „Hüte Dich vor den Extremen in der Religion, denn gerade der Extremismus wurde denen vor euch zum Verhängnis."

Da sie sich selbst als ‚gesegnete Fremde' sowie ‚errettete Avantgarde' innerhalb des Islam empfinden, hat sich bei ihnen zunehmend eine psychologische Entfremdung von der Mehrheitsgesellschaft ausgeprägt. Gewöhnliche Muslime werden als ‚Abweichler' bezeichnet, weil sie die vermeintlich gottergebenen, puritanischen Glaubensüberzeugungen nicht mit denen teilen, die sich selbst als *Ghuraba* wahrnehmen. Sogar die eigenen Eltern und Familienmitglieder können für die *Ghuraba* zu Abweichlern oder Ungläubigen werden. Das Normale wird zum Abnormalen, und alle anderen sind klar im Unrecht.

Allerdings lehrte der Prophet die Muslime, sich in die Gesellschaft einzugliedern, statt diese zu verdammen. An den Prinzipien des Koran und des Propheten gemessen, befinden sich diejenigen, die sich selbst für die Besitzer des einzig wahren Islam halten und darum ‚Fremde' geworden sind, auf gewaltigen Irrwegen sowie einem Kollisionskurs mit ihren Mitmuslimen. Der Koran warnt wiederholt davor, bei der Einhaltung religiöser Pflichten in die Extreme zu gehen sowie davor, *fitna* (Zwietracht) in der Gesellschaft zu säen. Der Prophet lehrte, dass seine Anhänger sich niemals auf etwas Falsches einigen oder einen Konsens (*idschma*) dazu erzielen würden. Gerade diejenigen, die von sich behaupten, *Ghuraba* zu sein, zerstören in politischen und sozialen Fragen jeglichen Konsens der letzten tausend Jahre und trachten nun nach Spaltung und *fitna* unter den Muslimen. Gemäß dem Koran und dem Propheten liegen sie nachweislich falsch.

Zweitens sind die salafistischen Dschihadisten nicht nur buchstabengläubige, selbsterklärte Außenseiter. Vielmehr erheben sie tatkräftig Ansprüche, die sich – trotz aller Treue zum geschriebenen Wort – nirgendwo im Koran oder den Aussprüchen des Propheten finden lassen. Im Arabischen ist das als *al-wala wal-bara* bekannt, was ungefähr mit „Loyalität (gegenüber Muslimen) und Verleugnung (von, und Feindseligkeit gegenüber, Nichtmuslimen bzw. Ungläubigen)" übersetzt werden kann.

Ein Muslim oder Anhänger des Propheten aus dem ersten islamischen Jahrhundert hätte auf die Frage, was er unter *al-wala wal-bara*, Loyalität und Verleugnung, verstünde, wohl ziemlich perplex dreingeschaut. Obwohl die Radikalen ihre Treue zum Text beschwören, wäre ihre Lesart des Islam für den Propheten und seine Anhänger wohl nicht wiederzuerkennen. Obwohl ich in eine sunnitische Durchschnittsfamilie hineingeboren und von ihr erzogen wurde, kam ich erstmals während des Freitagsgebets an meiner Universität mit dem Konzept von *al-wala wal-bara* in Kontakt. In gleicher Weise kommen die meisten Muslime mit diesem toxischen Glaubensprinzip erst auf dem Universitätsgelände oder über saudische Religionsbücher in Berührung.

Im Wesentlichen argumentieren die Buchstabengläubigen, dass Muslime einander loyal, in Aufrichtigkeit und Wahrhaftigkeit verbunden sein sollten. Ungläubige sind hingegen die eingeschworenen Feinde des Islam und der Muslime, man darf ihnen weder vertrauen noch sich mit ihnen anfreunden oder ihnen gar nacheifern. Wer an das Prinzip des *al-wala wal-bara* glaubt, muss das Verbot der sozialen und freundschaftlichen Bindungen zwischen Muslimen und Nichtmuslimen im Alltag umsetzen. Geburtstage und Nationalfeiertage wie den Tag der Arbeit zu feiern, wird unter der Überschrift ‚Nachahmung der Ungläubigen' verbucht. Deshalb wird Muslimen von saudischen Klerikern auch untersagt, den Valentinstag zu begehen. Selbst das Feiern des Prophetengeburtstags, den die meisten Muslime rund um den Globus begehen, wird von saudischen Klerikern offiziell verboten, weil durch die vorgebliche ‚Nachahmung der Ungläubigen' die Prinzipien des *al-wala wal-bara* verletzt würden.

So eigenartig dies auch alles klingen mag, die Salafisten rechtfertigen sich, indem sie religiöse Lehren aus längst vergangenen Zeiten anführen, um die Seelen der Muslime vor den Traditionen der Ungläubigen und der Hölle zu retten. Orthodoxe Juden bedienen vergleichbare Animositäten, wenn es um den Umgang mit *gojim* geht, einem oft abwertend verwendeten Begriff für Nichtjuden. Ernstzunehmende Probleme entstehen schließlich dann, wenn diese Form der religiösen und sozialen Segregation – unterstützt von der Theologie – mit Politik vermengt wird.

Für die radikalsten antiamerikanischen Militanten ist *al-wala wal-bara* nicht nur eine Frage des Glaubens und der sozialen Abgrenzung, sondern auch Mittel zur politischen Konfrontation. Dazu schrieb Aiman al-Zawahiri im Dezember 2002 ausdrücklich, dass *al-wala wal-bara* eine der bedeutendsten Säulen seines Islamverständnisses sei. Nachdem er *al-wala wal-bara* erklärt und die Lehrmeinungen früherer muslimischer Gelehrter angeführt hatte (wobei er unter den Tisch fallen ließ, dass diese in einer ganz anderen Welt lebten), wandte al-Zawahiri das Prinzip auch auf sein Verständnis der Politik an:

- Muslimische Regierungen haben sich durch ihre Verträge und Bündnisse mit Juden und Christen mit den Ungläubigen angefreundet und somit das Prinzip des *al-wala wal-bara* verletzt;
- Die Feinde des Islam, „insbesondere die Amerikaner, Juden, Franzosen und Engländer" hätten „durch eine Reihe von Verschwörungen, geheime Abmachungen, direkte Unterstützung, Bestechung sowie Bezahlung, durch Geheimkonten, Korruption und Personalpolitik" diese Regierungen an die Macht gebracht, die jetzt mittels Dschihad beseitigt werden müssen;
- Die Vereinten Nationen (UN) seien ein „Hegemon des globalen Unglaubens";
- Die Anerkennung Israels stelle eine Absage an den Dschihad dar und offenbare die Verlogenheit gegenüber den Muslimen Palästinas; und
- dass man sich mit der Verteufelung von al-Qaida und der *Mudschahedin* illoyal gegen die Muslime auf Seiten der Ungläubigen schlage.

Drittens berufen sich die salafistischen Dschihadisten, auf Basis dieser gefühlten Exklusivität und spalterischen muslimischen Identität, auf das Konzept des *Takfir*, das in der Praxis zu einer Lizenz zum Töten wird. Im Arabischen bedeutet *Takfir* wörtlich, jemanden zum *Kafir* (pl. *Kuffar*) beziehungsweise Ungläubigen zu erklären. Die Salafisten nutzen das Prinzip, um diejenigen Muslime quasi ‚zu exkommunizieren', die ihren Anspruch des *al-wala wal-bara* nicht billigen. *Takfir* gegen einen anderen Muslim zu verhängen, ist eine ernsthafte Sache und schwerwiegende Sünde für einen Muslim. Vor allem, da dies in Verbindung mit der buchstabengetreuen Weltsicht der Salafisten auch die Tötung von Personen, die des *Takfir* beschuldigt wurden, legitimiert.

Weltweit wenden salafistische Extremisten *Takfir* an, um andere Muslime zu Nichtmuslimen zu erklären und damit deren Tötung religiös zu legitimieren. Gemäß ihrer Weltanschauung dürfen sie nämlich keine Muslime töten, weil dies das Prinzip des *al-wala wal-bara* verletze und darum eine Sünde wäre. Schließlich sind sie dazu aufgerufen, den Muslimen treu zu dienen und nicht, sie zu töten. Indem man sie aber zu Ungläubigen erklärt, rechtfertigt man deren Tötung, um die Erde von den Feinden des Islam zu reinigen. Der moderne *Takfir* gegen Regierungen, einhergehend mit der bewaffneten Erhebung militanter Gruppen, begann mit der Erklärung der Wahhabiten, dass das osmanische Kalifat den Dschihad verdiene. Diese sich gegen den Mainstream-Islam erhebende Wüstenbewegung ist mittlerweile als globaler Dschihadismus bekannt.

Ohne *Takfir* hätte al-Qaida in Saudi-Arabien dem Königshaus der Saud nicht den Krieg erklären können, geschweige denn all den von ihnen nach dem Sturz Saddam Husseins ermordeten Muslimen im Irak. *Takfir* diente dazu, die Ermordung des ägyptischen Präsidenten Anwar al-Sadat im Jahr 1981 zu rechtfertigen. Ebenfalls 1981 wandte die Muslimbruderschaft in Syrien *Takfir* an, um Minister zu ermorden. Die algerischen Islamisten und Salafisten setzten ab 1991 *Takfir* ein, um über 100 000 Gegner und Militärangehörige zu ermorden. Heutzutage rechtfertigen ISIS und andere terroristische Vereinigungen mittels *Takfir* weiterhin ihre Gewalttaten.

Sollte der Glaube an und der Einsatz von *Takfir* eines Tages verschwinden, dann hätte auch das Töten von Muslimen für die Salafisten keinerlei religiöse Grundlage mehr. Aus politischer Sicht würde die Anerkennung der UNO, die Ausübung hochrangiger Regierungsposten oder gar die Tätigkeit bei der Polizei auch in Ländern, die nicht Teil eines Kalifats wären, zulässig und akzeptabel. Solche Muslime würden bestenfalls dem Mainstream mit einer ganz anderen Glaubensauslegung angehören. Schlimmstenfalls würde es sich um Sünder handeln – aber keineswegs um Apostaten, die den Tod verdienen.

Das vierte Grundprinzip der Salafisten besteht in dem Glauben an die religiöse Pflicht, die *Hakimiya* oder Gottesherrschaft auf Erden zu erschaffen, auch bekannt als Kalifat. Auf der Arabischen Halbinsel stimmten die ursprünglichen Wahhabiten 1749 darin überein, dass das Hause Saud die *Hakimiya* oder Souveränität Gottes ausübe. Die Vorstellung, Muslime lebten bis zur Erfüllung dieser Pflicht in Sünde und harrten der Höllenstrafe, liegt nicht nur der Ideologie al-Qaidas zugrunde, sondern auch der jeder anderen salafistisch-dschihadistischen Gruppierung. Demzufolge beruht der von al-Qaida, ISIS und anderen gewalttätigen Salafisten angestrengte

Krieg gegen muslimische Regierungen nicht nur auf *Takfir*, sondern ebenso auf der Auffassung, dass diese Regierungen vom Glauben abgefallen seien und durch ein Kalifat ersetzt werden müssten.

Die Vision von einer ‚Gottes-Regierung' veranlasste bereits Imam Ali, den vierten Kalifen des Islam, Menschen zu bekriegen, die behaupteten, er setze das Recht Gottes nicht um. Denn selbst das Kalifat von Ali, dem Schwiegersohn des Propheten, wurde von einer Gruppe, die als Charidschiten bekannt geworden ist, nicht als hinreichend islamisch angesehen. Mit dem Begriff werden diejenigen bezeichnet, die herausgetreten sind beziehungsweise sich vom Mainstream-Islam aufgrund ihrer extremen Haltung verabschiedet haben. Muslimische Gelehrte argumentieren dahingehend, dass man al-Qaida als die Charidschiten von heute verstehen könne.

Von den Schriften des ägyptischen Gelehrten Ali Abd al-Raziq von 1925 (ein Jahr nach dem Fall der Osmanen) bis zu dem zeitgenössischen sudanesischen Wissenschaftler Abdallah Naimi haben ebenso andere argumentiert, dass ‚Gottesherrschaft' beziehungsweise ein Islamischer Staat heutzutage keine Notwendigkeit mehr darstelle. Die Scharia sei kein wortwörtlich anwendbarer Gesetzeskodex – und ist es auch niemals gewesen. Schon im elften und zwölften Jahrhundert thematisierten die Geistesgrößen muslimischer Gelehrsamkeit wie Imam al-Dschuwaini und Imam al-Schatibi die *Maqasid al-Scharia*, die fünf Höheren Ziele der Scharia. Über all die Jahrhunderte lag für die beiden Imame sowie ihre zahlreichen Schüler der grundsätzliche Zweck der Scharia in der Bewahrung von Leben, Religion, Eigentum, Familie und Geistesleben. Jede Regierungsform, die diese fünf Hauptaspekte des menschlichen Lebens sicherstellte, war per definitionem eine islamische Herrschaft, welche Forderungen nach *Hakimiyya*, einem buchstabengetreuen Verständnis von Gottes Gesetz, null und nichtig machte.

Fünftens und letztens glauben die salafistischen Dschihadisten, dass alle Muslime bis zur Errichtung dieses Kalifats in Sünde lebten. Daher sei es eine kollektive Pflicht für Muslime, durch die Herstellung der Herrschaft und Souveränität Gottes auf Erden „die Sünde von ihrem Nacken zu nehmen" (wie sie es formulieren). Solange diese Herrschaft auf sich warten lässt, würden Muslime im *Dar al-harb*, dem „Haus des Krieges" leben. Nicht nur der Westen, weil er außerhalb des Kalifats liegt, ist Teil des „Haus des Krieges", sondern sogar die meisten Länder mit einer muslimischen Mehrheitsgesellschaft werden in dieser *Harfiyya*-geleiteten Weltsicht als *Dar al-harb* klassifiziert. Daraus folgt, dass im Haus des Krieges das Kriegsrecht anzuwenden sei. Von solchen engstirnigen und wortwörtlichen theologischen Lesarten leiten sie ihre Politik ab.

Aus der Konfliktkonstellation zwischen Arabern, Byzantinern und Persern im siebten Jahrhundert leiten die gewalttätigen Radikalen von heute die Legitimation her, Zivilisten zu töten, Wälder niederzubrennen, zu täuschen, zu lügen und dem Feind auf jede erdenkliche Art zu schaden. Eben diese Weltanschauung veranlasste Faisal Schahzad, einen naturalisierten US-Bürger, der wegen eines versuchten Autobombenanschlags im Jahr 2010 vor Gericht stand, auf die Frage des US-amerikanischen Richters hin, ob er diesem Land gegenüber denn keine Loyalität geschworen habe, zu der Aussage: „Doch, dies habe ich damals geschworen, es aber nicht so gemeint." Aus derselben Geisteshaltung, jener Mixtur aus salafistischer Religionsauslegung und Politik, die es auch einigen Attentätern des 11. Septembers gestattete, Alkohol zu trinken, zu tanzen und Prosituierte aufzusuchen, bevor sie die Anschläge verübten. Im Haus des Krieges sind solche Handlungen zur Täuschung des Feindes zulässig und die Regeln der Scharia eben nicht bindend.

Der Terminus *Dar al-harb* taucht, ebenso wenig wie andere der genannten Begriffe, weder im Koran noch in der Hadith-Literatur auf. Frühe muslimische Rechtsgelehrte haben diese Grenzziehung nachträglich ersonnen, um Gebiete zu unterscheiden, in denen einerseits Muslime verfolgt wurden oder der Islam nicht frei ausgeübt werden konnte, und andererseits Gebiete unter muslimischer Rechtsprechung (*Dar al-Islam*, Haus des Islam). Während der Zeit der Großreiche nutzten von den Abbasiden bis zu den Osmanen Herrschende dieses Konzept vom ‚Haus des Krieges', um ihre Reichsgrenzen und damit das *Dar al-Islam* zu erweitern. Allerdings ist in der modernen Welt, wo keine Großreiche mehr damit drohen, *en masse* Menschen umzubringen oder ganze Völkerschaften zu unterwerfen, die Konnotation vom imperialen Angriffskrieg hinfällig geworden.

Dank der Religionsfreiheit sind Muslime in westlichen Gesellschaften gleichwertige Bürger, können zu hohen politischen Ämtern aufsteigen, ihre eigenen Moscheen, Friedhöfe, *halal*-Metzgereien und noch vieles mehr betreiben. In anderen Worten, wir sind als Bürger und Muslime im Westen frei. Der Westen ist deshalb – anders als in der Sicht früherer Muslime auf Rom oder die europäischen Reiche unter Führung von Frankreich, Deutschland, England und Italien – kein *Dar al-harb*. Zeitgenössische muslimische Kleriker haben angeregt, dass ein solch antiquierter Begriff aus dem Lehrplan muslimischer Seminare entsorgt gehört.

Der Enthusiasmus für dieses gesamte theopolitische Projekt wird, religiös gesprochen, von *yaqin*, der Bestimmtheit, aufrechterhalten. Die Salafisten vertreten mit ihrer Auslegung selbstbewusst eine buchstabengetreu verstandene, absolute Wahrheit. Dabei gibt es keinen Raum für Zweifel – sie sind nachgerade bereit dazu, für ihre Glaubensüberzeugungen zu sterben. Die absolute Gewissheit, dass Selbstmord eine Form von im Jenseits entlohntem (statt bestraftem) Märtyrertod darstellt, beruht auf demselben Buchstabenglauben, der die gesamte radikale und gewalttätige Weltanschauung untermauert. Es ist gerade dieses *yaqin*, welches Mohammed Sidique Khan, den federführenden Londoner Selbstmordbomber, im Jahr 2005 dazu veranlasste, mit seiner kleinen Tochter im Arm zu ihr in die Kamera zu sprechen, dass er sie schon bald wiedersehen würde – dass er etwas Wichtiges zu tun hätte, Gott sie im Jenseits aber wieder zusammenführen würde.

Diese angeführten Glaubensüberzeugungen, die alle miteinander verbunden und voneinander abhängig sind, nähren und verstärken sich gegenseitig. Sie generieren eine sowohl politische als auch religiöse Weltanschauung. Hierbei geht es nicht darum, das Säkulare vom Sakralen zu trennen: Es handelt sich um ein und dasselbe. Wie sie sich auch immer nennen mögen – ob al-Qaida, Boko Haram, al-Schabab oder demnächst unter irgendeinem neuen Namen – so manifestiert sich in ihnen allen doch gleichermaßen eben diese salafistisch-dschihadistische Ideologie.

In Libyen, Tunesien, Ägypten und im Jemen ist der Salafismus heute wieder auf dem Vormarsch. Im November 2014 gab es beispielsweise 664 dschihadistische Terroranschläge in vierzehn Ländern, wobei 5042 Menschen ihr Leben verloren. Die überwiegende Mehrzahl der Opfer des salafistischen Dschihadismus sind Muslime: Von 2004 bis 2013 ereigneten sich ungefähr die Hälfte aller dschihadistischen Terroranschläge im Irak, in Afghanistan und Pakistan und machten etwa 60 Prozent aller Todesopfer aus.

Wir können die ansteigende Flut des Dschihadismus nicht aufhalten, ohne dessen Theologie und Ideologie mit der Wurzel auszureißen. Der

Mainstream der sunnitisch-muslimischen Schariagelehrten teilt die Überzeugung, dass Dschihad nur im Verteidigungsfall (*difa'i*) zulässig beziehungsweise akzeptabel ist und nicht als aggressiver Angriffskrieg (*ibtida'i*) geführt werden darf. Im Jahr 1948 proklamierte die höchste Autorität des sunnitischen Islam, der Scheich der al-Azhar-Moschee und -Universität in Ägypten Mahmud Schaltut, dass selbst ein defensiver Dschihad nur dann legitim sei, wenn er in Einklang mit dem Koranvers stehe, der besagt: „Kämpft auf dem Wege Gottes gegen die, die euch bekämpfen, doch begeht dabei keine Feindseligkeiten. Wahrlich, Gott liebet nicht diejenigen, die Gewalt ausüben." (Sure 2:190) Ein Charakteristikum des modernen Dschihad ist der Grad der Gewalt. Wie wir indes bereits gesehen haben, fußt der Salafismus auf der Ablehnung des muslimischen Mainstreams, und seine Dschihadi-Brüder sind gleichermaßen das Resultat dieser Haltung.

Dschihadisten betonen immer wieder die Bedeutung und den Stellenwert des Dschihad im Leben des Propheten Mohammed, allerdings weisen sie dabei die grundlegende Natur des Propheten ebenso wie die seinem Kampf eigene Stoßrichtung von sich. Seine Sache lag nämlich nicht im Dschihadismus, der Tötung und Vergewaltigung von Unbeteiligten, oder darin, unter totaler Ermangelung von Mitgefühl und Barmherzigkeit Gläubige zu Ungläubigen zu erklären. Nach einem Jahrzehnt der Folter, Vertreibung, Verfolgung, Ausgrenzung und Gewalt in Mekka schlug er zurück. Während seiner gesamten 23-jährigen Laufbahn als Prophet rief er Leute zum Glauben an Gott auf. Von diesen umgerechnet 8142 Tagen verbrachte er 70 Tage, das heißt 0,9 Prozent, mit militärischen Feldzügen, wovon wiederum nur zehn Tage für den eigentlichen Kampf verwandt wurden, was lediglich 0,1 Prozent seines gesamten Lebenswerks im Dienste Gottes ausmacht.[1] Wie können Dschihadisten sich also anmaßen, dem Vorbild des Propheten zu folgen, wenn sie jahrzehntelang Krieg im Namen des Islam führen?

Wenden wir uns nun einem alternativen und insgesamt authentischeren Modell des Dschihad zu, beruhend auf einer ganz anderen und viel kohärenteren Interpretation der prophetischen Botschaft.

In den 1850er Jahren herrschten die Franzosen im westafrikanischen Senegal. Dort kam in dem Dorf Mbacké im Jahr 1853 Amadu Bamba, Sohn des Habibullah und dessen Ehefrau Maryam Bousso, zur Welt. Er sollte sein Land für nachfolgende Generationen verändern.

Als Kleinkind liebte es Amadu Bamba, mehr noch als in der ihm vorbehaltenen Spielecke oder seinem eigenen Bett, in der Gebetsecke im Zimmer seiner Eltern zu spielen und zu schlafen. Eine spirituelle Aura schien ihn zu umgeben. Seine grundlegende Bildung erhielt er von seinen Eltern, die beide fromme Muslime waren (sein Vater ein *Marabout*, in Afrika ein gebildeter Religionsgelehrter). Sie unterwiesen das Kind in Arabisch, dem Koran, Poesie und muslimischer Rechtslehre. Im Alter von 15 Jahren verfasste Bamba Poesie und dichtete 1600 Verse in tadellosem Koranarabisch.

Ebenso machten sich Anzeichen bemerkenswerter Frömmigkeit bei ihm bemerkbar. Von frühester Kindheit an forderte er Mitglieder paganer afrikanischer Gemeinschaften dazu auf, den einen Gott anzubeten, Seine Schöpfung zu lieben sowie ihren Mitmenschen zu Diensten zu sein. Sein bescheidenes Wesen, die Ernsthaftigkeit, mit der er für die Menschen tätig war, und – wie manche behaupten – seine Heilkräfte und Wunder brachten den senegalesischen Wolof-Stamm von ihrem heidnischen Kult ab, hin zur Anbetung Allahs.

So wie er sich im Senegal als kulturelle und spirituelle Leitfigur, ein *cheikh* (Scheich), sowie als verehrter religiöser Lehrer einen Namen machte, leisteten mehr und mehr Stammesführer Amadu Bambas Aufruf zu Frieden, Unterwerfung unter Gott, Gottesdienst und geistiger Erbauung Folge. Im gleichen Maß wie die Zahl seiner Anhänger anwuchs und die Feindseligkeit gegenüber der französischen Herrschaft stieg, nahm auch die Beunruhigung der Franzosen zu. Sie erkannten, dass es sich bei ihm um keinen gewöhnlichen afrikanischen Anführer handelte. Seine Anhänger berichteten, dass in dem kleinen Dorf Touba, welches Bamba 1887 fernab von weltlicher Zerstreuung für seine Anhänger gegründet hatte, der Geist des Propheten Mohammed vor Scheich Amadu Bamba erschienen wäre. Nach dieser wundersamen Aufwartung war Bamba überall im Senegal als *Chadim al-Rasul*, als der Diener des Propheten bekannt. Dass der arabische Prophet ein neu entstandenes Dorf in Afrika segnete, war ungewöhnlich. Diese Erscheinung klingt im Senegal bis heute noch nach.

Die französische Kolonialobrigkeit ließ sich Zeit, aber schließlich wurde es ihnen unheimlich. Was wäre, wenn dieser umherwandernde Sufiprediger zum Krieg gegen die Besatzungsmacht aufriefe? Die Stammesführer, die ihn so sehr verehrten, befehligten eine ausreichende Zahl an Kriegern, um Scheich Amadu Bamba zur Machtübernahme zu verhelfen. Aus Furcht vor einem flächendeckenden Ausbruch der Gewalt und einer Rebellion gegen Frankreich entschied man, präventive Maßnahmen zu ergreifen. Im Jahr 1895 schickten die Franzosen Bamba ins Exil nach Gabun, ein weiteres französisch besetztes westafrikanisches Land, was bei seinen zahllosen Anhängern den Eindruck erweckte, dass er nach kurzer Verweildauer wieder entlassen werden würde. Bambas emotional aufgewühlte Anhänger sicherten ihm in ihren Briefen ihre Bereitschaft zu, sich gegen die Franzosen zu erheben und Gerechtigkeit zu fordern. Bamba antwortete, dass nur Gott um Gerechtigkeit ersucht werden solle. Wiederholt warnte er vor Gewalt. Ein, zwei, drei Jahre vergingen. Doch den Franzosen entging offenbar, dass der Mann, den sie festhielten, kein Mann der Gewalt war.

Das heißt, auch wenn andere im Senegal die Waffen gegen die Franzosen ergriffen, lehnte Amadu Bamba den bewaffneten Widerstand strikt ab und untersagte diesen auch seinen Anhängern. In Briefen erklärte er den Franzosen, dass er nicht an weltlicher Macht interessiert sei und seine Ambitionen auf die jenseitige Welt ausgerichtet seien, doch die Franzosen deuteten dies als Täuschungsmanöver. Aus der Haft in Gabun schrieb Bamba:

> Die einzigen Waffen, die ich im Kampf gegen meine Feinde erhebe, sind der *qalam* [Feder] und die Tinte, mit denen ich *qasa'id* [Gedichte] zum Ruhme des Erwählten, des Propheten Mohammed, verfasse.

Nach sieben Jahren entließen die Franzosen Bamba im Jahr 1902 schlussendlich in die Arme seiner großen Anhängerschaft. Diese war, dank Bambas Erziehung zur Selbstbeherrschung, in der Zwischenzeit sowohl an Zahl als auch an Widerstandsfähigkeit gewachsen. Statt seine Autorität durch das Exil zu schmälern, hatten die Franzosen mit ihrem Vorgehen Bambas Nimbus nur noch vergrößert.

Scheich Amadu Bamba kleidete sich stets in weiß, trug einen Turban und war von ausgesprochen heiterer Natur. Gerüchte über Wunder, die er in französischem Gewahrsam vollbracht haben soll, verbreiteten sich wie ein Lauffeuer im ganzen Senegal, woraufhin seine Anhängerschaft beständig anwuchs. Bis zum heutigen Tage erzählt man sich im Senegal, dass die Franzosen Bamba in eine Grube mit Löwen warfen, um den Scheich das

Fürchten zu lehren und seinen Anhängern Angst einzuflößen, um sie auf Dauer fügsam zu halten. Durch seine besänftigende, friedvolle Aura ließen sich die Löwen neben ihm nieder, ohne dem Sufiheiler in ihrer Mitte ein Leid zuzufügen.

Eine andere Erzählung handelt davon, dass die Franzosen Bamba auf dem Schiff nach Gabun unter dem Vorwand einen Platz zum Beten verweigerten, dass das Schiff französisches Eigentum und an Board kein muslimischer Gottesdienst gestattet sei. Daraufhin nahm Bamba seine Gebetsmatte, stieg hinaus aufs Meer und betete dort auf dem von ihm als Eigentum Gottes erachteten Wasser. Die Millionen von Anhängern, die jedes Jahr im Juli zu seinem Gedenken zusammenströmen, wenden sich im Gebet dem Ozean zu, um an die übernatürlichen Taten ihres spirituellen Meisters sowie seine hingebungsvolle Gelassenheit und Andächtigkeit zu erinnern.

Wegen seiner wachsenden Popularität und Wirkung auf die Massen inhaftierte die französische Kolonialregierung Bamba abermals von 1903 bis 1907, dieses Mal in Mauretanien – einem anderen französisch kontrollierten Land in Afrika. Erst im Jahr 1910, nach Jahren in Haft und eingehender Beobachtung, realisierten die französischen Behörden, dass Scheich Amadu Bamba ein aufrichtiger Pazifist war, ein Gandhi vor Gandhis Zeiten, der sich aus religiösen Gründen selbst den schikanösen, imperialistischen Franzosen gegenüber zur Gewaltlosigkeit verpflichtet hatte. Woraus leitete sich Amadu Bambas Bekenntnis zur Gewaltfreiheit ab? Bamba selbst verwies auf die letzte Predigt Mohammeds in Mekka. Inmitten einer großen Ansammlung seiner Anhänger gab der Prophet den Muslimen den Rat, dem Rassismus abzuschwören – „der Überlegenheit von Schwarzen über Weiße, und von Weißen über Schwarze" – sowie die anständige Behandlung von Frauen zu gewährleisten und die Pflichtgebete einzuhalten. In derselben Predigt rief er die Massen mit folgenden Worten zu Gewaltlosigkeit auf: „Vergießt von nun an kein Blut mehr." Gegen dieses Gebot wollte Amadu Bamba auf gar keinen Fall verstoßen. Seine wortwörtliche Treue zur Schrift galt dem Frieden.

Der französische Gefängnisverwalter Antoine Lasselves schrieb über den Mann, den er selbst erlebt hatte:

> Dieser Scheich Bamba ist mit einem gehörigen Maß an Charisma gesegnet, dessen Quelle sich dem menschlichen Verstand ebenso entzieht wie

> seine Fähigkeit, Menschen für sich einzunehmen. Die Art und Weise, wie die Leute sich aus ihrer bedingungslosen Liebe für den Scheich selbst aufgeben ist außergewöhnlich. Ihm scheint etwas von dem göttlichen Licht und Geheimnis inne zu wohnen, das den uns bekannten Erzählungen über die großen Propheten und ihre Gefolgschaft gleicht.

Innerhalb von 50 Jahren nach Bambas Entlassung aus dem Gefängnis waren die Franzosen aus dem Senegal abgezogen. Im Jahr 1960 erlangte das Land die Unabhängigkeit und gilt heute als seltenes Modell einer Demokratie in Afrika. Das Dorf Touba, das Bamba 1887 gegründet hatte, ist mittlerweile zu Senegals zweitgrößter Stadt angewachsen. Der Sufiorden der Muridiya, den Bamba nach seinem Tod 1927 hinterließ, bildet mit über vier Millionen Anhängern – und damit mehr als einem Viertel der Gesamtbevölkerung – eine der vier Hauptströmungen des Sufismus im Senegal. Jedes Jahr versammeln sich zwei Millionen Senegalesen in Touba, um Scheich Amadu Bambas zu gedenken. Auch drei Generationen nach ihm finden noch immer alljährlich große Festzüge zu Ehren der Wunder von Afrikas herausragendem Sohn statt, sogar im New Yorker Stadtteil Harlem, wo Bambas Anhänger in einem Viertel namens ‚Little Senegal' die Mehrheit bilden. In Rom, Paris und New York sind die ‚muslimischen Rastas', hochgewachsene, gut gelaunte Westafrikaner mit Dreadlocks, Fans von Scheich Amadu Bamba. Und auch der senegalesische Musiker und Popstar Youssou N'Dour singt regelmäßig vor großem Publikum von Scheich Amadu Bamba.

Das Vermächtnis des friedfertigen Führers, Scheich Amadu Bamba, der Mord und Totschlag geißelte, lebt fort. Wo aber findet sich dieses geistige Vermächtnis unter den wutentbrannten Muslimen, die sich heute dem ‚Westlichen Imperialismus' mit Gewalt entgegensetzen?

Dschihadismus ist nicht das gleiche wie Dschihad.

Kapitel 11

# Was ist ein Charidschit oder Takfiri?

Als der Prophet unter seinen Gefährten einige neue Beutestücke verteilte, trat ein Mann mit den Worten an ihn heran: „*I'dil* [Sei gerecht], oh Mohammed!“ Die harsche, kurze Ermahnung, der von der sonst so höflichen Sprache der Araber abweichende Imperativ *I'dil*, klang in den Ohren des Propheten und seiner Gefährten wie eine Beleidigung. „Wehe Dir“, maßregelte der Prophet ihn im Gegenzug, „wenn ich ungerecht bin, wer wird dann noch gerecht sein?“ Die Prophetengefährten waren sichtbar schockiert von der Unhöflichkeit des Mannes und wollten ihn dafür bestrafen. „Lasst ihn“, befahl der Prophet, „er ist nicht alleine. Er hat Bundesgenossen, Freunde und wird Familienangehörige haben. In Vergleich zu deren Beten und Fasten wird euch euer Gebet und Fasten gering vorkommen. Aber dann werden sie aus dieser Religion heraustreten, so wie ein Pfeil durch den Körper eines lahmen Tieres schnellt.“

Der Prophet warnte vor einer Gruppierung, die diesem Mann, Dhul Chawaisira vom Stamme der Bani Tamim, folgen würde. Diese Leute würden den gottesdienstlichen Ritus äußerlich in einem extremen Maße pflegen, ohne dabei jedoch Gläubige zu sein, weil ihre Taten den Glauben entwerten würden, da ihre Herzen nicht die Gerechtigkeit, das Mitgefühl, die Güte und Barmherzigkeit gemäß dem Vorbild Mohammeds trügen.

Imam Ali überlieferte aus verschiedenen Unterredungen mit dem Propheten, dass dieser vor Leuten gewarnt hatte, „die an Jahren jung und im Denken unreif sein werden, aber so sprechen, als seien ihre Worte die vortrefflichsten der Welt. Sie werden den Koran rezitieren, ohne dass er ihre Seelen berührt, die Rezitation dringt nicht tiefer als durch die Kehle in sie ein, wobei sie die Religion bloß streifen. Tötet sie, um euren Glauben von ihnen zu reinigen“, sagte der Prophet gemäß Alis Überlieferung.

Seit den frühesten Tagen des Islam existierte eine Gruppierung, die für sich in Anspruch nahm, zum Islam zu gehören, vor denen der Prophet jedoch gewarnt hatte. Jener Stammesführer, der den Propheten persönlich der Ungerechtigkeit bezichtigte, war einer ihrer Vorläufer und Mohammed sah voraus, dass diese Haltung sie zur Abkehr von der breiten Masse der Muslime führen würde. Die Prophezeiung Mohammeds erfüllte sich innerhalb nur weniger Jahrzehnte zur Zeit des Kalifen Ali: Die Bewegung der Charidschiten bekam Aufwind – und ermordete ihn. Ihre modernen Nachfahren sind bis zu diesem Tag ein Fluch, sie verbreiten Tod und Zerstörung in der Welt, während sie weiter beten, fasten und behaupten, die wahrhaftigsten der wahrhaften Muslime zu sein. Damit meine ich natürlich ISIS und dessen Verbündete.

König Abdullah von Jordanien bezeichnete sie richtigerweise als Charidschiten (auf Arabisch *Chawaridsch*), ebenso wie selbst die salafistischen Religionsführer Saudi-Arabiens inklusive salafistischer Dschihadisten wie dem jordanischen Geistlichen Abu Qatada. Auch der ehemalige amerikanische Außenminister John Kerry zog nach, indem er sie „Apostaten" nannte. Aber woher stammen diese Gruppen und wie kam es zu ihrem Aufstieg? Welche Merkmale zeichnen sie aus und weshalb hat ihre zerstörerische Weltanschauung über tausend Jahre im Islam überdauert?

Während seiner zwölfjährigen Regierungszeit (644 – 656) belebte der dritte Kalif Uthman die administrativen Strukturen des Kalifats und organisierte sie um. Er vermachte dem islamischen Reich ein ausgefeiltes Rechtssystem, einen politischen Verwaltungsapparat und einen intakten Staatshaushalt. Muslime verdanken Uthman, dass er die frühe Gemeinde beschützte und anführte, und noch viel wichtiger: Die Sammlung und Standardisierung des Koran. Er setzte ebenfalls einige seiner Verwandten in hochrangigen Posten des Kalifats ein. Sein Clan, die Umayyaden, waren seit der vorislamischen Zeit politische Führer und Herrscher gewesen, sodass dies für einige Muslime wie die Rückkehr zur alten Ordnung und deren Machtstrukturen anmutete. Indes waren aus Uthmans Perspektive seine umayyadischen Verwandten nun ebenso Muslime und ihre Regierungserfahrung wurde dringend benötigt. Seinem Cousin Mu'awiya übertrug er als Gouverneur Syriens die Verantwortung für Damaskus – eine umstrittene Wahl, aber in Uthmans Augen eine notwendige, da er ein Gleichgewicht zwischen rivalisierenden politischen Fraktionen erhalten und deshalb einen starken Mann für diese potentiell rebellische Provinz ernennen musste. Muʿawiya war ein erfolgreicher, gerissener und vermögender Gouverneur, der sich aber auch Feinde in Syrien machte.

Im Jahr 654 häuften sich die Beschwerden über Uthman, Bittschriften wurden verfasst, Ansprüche formuliert, Menschen gegen ihn aufgewiegelt und selbst gewaltlose Belagerungen seines Hauses fanden statt. Im Jahr 656 war der Höhepunkt erreicht, als bewaffnete Rebellen und Kontrahenten Muʿawiyas nach Medina zogen und vom Kalifen Uthman unter anderem die Amtsenthebung des umstrittenen Gouverneurs verlangten. Uthman schien geneigt, dem zuzustimmen, und so zogen die Widersacher wieder in Richtung Ägypten ab. Auf ihrem Weg fingen sie allerdings einen Boten mit einem Brief für Muʿawiya ab: In diesem gab Uthman den Befehl, sie und ihren Stammesführer zu ermorden. Für sie war das der Beweis für ein höchst niederträchtiges doppeltes Spiel und sie kehrten unverzüglich nach Medina zurück und belagerten dort Uthmans Haus (Historiker entbinden Uthman von jeder Schuld an dem Brief und schreiben ihn seinem durchtrieben-machiavellistischen Sekretär Marwan zu).Uthman ließ sich von dieser politischen Krise scheinbar nicht aus der Ruhe bringen. Er leitete auch weiterhin am Freitag das Gebet und hielt die Predigt, fest entschlossen, dem Mob gegenüber nicht klein beizugeben. Seine Gegner gingen allerdings anders vor. In der Moschee griffen Rebellen Uthman mit Steinen an. Daraufhin töteten Uthmans Anhänger einige der Aufständischen. Imam Ali versuchte zu schlichten, doch die Rebellen glaubten nicht länger, was Uthman sagte, weil er bereits zuvor ein falsches Spiel mit ihnen getrieben hatte. Uthman äußerte sich kaum und richtete seine Aufmerksamkeit voll und ganz auf die Rezitation des Koran. In einem Zen-artigen Zustand wurde er aus einer Menschenmenge heraus getötet. Seine syrische Frau Naila eilte zu seiner Verteidigung herbei und warf sich schützend über ihren Ehemann. Die Horde der Angreifer tötete auch sie. Daraufhin schnitten sie ihr die Finger ab und sandten diese zusammen mit dem blutverschmierten Gewand Uthmans zurück nach Damaskus. Die Botschaft an Muʿawiya war deutlich: Sein Cousin, Kalif und Beschützer war nicht mehr. Inmitten dieser Unruhen wuchs die Popularität von Imam Ali in Medina. Die Leute setzten ihr Vertrauen in ihn als den rechtmäßigen Erben des Propheten und Führer der Gemeinschaft, und so wurde er zum Kalifen. Von nun an unterstützten Muʿawiya aus Damaskus und Aischa, die Witwe Mohammeds, von ihrer Pilgerfahrt in Mekka aus Forderungen, die Mörder Uthmans zur Rechenschaft zu ziehen. In der Umayyaden-Moschee in Damaskus hielt Muʿawiya Uthmans Gewand vor einer Menschenmasse in die Höhe, die lauthals die Parole „Gerechtigkeit für Uthman!" skandierte. Es war auch eine der ihren ermordet worden – die syrische Ehefrau Uthmans. Muʿawiyas Unterstützer mobilisierten nun eine Oppositionsbewegung gegen Ali, während der dazu aufrief, loyal zum Kalifat zu stehen und die Eintracht innerhalb der muslimischen Reihen zu wahren. In Mekka setzte sich Aischa an die Spitze einer Armee und befehligte vom Rücken eines Kamels die Truppen im Kampf gegen Alis Streitkräfte. Ali benahm sich ehrenhaft und stellte sicher, dass der Witwe des Propheten kein Leid zugefügt wurde, obwohl ihr Kamel zu Boden ging. Mit militärischem Geleit schickte er sie zurück nach Medina. Seine Ritterlichkeit brachte indes eine Gruppe innerhalb seiner eigenen Kämpfer gegen Ali auf, die ihm verübelten, was geschehen war: Ihrer Ansicht nach hätte man von Aischa als Kriegsgefangener Besitz ergreifen sollen. Hierin lag der erste von vielen schwelenden Konflikten, welche von den aufstrebenden Charidschiten in den nächsten Monaten befeuert wurden. Im Jahr 657 marschierte Ali mit einer Streitmacht von 80 000 Soldaten nach Syrien, um sich die Gefolgschaft Muʿawiyas zu sichern. Die Einheit der Muslime war unabdingbar. Ali war Kalif und die ihm gegenüber von all seinen Gouverneuren geschworene Treue war lebenswichtig, um den Zusammenhalt des Kalifats zu garantieren. Die wöchentlichen Freitagspredigten, die auf Anweisung Muʿawiyas von nun an verbale Angriffe gegen den Kalifen enthielten, mussten ein Ende finden. Die beiden Armeen trafen bei Siffin am Ufer des Euphrat aufeinander – unheimlicherweise das heutige Raqqa in Syrien, das das selbsterklärte ISIS-Kalifat in unseren Tagen zu seiner Hauptstadt erwählt hatte.

Imam Ali bot eine Waffenruhe und Verhandlungen an, aber die ungefähr 120 000 Mann starke syrische Armee lehnte es ab, ihn als Kalifen anzuerkennen, und forderte stattdessen die Auslieferung der Mörder Uthmans. Als die Schlacht begann, hoffte Muʿawiya darauf, die Macht für die Umayyaden und die Familie Uthmans zurückzuerobern. Im Verlauf der Kämpfe wurde Muʿawiya bewusst, dass er verlieren würde und ein Sieg Alis den sicheren Verlust von Damaskus und seine Absetzung bedeuten würde. Als meisterhafter Taktiker, der er war, lancierte er einen Überraschungsangriff auf Alis tiefverwurzelte Frömmigkeit.

Muʿawiya befahl seinen Soldaten, Koranblätter auf ihren Lanzen aufzuspießen und Imam Ali so zu bitten, Milde walten zu lassen. Wie hätte Ali weiterkämpfen und diejenigen töten können, die den ehrwürdigen Koran als ein Schutzschild und Angebot zur Waffenruhe emporhielten? Ali stimmte einem Schiedsverfahren zu, das zu seinen Ungunsten ausfiel. Allerdings weigerte sich ein Teil seiner Streitkräfte, die Entscheidung, einen Ausgleich zu suchen, anzuerkennen. Wie konnte er es wagen, den Kampf zu stoppen?, fragten sie aufgebracht. Sie führten den folgenden Koranvers an: „*Hukm* [ein Urteil oder Schiedsspruch] steht nur Gott allein zu." Im Kampf mit Muʿawiya ein Schiedsgericht anzurufen, gab den Schlichtern das Recht, *Hukm*, einen Schiedsspruch, zu fällen – ein Recht, das nur Gott allein zukommt.

Damit hatten die Charidschiten es auf die Spitze getrieben. Fortan waren sie Ali gegenüber zutiefst feindselig eingestellt. Als er die Friedensbedingungen mit dem Gouverneur von Damaskus aushandelte, liefen die Charidschiten Sturm, und wie es der Prophet vorhergesehen hatte, zogen sie ab oder „traten hinaus" (arab. *charadscha*) – wonach sie schließlich benannt wurden. Ali war erpicht darauf, diese etwa 6000 Extremisten in den Mainstream-Islam zurückzuholen, woraufhin Abdallah ibn Abbas, der gelehrteste der noch lebenden Prophetengefährten, sich erbot, sie zu treffen.

Von sunnitischen und schiitischen Muslimen wird Ibn Abbas gleichermaßen verehrt. Er verbrachte seine gesamte Lebenszeit im Dienste des Propheten und wich ihm nicht von der Seite. Der Prophet betete für Ibn Abbas und vermittelte ihm die Geheimnisse des Glaubens sowie das Kräftegleichgewicht des Göttlichen: „Wenn du auf der Suche bist, such Gott allein. Gedenke Seiner und du wirst ihn vor dir finden." Zuerst widerstrebte es Ali, einen solch hochgelehrten Prophetengefährten, den größten Koranexegeten des Islam, der Gefahr eines Treffens mit den Charidschiten auszusetzen, die die Reihen der Muslime verlassen hatten beziehungsweise ‚aus ihnen herausgetreten waren'. Aber Ibn Abbas bestand darauf.[1]

Ibn Abbas trug sein bestes, teures jemenitisches Gewand, kämmte sein Haar, trug parfümiertes Öl auf und machte sich auf, sie in ihrem Lager zu treffen, als diese zu Mittag aßen. Sie hatten sich von den anderen Muslimen räumlich separiert und lebten als eine eigene Gemeinschaft für sich. Ibn Abbas gehörte zu den engsten und teuersten Gefährten des Propheten, war ein Cousin des Propheten und hatte zudem den frommsten aller Menschen, den Propheten Mohammed, in sehnlicher Anbetung Gottes erlebt. Doch über das Treffen schrieb er:

> Ich habe mich unter Leute begeben, derengleichen ich in ihrer übertriebenen Verehrung Gottes nie erlebt habe. Ihre Stirn war durch die andauernde und inbrünstige Niederwerfung im Gebet wund und ihre Hände waren rau wie die Sohle von Kamelen. Sie trugen unordentliche Gewänder mit ihren sehr kurzen Umhängen und Hosen. Da sie sich nicht um ihr Äußeres kümmerten, waren ihre Gesichter und Bärte ungepflegt und ausgelaugt.

Ibn Abbas grüßte sie und auch sie hießen ihn willkommen. Ihre erste Frage an ihn lautete: „Was ist das für ein Mantel, den du da trägst?" Die Kleiderwahl Ibn Abbas' war weder eigenwillig noch vorsätzlich pompös, dafür aber in Einklang mit dem Mann, den er liebte und von dessen Vorbild er gelernt hatte. „Welchen Fehler werft ihr mir vor?", entgegnete er, „ich sah in der Tat den Gesandten Gottes in bestem jemenitischen Zwirn gekleidet." Wohlwissend, dass sie sich mit seiner Antwort nicht vollkommen zufriedengeben würden, rezitierte er Verse aus dem Koran, die besagen: „Wer wird es wagen, den Schmuck und die himmlischen Geschenke Gottes zu verbieten, die Er zum Wohlgefallen Seiner Diener erschaffen hat?"[2] In Anerkennung von Ibn Abbas' Haltung wandten sich die Charidschiten daraufhin anderen Fragen zu.

„Was bringt Dich hierher?", fragten sie.

„Ich bin stellvertretend für die Gefährten von Allahs Propheten zu euch gekommen", entgegnete er, „für die Auswanderer aus Mekka, die Helfer in Medina und Ali, den Schwiegersohn des Propheten. Auf sie wurde der Koran herabgesandt, sie sind verständiger darin als ihr. Ich sehe unter euch keinen einzigen Prophetengefährten." Daraufhin berieten sie sich untereinander, einige wandten sich Ibn Abbas zu und versicherten ihm ihre Dialogbereitschaft.

„Tretet hervor", forderte Ibn Abbas sie auf, „welche Beschwerde habt ihr gegen die Gefährten des Propheten und seinen Schwiegersohn vorzubringen?"

„Drei Dinge", warfen sie ein. Erstens beschwerten sie sich darüber, dass Ali Männern gestattet hatte, im jüngsten Konflikt zwischen zwei kriegsführenden Parteien ein Schiedsurteil zu fällen. Das sei Polytheismus und nicht Gottes Gesetz und stünde im Widerspruch zu dem Koranvers, der besagt: „Das Urteil steht allein Gott zu."[3] Zweitens monierten sie, dass Ali gegen Aischa und ihre Unterstützer zwar gekämpft, seinen Soldaten aber verboten hatte, Gefangene zu nehmen oder Beute zu machen. Drittens bestanden sie ausgehend von den beiden zuvor geäußerten Klagen darauf, dass Ali seinen Titel „Befehlshaber der Gläubigen" aufgrund seiner Fehler ändern sollte. Er sei nicht länger ein Gläubiger. Er sei der „Führer der Ungläubigen".

Dies war ein Akt von *Takfir* von Seiten der Charidschiten – jemanden zum Zweifler oder Ungläubigen zu erklären. Die Charidschiten waren die ersten, die gleichzeitig eine Reihe beunruhigender Praktiken übernahmen: übertriebene Frömmigkeit, Abkapselung von anderen Muslimen, Buchstabengläubigkeit in der Auslegung der Schrift, und nun *Takfir*. Schon bald sollte diesen vier ein noch viel radikalerer Charakterzug beigesellt werden: unbändige Gewalt. Diese fünf Merkmale der Charidschiten haben ihren Ursprung im 7. Jahrhundert und leben bis in unsere Zeit bei ISIS und anderen fort.

Ibn Abbas wusste, dass die einzige Sprache, die sie verstanden, die der Heiligen Schrift war. Binnen kurzer Zeit realisierte auch Imam Ali, dass diejenigen, die von ihrer Haltung nicht abrückten, vernichtet werden mussten. Bis auf weiteres unternahm Ibn Abbas jedoch den versöhnlichen Versuch, durch Austausch, Diskussion und Dialog ihre Haltung zu ändern, damit sie *Tauba* beziehungsweise Reue zeigten, wenn er ihnen den Nachweis erbrachte, dass ihre Schlussfolgerungen auf einem falschen Verständnis des Koran beruhten.

Hinsichtlich der Frage, ob Gott der einzige Gesetzgeber und Richter sei und menschliche Schiedsverfahren das Urteil Gottes missachteten, zitierte Ibn Abbas einen Koranvers über die Pilgerfahrt, der das Jagen verbietet: „Und tötet ein Pilger ein Tier, so soll er nach dem Spruch von zwei redlichen Männern unter euch eine Strafe zahlen" (Sure 5:95). War dies etwa kein menschliches Urteil? Gott hätte das Strafmaß darlegen können, stattdessen übertrug Er den Schiedsspruch an die Menschen. Abermals führte Ibn Abbas den Koran zu ehelichen Streitigkeiten an, worin die Schrift eindeutig befindet: „Wenn ihr ein Zerwürfnis zwischen Ehemann und -frau fürchtet, dann bestellt zwei Schiedsrichter: einen aus seiner Familie und einen aus ihrer" (Sure 4:35). Ibn Abbas richtete die Frage an die Charidschiten: „Ist es nicht besser, wenn Menschen zur Beilegung von Streitigkeiten ein Urteil fällen, als darüber Blut zu vergießen? Seht ihr, wie Gott die Schlichtung zwischen Ehepaaren erlaubt hat und dies ebenso für andere Zwistigkeiten gilt?"

Getreu dem Geiste der Scharia wandte Ibn Abbas Logik und Vernunft zugunsten des Gemeinwohls an, indem er auf die zentrale Quelle des Islam, den Koran, zurückgriff. Hier fand der normative Islam des Propheten Mohammed seine praktische Anwendung.

Hinsichtlich des Umstands, dass Ali entgegen den gängigen Regeln des Krieges weder Gefangene noch Beute gemacht hatte und insbesondere Aischa nicht zur Sklavenkonkubine nahm (gemäß den Gesetzen des Krieges), stellte Ibn Abbas die Frage: „Wer von euch würde sich seine eigene Mutter [sexuell] verfügbar machen?" Der Koran besagt: „Der Prophet ist den Gläubigen näher als diese sich selbst, und seine Ehefrauen sind ihre Mütter" [Sure 33:6]. „Wer diesen Vers missachtet, fällt dem Unglauben anheim", warnte er die Charidschiten. Aus diesem Grund durfte keine Hand an Aischa, die Ehefrau des Propheten, gelegt werden, wie er klar ausführte. Dann fragte er sie, ob sie noch weitere Fragen hätten, woraufhin sie verstummten.

Dann nahm sich Ibn Abbas ihrer letzten Klage an – der Ablehnung von Ali als Führer der Gläubigen – worauf er Beispiele aus dem Leben Mohammeds anführte, in denen dieser auf das Drängen seiner Feinde, dass er von sich selbst nicht länger als „Prophet Gottes" sprechen solle, einem Kompromiss zustimmte. Wenn selbst der Prophet des Friedens um der Sicherheit willen seinen ihm rechtmäßig gebührenden Titel beiseitelegen konnte, dann könne auch Ali dem entgegenkommen.

Die Auseinandersetzung des Ibn Abbas mit den Separatisten war der Inbegriff einer schriftbasierten Beweisführung gegenüber den charidschitischen Extremisten im Islam. Über 2000 von ihnen überzeugte er davon, Reue zu zeigen und zum Islam zurückzukehren. Die verbliebenen Radikalen bekämpften Ali in tückischster Manier weiter. Daraufhin löschte die Armee des Kalifen im Jahr 658 die charidschitischen Kämpfer in der Schlacht von Nahrawan, 21 Kilometer von Bagdad entfernt, aus.

So trat die Warnung des Propheten hinsichtlich Extremisten und Abweichlern innerhalb der ersten hundert Jahre des Islam zu Lebzeiten des

Imam Ali ein. Ibn Abbas, der vorzüglichste aller muslimischen Gelehrten, hatte mit seiner großherzigen Art nur begrenzten Erfolg bei jenen frühen sektiererischen Extremisten. Nun sind die Charidschiten zurück auf der Bildfläche und die Zahl ihrer Anhänger wächst beständig, während muslimische Geistliche darauf hoffen, dass theologische Debatten den Islam vor diesen internen Kriegen bewahren. Diejenigen, die die fünf *Charidschi*-Charakterzüge verkörpern – übertriebene Frömmigkeit, Abkapselung von anderen Muslimen, Buchstabengläubigkeit in der Auslegung der Schrift, Gläubige zu Ungläubigen zu erklären (*Takfir*) und unbändige, willkürliche Gewalt – tauchen heute unter der Bezeichnung ISIS oder einem anderen Namen auf, wobei auch sie sich unweigerlich spalten und andere Gruppen hervorbringen werden. So wie ISIS faktisch eine Abspaltung von al-Qaida ist, so wird auch ISIS selbst noch mehr extremistische Charidschiten hervorbringen.

Mehrfach sagte der Prophet selbst, dass solche Mörder den Islam verlassen hätten (aus ihm ‚herausgetreten' wären). Warum zögern Muslime heutzutage, das gleiche auszusprechen und ISIS als Außenseiter und ungläubig zu bezeichnen? Von historischer Warte aus betrachteten einige der berühmtesten muslimischen Denker wie al-Buchari, Ibn Taimiya, Subki und Ibn Hadschar die Charidschiten als Nicht-Gläubige. Dieser durch Muslime praktizierte *Takfir* gegenüber den *Takfiris* im Zusammenspiel mit entschiedenem militärischem Vorgehen hatte in der muslimischen Geschichte – quasi als ein notwendiges ideologisches ‚Großreinemachen' im Haus des Islam – für die phasenweise Ausrottung dieser Gruppe gesorgt. In Saudi-Arabien, Jordanien, Ägypten, Pakistan und anderen Staaten haben Regierungen und geistige Führer gleichermaßen die Charidschiten unserer Zeit identifiziert. Aber was werden sie unternehmen, um diesen Kampf im Inneren des Islam zu gewinnen? An beiden Fronten, der intensiven Diskussion und der militärischen Zerschlagung von ISIS und den *Takfiris*, haben sich die Muslime als zu schwach erwiesen.

# Teil III

## Der Aufstieg des Westens und der Verlust des muslimischen Selbstbewusstseins

Warum fühlen sich Muslime heutzutage in ihrer Ehre verletzt?

Wie können Muslime und Juden heute miteinander Frieden schließen?

Wo liegen die Probleme und Herausforderungen des Bildungssystems in der islamischen Welt?

Warum scheinen Frauen in der islamischen Welt im Vergleich zu westlichen Gesellschaften schlechter gestellt zu sein?

## Kapitel 12

# Über Würde

„Wenn die Araber entehrt werden, ist der Islam selbst entehrt", lautet ein bekanntes Sprichwort, das dem Propheten zugeschrieben wird. Hadith-Gelehrte sind sich jedoch einig, dass es sich bei diesem wie auch bei Tausenden anderer vermeintlicher Aussprüche Mohammeds um eine Fälschung handelt. Nichtsdestotrotz verdeutlicht die Zuschreibung dieses Gefühls an den Propheten ein tief empfundenes Verlangen unter den Arabern, sich selbst mit dem Ruhm Gottes und der islamischen Religion zu schmücken. Die arabischen Auffassungen von Stolz, Männlichkeit und Ehre sind tief verwurzelt, was vielen Nicht-Arabern eher befremdlich erscheinen mag.

Im Jahr 2003 zeigten Fotografien aus dem Abu Ghraib-Gefängnis im Irak eine US-Soldatin, wie sie nackte Männer auspeitschte und sexuell erniedrigte. Es waren die ersten Belege einer in dieser Form für die Araber und die islamische Welt ungekannten Entwürdigung. Obwohl zuvor bereits Berichte und Gerüchte kursierten, lagen nun sichtbare Beweise vor. Nicht nur führte die Soldatin nackte arabische Muslime an einer Hundeleine, auch andere Armeeangehörige hetzten, um die irakischen Häftlinge zu foltern und einzuschüchtern, scharfe Kampfhunde auf sie. Wie ist solch eine Schande, eine derart abgrundtiefe Erniedrigung eines stolzen Volkes, überhaupt zu erklären?

Im Westen finden Begriffe wie ‚Schande' oder ‚Demütigung' vielleicht keinen großen emotionalen Widerhall. In arabischen und muslimischen Gesellschaften ebenso wie im ferneren Osten, einschließlich China und Indien, haben Konzepte von ‚Schande' und ‚Gesichtsverlust' jedoch eine enorme Wirkungskraft, können verletzen und entfremden. In den letzten Jahren war zu beobachten, wie über mächtige arabische Despoten Schmach kam: Libyens Muammar Gaddafi wurde aus einem Tunnelversteck herausgetrieben und umgebracht, Iraks Saddam Hussein in einem dunklen Erdloch entdeckt und später erhängt und Hosni Mubarak in Ägypten in einem

Krankenhausbett vor ein Gericht gestellt, was in den Augen Mubaraks und seiner Anhänger ohne jegliche Legitimation geschah. Was auch immer diese gestürzten Diktatoren sich an Verdiensten erworben und an Verfehlungen geleistet haben mögen, diese Fernsehbilder bedeuteten einen schweren Schlag ins Gesicht des arabischen Kollektivstolzes.

Jahrhundertelang standen die Muslime stets auf der Siegerseite. Macht, Ruhm und Ehre waren mit ihnen, einer Gemeinschaft, die in Nah und Fern Territorien eroberte, aus der in Damaskus, Bagdad, Kairo, Konstantinopel, Delhi, Buchara und Samarkand neue Zivilisationen erwuchsen und die sogar im Herzen Europas an die Tore Wiens klopfte. Der Islam war eine nach außen strebende Kultur, die mit einer gefestigten Identität und in ihrem Auftrag, die Menschheit zur Verehrung des einen Gottes aufzurufen und Mohammed als dessen Gesandten zu akzeptieren, Entschlossenheit demonstrierte. Allerdings kann diese kollektive muslimische Rückbesinnung auf eine glorreiche Vergangenheit nicht länger mit dem stark empfundenen Gefühl des Niedergangs in Einklang gebracht werden und damit, dass die Muslime zu Verlierern geworden sind.

Im Jahr 1948 besiegte die jüdische Hagana, ein Vorläufer der israelischen Armee, fünf arabische, mehrheitlich muslimische Streitmächte, die unmittelbar nach der Gründung des Staates Israel einen konzertierten Angriff gestartet hatten. Nach Jahrhunderten der Diskriminierung und der Vertreibung aus europäischen Ländern, insbesondere nach der systematischen Vernichtung in den Gaskammern der Nazis ab 1939, hatten sich Juden nun einen eigenen jüdischen Staat geschaffen, eine Heimstätte. In der Folge zerschmetterten sie die Schlagkraft gleich mehrerer arabischer Staaten und etablierten ihre Präsenz in Jerusalem, der drittheiligsten Stadt des Islam. Was war aus der arabischen und muslimischen Überlegenheit geworden? Diese Demütigung ging als die *Nakba*, die Katastrophe, in die Geschichte ein und jedes Jahr wird der *Nakba* in der arabischen Welt, aber auch an anderen Orten, mit vor Schande gesenkten Häuptern gedacht. Es ist immer schrecklich zu verlieren, eine so verheerende Niederlage aber durch die Juden einzustecken – die *Yahud*, ein Begriff, der in vielen arabischen Staaten einem Schimpfwort gleichkommt – war eine Tragödie.

Während in den darauffolgenden Jahrzehnten die Demokratie im neuen Staate Israel eine Blüte erlebte, wurde die Bevölkerung der arabischen

Länder von innen heraus gedemütigt. Im Irak, Syrien und Ägypten putschten nationalistisch-sozialistische Kräfte gegen die Monarchen ihrer Länder und konfiszierten die Güter und Häuser der Reichen. Diese Militärdiktaturen, tief in einem ländlichen Milieu sowie der Arbeiterklasse verwurzelt, stellten mit ihrer linksgerichteten Politik nicht bloß einen Affront für die arabische Oberschicht dar. Eine Elite hatte nun eine andere abgelöst, ohne aber die gemeine arabische Bevölkerung einzubinden. Die Marginalisierung des einzelnen Arabers wurde zur Norm.

Es kam noch schlimmer: Die arabischen Sozialisten machten selbst vor der eigentlichen Grundstruktur muslimischer Gesellschaften nicht halt und griffen den Status und die Unabhängigkeit der islamischen Gelehrten an. Bis heute sind an Freitagen die meisten Moscheen in der islamischen Welt bis zum Rand mit Gläubigen gefüllt. Die Moschee ist von Natur aus ein bedeutsamer gesellschaftlicher Ort für Muslime aller Altersgruppen, wobei in den arabisch-muslimischen Ländern immer noch eine tiefe Hochachtung für islamische Gelehrte (*ulama*) und ihre Lehren vorherrscht. Ihr Status und ihre Würde rühren größtenteils von ihrer moralischen und finanziellen Unabhängigkeit von den jeweiligen Machthabern her.

Die Heimat der globalen islamischen Gelehrsamkeit, die al-Azhar-Moschee und -Universität in Kairo, ist eine der ältesten Lehrinstitutionen der Welt und hat sich diese Unabhängigkeit über tausend Jahre durch eigene religiöse Stiftungen (*awqaf*, sg. *waqf*) bewahrt. Gemeinhin vermacht ein wohlhabender Muslim bei seinem Tod das Erbe einer islamischen Stiftung, was als *sadaqa dschariya*, als dauerhafter Nutzen, gilt. Anders formuliert: Auch wenn der Stifter verstorben ist, werden seine guten Taten in der Welt fortgesetzt, wodurch ihn himmlische Belohnung erwartet. Oft wird der Nachlass in eine eigene *waqf*-Stiftung überführt.

Dank der al-Azhar *waqf*-Stiftungen hatten Generationen muslimischer Gelehrter die Möglichkeit, von Herrschern oder Politikern vollkommen unabhängig in ihrem Innenhof aus dem zehnten Jahrhundert zu studieren. Auf diese Weise konnte ein reicher, pluralistischer und friedlicher Islam gedeihen. Die arabischen Sozialisten veränderten dies, nachdem im Jahr 1953 Gamal Abdel Nasser, der Anführer des ägyptischen Staatsstreichs und spätere Präsident, die religiösen Stiftungen der al-Azhar konfiszieren ließ. Sogar im Westen hatten die Universitäten Oxford und Cambridge jenem aufgeklärten muslimischen Modell nachgeeifert und eigene Zentren der Gelehrsamkeit hervorgebracht. Nun wurde es allerdings von sozialistischen Ideologen und Militärdiktatoren aus dem Hause des Islam heraus selbst angegriffen – mit tragischen Folgen.

Ich besuche die al-Azhar regelmäßig, um Gespräche zu führen, zu beten und zu lernen. Mein Herz schmerzt, wenn ich die baufälligen Gebäude betrachte, die verwahrlosten Lehrräume, versiffte Toiletten sehe, verarmte Studenten und unterbezahltes Lehrpersonal. In den alten Stadtvierteln schließen die Buchläden, und wo einst Literaten und Denker ihre Ideen gebaren, die eine Kultur für tausend Jahre aufrechterhielten, werden Metzgereien eröffnet. Wo bleibt der Aufschrei? Wo bleiben die Finanziers und Philanthropen, die sich danach sehnen, ihre Kultur durch die Stiftung von Wissen und Ideen wiederzubeleben?

Andernorts in der islamischen Welt ist sehr gut zu beobachten, welchen Preis man zahlen muss, wenn verarmte Gelehrte gezwungen sind, das Lied derer zu singen, deren Brot sie essen. In Pakistan ist es weitverbreitet, die Mullahs, die Geistlichen, als rückständig und scheinheilig sowie in permanenten Geldnöten befindlich zu verhöhnen. Das ist eine unmittelbare Folge davon, dass sich Geistliche umstrittener Praktiken bedienen. Jeden Freitag lassen sie in den Moscheen einen Eimer herumgehen, in den die Gottesdienstbesucher ihre Spenden für den Wochenlohn des Mullahs werfen. Eine solche Demütigung stellt den Geistlichen in direkte Abhängigkeit zu seinem Zahlmeister, der Gemeinde. Infolgedessen büßt er die Freiheit ein, seine auf Prinzipientreue basierenden Führungsqualitäten zu zeigen und er steht stattdessen unter dem Einfluss der Erwartungen von denjenigen, die sein Gehalt bezahlen. Letzten Endes kann er ihnen nur noch nach dem Munde reden.

Wenn beispielsweise der Mob die amerikanische oder israelische Botschaft in Kairo oder Tunis angreifen möchte, dann wird sich ein Mullah oder Imam, der seine Gemeinde bei Laune halten muss, davor hüten, Rechtschaffenheit zu propagieren und davor zu warnen, Botschaften anzugreifen oder Flaggen zu verbrennen. Falls er es dennoch tun würde, stünde er unter Verdacht, mit Amerika unter einer Decke zu stecken und folglich würden die Spenden im Eimer versiegen. Andererseits haben diese feigen, um ihren Job bangenden Imame selbst das Nachsehen gegenüber der schrillen, modern klingenden Rhetorik, mit der sich die Islamisten gegen die muslimischen Machthaber und ihre westlichen Verbündeten in Stellung bringen.

Im 20. Jahrhundert sind die Araber dann entehrt worden, so wie der Islam selbst, wie es der Prophet gesagt oder eben doch nicht gesagt haben mag. Der bei den Arabern geschärfte Sinn für *karama* (Nobilität oder Würde) wurde tiefgreifend verletzt und diese Wunde begann zu eitern. Im Jahre 2004 warnten wenige redliche Stimmen unter den Arabern vor dem Kollaps von Stolz und Würde in der arabischen Welt:

> Araber zu sein macht heutzutage keine Freude. Manche fühlen sich verfolgt, andere hassen sich selbst. Das existentielle Unbehagen ist die in der arabischen Welt am weitesten verbreitete Erscheinung. Selbst die, die sich lange in Sicherheit gewiegt hatten, dominante Saudis und wohlhabende Kuwaiter, können sich diesem Gefühl seit dem verhängnisvollen 11. September nicht mehr entziehen.[1]

Dies sind die einleitenden Worte des Buches *Das arabische Unglück* von Samir Kassir, der einer der bekanntesten Journalisten und Historiker im Libanon war. Aufgrund seiner Ansichten sowie seiner Kritik an der syrischen Besatzung im Libanon wurde er im Juni 2005 durch eine Autobombe in Beirut ermordet (als mutmaßlicher Hauptverdächtiger steht der syrische Geheimdienst im Raum). Sein Leben und sein Tod untermauern seine Kritik, dass sich kritisches Denken und Schreiben in der arabischen Moderne in einem anhaltenden Würgegriff befinden.

Ehre, Stolz, Selbstachtung und Respekt sind keine unrealistischen Wünsche, sondern zentraler Bestandteil der arabischen wie muslimischen – allgemein menschlichen – DNA. Im Koran kommt dem Thema *karama*, im Sinne von Ehre und Nobilität der Menschen, eine große Bedeutung zu und ein unter Muslimen beliebter Vers besagt: „*Laqad karramna bani Adam* – Wir haben den Kindern Adams [der Menschheit] Ehre erwiesen, ihnen Würde verliehen."[2] Das Gefühl der Verletzung dieser *karama* bildet den Kern der tiefsitzenden Angst unter zeitgenössischen arabischen Muslimen. Im Dezember 2010 trat diese schändliche Herabwürdigung in Sidi Bouzid, einem winzigen Dorf in Tunesien, offen zu Tage.

Der 26-jährige Mohammed Bouazizi war ein gewöhnlicher Straßenhändler, der Obst und Gemüse verkaufte. In seiner frühen Kindheit verstarb sein Vater und so musste er von seinem zehnten Lebensjahr an Mutter und Schwestern versorgen. Obschon seine Mutter erneut geheiratet hatte, war die Familie auf ihn angewiesen, da sein kranker Stiefvater aufgrund der Armut der Familie und der unzureichenden medizinischen Versorgung in Tunesien keine angemessene Behandlung erhielt und deshalb keiner geregelten Arbeit nachgehen konnte. Bouazizi versuchte, sich dem Militärdienst zu entziehen, was ihm allerdings in Ermangelung von *wasta* (Beziehungen) misslang – dem Zaubermittel schlechthin für sozialen Aufstieg in arabischen Gesellschaften. Um die Zukunftschancen seiner Schwester zu verbessern, schickte die Familie sie an die Universität, während ihr Bruder weiterhin Obst und Gemüse verkaufte, das er täglich zu Fuß von einem zwei Kilometer weit entfernten Markt abholte. Trotz seiner prekären Lebensumstände war er bekannt dafür, von seinem Essen an noch ärmere Menschen zu spenden.

Wie so viele seiner Landsleute wurde er Zeit seines Lebens von der Polizei und den staatlichen Behörden schikaniert. Sie waren lediglich auf Bestechungsgelder aus, kleideten ihre Forderungen aber in fadenscheinige Bußgelder für Gesetzesbrüche und für das Fehlen einer Straßenhändlerlizenz. Am 11. Dezember 2010 verhörte eine Polizistin Bouazizi öffentlich. Auch sie zwang ihn, ein Bußgeld zu zahlen, wozu ihm jedoch das Geld fehlte. Daraufhin beschlagnahmte sie seine Waagschalen, um ihn zur Zahlung der 250 Dollar Strafe auf einem Polizeirevier zu nötigen, was mehr als zwei Monatseinkommen entsprach. Seine Einwände ignorierte sie und schlug ihm dann auch noch ins Gesicht. Von einer Frau in der Öffentlichkeit erniedrigt zu werden, aus keinem anderen Grund als dem, für seine Mutter und Schwestern den Lebensunterhalt zu verdienen, war die endgültige Beleidigung seiner arabisch-muslimischen Männlichkeit.

Als er darauf zur Polizeiwache ging, hörte ihn niemand an – alle Beamten befanden sich gerade in einer ‚Besprechung'. Eine andere Art, in Tunesien Schmiergeld zu verlangen. Die gesamte Bürokratie des Staates war gegen ihn und er konnte nirgends um Hilfe bitten. Vollkommen frustriert, ausgelaugt und erniedrigt, kaufte er als letzten Hilfeschrei Farbverdünner, mit dem er sich aus Protest selbst in Brand setzte. Zwei Wochen später erlag er seinen Verbrennungen.

Das kurze Leben von Mohammed Bouazizi rührte Millionen Menschen im Nahen Osten. Seine Leidensgeschichte versinnbildlicht die Ungerechtigkeit und Demütigung, die eine ganze Generation in ähnlicher Weise durchlebt hat. Es war die Geburtsstunde des Arabischen Frühlings. Regierungen wurden aus ihren Machtpositionen gefegt, als die Bevölkerung wortwörtlich nach *karama* (Würde) und *Adala idschtima'iya* (sozialer Gerechtigkeit) verlangte. So lauteten die Parolen, die in den Großstädten an Mauern geschrieben und während der Massendemonstrationen skandiert wurden, die schließlich die Diktatoren in Tunesien, Ägypten und dem Jemen stürzen sollten.

Ich habe nach dem Sturz Mubaraks mehrfach Ägypten besucht. Im Vergleich zu meinen Aufenthalten fünfzehn Jahre zuvor zeigte sich mir ein vollkommen verändertes Land. Zweifellos hatte der Zusammenbruch der öffentlichen Ordnung für gewisse Sicherheitsprobleme gesorgt, aber der Stolz der Ägypter erlebte einen Höhenflug. Der Slogan „*Enta Masri, irfa' rasak!* – Du bist Ägypter, erheb dein Haupt!" wurde ständig in Liedern, Sprechchören und Graffiti zum Ausdruck gebracht. Im Arabischen sind diese Worte sehr ergreifend, sie rufen auf eine sanftmütige und demütige Weise ins Gedächtnis, wie, im Gegensatz dazu, eine Generation mit gesenktem Haupt unter den Stiefeln des ägyptischen Militärs und der Polizei aufgewachsen war, die mittels Furcht jeden Aspekt des Lebens kontrollierten. Endlich lag Gerechtigkeit in der Luft.

Mittlerweile sind, mit Ausnahme von Tunesiens Übergang zur Demokratie, die Rufe der arabischen Aufständischen nach Würde, sozialer Gerechtigkeit und Freiheit wieder verklungen. Wieder einmal wurde das starke Gespür der Araber für Verlust und Niederlage an die nächste Generation weitervererbt. Die allgemeine Hoffnungslosigkeit setzt sich fort und wird der Welt zweifellos noch einmal auf die Füße fallen, auf noch üblere Weise – allein zahlenmäßig – als die Selbstverbrennung Bouazizis.

Worin bestand nun das Anliegen der Generation ‚Arabischer Frühling'? Als Lehrer und Forscher habe ich, während der von Amerika geführten Besatzung des Irak, zwei Jahre lang inmitten dieser Generation in Syrien gelebt. Nach dem Arabischen Frühling habe ich mehrfach Ägypten, Tunesien, Bahrain, Jordanien, Marokko und Saudi-Arabien als Senior Fellow eines der führenden amerikanischen Think Tanks besucht. Dort kam ich mit vielen jungen Aktivisten und Politikern sowie religiösen Führungspersönlichkeiten zusammen. Neben deren unablässigen Rufen nach Würde, sozialer Gerechtigkeit und politischer Freiheit haben drei Beobachtungen einen bleibenden Eindruck bei mir hinterlassen.

Erstens gab es die weitverbreitete Erwartung, dass der Westen die Aktivisten der Demokratiebewegung unterstützen würde. Seit dem 11. September hatten amerikanische Spitzenpolitiker öffentlich Demokratie im Nahen Osten propagiert. Zur Stärkung demokratischer Strukturen gab Washington Milliarden von Dollar aus. Jetzt war doch zweifellos der Moment für europäische und amerikanische Hilfe und Investitionen gekommen? Gleichzeitig waren die Machthaber in der Region davon überzeugt, dass es sich bei den Rebellionen um vom Westen unterstützte Verschwörungen handelte. Letztlich blieb die erwartete Hilfe des Westens aus. Es kam dann zu Massakern an Demonstranten, nicht zuletzt durch Sicherheitskräfte auf dem Rabi'a-Platz im Jahr 2013 in Ägypten, doch die Schuld gab man letztlich dem Westen. Das laute Schweigen aus den westlichen Hauptstädten verstärkte den Eindruck noch, dass man dort die Erniedrigung der arabischen Bevölkerungen dulde. Das Leben von Arabern und Muslimen schien nichts wert zu sein.

Zweitens war innerhalb der arabischen Gesellschaften längst ein offener Krieg der Vorstellungswelten entbrannt – über politische Anschauungen zu Demokratie und Freiheit –, der von den Regierungen gleichzeitig unterdrückt und ausgenutzt wurde. Dabei blieb völlig offen, was unter Begriffen wie ‚liberal', ‚demokratisch', ‚konservativ', ‚rechts', ‚links' oder ‚säkular' – ganz zu schweigen von ‚Islamismus' – genau zu verstehen war und wie diese halbwegs definiert werden könnten. Gewöhnlich bieten Diktaturen keinerlei Raum für angemessene und sachdienliche Diskussionen. In der Zwischenzeit hatte die repressive Politik islamistische Bewegungen, wie die Muslimbrüder und die Salafisten, bereits in den organisierten Untergrund gezwungen. Es war daher nur folgerichtig, dass die alte Garde beim Sturz der Tyrannen die Bedrohung durch einen islamistischen Radikalismus beschwor, wobei der Westen sich brav hinter diese neuen undemokratischen Kräfte an der Macht stellte. Abermals war der Krieg der Anschauungen und Ideen verloren gegangen.

Drittens schilderten die Aktivisten und Demonstranten, die ich in der ganzen Region getroffen habe, ihre persönlichen Verluste und Kümmernisse. Sie alle identifizierten sich mit Bouazizis Leiden, denn sogar die *rich kids* der Amerikanischen Universität in Kairo hatten vor Augen geführt bekommen, dass es selbst einen der ihren treffen konnte: Chaled Said, aus einer Mittelschichtfamilie in Alexandria, kam im Jahre 2010 durch Polizeifolter zu Tode. Dabei handelte es sich bei ihm nicht um den üblichen, nach Macht gierenden islamistischen Verdächtigen. Die vom Google-Vorstand Wael Ghonim eingerichtete Facebook-Gruppe „Wir sind alle Chaled Said" mobilisierte Millionen von Ägyptern. Facebook diente ebenfalls dazu, die leidvollen Erfahrungen von vielen anderen zum Ausdruck zu bringen: Bis heute quellen Facebook-Seiten junger Araber über von Fotos weinender Menschen, dornenübersäter Rosen sowie von Pfeilen durchbohrter, gebrochener Herzen.

Für junge Muslime waren die Verhältnisse nicht mehr tragbar. Liebesbeziehungen zu führen war ihnen verboten gewesen – sie waren aber auch durch den Umstand unpraktikabel, dass die meisten selbst in ihren Zwanzigern immer noch bei ihren Eltern wohnten. Wollten sie heiraten, waren sie entweder noch zu jung oder es fehlten ihnen aufgrund der hohen Arbeitslosigkeit und auch trotz Arbeit wegen niedriger Löhne die finanziellen Mittel, ein Haus oder Auto zu kaufen und für Kinder zu sorgen. Alles im Leben schien sich gegen sie verschworen zu haben.

In den Gesprächen habe ich unweigerlich ein Gespür für die persönlichen Verluste der jungen Menschen gewonnen sowie für ihre Motivation, Würde zurückzuerlangen und die Lebensverhältnisse zu verbessern. Auch in der arabischen Musik, Literatur und Kunst kommen diese Empfindungen zum Ausdruck. Sie beruhen allesamt auf einer trostlosen Stimmung. Sieben der ewigen Top Ten arabischer Musik-Charts handeln von Traurigkeit, Verlust und Schmerz, lediglich drei klingen fröhlich und zuversichtlich. Schon in der Vergangenheit änderte der beliebteste moderne arabische Dichter, der Damaszener Schriftsteller Nizar Qabbani, ob des Traumas der militärischen Niederlage der Araber seinen Ton und Fokus: Hatte er vorher erotische Liebesgedichte verfasst, verlegte er sich nun auf zornige Erkundungen unerfüllter arabischer Sehnsüchte.

Die Kreuzfahrer und Mongolen hatten einst das muslimische Kernland überfallen – und dennoch sammelten und gruppierten sich die Muslime innerhalb weniger Jahrzehnte aufs Neue. Doch der von Napoleon im Jahr 1798 angeführte westliche Angriff hat die muslimische Ehre in einem seit zweihundert Jahren andauernden Prozess zerstört. Überall in der islamischen Welt wird klagend die Schuld dem Westen zugeschoben. Ein wirkmächtiges und packendes, verschwörungstheoretisches Narrativ hat sich über den Westen herausgebildet: Er verschwöre sich ständig und hecke Pläne aus, um die Muslime zu schwächen, zu spalten und zu unterwerfen. Diese Erzählung wird nicht als eine historische angesehen, die von einer vergangenen Epoche handelt, welche der moderne Westen am liebsten in die Mottenkiste seiner imperialen Irrtümer verbannen würde. Für die Araber stellt sie die gelebte und alltägliche Wirklichkeit dar. Diese Geschichte wird arabischen Kindern in Schulbüchern vermittelt, darüber hinaus wird sie fast überall in der islamischen Welt von einer breiten Öffentlichkeit sowie von politischen Kreisen diskutiert. Aus dieser vergifteten anti-westlichen Stimmung heraus sind im Iran Schlachtrufe wie „Tod den Amerikanern" hervorgegangen, Fahnen in Pakistan verbrannt worden und in Ägypten hat sich die Auffassung durchgesetzt, die Gräueltaten des 11. September seien von der CIA verübt worden. Dies ist letztlich das Resultat einer geschichtlichen Erzählung von Erniedrigung und Demütigung, die bis zum heutigen Tag so empfunden oder erlebt wird.

Diesen psycho-politischen Zustand, der unterschiedliche Teile der Menschheit über ihre gesamte Geschichte hinweg verfolgt hat, hat Platon wohl am besten diagnostiziert. Er machte in der menschlichen Seele drei Bestandteile aus. Zum einen die Vernunft, also die Fähigkeit, Dinge einzuschätzen, eine Kosten-Nutzen-Analyse durchzuführen und schlichtweg logische Prinzipien anzuwenden. Sie übt Kontrolle über das Handeln eines Menschen aus und sucht nach logischen Lösungen, um Ziele zu erreichen. Ferner sieht Platon als zweites Element den Drang nach Bedürfnisbefriedigung, also den Instinkt, Hunger und Durst zu stillen. Letztlich nennt er *thymos*, einen Begriff, der sich schwerlich fassen lässt, der aber auf Lebendigkeit, Zusammengehörigkeitsgefühl und die Vorstellung von kollektiver Würde verweist. *Thymos* steht dabei nicht immer in Einklang mit der Vernunft oder dem Drang nach Bedürfnisbefriedigung. *Thymos* dreht sich um Gefühle von Stolz, Schande, Demütigung, Empörung – und um das Verlangen der Menschen nach Gerechtigkeit. Das Konzept war für die antiken Griechen ebenso von echter, fundamentaler Bedeutung wie auch für die Araber heute, scheint sich der modernen westlichen Psyche aber zu entziehen.

*Thymos* beschreibt die kollektive Selbstachtung der Menschen. Ruhm und Ehre werden von westlichen Analysten in der Außenpolitik unterschätzt, wobei gerade die russischen Interventionen in Syrien oder der Ukraine von diesen Überlegungen getragen waren, was dem im Westen gebildeten Geist schwer nachvollziehbar scheint. Die Realisten in der Politik verweisen auf Interessen und den Selbsterhaltungstrieb – darwinistisches Denken steht beim Verständnis internationaler Beziehungen und Konflikte ganz klar im Zentrum. Dabei versäumen sie es, die emotionale Wirkmacht von Ruhm und Ehre, ob vorhanden oder nicht, im Gebaren anderer Kulturen anzuerkennen. Im 19. Jahrhundert verkörperte der Brite Lord Palmerston diese kaltblütig kalkulierende Haltung. Einer seiner geistreichen Sprüche ist seither zu einer Maxime internationaler Diplomatie geworden: „Nationen haben keine fortwährenden Freunde oder Verbündete. Sie haben lediglich fortwährende Interessen."

Westliche Entscheidungsträger erwarten von allen anderen, es dem Westen gelichzutun, wobei die Annahme vorherrscht, die Vernunft sei Königin. Sie gehen von vernunftgeleiteten politischen Akteuren aus, dabei ist *thymos* oftmals die stärkere Triebkraft und die Bestrafung eines Staates wirkt sich nicht zwingend auf sein Verhalten aus. Der Irak, Syrien, Kuba, Russland und der Iran streben alle danach, ihrem *thymos* Genüge zu tun und reagieren auf Grundlage thymotischer Berechnungen, die nicht immer zwingend vernunftgeleitet sein müssen. Wie sonst erklärt sich beispielsweise, dass militante Palästinensergruppen aus Gaza Raketen auf Israel abfeuern? Und das, obwohl Israel aus Vergeltung nicht allein Terroristen tötet, sondern auch die Häuser ihrer Familien zerstört. Israels Sicherheitsmauer dient dem Zweck, radikale Palästinenser von den Städten des Landes fernzuhalten – andernfalls könnten Selbstmordattentäter in Tel Aviv ein blutrünstiges Chaos anrichten. Die israelische Mauer ist die Konsequenz daraus, dass die Palästinenser nicht nach Eigeninteresse und Vernunft handeln, sondern vielmehr von *thymos* oder *karama* getrieben sind. Jedes Gesetz wird dabei gebrochen, jeder Form der Bestrafung getrotzt und Israel fortwährend angegriffen, nur um das Gefühl der palästinensischen Ehre im Widerstandskampf zu hätscheln.

Dieses Streben nach Selbstachtung, die Bereitschaft, für die Ehre das Leben zu opfern, trieb im Mai 2015 ebenfalls den selbsternannten Kalifen der von ISIS kontrollierten Gebiete, Abu Bakr al-Baghdadi, an. Im vollen Bewusstsein der emotionalen und psychischen Verletzungen in der arabischen und islamischen Welt wandte sich al-Baghdadi mit folgenden Worten an die Muslime: „Wir rufen euch auf, euer Leben aus Demütigung, Verachtung, Herabwürdigung, Verlorenheit, Leere und Armut für ein Leben in Ehre, Würde, Selbstbestimmung und Wohlstand hinter euch zu lassen. Tretet ein für die Sache, die ihr liebt – die Gunst Gottes und den bevorstehenden Sieg."[3]

Al-Baghdadi bedient damit ein Verlangen nach *thymos*, rechtfertigt dies allerdings mit übelsten Ausdrücken und der Rede von Bedrohung, Gewalt, Religion und militärischem Einmarsch.

Der liberale Internationalismus, als das vorherrschende Prinzip in Politik und internationalen Beziehungen, vertritt die Ansicht, dass Vernunft und Interessen die übergeordneten Motive der Staatsführung bilden. Doch Universitäten und Regierungen begehen häufig den Fehler, ihre theoretischen Beschreibungen rational handelnder Akteure und einer auf Interessen basierenden Welt mit den real existierenden Begebenheiten zu verwechseln, wo Eigeninteresse und Überlebenskampf nur zwei von unzähligen mächtigen Motivationsfaktoren bilden. Der Wirkmacht des *thymos* mehr Geltung einzuräumen, wie es Francis Fukuyama unternahm, könnte langfristig dabei helfen, die offenen Wunden muslimischer Schmach und Erniedrigung zu heilen.[4] Wir schaffen das, indem wir Araber als vollwertige, würdevolle Menschen behandeln, indem wir den arabischen *thymos* wieder aufrichten und die demokratischen und reformorientierten Kräfte in Regierung und Zivilgesellschaft unterstützen. Wir sollten einen längerfristigen Ansatz für diese unbeständige Weltregion wählen. Nicht immer bringt eine Revolution unmittelbar Vorteile für unterdrückte Völker, es fehlt vielmehr eine Evolution hin zu Wohlstand und Freiheit. Der Westen brachte dem Nahen Osten moderne Nationalstaaten, Gesetze, Grenzen und Armeen. Wo aber bleibt unser Marshall-Plan für die arabische Welt? Unserem Verbündeten Israel haben wir zwar unter die Arme gegriffen. Aber was haben wir eigentlich für die Araber getan?

Wenden wir uns nun dem Land zu, das zusammen mit seinen westlichen Verbündeten dem *thymos* der Araber und Muslime wohl die herbsten Schläge beigebracht hat: Israel.

## Kapitel 13

# Die jüdische Gemeinschaft

In einer PEW-Meinungsumfrage des Jahres 2011 brachten 95 Prozent der Ägypter und Libanesen eine ‚sehr abfällige' Sicht gegenüber Juden zum Ausdruck. In Palästina lag der Anteil bei 89 Prozent, in Pakistan und der Türkei bei 64 Prozent. In muslimischen Ländern außerhalb der arabischen Welt war der Grad des Antisemitismus grundsätzlich niedriger – 47 Prozent der Indonesier teilen ‚sehr abfällige' Ansichten gegenüber Juden –, wenn auch nicht in besonderem Maße. Es scheint so, als sei die starke Abneigung gegen Juden unter Arabern und Muslimen auch trotz der Beteuerungen „wir sind nicht antisemitisch" bedauerlicherweise wieder im Anstieg begriffen. Allerdings wohnt diese Haltung dem Islam nicht originär inne und war nicht immer vorherrschend.

Im 5. Jahrhundert kontrollierte die Dynastie der Meriniden von Fes aus das Gebiet des heutigen Marokkos, Algeriens und Teile Tunesiens. Diese sunnitische Dynastie förderte religiöse wie kulturelle Bildungsprogramme, die bis heute in Marokko fortleben. In Fes dienten Juden innerhalb der merinidischen Verwaltung als hochrangige Minister. Das ist gerade deshalb beachtlich, weil Juden zu dieser Zeit in Europa Vertreibungen, Pogromen und Verfolgung ausgesetzt waren. Im Jahr 1290 wurden Juden für fast 400 Jahre aus England vertrieben. Zwischen 1350 und 1450 hat man dieses gegeißelte Volk aus ganzen Landstrichen in Frankreich, Deutschland und Italien verbannt.

Als der letzte muslimische Herrscher Spaniens, König Boabdil[1], im Jahr 1491 mit den katholischen Monarchen Ferdinand und Isabella über die Übergabe von Granada verhandelte, forderte er eine Garantie dafür, dass Muslimen auch im Anschluss größtmögliche Freiheiten gewährt würden. Ihm wurde zugesichert, dass es zu keinen Zwangskonversionen zum Christentum käme, Familien beschützt, Eigentumsrechte geachtet und religiöse Kultstätten fortbestehen würden. Doch Boabdil verlangte diese Rechte nicht bloß für die Muslime, sondern hob insbesondere die jüdischen Gemeinden Granadas hervor und pochte darauf, dass für sie „wie für uns auch diese Bedingungen gelten sollen." An diesem Tiefpunkt seines Lebens stellte der letzte muslimische Herrscher Spaniens Juden und Muslime auf eine Stufe und machte es sich zur Aufgabe, ihre Rechte zu verteidigen.

Doch bereits im Frühjahr 1492 waren alle Juden auf Befehl von Ferdinand und Isabella nicht nur aus Granada, sondern aus ganz Spanien vertrieben, umgebracht oder zur Konversion gezwungen worden. Auf dem Höhepunkt ihrer Macht unterdrückten diese viel gerühmten Herrscher die jüdischen Gemeinschaften. In Istanbul hingegen hießen die Osmanen nicht weniger als 30 000 spanische Juden willkommen. Sultan Bayezid II. kommentierte dies mit den Worten: „Ihr nennt Ferdinand einen weisen Herrscher […] obwohl er sein Land verarmen ließ, um meines wohlhabender zu machen!"[2]

„Das ganze Mittelalter hindurch", schreibt der Philosoph Bertrand Russell, „waren die Mohammedaner [Muslime, A. d. Ü.] kultivierter und humaner als die Christen. Die Christen verfolgten die Juden vor allem in religiös erregten Epochen; anlässlich der Kreuzzüge kam es zu furchtbaren Pogromen. In den mohammedanischen Ländern hingegen wurden die Juden fast allzeit gut behandelt."[3] Russell war nicht gerade ein Freund des Islam und der Muslime, vielmehr stellt er die historischen Tatsachen unvoreingenommen dar.

Doch die muslimische Toleranz hielt leider auch nicht viel länger an. Im Jahr 1465 verloren die Meriniden die Macht. Eine Gruppe aus Geistlichen, muslimischen Laien und Hasspredigern erklärte dem merinidischen Sultan Abdul Haqq den Krieg und brachte ihn, nachdem sie ihn in erniedrigender Weise auf einem Esel durch das jüdische Viertel in Fes getrieben hatten, um. Dem Sultan mangelte es nicht an Unterstützung. Viele angesehene Händler, Gelehrte und muslimische Geistliche aus Fes sicherten Abdul Haqq beherzt ihre Rückendeckung zu. Aber sie konnten sich nicht gegen den gewalttätigen Mob durchsetzen, der nach seinem Sturz trachtete und ihn der Korruption und ‚Unterstützung der Juden' beschuldigte.

Insbesondere ein Würdenträger tat sich inmitten dieses politischen Aufruhrs aus Antisemitismus und angeblichem Dschihad hervor: Sidi Ahmad Zarruq, ein Sufi-Gelehrter, dessen Lehren bei Muslimen in Nordafrika noch immer hohes Ansehen genießen. Er widersetzte sich der Revolte, stand für die Juden ein und wurde wegen seiner Überzeugungen aus der Hauptstadt verbannt.

Zarruq war Absolvent einer bedeutenden islamischen Lehrinstitution in Fes, der Madrasat al-Attarin, die unter der Schirmherrschaft der Merinidendynastie errichtet und von ihr finanziert worden war. Dort studierte er in einem anregenden Umfeld islamische Rechtswissenschaft sowie Koranexegese und genoss das reiche kulturelle Leben einer islamischen Madrasa im Mittelalter, bestehend aus Poesie, Kalligrafie und dem Zugang zum Herrscherhof.

Mir schenkt die Lebensgeschichte von Sidi Ahmad Zarruq Trost: Auch ich wurde als ‚Jude' bezeichnet, weil ich die Idee einer jüdischen Heimstätte in Israel unterstütze, oder als *Kafir* (Ungläubiger) aufgrund meiner Ablehnung eines Scharia-basierten Staates. Was musste ich mir alles anhören dafür, dass ich mich den ‚Revolutionären' unserer Zeit, den Judenhassern und den Dschihadisten, entgegenstelle.

Im Jahr 2013 bin ich auf den Spuren von Sidi Ahmad Zarruq nach Fes gereist. Neben der Madrasat al-Attarin liegt die große al-Qarawiyin Universität, die im Jahr 859 von einer wohlhabenden Muslima gegründet wurde. Ein Ort, der von einer Friedfertigkeit und Mystik durchdrungen ist, die auch Zarruq prägten. Während ich in Fes verweilte, begab ich mich auch auf die Spuren von einem der größten jüdischen Gelehrten, der 200 Jahre vor Zarruq in der Stadt lebte und dort Erfolge feierte.

Der wunderbare, großartige Rabbi Maimonides oder Musa (Mosche, Moses) bin Maimon, noch heute unter Juden als Rambam verehrt, ließ sich, nachdem er aus Spanien vertrieben worden war, in Fes nieder. Sein Haus steht noch immer und interessierte Besucher wie ich können dort durch die Gasse flanieren und aufsaugen, was Maimonides hier wohl sah, berührte und wie er sich bewegte. Zwischen 1166 und 1168, während seines Aufenthalts in Fes, verfasste Maimonides seinen berühmten Kommentar zur Mischnah. Der hoch geschätzte Gelehrte und Philosoph ließ sich später in Kairo nieder, wo er zum Leibarzt Saladins wurde. Darüber hinaus fungierte er als das Oberhaupt der in Ägypten florierenden jüdischen Gemeinde.

Auch heute leben noch Juden in Marokko, aber bei weitem nicht mehr die 300 000, die vor der Gründung des modernen Staates Israel marokkanische Staatsbürger waren. Ebenso ist die jüdische Gemeinschaft in Ägypten, der Maimonides einst vorgestanden hatte, in den letzten neunzig Jahren von 80 000 auf weniger als 40 geschrumpft. In Kairo gibt es nur noch elf ägyptische Juden, ausschließlich Frauen, von denen die jüngste 60 Jahre alt ist. Im Jemen, wo Juden seit den Tagen König Salomos gelebt und Handel getrieben haben, wo sich Juden lange vor dem Christentum oder dem Islam angesiedelt hatten, sind heute weniger als 70 verblieben. Im Jahr 1948 wurden 45 000 der 50 000 jemenitischen Juden nach Pogromen per Luftbrücke nach Israel in Sicherheit gebracht.

Unglücklicherweise leben Juden immer noch nicht in Sicherheit. Ihre Heimatländer zu verlassen und nach Israel zu ziehen, hat diesem alten Volk auch unter muslimischen Nachbarn keinen Frieden gebracht. Was Kleidung, äußeres Erscheinungsbild, Bräuche, Gewohnheiten, selbst Glaubensvorstellungen und Rituale anbelangt, ähneln sich Muslime und Juden viel stärker als andere Glaubensgemeinschaften. Allerdings birgt die Rivalität, bis hin zu Hass, zwischen den Nachkommen Abrahams die Gefahr, einen Atomkrieg im Nahen Osten zu entfesseln. Ebenso steht zu befürchten, dass das Ansehen des Westens in der islamischen Welt zerstört wird, da er als parteiischer Unterstützer eines brutal agierenden Israels empfunden wird.

Im 20. Jahrhundert war Antisemitismus eine kulturelle Grundhaltung in Europa, was letztlich im unverzeihlichen und verbrecherischen Massenmord an den Juden, dem Holocaust, gipfelte. In unserem Jahrhundert verbreitet sich Judenhass von Neuem, nun aber innerhalb der islamischen Welt, und das wiederkehrende Gerede verschiedener arabischer und muslimischer Politiker und religiöser Führer von der ‚Auslöschung Israels' sollte nicht auf die leichte Schulter genommen werden. Es gibt zwei Faktoren, die diesen Hass weiterhin anstacheln.

Erstens bringen neue Migranten aus dem Nahen Osten Einstellungen in den Westen mit, die Israel und die Juden für jeden Missstand in der Welt verantwortlich machen. Die Schwierigkeiten in Europa, muslimische Bevölkerungsteile zu integrieren, machen dieses Problem noch komplexer, da diese Einstellungen sich weiter verfestigen und gemeinhin unwidersprochen bleiben. Zweitens findet der Virus des Antisemitismus in Ländern wie Großbritannien, wo sich junge Muslime besser integriert haben als etwa in Frankreich oder Deutschland, an Universitäten eine Brutstätte. Im Oktober

2015 erklärten Professoren von 72 britischen Universitäten einhellig, Israel zu boykottieren, indem sie jedweder akademischen Zusammenarbeit mit dem jüdischen Staat abschworen. Ihr Aktionismus gab der an vielen britischen Hochschulen unter Studierenden weitverbreiteten BDS-Bewegung (dt. „Boykott, Desinvestitionen und Sanktionen") gegen Israel weiter Auftrieb. Gegenwärtig wird sehr wenig gegen diese Gesinnung getan. Jungen muslimischen Aktivisten wird dadurch das Gefühl vermittelt, dass Antisemitismus vollkommen akzeptabel sei. Diese Kombination aus normalisiertem Antisemitismus, Masseneinwanderung und den fragilen arabisch-israelischen Beziehungen sollte uns mit Blick auf die Zukunft Sorgen bereiten. Europa ist diese Art des Hasses nämlich nicht fremd.

Der Holocaust kann als Kulminationspunkt des jahrhundertealten christlichen und europäischen Antisemitismus verstanden werden. Im 18. Jahrhundert nannte der Philosoph Voltaire die Juden „ein vollkommen unverständiges Volk" und schrieb, dass sie sich mit „verachtenswerter Pfennigfuchserei und dem abscheulichsten Aberglaube sowie mit einem gewalttätigen Hass gegenüber allen Völkern, die ihnen Toleranz gegenüber aufbringen", verhielten. Der bekannte europäische Atheist Baron d'Holbach charakterisierte die Juden zur selben Zeit als „die Feinde der menschlichen Rasse". Ein Jahrhundert später behauptete Karl Marx, trotz seiner eigenen jüdischen Herkunft, dass die Juden für den Kapitalismus verantwortlich seien, die Wurzel allen Übels in der Welt.

Im Gegensatz zu diesen modernen Meinungen aus Europa bietet Arabien im 7. Jahrhundert eine viel harmonischere Sichtweise. Es wurde überliefert, dass der Prophet Mohammed mit seinen Gefährten zusammensaß, als ein Trauerzug an ihnen vorbeizog, woraufhin sich Mohammed unmittelbar aus Respekt für den Verstorbenen erhob. Seine Gefährten taten es ihm gleich. Das Trauergefolge zog weiter, worauf die Araber zum Propheten meinten: „Beim Verstorbenen handelt es sich um einen Juden." Mohammed entgegnete: „War die seine nicht auch eine menschliche Seele?"

Einige der Juden von Medina hatten sich mit heidnischen Feinden des Propheten aus Mekka verschworen, um die neue Botschaft des Islam zu schwächen und auszumerzen. Grund dafür waren dessen konkurrierender Anspruch auf ein heiliges Buch, Zugang zu Gott und, im Unterschied zum Judentum, die offene Einladung, diesen einen Gott anzunehmen. Gleich nachdem der Prophet von Mekka nach Medina ausgewandert war und dort einen Ort zum Beten, eine Moschee, begründet hatte, bestand seine erste Maßnahme darin, seine Gefährten auf den Markt zu entsenden, um mit den Juden trotz deren früherer Feindseligkeiten auf Augenhöhe Handel zu treiben. Der Pakt, der zwischen Muslimen und anderen Gemeinschaften in der Stadt geschlossen wurde, schloss auch die Juden mit ein. Als der Prophet in Medina über die *umma* – die Gemeinschaft der Gläubigen – sprach, bezog er ebenfalls Juden und Christen mit ein. Der Koran erlaubt Muslimen sogar, koscheres Essen zu sich zu nehmen. An mehreren Stellen preist der Koran die Propheten des Alten Testaments. Für mich ist es schwer verständlich, wie zeitgenössische Muslime Hass gegen die Nachkommen der Propheten hegen können, die im Koran so sehr verehrt werden. Die Juden sind die Kinder von Noah, Abraham, Sarah, Isaak, Jakob, Rebekka, Josef, Moses, Aaron und anderen.

Der Prophet heiratete eine jüdische Frau namens Safiya, die daraufhin zum Islam konvertierte. Als seine anderen Frauen Safiya wegen ihrer jüdischen Herkunft verspotteten, riet ihr der Prophet zu folgender Antwort: „Mein Vater ist der Prophet Harun [Aaron], mein Onkel ist Moses und mein Ehemann ist Mohammed. Wo liegt Euer Problem?“ Bis zum heutigen Tage ehren Muslime Safiyas Andenken als ‚Mutter der Gläubigen‘, ein Ehrentitel für die Frauen des Propheten, wie er schon unter den frühen Muslimen gebraucht wurde. Obwohl sie nach dem Tod des Propheten unter den Muslimen eine führende Rolle einnahm, vererbte sie ihr Vermögen an ihre jüdischen Neffen.

Alle Denkschulen der Scharia gestatten es muslimischen Männern, Jüdinnen zu heiraten. Einige muslimische Gelehrte haben sogar geurteilt, dass eine muslimische Frau, solange sie ihren Glauben weiter praktizieren darf, auch einen Juden heiraten könne.

Keine der hier erwähnten historischen Erzählungen, keine dieser Haltungen weist auf Judenhass hin oder würde gar dafür plädieren. Ob nun Sidi Ahmad Zarruq die Seite der Juden von Fes ergriff, Saladin sein Leben Maimonides anvertraute oder Tausende fliehender Juden während des Holocausts von Muslimen vor den Nazis beschützt wurden, dieses Mitgefühl und dieser Zusammenhalt erwuchsen aus einem tief verwurzelten kollektiven Gedächtnis im Islam. Im Jahr 1941 schützte König Mohammed V. in

Marokko 250 000 Juden selbstbewusst vor den Streitkräften der französischen Vichy-Besatzungsmacht, die gegen Juden diskriminierende Gesetze erlassen wollte. In Frankreich halfen Muslime, Hunderte Juden zu verstecken, indem sie sie ihnen in der Pariser Hauptmoschee Unterschlupf gewährten. Die Anwesenheit von Juden in einer Moschee wurde nicht als problematisch empfunden. Im Jahr 1965 gab König Hasan II. von Marokko überlebenswichtige Geheimdiensterkenntnisse über einen arabischen Angriffsplan an Israel weiter, die den Ausschlag für den israelischen Sieg im Sechs-Tage-Krieg von 1967 gaben.

Allerdings existiert noch eine weitere historische Erinnerung: Eine von Verrat und Verbitterung zwischen Juden und den frühen Muslimen. Den Radikalen von al-Qaida, Hamas, Hisbollah und verschiedenen anderen Islamisten dient sie als Schlachtruf: „*Chaibar, Chaibar, ya Yahud!* – Juden, erinnert Chaibar!“ Damit verweisen sie auf die Schlacht von Chaibar im Jahre 628, als die Truppen des Propheten die jüdischen Anführer vom Stamme der Banu Quraiza ermordeten, wobei sie (nach seiner Auffassung) jüdisches Strafrecht für den Verrat an einem Abkommen anwendeten, das diese zuvor mit den Muslimen geschlossen hatten.

In der christlichen Tradition machten der Verrat Jesu durch Judas an die Römer und das vermeintliche Beharren der Hohepriester des Judentums auf der Hinrichtung Jesu die Juden für lange Zeit zum Ziel christlichen Judenhasses. Eine Passage im Neuen Testament bezeichnet die Juden beispielsweise als „Otterngezücht“, als „Schlangenbrut“, ausersehen zur „höllischen Verdammnis.“[4] Im fünften Jahrhundert setzte Papst Leo der Große den Hass fort und nannte Judas „den niederträchtigsten Mann, der jemals gelebt hat“ und das Johannesevangelium verdammt Judas als „den Sohn der Verdammnis“. Ähnliches ereignete sich traurigerweise bei den Muslimen. Das Wort *Yahud* für ‚Juden‘ ist beinahe zu einem Schimpfwort verkommen, mit Konnotationen von andauernder Feindschaft und Verschwörung gegen den Islam und die Muslime.

Dabei wird die Sache durch die Existenz widersinniger Hadithe, die dem Koran widersprechen und antijüdische Ressentiments weiter befeuern, nicht besser. Ein häufig von Islamisten angeführter Hadith besagt, dass vor dem Jüngsten Tag Steine und Bäume ihre Stimme erheben werden: „Oh, Diener Gottes, ein Jude versteckt sich bei mir, komm und töte ihn.“[5] Warum hüllen sich Hadith-Gelehrte gegenüber Moscheepredigten, die sich auf solche Texte stützen, in Schweigen?

Ein anderer mutmaßlicher Hadith behauptet: „Wahrlich, ich werde die Juden und die Christen von der Arabischen Halbinsel vertreiben, sodass nur Muslime verbleiben." Buchstabengläubige Salafisten haben diese Weltanschauung übernommen und umgesetzt. Der Konsens der Mainstream-Muslime sieht jedoch ganz anders aus. Die vorherrschende hanafitische Rechtsschule gestattet es Andersgläubigen, im Hedschas zu leben, wo sich die heiligen Städte Mekka und Medina befinden. Sie erlaubt ihnen sogar, diese Städte, samt der heiligen Moscheen, zu betreten und dort als Besucher zu verweilen. Die strengere schafiitische Rechtsschule weist bestimmte Zeiträume im Jahr aus, in denen Juden und Christen Medina, die Stadt des Propheten, betreten dürfen.

Antisemitismus war niemals eine Mainstreamposition im Islam und darf es auch nicht werden.

Oft wird er, nicht unbedingt wohlmeinend, mit Anti-Zionismus vermischt. Der Begriff ‚Zionist' (arab. *Sahyouni*) leitet sich vom Berg Zion in Jerusalem ab, der für Juden das Heilige Land symbolisiert. Das sollte er auch für Muslime tun, aber stattdessen wird Zionismus mittlerweile in der ganzen Welt verunglimpft, von Israel und den USA einmal abgesehen. In den Augen seiner arabischen Nachbarn, die alles, was in der Region passiert, zwanghaft mit dem jüdischen Staat in Verbindung bringen, wird Israel als ein amerikanischer Außenposten im Nahen Osten betrachtet. Dabei wird geflissentlich übersehen, dass das Volk Israel wieder und wieder hochachtungsvoll im Koran Erwähnung findet, was den Juden eigentlich alles Recht dazu verleiht, in und um Jerusalem zu siedeln:

> Und (gedenke,) als Moses zu seinem Volk sprach: „Oh mein Volk, gedenket der Gnade Gottes gegen euch, als er unter euch Propheten berief, euch zu Königen machte und euch etwas gab, was Er keinem anderen Volke zuvor gegeben hatte!
> Oh mein Volk, betretet das Heilige Land, das Gott euch bestimmte, und kehret nicht wie Verlierer zurück, auf dass ihr zu eurem eigenen Ruin gestürzt werdet." (Sure 5: 20 – 21)

> Wir [Allah] sprachen zu den Kindern Israels: „Bewohnet das Land in Sicherheit. Und wenn die letzte Warnung eintrifft, werden wir euch in einer gemischten Gruppe zusammenbringen." (Sure 17:104)

Heutzutage beläuft sich die jüdische Bevölkerung weltweit auf weniger als 20 Millionen Menschen. Wie lange muss dieses großartige Volk noch leiden und in Angst vor Vernichtung leben? Noch dreißig Jahre, dann wird es weltweit zwei Milliarden Muslime geben. Daher können und müssen wir in einem auf Koexistenz beruhenden gemeinsamen Nahen Osten Juden in unserer Mitte aufnehmen. Juden gehören zum Nahen Osten und verdienen ein würdevolles und sicheres Zuhause, in gleichem Maße wie es auch den Palästinensern zusteht, die seit drei Generationen in Flüchtlingslagern dahinvegetieren.

Es ist einfach inakzeptabel, geradezu erbärmlich, dass sich der Antisemitismus nur wenige Jahrzehnte nach dem Holocaust wieder auf dem Vormarsch befindet – und dies eben gerade in der islamischen Welt. Um ehrlich zu sein: In New York, Paris und London leben Juden in Angst vor Anschlägen radikalisierter Muslime. Aus Angst vor Gewalt extremistischer Muslime werden ihre Schulen und Synagogen von bewaffneter Security und Polizeistreifen bewacht. Die Attentäter von *Charlie Hebdo* steuerten Synagogen und koschere Supermärkte an, um Juden zu töten, direkt nachdem sie wegen Beleidigung des Propheten Journalisten ermordet hatten. Israel ist bis zu den Zähnen bewaffnet und von den Palästinensern durch eine Mauer separiert. Eine Lockerung dieser Verteidigungsmaßnahmen würde unmittelbar zu einem Anstieg der Terroranschläge führen. Dennoch ist dies kein gangbarer Weg, um langfristig Sicherheit für die Israelis zu gewährleisten – geschweige denn ein würdevolles Dasein für die Araber.

Die Politik Israels und allein der Name rufen bei unzähligen Muslimen weltweit unverzüglich heftige Reaktionen hervor. Wenn Israel eine Militäroperation im Gazastreifen gegen Dschihadisten durchführt, die Raketen auf seine Bevölkerung schießen, sind Massenproteste in der ganzen islamischen Welt die Folge. Die syrische Regierung kann mit iranischer Unterstützung jedoch über 400 000 Muslime töten und weitere Millionen vertreiben, ohne dass wir eine einzige Großdemonstration in den Hauptstädten der muslimischen Länder sehen.

Nach den Aufständen des sogenannten Arabischen Frühlings wurde die israelische Botschaft in Ägypten angegriffen und der Botschafter musste evakuiert werden. Der Friedensvertrag mit Israel kostete Sadat im Jahr 1981 das Leben und auch Mubaraks herzliches Verhältnis mit Israel fand bei der breiten Masse der ägyptischen Bevölkerung keinen Widerhall. Ebenso wenig ist die Information, dass saudische Geistliche ungeachtet ihres sonstigen Extremismus Selbstmordanschläge auf dem Gebiet Israels umgehend verurteilen, nicht bis zu ihrer Anhängerbasis durchgedrungen. Die Könige von Jordanien und Marokko haben sich ehrenhaft gegenüber Israel verhalten und pflegen freundschaftliche Beziehungen, allerdings müssen die Herzen ihrer Untertanen erst noch in gleicher Weise gewonnen werden. Andererseits können israelische Staatsbürger zumindest frei und unbeschadet in die Türkei reisen.

Im Jahr 2013 habe ich erstmals Israel und das Westjordanland besucht. Seitdem bin ich immer wieder dort gewesen. Für viele Muslime kommt ein Besuch Israels der Unterstützung ‚des zionistischen Gebildes' und damit einem sozialen Selbstmord gleich. Solch eine Haltung ist aber nicht nur aus der Zeit gefallen, sondern auch überaus kontraproduktiv.

Ich wollte Israel sowie den berühmten Felsendom und die al-Aqsa-Moschee in Jerusalem unbedingt mit meinen eigenen Augen sehen. Was ich dort erlebte, war niederschmetternd. Von den alten Decken hingen alte, laut ratternde Ventilatoren – für Klimaanlagen war kein Geld da. Die Gebetsteppiche waren alt und verschlissen. Da war ich nun inmitten eines der schönsten und historisch bedeutsamsten Monumente der Welt, doch Gerüstbauten und sonstiges Gerümpel hinderten mich daran, das Innere des Felsendoms zu sehen. Wasserflecken, klapprige Schuhregale und dreckige, alte Fliesen verleihen diesem Ort einen unschönen Charme. Und nein, das ist nicht die Schuld der Juden oder des Westens, sondern von uns Muslimen. Wir, die wir immer behaupten, Tag für Tag für die ‚Befreiung Jerusalems' zu kämpfen, vernachlässigen gleichzeitig, was wir für das Herzstück der Stadt halten. Das muss aufhören. Solch überkommene Verhaltensweisen müssen sich ändern.

Die Arabische Liga begann 1945 mit ihrem Boykott ‚zionistischer' Produkte und eröffnete später, um den Kontakt zwischen Arabern und Israel möglichst zu unterbinden, ein Zentrales Boykott-Büro. Heutzutage haben unter anderem die Golfstaaten überhaupt kein Problem damit, diese politische Linie zu umgehen, allerdings muss die breite Masse der arabischen und muslimischen Bevölkerungen sich noch von der Bürde des umfassenden Boykotts aller israelischen Produkte befreien. Der beliebte ägyptische Geistliche Yusuf al-Qaradawi versucht während seiner regelmäßigen Fernsehsendung auf al-Jazeera, mit seinen Fatwas Muslime ohne Unterlass dazu zu bewegen, Kontakt mit Israel zu vermeiden. Derzeitige Boykottversuche durch marxistisch orientierte Akademiker in Europa haben dieser kontraproduktiven Strategie noch weiter Aufwind verliehen.

Die Hauptopfer eines Boykotts sind jedoch nicht die Israelis, sondern die Palästinenser. Israels Wirtschaft boomt, während die Palästinenser in jämmerlichem Elend dahinvegetieren. Der jahrzehntelange arabische Boykott ist kläglich gescheitert. Ungefähr 70 Prozent der palästinensischen Familien in Ost-Jerusalem leben unterhalb der Armutsgrenze. Araber aus den Nachbarstaaten mögen es aufgrund des Boykotts bevorzugen, Jerusalem nicht zu besuchen, aber viele Palästinenser können sich diesen Luxus nicht leisten: Sie müssen schlecht bezahlte Jobs in den Hotels der Stadt annehmen, bei jüdischen Unternehmen als Reinigungskräfte und Pförtner arbeiten oder im Westjordanland nach Arbeit suchen.

Viele Leute verurteilen die israelischen Siedlungen und rufen zu einem Boykott der dort produzierten Artikel auf, jedoch habe ich beobachtet, dass es gerade arabische Bauarbeiter, Klempner, Taxifahrer und andere Arbeiter sind, die das Leben der Israelis dort am Laufen halten. Eine absolute Segregation hat im Heiligen Land nicht funktioniert, und es wird Zeit, dass sie endlich beendet wird. Wie lange wollen wir die Palästinenser noch unter dem Vorwand, ein freies Palästina zu schaffen, bestrafen?

Ich habe mich vom kollektiven muslimischen Denken abgewandt und bin nach Israel gefahren, weil sich in der Region gerade eine neue Dynamik abzeichnet. Ägyptens ehemaliger Großmufti Ali Gum'a und ein bekannter jemenitischer Sufigelehrter, Habib Ali al-Dschifri, haben beide mit Qaradawis Position gebrochen und sind im Jahr 2013 nach Jerusalem gereist. Den Besuch haben sie unter Verweis auf Mohammeds Aufforderung an die Muslime gerechtfertigt, das Heilige Land zu besuchen. Angebahnt wurde ihre Reise durch Prinz Ghazi bin Mohammed bin Talal von Jordanien, den wichtigsten Berater von König Abdallah in religiösen Angelegenheiten.

Ich habe verstanden, weshalb der Prophet uns ermutigt hat, Jerusalem zu besuchen. Während ich an der Klagemauer neben jüdischen Gläubigen stand, hörte ich die Kirchenglocken und kurz danach den Gebetsruf des Muezzins. Alle drei abrahamitischen Religionen kommen in Jerusalem zusammen, und trotz politischer Zwistigkeiten herrscht eine spürbare Gelassenheit. Der säkulare Pluralismus im modernen Staate Israel stellt heutzutage die freie Religionsausübung für Juden, Christen und Muslime sicher.

Es ist entscheidend, gerade religiöse Führer bei der Suche nach Verständigung, Koexistenz und einem dauerhaften Frieden im Nahen Osten einzubinden. Um in den Augen der Muslime glaubwürdig zu sein, benötigt jedes Friedensabkommen die Unterstützung der wichtigsten sunnitischen Kräfte, darunter Saudi-Arabien, die Türkei und Ägypten. Der Westen kann die religiöse Dimension des arabisch-israelischen Konflikts nicht weiterhin willentlich ignorieren.

Indem der Westen die sunnitische Position, die eine Zweistaaten-Lösung präferiert, mitträgt, kann er dabei helfen, den Iran und seine Verbündeten in der Region, insbesondere die Terrororganisation Hisbollah, zu isolieren. Während die meisten sunnitischen Länder entschlossen sind, durch Dialog eine Einigung mit Israel zu erzielen, ruft die theokratische Regierung im Iran immer wieder zur Zerstörung Israels auf. Im September 2015 erklärte Irans langjähriger Oberster Führer Ali Chamene'i: „Nichts vom sogenannten ‚zionistischen Regime' wird in 25 Jahren noch existieren."[6] So tönt es auch noch Jahre, nachdem der frühere iranische Präsident Mahmud Ahmadinedschad schwor, „Israel von der Landkarte zu tilgen."

Es gibt keinen besseren Gradmesser für eine Kultur, als die Art, wie sie ihre Minderheiten behandelt. In unserem Fall gehört der Umgang der islamischen Welt mit Israel und den Juden, dieser bedrängten Minderheit von lediglich 20 Millionen Menschen, zu den größten Prüfungen für die muslimisch-zivilisatorische Koexistenz. Der zweite Kalif des Islam, Omar, ein Freund des Propheten Mohammed, zog im Jahr 637 in Jerusalem ein, um in der Folge der Eroberung durch die Muslime von den Byzantinern die Schlüssel der Stadt in Empfang zu nehmen. Der christliche Patriarch Sophronius lud Omar zur zeremoniellen Schlüsselübergabe in die Grabeskirche. Als die Zeit des islamischen Mittagsgebets heranrückte, bestand Sophronius als Gastgeber darauf, dass der Kalif in der Kirche beten solle.

Omar lehnte dies ab, aus Angst und mit der Begründung, dass in Zukunft Muslime womöglich fordern könnten, diese in eine Moschee umzuwandeln, weil er dort gebetet habe. Omar entschuldigte sich und betete auf der nahegelegenen Straße. Heute steht genau an jener Stelle eine Moschee, die nach ihm als ‚Omar-Moschee' benannt ist.

Als er die Schlüssel Jerusalems als neuer Herrscher der Stadt entgegennahm, lud er die Juden ein, wieder in Jerusalem mit der übrigen Bevölkerung zu beten und zusammenzuleben. Nach 500 Jahren der Verbannung durch die Römer waren es Omar und der pluralistische Geist des Islam, die die Juden zurück nach Hause, nach Jerusalem, brachten. Den Muslimen stünde es heute gut zu Gesicht, sich an diese Handlungen solcher frühislamischen Leitfiguren zu erinnern.

Israel trägt dabei gleichfalls Mitverantwortung.

Wenn ich in Jerusalem und dem Westjordanland zu Besuch bin, frage ich häufig junge Araber nach ihrer Meinung zur Hamas. In fast jeder Diskussion lehnen es Christen und Muslime gleichermaßen ab, sie als Terrororganisation zu bezeichnen. Die von mir vorgebrachte Kritik an der Hamas und der von ihr ausgehenden Bedrohung für unschuldige Zivilisten stößt stets auf taube Ohren. Die Antworten lauten immer ähnlich: „Israel hat sich unser Land angeeignet und über Jahre hinweg Tausende von arabischen Zivilisten getötet. Die Hamas widersetzt sich lediglich der Besatzung und kämpft für unsere Rechte."

Ähnliche Einstellungen sind mir in Ägypten, Saudi-Arabien und selbst im nicht-arabischen Pakistan zu Ohren gekommen. Der arabische Fernsehsender al-Jazeera hat es dem Geistlichen Qaradawi, einem Unterstützer der Muslimbruderschaft, gestattet, die Sichtweise zu verbreiten, dass Selbstmordanschläge gegen Israelis kein Terrorismus, sondern ‚Märtyrertum' seien. Er behauptet fortwährend, da alle Israelis im Militär dienten, könnten sie deshalb nicht als Zivilisten eingestuft werden. Selbst Kinder, so seine Argumentation, seien nicht unschuldig, da sie eines Tages erwachsen seien und ebenfalls ihren Dienst in der Armee verrichten würden. Als ich allerdings Scheich Qaradawi 2015 in Katar traf, beharrte er darauf, seine Sichtweise geändert zu haben und nicht länger für die Tötung unschuldiger Israelis einzutreten.

Ich kann Dutzende von muslimischen Geistlichen benennen, allesamt mit sehr gewichtigem Einfluss auf die öffentliche Meinung in einer so stark von Religion geprägten Region, die Terrorakte gegen den Westen bereitwillig verurteilen. Sobald es jedoch um die Verurteilung der Hamas geht, hüllen sie sich indes allesamt in Schweigen. Im radikalen Iran sowie im moderaten Tunesien wird der Hamas-Ministerpräsident des Gazastreifens Ismail Haniyya bei seinen Besuchen von jubelnden Menschenmengen herzlich willkommen geheißen.

Israel ist ein Staat im Nahen Osten, der einen Platz zwischen seinen Nachbarn finden muss. Damit dies gelingt, liegt die Verpflichtung bei den Arabern und Muslimen, Israel und die Juden als eine Nation anzuerkennen, die selbstverständlich zur Region gehört.

Die Israelis werden ständig der Besatzung und Apartheid beschuldigt. Sicherlich, die Gleichheit aller israelischen Staatsbürger ist noch nicht vollkommen erreicht, allerdings müssen sich die Vereinigten Staaten gleichermaßen Vorwürfe für ähnliche rechtliche und wirtschaftliche Ungleichheiten zwischen Schwarzen und Weißen, Süd- und Nordstaatlern gefallen lassen. Die Behandlung der Aborigines in Australien ist ebenfalls ungerecht: Warum wird Australien nicht der Apartheid bezichtigt? Indien wird für die Besatzung Kaschmirs kritisiert – wo aber bleibt die globale Bewegung zum Boykott Indiens? Im Gegensatz dazu muss sich Israel gegen die in der islamischen Welt und Teilen des Westens aufstrebende BDS-Bewegung zur Wehr setzen. Israel als Gegenstand fortwährender Kritik herauszupicken ist der Inbegriff von Antisemitismus.

Ganz abgesehen von diesen Verwerfungen, sollte die arabische Welt dringend die von Erfindungsgeist und Geschäftssinn geprägte Kultur übernehmen, die Israel im Nahen Osten einbringt. Zwischen 1980 und 2000 lag die Zahl der Patente in Saudi-Arabien bei 171, in Ägypten bei 77, in den Vereinigten Arabischen Emiraten kam man auf 32, in Kuwait auf 52, in Syrien auf 2 und in Jordanien auf 15 – im Vergleich zu 7652 Patenten aus Israel.[7] Israel kann sich der höchsten Start-Up-Dichte der Welt rühmen: Insgesamt 3850 neue Unternehmen im Jahr 2009, eines davon kommt auf je 1844 Israelis.[8] Nach den USA kommen die meisten im NASDAQ gelisteten Unternehmen aus Israel. Das heißt, mehr als aus jedem anderen Land der Welt, Indien, China, Südkorea, Singapur und Irland eingeschlossen. Israel ist weltweit führend, was den Anteil am BIP anbelangt, der für Forschung und Entwicklung ausgegeben wird.

Friedensgarantien von Seiten der benachbarten Regierungen und Völker würden von Israel erwidert. Gegenwärtig ist die Gewalt der Hamas und Hisbollah gescheitert. Gewissheit, wo ihr Abnutzungskrieg hinführen wird, gibt es nicht. Wird es einen palästinensischen Gandhi oder Nelson Mandela geben, der sein Land zum Frieden mit seinem Nachbarn führen kann? Um das zu erreichen, muss dem, was in Schulen und Universitäten über den Nahen Osten gelehrt wird, ernsthaft und dauerhaft mehr Aufmerksamkeit geschenkt werden.

## Kapitel 14

# Bildung

„Wissen und Weisheit sind die verlorenen Besitztümer der Gläubigen", lehrte Imam Ali, „so sucht diese, selbst wenn sie sich bei den Ungläubigen befinden." Wo auch immer neue Erfindungen und Entdeckungen gemacht wurden, besaßen Muslime das Selbstbewusstsein und die Wissbegierde, von anderen Kulturen zu lernen – ein Verständnis und Bewusstsein, welches den Gläubigen von Natur aus eigen war. Diese kühne und selbstgewisse Mentalität fand auch in der realen Welt ihren Niederschlag: Die Muslime nahmen neues Wissen und Ideen von den Griechen, Persern, Indern und Byzantinern selbstbewusst auf und die islamische Kultur verkörperte geradezu diese kulturelle Verschmelzung. Im 7. Jahrhundert wurde der byzantinische Kaiser Justinian II., ein Christ, vom Kalifen Abd al-Malik gebeten, ihm Handwerker zu senden, um den farbigen Stein und das Glasmosaik für den Felsendom in Jerusalem zu gestalten. Der byzantinische Beitrag zu diesem monumentalen islamischen Bauwerk hat bis heute Bestand. Am Sockel der glanzvollen Kuppel verläuft eine 240 Meter lange Inschrift mit Koranversen zu Ehren Gottes.

„Wir sollten uns nicht schämen, die Wahrheit anzuerkennen, ganz gleich, aus welcher Quelle sie zu uns kommt, selbst wenn vergangene Generationen und fremde Völker sie uns bringen. Für den Wahrheitssuchenden ist nichts von höherem Wert als die Wahrheit selbst"[1], schrieb al-Kindi (801–866), der Denker, mit dem die Geschichte der islamischen Philosophie ihren Anfang nahm.

Wie sich die Dinge doch seitdem verändert haben. Heute lernen viele junge Muslime lange Passagen des Koran auf Arabisch auswendig und rezitieren arabische Gebete, ohne ein einziges Wort davon zu verstehen. Im Durchschnitt wendet jedes muslimische Kind drei bis fünf Jahre in Abend- und Wochenendkursen dafür auf, Arabisch zu lernen, ohne die Sprache danach wirklich sprechen zu können. Dem Auswendiglernen wird mehr Bedeutung beigemessen als dem Verstehen.

Vor einem Jahrzehnt wurde im Arab Human Development Report davor gewarnt, dass „die Lehrpläne in arabischen Ländern Unterwerfung, Gehorsam und Unterordnung stärker zu befördern scheinen als freies kritisches Denken."[2] „*Man ʿallamani harfan, kuntu lahu ʿabdan* – Wer auch immer mir einen Buchstaben beibringt, dessen Sklave bin ich", lautet ein arabisches Sprichwort. Auf der ganzen Welt verehren muslimische Gemeinschaften, wie auch ihre jüdischen Pendants, ihre Lehrmeister. Ich bin mir allerdings nicht sicher, ob das Wort ‚Lehrer' immer angebracht scheint. Weitaus häufiger wäre für die muslimischen Lehrzirkel wohl das Wort ‚Übermittler' angebracht.

Moderne westliche Bildung ist im Wesentlichen darauf ausgelegt, nach dem ‚wie' und ‚warum' zu fragen, und die Lehrer werden eher als Lernermöglicher begriffen. In Anlehnung an die Lehrmethoden des antiken Griechenlands beruht der Unterricht im Westen auf Dialog und wechselseitigem Austausch. Neugierde und Fragenstellen sowie die Nutzung vielfältiger Quellen und Lehrmittel stehen bei der Suche nach Antworten im Zentrum: Neben Lehrern gehören Bücher, Freunde, Eltern, Nachhilfelehrer und Lebenserfahrung dazu. Der Prophet Mohammed hat seine Gefährten in eben dieser Methode der gegenseitigen Befragung und des gemeinsamen Schlussfolgerns unterwiesen. Ein offener Geist wird durch die Fähigkeit charakterisiert, eine Fülle von Fragen zu stellen und zu beantworten.

Bevor Sokrates seine Weisheiten und Vorstellungen über den Sinn des Lebens vortrug, prüfte er erst den geistigen Horizont seiner Zuhörer. Seine Schüler lehrte er, nicht einfach Lehrinhalte nachzubeten, da philosophische Konzepte ohne begleitende Fragen und Diskussionen nicht umfassend verstanden werden könnten. Platon baute später auf dieser dialektischen Methode auf. Der Prophet Mohammed brachte seinen Anhängern bei „*chatib an-nasi ʿala ʿuqulihim* – sprich die Menschen gemäß ihrer Verständnisfähigkeit an." Diese Lehre fußte auf dem prophetischen Modell, die Menschen aufzuklären und ihr Dasein mit Wissen zu bereichern. Fortwährend sollten sie hinterfragen und sich auflehnen. Der Koran gibt selbst Zeugnis davon, wie der Prophet mit Versen wie den folgenden das Leben in Mekka öffentlich hinterfragte:

„Oh ihr Heiden, denkt ihr nicht nach?"

„Warum denkt ihr nicht über die Erschaffung der Himmel und der Erde nach?"

„Für welches Verbrechen tötet ihr die Unschuldige?“[3]

Diese Geisteshaltung des Hinterfragens, Entgegnens und aufs Neue Nachfragens brachte gerade unter Muslimen die hervorragendsten Gelehrten des Mittelalters hervor. Das aristotelische Denken wurde durch große muslimische Philosophen wie al-Farabi (872 – 950) aus Damaskus und später Ibn Ruschd (1126 –1198) aus Córdoba, der in Europa als Averroes bekannt ist, bewahrt und weiterentwickelt. In den ersten 500 Jahren des Islam wurde diese Kultur des Infragestellens in Ehren gehalten.

Im Gegensatz dazu betreiben orthodoxe Muslime heutzutage eine Form der Theologie, die als *„bila kaif* – ohne nach dem Wie zu fragen“ bekannt ist – ein Ansatz, der generell auf die Bildung übertragen, von klein auf blindes Befolgen von Lehrmeinungen, Auswendiglernen und eine Abneigung gegen das Infragestellen bedeutet. Große muslimische Länder wie Indonesien, Pakistan, Bangladesch, Ägypten und Algerien haben Bildungssysteme hervorgebracht, in denen sich Schüler und Studierende auf Prüfungen vorbereiten, indem sie die Antworten zu potenziellen Fragen auswendig lernen.

Ich habe in Ägypten Studierende getroffen, die mit 8000 Kommilitonen pro Jahrgang an der Universität eingeschrieben waren – 8000 Studierende pro Professor wohlgemerkt. Und das ist keine Ausnahme. Aber natürlich müssen nicht alle in der Vorlesung erscheinen. Bei den im Universitätsbuchladen zum Verkauf stehenden Lehrbüchern zu den Kursen handelt es sich meistens einzig und allein um Publikationen des jeweiligen Professors. Diese Lehrbücher sind bei den Studierenden unglaublich beliebt, da sie – einfach auswendig gelernt – eine gute Benotung durch den Autor garantieren. Die Buchkäufe zahlen sich aus und umso größer der Unikurs ist, desto höher sind die Verkaufszahlen des Buches und damit das Einkommen des jeweiligen Professors.

In der islamischen Kultur lautete das oberste Gebot des Koran „Lies!“ Der Erzengel Gabriel übermittelte diesen Befehl Gottes an den Propheten Mohammed: „Lies, im Namen deines Herrn …“ (Sure 96:1). Lesen, Nachdenken und Schreiben waren im Frühislam elementare Tätigkeiten. Der ersten Generation von Muslimen wurde gelehrt, dass „die Tinte der Gelehrtenfeder gewichtiger und wertvoller ist als das Blut der Märtyrer“. Der Koran tadelt diejenigen, die einfach nur Wissen übernehmen, ohne es zu verstehen, als „Esel, die zwar das Gewicht von Büchern schleppen (aber nicht deren Sinn verstehen)" (Sure 62:5). Etwas auswendig zu lernen war nur als Anfang des Lernens gedacht, die kritische Auseinandersetzung sollte dann ihr Übriges dazutun.

Heute fehlt eine Lesekultur in den meisten arabischen Ländern fast vollständig – religiöse Bücher ausgenommen. Im Durchschnitt liest ein Araber eine Viertelseite im Jahr, verglichen mit elf Büchern, die ein durchschnittlicher amerikanischer Leser konsumiert und sieben gelesenen Büchern pro Person in Großbritannien. Ein arabisches Kind liest im Durchschnitt sechs Minuten pro Jahr, wohingegen Heranwachsende im Westen 200 Stunden im Jahr mit Lesen verbringen.[4] In europäischen Ländern lesen 21 von 100 Menschen regelmäßig Bücher, während in der Türkei das Verhältnis eine Person aus 10 000 beträgt.[5]

Die spätantiken Araber waren berühmt dafür, Dichtung in langen Passagen auswendig zu kennen. Ebenso prägten sie sich ihre Stammbäume ein, die über viele Generationen bis zu Abraham und dessen Sohn Ismail, dem Stammvater der Araber, zurückreichten. Diese Ahnenreihen sind in frühislamischen biografischen Handbüchern festgehalten worden, doch floriert diese Kultur in den arabischen Golfstaaten und dem Jemen auch heute noch. Ich habe junge Araber in ihren 20ern in Riad, Abu Dhabi und Katar getroffen, die mühelos in der Lage waren, ihre Ahnenreihe bis in die Zeit des Propheten herunterzuleiern: „Mein Name ist Mohammed, der Sohn von Ahmad, dem Sohn von Ali, dem Sohn von Omar vom Stamm der Schammar, dem Sohn von Salman, Sohn von Fahd". Diese Mühelosigkeit und genealogische Genauigkeit ist insbesondere unter den Nachkommen des Propheten (arab. *Sayyids* bzw. *Scherifen*) stark verbreitet. Das Ganze wird weniger als Meisterleistung denn als Selbstverständlichkeit angesehen. Der Umstand, dass Frauen dabei fast vollkommen ausgeklammert werden, wird dabei ebenso als selbstverständlich betrachtet.

Neben Stammbaum und Ahnenreihe brachten die Araber von der Halbinsel (die ‚eigentlichen' Araber, nicht die Völker, die sie in Ägypten, Syrien oder Afrika eroberten, welche dann die arabische Sprache angenommen haben), ebenso Dichtung hervor und bewahrten sie durch mündliche Weitergabe. „*Al-shiʿr diwan al-Arab*" lautet ein altes Sprichwort: „Dichtung ist das Gedächtnis der Araber." In der arabischen Welt werden freitagabends im Fernsehen Rezitationswettbewerbe gesendet, die Quoten von über 70 Millionen Zuschauern erzielen und es mit westlichen Formaten wie *American Idol* oder *The X Factor* aufnehmen können. Die Gewinner von *Sha'ir al-Milyun* („Der Dichtermillionär") erhalten Preisgelder von bis zu 1,3 Millionen Dollar – mehr als der Träger des Literaturnobelpreises. Diese Art von Talentshow ist genau auf den Geschmack der Araber zugeschnitten, die Nachkommen der stolzen und gastfreundlichen Wüstenbeduinen.

Der Reichtum der arabischen Sprache und die Fähigkeit der Araber, so viel davon auswendig zu lernen, legten den Grundstein für die frühislamische Kultur. Selbst in unseren Tagen machen es sich immer noch Millionen Muslime zur Aufgabe, die 114 Suren des Koran mit ihren mehr als 6000 Versen auswendig zu lernen. Einem *Hafiz*, jemandem der den gesamten Koran auswendig gelernt hat, kommt eine besondere und ehrenvolle Stellung in der muslimischen Gemeinschaft zu. In der islamischen Welt gibt es kein Dorf, keine Klein- oder Großstadt und keine Moschee oder Madrasa ohne zumindest einen eigenen *Hafiz*, der mit seinen Rezitationen während der täglichen Gebete dazu beiträgt, den Koran in mündlicher Form zu bewahren. Mit dem Vordringen des Islam gelangten auch die Kultur und die Bräuche der Araber, einschließlich der Hingabe zum freien Vortrag des Koran, in neue Gefilde; nach Indien, Afrika, Indonesien und in die Turkosphäre.

Den Koran auf diese Weise zu verinnerlichen, stellt einen spirituellen Gewinn für einen Gläubigen in seinem Gebet vor Gott dar. Das Auswendiglernen jedoch im großen Stil auf das Lernen an sich auszuweiten, ist ein schwerwiegender Fehler. Wenn ein Bildungssystem lediglich die Fähigkeit zum Auswendiglernen abprüft, anstatt der Fähigkeit, kritisch zu reflektieren und zu analysieren, formt man dadurch Bürger, die weder auf die moderne Welt vorbereitet sind, noch zu einer globalen Ökonomie beitragen können. Dies alles verstärkt Abschottungs- und Abspaltungstendenzen.

In Pakistan bringt der Wildwuchs von Madrasas und kostenloser Bildung ein Heer von Absolventen hervor, die auswendig gelerntes Wissen wiederkäuen können, es aber weder verstehen, noch dessen Sinnzusammenhänge kritisch reflektieren. Ferner stellen Islamstudien eines der einfachsten Studienfächer dar, da es zur Einschreibung keiner guten Schulnoten bedarf. Die Ermangelung kritischen Denkens in den Lehrplänen bringt eine Vielzahl von *ulama* hervor, die schlecht auf die Herausforderungen in ihren Gemeinden draußen in der realen Welt vorbereitet werden.

Die Hadith-Literatur, Sammlungen von dem Propheten zugeschriebenen Aussprüchen, bildet nach dem Koran die zweitwichtigste Quelle der Scharia. Wie wir bereits gesehen haben, besteht jeder Hadith (Bericht) aus zwei Teilen: dem *matn*, dem Inhalt, also einem unmittelbaren Ausspruch, und dem *isnad*, der Kette der Überlieferer. Der *isnad* führt die Namen aller Autoritäten auf, an die der Ausspruch mündlich weitergegeben worden ist, bis zurück zur Quelle, also der Person, die ihn unmittelbar aus dem Munde des Propheten gehört hat. Mit der Zeit begannen Gelehrte, nur noch dem *isnad* Beachtung zu schenken, ohne den *matn* durch Quervergleiche mit dem Koran, anderen Hadithen, dem historisch-kulturellen Kontext sowie dem Gemeinwohl einer logischen und kritischen Analyse zu unterziehen. Egal ob sich Hadithe nun auf den Hass gegen die Juden beziehen, frauenfeindlich sind, Hunde für unrein erklären oder ob es sich um seltsame, eigennützige Hadithe handelt, welche die umayyadischen und abbasidischen Kalifen aus politischen Motiven vorbrachten, die Fahnenflucht vor kritischem Denken hat dazu geführt, dass zeitgenössische Muslime bereit sind, jedes noch so zweifelhafte Hadith willfährig zu akzeptieren, solange es einen verlässlichen *isnad* aufweist. Die kritische Auseinandersetzung mit dem Inhalt ist vollkommen aus der Mode gekommen. Nur in der Türkei existiert unter der Führung des langjährigen Hadith-Experten Professor Mehmet Görmez, der führenden Autorität im Land in Fragen des Islam, ein ernsthafter Versuch, Hadithe kritisch zu prüfen und in Einklang mit dem Koran, menschlicher Vernunft und dem Geist des Propheten zu bringen, um dadurch den Text in seinem entsprechenden Kontext zu verstehen.

Im späten Mittelalter kam ein Argument auf, das noch heute vielfach geteilt wird, nämlich dass „das Tor des *Idschtihad* [der vernunftbasierte Anwendungsspielraum der Interpretation] geschlossen ist". In den ersten fünf Jahrhunderten des Islam war keine Rede von „*Insidad bab al-idschtihad*", jener Schließung des Tores wissenschaftlichen Bemühens und freien Denkens. Durch den *Idschtihad*, von gut ausgebildeten und bedächtigen Gelehrten praktiziert, wurden die Werte des Islam über die Zeiten hinweg diesen stets angepasst und erneuert. In den darauffolgenden Jahrhunderten fand die Idee, das Tor des *Idschtihad* zu verschließen, allerdings weitreichende Verbreitung. Alle grundlegenden Fragen des Alltagslebens waren dem Anschein nach bereits hinreichend beantwortet und so obliege es den kommenden Generationen, fortan jenen fest umrissenen Wissensbestand anzuwenden und unverändert weiterzugeben.[6] Infolgedessen sind Muslime dazu angehalten worden, *Taqlid* (Kopieren und Nachahmen) in ihren Glaubensritualen und sozialen Beziehungen zu praktizieren.

Den *Idschtihad* auszulöschen fand weithin Akzeptanz. In seinem Werk *Die Geschichte Ägyptens* aus dem 19. Jahrhundert nennt der ägyptische Theologe Abdarrahman al-Dschabarti mehrere religiöse Freigeister, die die Bedingungen zum *Mudschtahid* (derjenige, der den *Idschtihad* praktizieren kann) eigentlich erfüllen, erkennt sie jedoch nicht als solche an. In al-Dschabartis Gedankenwelt, zweifelsohne ein Spiegel seiner Zeit, hatte man vom *Idschtihad* abgelassen und war allein der blinden Nachahmung, dem *Taqlid*, verpflichtet.

Mit der scheinbaren Schließung des Tors des *Idschtihad* verloren Muslime den ureigenen Antrieb, alles zu hinterfragen und Neuerungen einzuführen. Was die Sache noch schlimmer macht: Der weltweite Aufstieg des arabischen Salafismus unter den Muslimen bestätigt das Mantra auch noch, dass die glorreichen Tage des Islam mit dem Ableben des Propheten und der ersten drei Generationen der Muslime, den *Salaf*, gezählt seien. Buchstabengläubige führen dazu ein Hadith Mohammeds an, das vor *bid'a* (Neuerung) als Abweichung warnt – und besagt, dass alles Abweichlertum letztlich ins Höllenfeuer führe. Falls er das tatsächlich gesagt hat: In welchem Zusammenhang stand diese Aussage ursprünglich? Galt sie womöglich nur als Warnung vor der Anbetung neuer Gottheiten? Für buchstabengläubige Muslime ist der Begriff *bid'a* selbst zu einem Unwort geworden. Neuerungen werden gefürchtet und gemieden. Aus historischer Sicht vertraten muslimische Geistesgrößen die Ansicht, dass *bid'a* nur den Glauben und Aspekte des Gottesdienstes (beispielsweise keine Einführung neuer Pflichtgebete) betrafen, und dass Muslime in den meisten Lebensbereichen die *bid'a hasana*, gute Neuerungen, annehmen sollten. Den Geburtstag Mohammeds zu feiern ist nur ein Beispiel einer derartigen, von der überwiegenden Mehrheit der Gelehrten gebilligten *bid'a hasana*. Fast überall wird dieser in der islamischen Welt mit fröhlichen Liedern und dem Verteilen von Süßigkeiten begangen, aus salafistischen und anderen extremistischen Moscheen ist dieses Fest jedoch strikt verbannt.

Der derzeitige Aufstieg der Buchstabengläubigkeit unter denen, die unwillig sind, Texte kritisch zu befragen, und die den kontextbezogenen Ansatz in Vergangenheit und Gegenwart verachten, nährt Trends jenseits der Religion und wird wiederum von diesen gestärkt. Die Mehrheit der Studierenden in der arabischen Welt strebt heutzutage ein Studium der Medizin oder Ingenieurswissenschaften an. Naturwissenschaftliche und technische Disziplinen sind am prestigeträchtigsten und ziehen die hellsten Köpfe eines Studienjahrgangs an. Im Gegensatz dazu eröffnen Politikwissenschaft, Soziologie, Geschichte, Literaturwissenschaft, Philosophie und generell Geisteswissenschaften keine Zukunftschancen. Nuanciertheit, kontextbezogenes Denken, Zwischentöne, Metaphern und Interpretationsvielfalt verlieren dadurch weiter an Boden. Die Ausbildung unabhängiger Geister sowie pluralistischer Einstellungen ist für autoritäre Regime gleichbedeutend mit der Bedrohung ihrer gesellschaftlichen wie politischen Stabilität.

Diese Geisteshaltung findet ebenso in religiösen Fragen ihren Niederschlag. Immer mehr gebildete junge Muslime widmen sich dem Islam und seinem Schrifttum mit den schablonenhaften Methoden eines studierten Naturwissenschaftlers, Arztes oder Ingenieurs: Richtig oder falsch, Himmel oder Hölle, schwarz oder weiß. Die scharfsinnige, spirituelle Art eines Rumi (siehe Kapitel 6) oder die Kultiviertheit eines Ibn Arabis (siehe Kapitel 17) laufen nun Gefahr, als ketzerisch betrachtet zu werden. Ein solches geistiges Milieu bringt geradewegs Radikale und Terroristen hervor.

Osama bin Laden war Ingenieur. Aiman al-Zawahiri ist Arzt. Khalid Scheich Mohammed, der Drahtzieher hinter dem 11. September, erwarb ein Ingenieursdiplom in Maschinenbau. Der Führer der Muslimbruderschaft, Mohammed Badi'e , hat einen Abschluss in Veterinärmedizin. Der Führer der global agierenden Hizb ut-Tahrir, Ata Abu Raschta, ist ebenfalls Ingenieur, genau wie der stellvertretende Führer der Bruderschaft, Chairat al-Schater. Der Chefbombenbauer der Hamas, Yahya Ayyasch, war Student der Elektrotechnik. Erwiesenermaßen quillt das Fußvolk der islamistischen und dschihadistischen Organisationen vor Ärzten und Ingenieuren nur so über.[7]

Vor den 1940er Jahren und der Unabhängigkeit der Araber von europäischen Mächten hatte der Ingenieursberuf in der arabischen Welt, außer in Ägypten, überhaupt nicht existiert. Im Zuge der Dekolonialisierung, staatlich gelenkter Stadtentwicklung und Wirtschaftsförderprogramme sowie wegen der massenhaften Binnenmigration in die Städte suchten die neuen sozialistischen Staaten plötzlich händeringend nach Ingenieuren, bestmöglich solchen aus der Arbeiterklasse oder den kleinbürgerlichen Schichten. In den 1960er Jahren bestand die städtische Elite aus Händlern und Teilen des religiösen sowie politischen Establishments, wie es seit Generationen üblich gewesen war. Ingenieurabschlüsse ermöglichten den Neuankömmlingen und ihren Kindern eine staatlich geförderte Ausbildung und damit Zugang zu einer neuen Elite, Sicherheit, einem guten Einkommen, sozialem Aufstieg und der Möglichkeit, an prestigeträchtigen internationalen Konferenzen teilzunehmen.

Doch innerhalb einer Generation schwanden seit den 1980er Jahren die beruflichen Zukunftsperspektiven für Ingenieure, als der Staatssozialismus unter der Führung von Sadat in Ägypten und weitgehend der gesamten Region von wirtschaftlicher Liberalisierung und Privatisierung abgelöst wurde. Die Staatsapparate vermochten es auf einmal nicht mehr, die Absolventen ihrer eigenen Universitäten zu absorbieren. Die Arbeitslosenzahlen unter den Hochschulabsolventen stiegen sprunghaft an. Viele nahmen eine Protesthaltung gegenüber der bestehenden Politik ein, um ihrem Leben einen neuen Sinn zu geben – woraufhin Islamisten und Salafisten regen Zulauf erfuhren.

Die Geisteshaltung von Ingenieuren scheint empfänglich für den Dschihadismus zu sein. Eine Studie unter Universitätsabsolventen hat gezeigt, dass fast 45 Prozent derjenigen mit dschihadistischer Gesinnung Ingenieure waren. Unter allen ‚Elite-Abschlüssen' (Medizin, Natur- und Ingenieurswissenschaften eingeschlossen) lag der Anteil sogar bei 56,7 Prozent. Unter Einbeziehung der Wirtschaftswissenschaften lag der Anteil der dschihadistisch gesinnten Universitätsabsolventen gar bei 63,4 Prozent.[8]

Als im Oktober 2014 die Ingenieure und Ärzte des Salafismus in Teilen des Irak und Syriens (in den von ISIS kontrollierten Territorien) ihren eigenen ‚Staat' schufen, schlossen sie an den dortigen Universitäten die Fakultäten für Archäologie, schöne Künste, Philosophie und Politikwissenschaft. Jegliche Beschäftigung mit Menschenrechten, Theater und Belletristik wurde von ihnen untersagt. Frauen, die in der Öffentlichkeit gezwungen wurden, schwarze Gesichtsschleier, Kopftücher und *abayas* zu tragen, mussten fortan von den Männern abgetrennte Bildungseinrichtungen besuchen.

In Nigeria ist Boko Haram nicht unter ihrem längeren arabischen Namen (*Dschamaat ahl al-sunna lil-da'wa wal-dschihad*, Gemeinschaft der

Sunniten für die islamische Mission und den Dschihad) bekannt, sondern unter ihrem Hausa-Spitznamen mit der Bedeutung: „Bücher sind *haram* [gesetzlich verboten]". „Boko" steht im Hausa, der Hauptsprache Nordnigerias, für „Bücher" – worin sich für extremistisch-salafistische Gemüter gemeinhin westliche Bildung und säkulare Kultur verbergen. (Traditionell fanden in afrikanischen Gesellschaften tragbare Schiefertafeln und Kreide im Unterricht Verwendung). Boko Harams Besessenheit, die moderne Bildung westlicher Prägung durch rohe Gewalt in Schach zu halten, kommt nicht von ungefähr: So soll den Muslimen in Nigeria das salafistische Verständnis religiöser Reinheit aufgezwungen werden.

In Pakistan erlangte das Schulmädchen Malala Yousafzai weltweit Berühmtheit, weil sie auf ihrem Schulweg von den Taliban angeschossen wurde. Es gibt Millionen weiterer Malalas in Afghanistan, Pakistan und andernorts, die aus Angst vor Verfolgung und Schikanierung durch die *Mullahs* allerdings nicht wagen, aus dem Haus zu gehen. Mädchenbildung, der Schlüssel zu ihrer Unabhängigkeit von den Geistlichen, ruft bei Extremisten schiere Panik hervor. Das Streben nach politischer Macht bildet den Hauptantrieb für islamistische Extremisten. Haben sie diese einmal erlangt, besteht ihre erste Amtshandlung fast immer darin, das Bildungssystem umzukrempeln – allem voran die Bildung von Frauen und Mädchen.

Ebenso wie sie gegen die freiheitliche und moderne Bildung eingestellt sind, lehnen die Salafisten auch alle Erscheinungsformen von Kultur ab, selbst des islamischen Erbes. Einst brachten muslimische Gesellschaften freidenkende Schriftsteller, Dichter, Handwerker, Künstler, Architekten und Kalligrafen im Überfluss hervor. Sie trugen zur Verschönerung der Stadtzentren durch Moscheen bei, die von Madrasas und Universitäten umgeben waren, in denen Studenten mit ihren Lehrern frei von Restriktionen debattieren und sogar verschiedener Meinung sein konnten. Aus eben diesem Grund gibt es Pluralität und *Ichtilaf*, abweichende Meinungen, bei der Auslegung der Scharia. Die frühen Muslime waren der Überzeugung, dass gerade dieser *Ichtilaf* ein Zeichen für Gottes Gnade sei.[9]

Auch Kranken- und Waisenhäuser hatten in dieser florierenden Ordnung ihren Platz, allesamt ausgeschmückt mit koranischer Kalligrafie und islamischer Kunst. Dieses kulturelle Erbe lebt und gedeiht in den Altstadtvierteln von Bagdad, Damaskus, Kairo, Istanbul und Delhi weiter, allerdings wissen die Nachkommen der alten Meister heute nichts mehr über die Ursprünge jener Kunstwerke. Darüber hinaus wollen die modernen Ingenieure mit ihrer buchstabengläubigen, kulturelle Traditionen abwertenden Haltung diese baulichen Relikte am liebsten sprengen und an deren Stelle Hochhäuser errichten.

Die salafistische Ideologie hat sich der Zerstörung und nicht der Bewahrung der Vergangenheit verschrieben. Gerade in Mekka und Medina, dem Herzen des Islam, hat dieser Angriff auf das kulturelle Erbe am nachhaltigsten Spuren hinterlassen. Eine schulische Bildung, die nicht einmal ihr eigenes kulturelles Erbe respektiert, kann dabei mit Sicherheit keine anderen Kulturen achten, wie die Zerstörung der Buddhastatuen von Bamiyan in Afghanistan, des griechisch-römischen Palmyra in Syrien sowie von Klöstern aus dem 14. Jahrhundert und Museen vergangener Kulturen eindrücklich beweisen.

Schulbücher, die derlei Ansichten verbreiten, werden seit Jahrzehnten unverändert im Unterricht benutzt. Der Hass gegenüber christlichen und anderen Minderheiten in Pakistan entspringt dieser in den Schulen verankerten Unkultur, die Schüler dort aufsaugen. Der Hass der saudischen Behörden gegenüber schiitischen Muslimen findet sich dort genauso wieder.

Vor diesem Hintergrund sind überall in der islamischen Welt private Sprachschulen aus dem Boden geschossen. In der Türkei, der arabischen Welt, Bangladesch und anderswo kann man junge Erwachsene, in der Hoffnung auf bessere Berufsaussichten, nach der Schule zu ihrem Englischunterricht eilen sehen. In einigen Jahre werden sie sich zu Tausenden um ein Studium im Westen bewerben. Allerdings ergeben sich aus dieser Ausrichtung am Westen drei beunruhigende Punkte.

Erstens kommt damit das Arabische, die reine Sprache des Koran, erheblich unter Druck. In Universitätsbuchhandlungen prägen, wie wir bereits sahen, Lehrbücher für Ingenieurswissenschaft und Medizin das Bild – und diese sind alle englischsprachig. Fast überall im Nahen Osten finden sich in der Nähe der Ingenieurs- und Medizinfakultäten kleine Copy Shops, in denen fleißig Urheberrechte verletzt werden. Die neueste Forschung und wissenschaftliche Diskurse sind gerade durch das Englische und eben nicht das Arabische zugänglich. Klassisches Hocharabisch bleibt heutzutage auf Dichtung, den Koran, Nachrichten und Zeichentrickfilme für Kinder beschränkt. In der realen Welt aus Studium, Arbeit, gesellschaftlichen Debatten und täglichen Begegnungen spielt es keine Rolle. Die Sprache passt nicht zu einem modernen Lebensstil und wirkt davon entkoppelt und belanglos. Welche Folgen hat das für das Selbstwertgefühl junger Araber, dass ein Vorankommen nur über die Sprache der Briten möglich ist – genau des Volkes, das die Muslime und Araber seit den Kreuzzügen unterjocht hat?

Zweitens trägt die westliche Erziehung einen Virus in sich: Den Mangel an Achtung für traditionelle Werte sowie einen moralischen Relativismus, der besagt, es gebe nichts absolut Richtiges oder Falsches, der das Individuum als höchste Instanz und Religion als Grund für Rückständigkeit betrachtet. Wenn junge Muslime mit diesem Umfeld in Berührung kommen, wird sie das abermals in starkem Maße verunsichern. In den Gebetsräumen an westlichen Universitäten suchen lauter arabische und muslimische Studierende Schutz vor dem ideologischen Bombenhagel aus freiheitlichem Individualismus. Wo findet der zeitgenössische Muslim ein Gefühl von Zugehörigkeit? Weder in seiner Heimat noch im Westen.

Zu den Unwägbarkeiten für die Zukunft der arabischen Länder gehört, dass das Arabische zwar im Bereich der Religion vorherrscht, in den Naturwissenschaften aber eine randständige Existenz fristet. Gleichzeitig übt der Westen mit seinen technologischen Innovationen für das Alltagsleben eine ungeheure Anziehungskraft aus, während in den Moscheen ohne Unterlass gegen Amerika gehetzt wird – all das führt unweigerlich zu kognitiver Dissonanz. Gegen diese Identitätsverwirrung und das Gefühl, nirgendwo dazuzugehören, offeriert der Salafismus einen kompromisslosen, nüchtern-puritanischen Islam und bietet Schutz vor den Unsicherheiten des Lebens unter einer Diktatur.

Wie wir jedoch bereits gesehen haben, leidet durch die Verteilung von Studienplätzen nach Schulnoten, wobei Ingenieurwissenschaften und Medizin die Leistungsstärksten aufnehmen und für die augenscheinlich Unbegabtesten nur die Islamstudien bleiben, das Ansehen der traditionell ausgebildeten Geistlichen weiter. Auf lange Sicht besteht ein hohes Risiko, dass der buchstabengetreu verstandene Islam der Ingenieure und Ärzte tonangebend und attraktiver wird als der viel sanftmütigere, feinsinnigere und nuanciertere Glaube der gering geschätzten traditionellen *ulama*.

Drittens bereitet der Ausschluss von Frauen im formellen Umfeld der Sekundarschulen sowie im informellen kulturellen Umfeld der Moscheen als Menschen zweiter Klasse junge Muslime nicht gerade darauf vor, die andere Hälfte der Menschheit als gleichwertig zu respektieren. Geschlechtertrennung in Klassenzimmern, Frauen in die hintersten Winkel der Moscheen zu verbannen oder, wie in vielen Ländern üblich, ihnen den Zutritt ganz zu verwehren, steht im Widerspruch zu den Vorstellungen des frühen Islam, allerdings ebenso zum derzeitigen und zukünftigen Lauf der Welt.

Im Jahr 2014 erklärte mir ein Berater des saudischen Königshauses in Riad, er habe bei den Ausbildungsstandards insbesondere von Frauen große Fortschritte zu verzeichnen. Er betonte, dass mehr als 200000 saudische Studierende in Australien, Großbritannien, den USA und anderen Ländern auf Kosten des Königs ihr Studium absolvierten. Darüber hinaus hob er großspurig die Gründung von 19 neuen Universitäten in Saudi-Arabien hervor.

Allerdings beruhen der Bildungsvorsprung und der Fortschritt im Westen allgemein nicht allein auf dem Anstieg der Absolventenzahlen und der Anzahl der Universitäten. Die der Bildung zugrundeliegende Prämisse, wissbegierige Geister zu erziehen, die kritische Fragen stellen und nach neuen geistigen Sphären streben, kennzeichnete einst die islamische Welt – ein Merkmal, das heute vielerorts völlig preisgegeben wurde. Die Vermittlung praktischer Fertigkeiten und die Weitergabe von bloßem Faktenwissen wird mittlerweile als wertvoller erachtet, als den Nährboden für Ideen, Neuerungen und neugierige Geister zu bereiten.

Doch bedarf diese Freiheit einer offenen Gesellschaft, in der Andersdenkende nicht eingesperrt oder ermordet werden. Die Sichtweise der Regierung kann dabei nicht die einzig zulässige in der arabischen Öffentlichkeit sein. Der Zusammenbruch des Bildungswesens geht auf das Versagen der Politik zurück. Die vielschichtige Malaise in den Bildungssystemen der islamischen Welt läuft darauf hinaus, dass junge Leute im zweistelligen Millionenbereich zwischen dem Islam und dem Westen hin- und hergerissen sind. Weshalb sollten sie unabhängiges Denken wertschätzen, wenn es Gefängnishaft oder soziale Ausgrenzung bedeutet? Warum kritisch über einen Text nachdenken, wenn man von Regierung und Klerus daraufhin als Ungläubiger oder Abweichler diffamiert wird? Warum sollte jemand Politikwissenschaft, Philosophie oder Geschichte studieren, wenn diese Fächer als wertlos gelten und die Seminare, wenn sie überhaupt angeboten werden, jedweden kritischen Inhalts entbehren?

Die Abwanderungsbewegung aus den Literatur- und Geisteswissenschaften in die Naturwissenschaften und technischen Fächer bringt Schwierigkeiten mit sich, nicht nur für die Entwicklung einer lebendig-freiheitlichen Gesellschaft, sondern vielmehr für Universitäten in der gesamten islamischen Welt und für die muslimischen Gemeinschaften im Westen. Islamisten und Salafisten dominieren die Studierendenschaft an den Ingenieurs- und Medizinfakultäten. In großen Ländern wie Ägypten dominieren altgediente Ingenieure und Ärzte, die sich verstärkt der salafistischen Lesart des Islam zugewandt haben, heutzutage die Berufsverbände und Gewerkschaften, die für die berufliche Karriere und die Arbeitssuche einflussreiche Netzwerke darstellen.

Währenddessen ist in fast jedem arabisch-islamischen Land nahezu die Hälfte der Studierenden weiblich. In Saudi-Arabien sind es mittlerweile sogar mehr als die Hälfte – an der besten Universität im saudischen Königreich kommen auf 57 weibliche Studierende 43 männliche Kommilitonen.[10] Welchen Herausforderungen und Chancen sehen sich Frauen in der modernen islamischen Welt also ausgesetzt?

## Kapitel 15

# Frauen

Sollten Frauen die gleichen Rechte wie Männern zugestanden werden? Neunzig Prozent der Bevölkerung Indonesiens und der Türkei sagen ‚ja' zu dieser Frage und in Pakistan stimmen 77 Prozent dem zu. In Saudi-Arabien sind es allerdings nur 61 Prozent und in Ägypten schließen sich bloß 57 Prozent dieser Position an.

Sollten Frauen das Wahlrecht haben? Die türkische Bevölkerung befürwortet dies zu 93 Prozent, Indonesier mit 80 Prozent, Pakistanis mit 67 Prozent und die Saudis mit 56 Prozent.

Haben Frauen das Recht, bei ausreichender Qualifikation jeden Beruf auszuüben? In Ägypten stimmen der Aussage 85 Prozent, in der Türkei 86 Prozent und in Saudi-Arabien 69 Prozent zu. Bei der Frage nach Frauen in Führungspositionen, im Regierungskabinett und auf der nationalen politischen Ebene unterstützen dies 50 Prozent der Ägypter, aber lediglich 40 Prozent der Saudis.[1]

Rein auf religiöser Grundlage hätte die Zustimmung auf die in der bisher umfangreichsten Meinungsbefragung in muslimischen Ländern gestellten Fragen bei über 90 Prozent liegen sollen. Allerdings machen grundlegende Haltungen sowie männliche Einstellungen, kulturelle Zwänge und Auslegungen religiöser Schriften Frauen das Leben schwer und nehmen ihnen die Freiheit, sich in der islamischen Welt gleichberechtigt zu entwickeln und Erfolg zu haben. Auf die Spitze getrieben haben derlei Einstellungen ernsthafte und sogar tödliche Konsequenzen.

An einer weiterführenden Schule in Mekka in Saudi-Arabien hatten an einem heißen Frühlingstag im Jahr 2002 die Mädchen ihre unterdrückerischen schwarzen *Abayas* und Kopftücher wie gewohnt abgelegt. Saudische Männer tragen wallende weiße Gewänder, die die glühende Wüstenhitze zurückreflektieren, aber Frauen und Mädchen müssen schwarz tragen, die ungeeignetste Farbe für diese Klimaverhältnisse. Der Islam schreibt keinen

Farbcode für die Bekleidung von Frauen vor, aber schwarz war schon immer die traditionelle Farbe der Frauenkleider im Nadschd in Zentralarabien, der Region, aus der der Stamm der Al Saud einst kam, um die heiligen Städte des Islam zu erobern und seine Herrschaft über das heutige Gebiet von Saudi-Arabien auszudehnen. Mekka war Teil der farbenfrohen, städtischen Hedschas-Region, jedoch mochten die puritanischen Nadschdis die dortige weltoffene Lebensweise überhaupt nicht. Die farbenfrohen Gewänder des Hedschas wurden 1932 offiziell verboten und heute ist es selbst Teenagerinnen per Gesetz vorgeschrieben, schwarz zu tragen. Zumindest im Inneren ihrer Mädchenschule mit ausschließlich weiblichem Personal aber konnten sie ihre Verschleierung abnehmen und sich entspannen.

Allerdings brach am selben Tag, dem 22. März 2002, ein Feuer in jener Schule aus. Die Mädchen rannten zum Ausgang, stießen an den Türen aber auf Widerstand und wurden von der *Mutawwa'a*, der saudischen Religionspolizei, zurück in das brennende Gebäude getrieben. Ihnen war nicht erlaubt, hinauszulaufen, weil sie keine Verschleierung und keine *Abayas* trugen. Als die Feuerwehr eintraf, wurden die Rettungskräfte ebenso daran gehindert, das Gebäude zu betreten, da sich junge Frauen mit unbedeckten Haaren darin aufhielten. Als die Eltern der Mädchen bei der Schule ankamen, setzte die *Mutawwa'a* sogar polizeiliche Machtmittel ein, um diese gewaltsam davon abzuhalten, ihre Kinder aus den Flammen zu retten. Fünfzehn Mädchen fielen den Flammen zum Opfer.

Sie hätten gerettet werden können, aber der saudisch-salafistische Islam stellte weibliche Kleidervorschriften über die Unantastbarkeit von Menschenleben. Ausgerechnet in Mekka, der Heimat und dem Herzen des Islam, ist es soweit gekommen. Das erste Grundprinzip der fünf *Maqasid* der Scharia – der Schutz des Lebens – wurde hier völlig außer Acht gelassen. Die Pedanterie buchstabengetreu verstandener Regeln übertrumpfte den eigentlichen Sinn des Gesetzes.

Sechs Monate zuvor, im September 2001, stürmten Zehntausende Menschen aus zwei in Flammen stehenden, vom Einsturz bedrohten Gebäuden in New York. Feuerwehrmänner und Polizei kamen denjenigen, die aus den Twin Towers flüchteten, heldenhaft zur Hilfe und taten alles Menschenmögliche, um sie lebend aus den Gebäuden herauszuholen. Wie kann es sein, dass muslimische Männer – auch noch ausgerechnet in Mekka – so vollkommen anders und mit solcher Herzlosigkeit und Grausamkeit gegenüber Mädchen und Frauen reagieren – und das im Namen des Islam?

Eine Minderheit von Salafisten mit puritanischer Gesinnung beherrscht den innerislamischen Diskurs und kontrolliert das Verhalten in der Öffentlichkeit von Mekka. Ihre Sorge darüber, was ‚richtig' und ‚wahrhaftig' ist, spiegelt sich am deutlichsten in ihrer Besessenheit Frauen gegenüber. Die Schriften salafistischer Geistlicher aus Saudi-Arabien zur Monatsblutung, zu Sexualverhalten und Kleidung von Frauen und zur Frage, ob und wo es für sie zulässig sei, zu arbeiten, sowie zu Reisebeschränkungen, Schwangerschaft und Scheidung füllen meterlange Bücherregale.

Nirgendwo wird die Schlacht um die Identität und Freiheit der Frau offenkundiger als in der Großen Heiligen Moschee von Mekka, dem weltweiten Nervenzentrum des Islam. In gerade einmal 150 Jahren haben es die Salafisten aus dem Nadschd geschafft, dass ihnen erst der Zutritt dorthin verwehrt wurde, woraufhin sie diese besetzten, wieder hinausgeworfen wurden und schließlich die Kontrolle in der Moschee übernahmen. Sie haben alte Gebäudeteile niedergerissen, Geschlechtertrennung beim Gebet eingeführt, die Lehrzirkel nicht-salafistischer Denkschulen und Glaubensrichtungen entfernt, lokale Imame aus dem Hedschas ausgewiesen und nur noch Vorbeter aus dem Nadschd eingesetzt sowie Versammlungen von Schiiten in der heiligsten Kultstätte des Islam verboten. Von internationaler Seite völlig unbeachtet herrscht der Salafismus dort über alles.

Innerhalb dieses heiligen Bezirkes ist meine Frau Faye auf unserer ersten Pilgerfahrt von einem Salafi mit einem Stock geschlagen worden, weil sie ein langes Kleid trug, unter dem ihre Fußknöchel zu sehen waren. Dies ereignete sich 2005. Erst als ich ihn anschrie, ließ er von ihr ab. Die Not einer alleinreisenden Frau mag ich mir lieber gar nicht ausmalen.

Als ich in Saudi-Arabien lebte, trug Faye aus Respekt vor den lokalen Bräuchen die schwarze *Abaya*. Warum sich unnötig abheben und Aufmerksamkeit bei den Frauenschlägern erregen? Die Scharia verbietet es Frauen auf der Pilgerfahrt, bei der Umrundung der Kaaba, dem würfelförmigen Bau im Zentrum der Großen Moschee, dem sich Muslime beim Gebet zuwenden, ihr Gesicht zu verhüllen. Im Widerspruch dazu stehen die salafistischen Gesetzesvorschriften für saudische Frauen, von denen doch erwartet wird, die *Abaya* zu tragen und ihr Gesicht zu verschleiern.

Faye tat beides, und trotzdem, während sie sich in der Großen Moschee im Schatten der heiligen Kaaba aufhielt, musterten die saudischen Polizisten sie mit forschen und lüsternen Blicken. Es sind die Blicke salafistischer Männer, vor denen man muslimische Frauen abschirmen muss, nichts sonst. Faye und ich hatten uns bereits angeekelt mit den Annäherungsversuchen, wann immer sie allein in saudische Geschäfte und Restaurants ging, abgefunden – das Zustecken von Visitenkarten, die Fragen nach ihrer Telefonnummer, obszönes Getuschel in Supermarktgängen. Also hatten wir uns angewöhnt, so häufig wie möglich zusammen zu sein, um dieses wollüstige Verhalten abzuwehren. Aber so etwas auch noch in der Großen Moschee?

Das Problem ist dabei nicht Saudi-Arabien oder die Golfregion, sondern die frömmelnde Bigotterie der Salafi-Wahhabiten, die sie der muslimischen Öffentlichkeit aufzwingen. Beispielsweise leben Frauen und Männer im benachbarten Bahrain, Kuwait oder den Vereinigten Arabischen Emiraten relativ frei und begegnen sich in Einkaufszentren und Moscheen mit größerem gegenseitigem Respekt. Die Bürger der anderen Golfstaaten eint dieselbe Sprache, der Dialekt, ihre Stammeskultur und Geschichte. Anders als in Saudi-Arabien aber besitzt der puritanische Salafismus dort keinen großen Einfluss auf die Regierung und wird deshalb nicht per staatlichem Gesetz zur Pflicht erhoben.

Auch bevor ich nach Saudi-Arabien gezogen bin, hegte ich am Hidschab als wahrer islamischer Bekleidung meine Zweifel. Im Koran findet sich kein einziger Vers, der Frauen unmittelbar dazu aufrufen würde, ihren Kopf zu bedecken. In London habe ich jüdische Frauen gesehen, die eine Entsprechung zum Hidschab trugen, in Syrien arabische Nonnen, die genau wie verschleierte Musliminnen aussahen. Selbst in Palmyra sind mir aus vorchristlicher Zeit bildliche Darstellungen von Frauen mit ganz ähnlicher Kleidung aufgefallen. In der antiken Welt war der Hidschab der Dresscode der Oberschichtsfrauen. Als eine Art kulturelles Überbleibsel der Antike klingt dies in der religiösen Tracht von Juden und Christen noch nach. Die Araber übernahmen es, als sie ihr Reich erweiterten und auf Byzanz sowie Jerusalem trafen. Die Strenge der religiösen Wächter in Mekka und Medina ermutigt andere muslimische Institutionen häufig dazu, es den ‚heiligen Städten' gleichzutun.

Als ich mit einer befreundeten italo-amerikanischen Journalistin bei einem Spaziergang die Zentralmoschee Großbritanniens im Regent's Park in London betrat, wurde sie aufgefordert, ihr Haar zu bedecken oder sie laufe Gefahr, der Moschee verwiesen zu werden. In Jerusalem begleitete mich eine syrisch-amerikanische Freundin, eine Nahost-Analystin, zur al-Aqsa Moschee. Überall war ihr gestattet, so herumzulaufen, wie sie wollte. Aber sobald sie den *haram*-Bereich betrat, den Ort der Sicherheit und Ruhe, bestanden arabische Polizisten darauf, dass sie ihren Kopf verschleiern müsse. Was ist an Frauenhaar eigentlich so anstößig? Als ich im Gegensatz dazu einmal in Konya in der Türkei in der Moschee von Schams von Tabris, dem Lehrer Rumis, betete, betrat eine wunderschöne Frau in Jeans mit einer Gitarre in der Hand die Moschee. Sie setzte sich, meditierte, und es fiel kein Wort, sie möge doch ihr Haar bedecken. Das gleiche Maß an Freiheit erlebte ich im Schrein von Bulleh Schah in Kasur in Pakistan, den die Frauen aus der Gegend aufsuchten, ohne dass ihnen von Männern das Kopftuch aufgezwungen wurde.

„Saudi-Arabien", schrieb der libanesische Historiker Samir Kassir, „hat vor allem die übrige arabische Welt zu sich hinabgezogen. Und der traurigste Beweis dafür ist die Verschleierung der Frauen, die dieses Land an vielen Orten wieder durchgesetzt hat."[2] Vor hundert Jahren provozierten die muslimischen Gelehrten und Aktivisten Qasim Amin und Huda Scha'rawi heftige Debatten in Ägypten. Ihre Behauptung: die Verschleierung von Frauen sei weder Bestandteil der antiken arabischen Kultur gewesen noch eine Verpflichtung im Islam. Mehrere Großmuftis der al-Azhar in Kairo haben wiederholt sogar das Verbot des Gesichtsschleiers in Frankreich begrüßt.

Die Kaste der saudisch-salafistischen Geistlichen, vollkommen besessen vom Bedecken und Verschleiern der Frauenkörper, geht sogar so weit, zu behaupten, dass die *'Aura*, die „Scham" einer Frau, auch ihre Stimme umfasse, da auch sie verführerisch sein kann. Sobald solch eine Sichtweise toleriert und akzeptiert wird, gibt es kein Halten mehr. Ein wahrer Domino-Effekt wird dadurch ausgelöst. Salafistische Geistliche haben argumentiert, dass selbst der Name einer Frau *'Aura* sei und deshalb nicht in der Öffentlichkeit genannt werden soll. Heutzutage sprechen die meisten Männer in Saudi-Arabien und dem Golf die Namen ihrer Frauen, Schwestern und Töchter nicht mehr öffentlich aus. Sie sprechen von ihnen stattdessen als ihrer *Hurma*, ihrer Ehre. Das erste Mal, als ich einen Golfaraber „*hurmati* – meine Ehre" sagen hörte, dachte ich ernsthaft, ich hätte seine Ehre verletzt oder ihn beleidigt. Es brauchte eine Weile, bis ich begriff, dass er über seine Frau sprach.

Allerdings sind auch in anderen Gesellschaften Männer bestrebt, die Kleidung ihrer Frauen zu kontrollieren, mit all den Folgen, die dies für ihr Leben hat. Eine Meinungsumfrage des *PEW*-Forschungszentrums ergab, dass nur 14 Prozent der Ägypter der Aussage zustimmen, dass es der Frau überlassen bleiben sollte, wie sie sich kleidet. In Pakistan dachten 22 Prozent so und im Irak 27 Prozent. Die Zustimmung war mit 47 Prozent in Saudi-Arabien sogar höher, in der Türkei lag sie bei 52 Prozent und in Tunesien bei 56 Prozent. Was hat das Selbstbewusstsein von uns Muslimen so sehr erschüttert, dass wir andauernd die Schönheit der Frauen kontrollieren und bändigen wollen? Warum fühlen wir uns davon bedroht, ihnen ihre Freiheit zu gewähren?

In seiner 1500-jährigen Geschichte ist das nicht der Islam der muslimischen Massen gewesen. Fast jeder Muslim mit einem Bewusstsein für islamische Geschichte und ihre Schlüsselfiguren ist stolz darauf, dass es sich bei der ersten Person, die an den Propheten glaubte, um seine Ehefrau Chadidscha handelte. Sie vertraute auf sein reines Wesen und seine aufrichtige Art. Bereits vor ihrer Heirat war Chadidscha eine wohlhabende, vornehme Dame in Mekka, die dem jungen Mohammed eine Anstellung gab. Dann verliebte sie sich in ihn und hielt um seine Hand an, als er 25 und sie 40 Jahre alt war. Heute wird man in Mekka keine einzige Frau finden, die einem Mann einen Heiratsantrag macht und eigene Entscheidungen über ihr Liebesleben trifft.

Der Prophet war bis zu ihrem Tod 25 Jahre lang mit Chadidscha verheiratet. Später heiratete er erneut einige Male, sogar eine merklich jüngere Frau, Aischa bint Abu Bakr.[3] Sie hatte einen starken Charakter und zeigte großes Engagement bei der Verbreitung der prophetischen Botschaft. Nach Mohammeds Tod führte sie eine Armee gegen den vierten Kalifen, Imam Ali, an. Dass eine Frau Streitkräfte befehligen konnte, spricht Bände über die starken Frauen in Führungsrollen zur Zeit des Propheten und die Akzeptanz, die die Männer im Frühislam ihnen entgegenbrachten.

Aischa bint Talha, die Nichte der Prophetengattin Aischa, erlangte mit ihrer Weigerung, den Schleier zu tragen, Berühmtheit. Sie ließ verlautbaren, dass Gott die weibliche Schönheit und die ihr eigenen Reize schließlich erschaffen habe und diese zu kostbar seien, um verborgen zu werden. Sakina bint al-Husain, die Enkelin des Propheten, protestierte ebenso gegen das Kopftuch und untersagte ihrem dritten Ehemann, eine Zweitfrau zu heiraten. Als sie merkte, dass er eine außereheliche Affäre hatte, ließ sie sich direkt scheiden. Frauen sind für ihre Unabhängigkeit weder abgestraft worden, noch versuchten ihre Männer ihnen den Schleier aufzuzwingen.

Sie standen intuitiv mit den Erkenntnissen des Koran und der Haltung des Propheten in Einklang. Sie kümmerten sich nicht darum, ihre eigene Identität durch die Ablehnung fremder Kulturen zu definieren. Ein moderner muslimischer Gelehrter verfasste eine vierzigbändige Enzyklopädie über muslimische Professoren, die Männer und Frauen unterrichteten.[4] Der großartige Hadith-Kommentator Ibn Hadschar al-Asqalani (1372–1449) notierte, dass 800 seiner Hadith-Überlieferungen Frauen in der Kette der Überlieferer aufwiesen, die Aussprüche weitergaben und halfen, sie bis auf den Propheten zurückzuführen. Hierin wird die zentrale Rolle vieler Frauen sichtbar, die sie im frühen Islam im Bereich der Bildung sowie der Bewahrung des Wissens innehatten. Frauen lehrten in der Umayyaden-Moschee in Damaskus in der großen Säulenhalle. Bei meinen ersten Besuchen der Prophetenmoschee in Medina in den späten 1990er Jahren sah ich, dass sich Frauen ganz frei nahe dem Prophetengrab versammelten. Jetzt ist dies nicht mehr erlaubt. Vergangen sind die Tage eines Imam al-Tabari (839–923), dessen Koranexegese immer noch unter den Top 5 der Pflichtlektüre für Gelehrte rangiert und dessen Rechtsschule der Auffassung war, dass Frauen Männer im Gebet leiten und ihnen vorstehen konnten. Was passierte mit diesem Islam der Frauenfreiheit?

Im vorislamischen Arabien vermachten Männer ihre Ehefrauen als Teil des Erbes ihren Söhnen, zusammen mit Pferden, Kamelen und anderen Nutztieren. Der deutsche Philosoph Friedrich Nietzsche (1844–1900) legt uns in *Jenseits von Gut und Böse* ebenfalls nahe, Frauen als Eigentum zu betrachten. Der große Guru des postmodernen Denkens lieferte keinerlei Belege für diese Auffassung – für ihn war das selbstverständlich. In *Also sprach Zarathustra* ging er noch weiter und schlussfolgerte, dass Frauen zu einer wahren Freundschaft nicht fähig seien, sie seien Tiere wie Katzen, Vögel oder bestenfalls noch Kühe. „Du gehst zu Frauen? Vergiss die Peitsche nicht!", riet er Männern, die nach der „Entspannung des Kriegers" suchten. Im Gegensatz dazu war der Prophet Mohammed seiner Zeit um Jahrhunderte voraus.

Heutzutage glaubt jeder gebildete Muslim auf der Welt zu Recht, dass der Prophet ein Befreier der Frauen war. Alle erkennen ihn als einen Feministen seiner Zeit an. Abdallah ibn Abbas, ein Cousin des Propheten, rief den Muslimen immer wieder ins Gedächtnis, dass Mohammed seine Frauen und Töchter sogar anwies, ihre Häuser zu verlassen und an den geselligen Feierlichkeiten und Vergnügungen des Eid-Festes teilzunehmen.

Der Fehler vieler Muslime heute liegt darin, dass wir dabei versagen, die Geisteshaltung hinter den Taten des Propheten und die Beweggründe göttlicher Regeln begreiflich zu machen, um die Not der Frauen zu lindern. Damals verscharrten viele Familien die weiblichen Neugeborenen bei lebendigem Leibe, da nach ihrer Ansicht Töchter Schande über die Familie brachten. Die Araber und Muslime, die traurigerweise noch heute an dieser Mentalität festhalten, befinden sich auf Abwegen von den fortschrittlichen Pfaden ihres Propheten. Er hat den Kindsmord abgeschafft und mit der Praxis gebrochen, Frauen an die eigenen Angehörigen weiterzuvererben. Und er hat den Umgang mit dem Brautgeld geändert – fortan gab der Mann das Geld direkt an seine zukünftige Ehefrau und nicht an ihre Eltern. Selbst im Falle einer Scheidung bekam sie nun einen eigenen Anteil am Vermögen. Zuvor war die Scheidung reine Männersache, doch der Koran gestand Frauen die Rechte zu, sich von ihrem Ehemann zu scheiden und zu erben. Gemessen an den gesellschaftlichen Standards und Bedingungen im Arabien des 7. Jahrhunderts gehörten Muslime zu den fortschrittlichsten Gemeinschaften, wenn es darum ging, Frauen als Menschen anzuerkennen und ihnen Rechte zuzugestehen.

Allerdings ist den Muslimen in all den Verwerfungen der Geschichte dieser Geist der Scharia und des Propheten irgendwie abhandengekommen. Dieser Trend ist umso augenscheinlicher geworden, seit der Verlust der muslimischen Würde an Relevanz gewonnen hat. Muslimische Männer haben sich umso mehr zurückgezogen, je mehr sie ihr Gefühl von Würde und Männlichkeit vor der gesamten Welt verloren. Ein selbstbewusster Mann verspürt keinen Drang, seine Frau und Familie zu kontrollieren, ebenso wenig wie eine selbstbewusste Gesellschaft es nötig hat, die eigenen

Frauen zu unterdrücken. Selbst als das Kalifat Anfang des 20. Jahrhundert in die Brüche ging, trat der letzte Kalif des Osmanischen Reiches, seine Majestät Sultan Abdülmecid II., zusammen mit seiner unverschleierten Tochter und ihrem Ehemann, einem indisch-muslimischen *Nawab* bzw. Adligen, in der Öffentlichkeit auf und ließ sich ablichten.

Prinzessin Dürrüşehvar, die Tochter von Abdülmecid II., ist mitnichten das einzige Beispiel für eine selbstbewusste, sittsame, vollwertige muslimische Frau ohne Kopftuch, ohne dass sie damit auch nur einen Vers des Koran verletzt hätte. Muslimische Familien der Elite von Damaskus, Kairo, Delhi, Isfahan, Bagdad und selbst Kabul glichen sich von ihrem Erscheinungsbild und ihren Verhaltensweisen her. Für sie bestand kein Widerspruch zwischen frommer Gläubigkeit und einem Leben in Harmonie mit der sie umgebenden Welt. Das Nachtleben in Kabul und Kairo war vielleicht nicht jedermanns Geschmack, aber für Millionen symbolisierte es die Freiheit. In Tunesien hat es Scheich Raschid al-Ghannouchi für sein Land einmal so ausgedrückt: „Die Moschee steht denjenigen offen, die es möchten und ebenso wie der Strand denen, die es wollen.“[5] Es steht einer Regierung nicht zu, ihre Lesart der Scharia der Bevölkerung aufzuzwingen. Eine anpassungsfähige, tolerante Haltung hält mit politischen Führungsfiguren wie Ghannouchi in Tunesien langsam wieder Einzug. Diesem Beispiel sollten andere folgen.

Der Verlust des Selbstvertrauens, der Fähigkeit des Islam, der gegenwärtigen Welt gelassen gegenüberzutreten, ereignete sich bereits vor einigen Jahrzehnten. Die Wiederentdeckung des ‚wahren Islam‘ ist nicht plötzlich vom Himmel gefallen, denn der Puritanismus der Ägypter, Saudis und Iraner war kein bisschen ‚wahrhaftiger‘ als der Islam vorher oder jener von Dürrüşehvar, der Tochter des Kalifen Abdülmecid II. Dass das Kopftuch in der Öffentlichkeit immer energischer zur Schau gestellt wird, kann als Reaktion auf den westlichen Minirock und die sexuelle Befreiung der 1960er Jahre angesehen werden. Zunächst haben auch die Frauen in Kabul, Teheran und Kairo Miniröcke getragen. Sogar in Dschidda in Saudi-Arabien kamen muslimische Mädchen ohne Kopftuch zur Schule.

Als die Muslimbruderschaft jedoch in den 1950er Jahren von Neuem an den Universitäten auftauchte, islamisierte König Faruk den öffentlichen Raum, als eine Art Gegengewicht zu den ägyptischen nationalistischen Sozialisten. In den 1970er Jahren führte der iranische Geistliche Ruhollah Chomeini eine Revolution gegen den von den USA protegierten Schah im Iran. Ob in Ägypten, dem Iran oder Saudi-Arabien, überall kämpften die Islamisten gegen die Symbole des Westens – und was eignete sich hierzu besser als der Körper der muslimischen Frau? Einmal auf Linie gebracht, würde sie den Paradigmenwechsel überall in der islamischen Welt an Stränden, auf der Arbeit und in den eigenen vier Wänden sichtbar machen. Ist der Westen unanständig und unbescheiden, dann sind wir in der islamischen Welt züchtig und sittsam. Wenn der Westen Stöckelschuhe und Miniröcke exportiert, dann wenden wir uns eben der wortwörtlichen Auslegung der Scharia zu und führen die Burka wieder ein. Als es 1979 zur Iranischen Revolution kam, hatte sich längst eine neue Kleiderordnung herauskristallisiert. Wenn schiitische Frauen mit ihren Tschadors bei den Streitkräften mitkämpfen konnten, dann war das für die sunnitischen Frauen in Pakistan und der übrigen islamischen Welt auch möglich. Ein neuer Wettbewerb war in Gang gesetzt, sich im Kopftuchtragen zu überbieten.

Mit dem westlichen Einfluss kamen auch feministische Ideen zur Befreiung der Frau auf. Muslimische Gesellschaften und männliche Geistliche reagierten darauf mit dem Versuch, „unsere Mütter, Schwestern und Töchter“ vor dem verderblichen Westen zu schützen. Der Modus Operandi wandelte sich von Abgrenzung hin zu totalem Widerstand: Wenn westliche Frauen Miniröcke trugen, dann mussten sich muslimische Frauen komplett verschleiern – Gesicht, Haare, Brust, Arme und Beine und alles natürlich in schwarz. Historisch betrachtet hatten sich muslimische Frauen vorher nicht so gekleidet – orientalistische Reisende des 18. Jahrhunderts schrieben sehr ausgiebig über die sexuellen Freiheiten und die Offenherzigkeit, die in dieser Hinsicht im Orient herrschte.

Gemessen an den Maßstäben des 7. Jahrhunderts hatte der Prophet Mohammed die Stellung der Frau verbessert. Wurden sie zuvor auf eine Stufe mit Kamelen und Pferden gestellt, fanden sie nun Anerkennung als vollwertige Menschen. Mit ihrer Entschlossenheit aber, den Westen kulturell zu bekämpfen, setzen sich die Islamisten von heute über die Geisteshaltung des Propheten hinweg. Man lässt sich von der Annahme leiten, dass das Kopftuch hinreichender Ausdruck einer islamischen Gesellschaft sei. Die Islamisten behaupten, dass der Westen die Heimat von Dekadenz und Unmoral sei und die Frauen dort liederlich, lüstern und leicht zu haben seien.

Trotz alledem kam ein UN-Bericht von 2013 zu dem Ergebnis, dass fast alle ägyptischen Frauen und Mädchen von sexueller Belästigung berichteten (99,3 Prozent). 96,5 Prozent gaben an, ungewollt körperlichem Kontakt ausgesetzt gewesen zu sein. Und 95,5 Prozent waren auf der Straße verbal sexuell belästigt worden. Im Jemen, einer weiteren vollkommen verschleierten Gesellschaft, haben 90 Prozent der Frauen sexuelle Belästigung erlebt, vor allem wurden sie von Männern in der Öffentlichkeit betatscht. Indessen schreiben in Saudi-Arabien 86,5 Prozent der Männer „dem übermäßigen Makeup von Frauen“ die Schuld für diese Vorfälle zu.

In der Folge der Anschläge vom 11. September in Amerika und der Terrorattacke auf die Londoner U-Bahn am 7. Juli waren kopftuchtragende Frauen die Hauptleidtragenden der Islamfeindlichkeit im Westen. Daraufhin setzten sich bekannte muslimische Gelehrte wie Zaki Badawi, Abdallah ibn Baiya und Hamza Yusuf Hanson dafür ein, dass es Frauen gestattet sein sollte, ihr Kopftuch abzulegen, wenn ihre Sicherheit deswegen gefährdet sei. Dasselbe Kopftuch, das Frauen im Nahen Osten angeblich mehr Sicherheit schenkt, gefährdet jetzt auf einmal ihre Sicherheit anderswo.

Die schmutzige Wahrheit liegt jedoch darin, dass viele Muslime und insbesondere Islamisten den Kern der Problematik verfehlen: Weder Kleidung noch Makeup von Frauen sind das Problem, sondern das Verhalten der Männer stellt die eigentliche Bedrohung dar. Solange sich die Einstellung der Männer nicht grundlegend verändert, wird ein Frauenleben in Mekka weiterhin wenig zählen, wo Mädchen zu Tode verbrennen, weil sie nicht voll verschleiert sind, ohne dass es in der islamischen Welt deshalb zu einem nennenswerten Aufschrei kommt. Frauen zu zwingen, ihre Haare, Ohren, Nacken, Arme und Hände zu verbergen, da sie bei Männern eventuell Lustgefühle wecken könnten, ist nicht der Weg zu einer gesunden, freien und selbstbewussten Gesellschaft.

Einst gab es eine selbstsichere Männlichkeit unter muslimischen Männern. Nehmen wir zum Beispiel die aufgeklärten Ideen zur Stellung der Frau und zur freien Liebe im muslimischen Spanien des 10. Jahrhunderts. Der Imam Ibn Hazm al-Andalusi (994–1064) schrieb über Logik, Grammatik, Ethik, Geschichte, Theologie und als Spiegel seiner Zeit auch über vergleichende Religionswissenschaft. Seine Rechtslehre ist immer noch Teil des Kanons für Uniseminare, jedoch wird seinen fortschrittlichen Schriften über

Frauen und Liebe traurigerweise viel weniger Beachtung geschenkt. Im Widerspruch zur vorherrschenden Sicht seiner Zeit argumentierte Ibn Hazm, dass Frauen nicht mehr oder weniger als Männer Gefahr liefen, eine Sünde zu begehen. Frauen, meinte er, hätten das Recht, Führungsaufgaben zu übernehmen und politische Ämter zu bekleiden, wobei er nicht so weit ging, ihnen auch das Kalifat zuzugestehen. Mit seinen Ansichten zur Gleichstellung der Geschlechter war er seiner Zeit um ein gutes Jahrtausend voraus, und dafür hat man ihn auch angegriffen. Einige seiner Bücher wurden verbrannt.

Statt zwischen Frauen und Männern Schranken zu ziehen, pries Ibn Hazm die Liebe und Anziehungskraft zwischen beiden Geschlechtern. Sein berühmtes Buch *Das Halsband der Taube* ist eine freigeistige Anleitung für Liebende. Basierend auf seinen eigenen Erfahrungen, koranischen Erzählungen und Aussprüchen des Propheten, beginnt das Werk mit einigen aufschlussreichen Lehren über die „Anzeichen von Liebe". Hier sinniert Ibn Hazm über die Art und Weise, wie sich der Liebe verfallene Männer verhalten:

> Wie manches Mal wird ein Geizhals in der Liebe freigiebig, ein finsterer Geselle heiter und ein Feigling tapfer! Wie oft geschieht es, dass ein Grobian feinfühlend wird, ein Ungebildeter nach Bildung strebt, ein Schmutzfink sich pflegt, ein Ungestalter sich schön und ein Bejahrter sich jung macht, dass der Fromme dann in ein Leben der Lust verfällt und ein bisher Untadeliger sich mit Schande bedeckt – und all das wegen der Liebe![6]

Ibn Hazm führt verschiedene „äußere Anzeichen von Liebe" an: Von „überbordender Heiterkeit" bis zu „heimlichem Zuzwinkern", „sich bemühend, seine Hand zu berühren" und „aus demselben Trinkkelch zu trinken und dabei genau die Stelle zu suchen, an die zuvor er seine Lippen drückte", mit dem Hinweis, dass „Schlaflosigkeit eine ebenso häufige Krankheit der Liebenden" sei.[7] Wie wahr doch viele dieser Beschreibungen auch für den Muslim sind, der ganze tausend Jahre nach Ibn Hazm eben die Zeilen dieses Buches hier schreibt! Und selbstverständlich gilt dies für Millionen anderer Muslime ebenfalls.

Zwischen Prosapassagen streute Ibn Hazm immer wieder Dichtung ein, um seine Gedanken und Gefühle zu illustrieren. Seiner Sichtweise auf die

Gleichheit der Geschlechter folgend, vertauschte er Frauen und Männer und unterstrich damit, dass auch Frauen Liebe, Begierde und Verlangen empfinden – und es überhaupt nicht ‚teuflisch' oder ‚böse' sei, dies zu tun, sondern vollkommen menschlich. Noch einmal, wo finden wir Ibn Hazms weltoffenen Verstand, wenn heutzutage die saudischen Behörden gewaltsam die Geschlechter in Saudi-Arabien voneinander separieren oder arabische Warnungen auf Dating-Websites posten?

Ganz im Gegensatz dazu denkt Ibn Hazm über die Freuden des Lebens nach und fordert damit die Puritaner heraus:

> Allein war ich an stillem Ort mit ihr und mit dem Wein.
> Die Nacht spannt' ihren Fittich aus, und Dunkel brach herein.
> Ein Mädchen war's, von dem getrennt ich nimmer leben kann.
> Liegt in dem Wunsch zu leben, wehe dir, der Sünde Bann?[8]

Ibn Hazm hilft jungen Liebenden mit seiner Weisheit, indem er die verschiedenen Arten der Liebe erläutert: Im Schlaf von einem zukünftigen Geliebten zu träumen, sich in jemanden anhand der Beschreibungen eines Dritten zu verlieben, jemanden nach „längerer Bekanntschaft oder Vertrautheit" wahrhaft kennenzulernen und zu guter Letzt „Liebe auf den ersten Blick" – obgleich er zu dem Schluss kommt, dass diese letzte Kategorie „lediglich ein Lustgefühl" darstellt und Liebe mehr als nur eines kurzen Anblicks bedarf.

Wie Ibn Hazms andere Werke ist auch *Das Halsband der Taube* unter muslimischen Gelehrten bekannt, jedoch scheint seine Botschaft weitgehend in Vergessenheit geraten zu sein. Das ist sehr bedauerlich, denn wäre der Geist dieses Buches unter den Muslimen heute noch verbreitet, gäbe es die sexuelle Aasgeierkultur in Kairo, Riad oder Teheran so womöglich nicht. Frauen ihre normale und natürliche Sexualität zu verweigern sowie die Unterdrückung der natürlichen Neigung beider Geschlechter, sich zu verlieben, führt in islamischen Gesellschaften zu sexuellen Störungen, die allzu oft unwidersprochen hingenommen werden. Dabei steht die Besessenheit muslimischer Männer, das Sexleben ihrer Frauen zu kontrollieren, im Mittelpunkt. Dies berührt gerade das Erscheinungsbild der Frau, ihr öffentliches Auftreten, ihr Verhalten und den Zugang zu Bildung.

## Kapitel 16

# Sexualität

Im Jahr 2013 ließ sich in Saudi-Arabien ein Mann von seiner Ehefrau scheiden, weil sie, als er sie beim Sex penetrierte, ihre Beine anhob. Wie konnte sie es wagen, solch ein sexuelles Selbstvertrauen an den Tag zu legen? Er sah darin ein eindeutiges Zeichen für außereheliche sexuelle Erfahrungen und damit einen berechtigten Scheidungsgrund. In Kairo warf ein frisch vermählter Ehemann im Jahr 2015 seine Frau vom Balkon, weil er davon ausging, dass sie keine Jungfrau mehr sei. Sie überlebte den Sturz nicht. Diese furchtbaren Vorkommnisse sind die Symptome eines tiefer liegenden Problems.

In der heutigen arabischen Welt hat sich eine zutiefst zerstörerische Haltung zur Sexualität entwickelt. Und was im Nahen Osten schwärt, breitet sich auch ganz allmählich in anderen Teilen der islamischen Welt aus: Durch Arbeitsmigranten und Imame, die an den Universitäten am Golf ausgebildet wurden, sowie durch die religiöse Rhetorik, die über Satellitenfernsehen und soziale Medien in die Welt gespieen wurde und wird. Bisweilen zeigt sich dieser ungesunde Umgang mit Sex sogar in öffentlichen Äußerungen, in Fragen und Antworten, manchmal auch auf sehr absonderliche Weise.

Im Jahr 2007 beispielsweise erstellte ein ägyptischer Gelehrter vor dem Hintergrund einer im öffentlichen Raum aus Angst vor zu viel sexueller Freiheit zunehmenden Geschlechtertrennung ein umstrittenes Rechtsgutachten. Dr. Izzat Atiya, ein Mufti (ein Spezialist für die Erstellung religiöser Erlasse, also Fatwas), suchte nach einem Ausweg, damit Frauen weiterhin mit Männern arbeiten dürften, ohne sich dabei religiös schuldig zu fühlen. Seiner Ansicht nach wäre dies möglich, indem die Frau ihren männlichen Kollegen zumindest fünf Mal täglich „die Brust gebe“ – das würde eine familiäre Bindung zwischen ihnen schaffen und dadurch die Zusammenarbeit ermöglichen. Dem setzte er noch hinzu: „Eine Frau kann durchaus das

Kopftuch auf der Arbeit abnehmen oder jemandem ihr Haar enthüllen, den sie zuvor mit der Brust gestillt hat."

Derart skurrile Fatwas sind symptomatisch für die um sich greifende sexuelle Verirrung in großen Teilen arabischer und muslimischer Gesellschaften. Couragierte Musliminnen wie die führende ägyptisch-amerikanische Intellektuelle Mona Eltahawy, die Autorin des Buches *Warum hasst ihr uns so? Für die sexuelle Revolution der Frauen in der islamischen Welt* (*Headscarves and Hymens: Why the Middle East Needs a Sexual Revolution*), weisen unmissverständlich auf diese verbreitete Problematik hin.

Einerseits ist der ‚Schutz der Moral' vor Hollywood und dem Westen der Schlachtruf in Moscheen und im arabischen Fernsehen. Gleichzeitig sind die Downloadraten von Pornografie im Internet in muslimischen Ländern wie Pakistan und Saudi-Arabien pro Kopf die höchsten in der Welt. Wie können wir diese Scheinheiligkeit, diese Diskrepanz von privatem und öffentlich gezeigtem Verhalten erklären? Weshalb ist dies so weit verbreitet? Warum ist die Ehre einer muslimischen Familie so untrennbar mit ihren weiblichen Familienmitgliedern verbunden? Und wenn diese Ehre vermeintlich besudelt wird, weil eine Frau ihre Jungfräulichkeit verloren oder sich verliebt hat, warum fühlt sich dann ihre Familie gezwungen, sie dafür zu ermorden?

Es gab einmal bessere Zeiten in der islamischen Geschichte. Wendet man sich zur Inspiration, wie sich die Dinge verbessern ließen, den frühen Gelehrten zu, so stößt man auf überaus interessantes Material. Der gelehrte Sufi-Poet Rumi beispielsweise hatte eine Theorie:

Ein Mann hatte eine eifersüchtige Frau
und eine sehr, sehr reizvolle Magd.
Die Frau achtete peinlichst drauf,
die beiden nicht allein zu lassen,
niemals. Über sechs Jahre hielten sie sich nie
in einem Raum allein zusammen auf.
Aber eines Tages
im öffentlichen Bad fiel der Frau plötzlich ein,
dass sie ihr Waschschälchen zu Hause vergessen hatte.
„Bitte geh und hol mir das Schälchen", trug sie der Magd auf.

Das Mädchen nahm sich unverzüglich der Aufgabe an,
weil sie wusste, dass sie nun endlich
mit ihrem Herren allein sein konnte.
Sie rannte freudig. Sie flog,
und das lustvolle Verlangen überkam sie beide so rasch,
dass sie nicht einmal die Tür verriegelten.
Hastig kamen sie zusammen.
Wenn die Körper miteinander verschmelzen,
werden auch die Seelen eins.
Unterdessen wusch im Badehaus die Frau
ihr Haar: „Was hab ich getan!
Ich hab das Baumwollbällchen eigenhändig in Brand gesteckt!
Ich hab den Bock zum Schaf geführt!"
Sie wusch den Schaum aus ihrem Haar und rannte los,
richtete ihren Tschador während sie auf dem Weg hastete.
Die Magd war aus Liebe gerannt. Die Frau hastete aus Angst
und Eifersucht. Worin ein großer Unterschied liegt.

Der Mystiker fliegt von Augenblick zu Augenblick.
Der angsterfüllte Asket schleppt sich von Monat zu Monat.
Aber auch einem Liebenden mag die Dauer eines ‚Tages'
wie 50 000 Jahre vorkommen!
Mit Dem Geist ist das nicht fassbar.
Du musst Deine Grenzen sprengen!
Angst ist nicht die Sache des Liebenden, bloß ein dünnes Garn.
Liebe ist eine Eigenschaft Gottes. Angst hingegen ein Attribut
derer, die denken, sie dienten Gott, sich aber
eigentlich nur Penis und Vagina widmen.
Du hast gelesen im Koran, *Sie alle lieben ihn*
verschmilzt mit *Er liebt sie alle*.
Diese sich einander hingebenden Formen der Liebe
sind jeweils Eigenschaften Gottes. Angst hingegen ist keine.
Welche Eigenschaften sind Gott und Mensch gemein?
Was verbindet, was endlich lebt
mit dem, was ewig lebt?

Spräche ich noch weiter über die Liebe,
entstünden Hunderte neue Fügungen,
ohne dass ich das Geheimnis auszudrücken vermöchte.
Der furchtsame Asket läuft zu Fuß auf der Oberfläche.
Liebende huschen wie Blitz und Wind.
Ein ungleicher Wettstreit.
Theologen murmeln, grummeln, brummeln,
von Notwendigkeit und freiem Willen,
während Liebende und Geliebte sich ineinander ziehen.

Da erreichte die verängstigte Frau die Tür und öffnete sie.
Die Magd zerwühlt, verblüfft, errötet, unfähig zu sprechen.
Der Ehemann in einem seiner fünf Gebete.
Die Frau betrat diese aufgewühlte Szene.
Als spielte sie mit seinem Gewand,
hob sie ihm den Rock hoch.
Hoden und Penis zeigten sich ihr ganz feucht, der Samen
tropfte noch heraus, Sperma und Scheidensäfte
hafteten der Magd an den Lenden.
Die Ehefrau ohrfeigte ihren Mann:
„Betet so ein Mann – mit seinen Eiern?
Sehnt sich Dein Penis auf diese Weise nach Vereinigung?
Sind ihre Schenkel deshalb so besudelt?"

Gute Fragen,
die sie ihrem „asketischen" Ehemann da stellte!
Menschen, die ihre Gelüste verleugnen,
wandeln sich häufig unversehens
in scheinheilige Heuchler![1]

Dies ist zwar eine moderne Übersetzung, aber diese Zeilen hat ein großartiger muslimischer Dichter und Philosoph im 13. Jahrhundert geschaffen – ein Anzeichen für eine Offenheit und sexuelle Freizügigkeit, die aus der muslimischen Öffentlichkeit verschwunden scheinen. Seit nunmehr 200 Jahren hat kein muslimischer Denker mehr so klar und deutlich die sonderbare Prüderie zum Ausdruck gebracht, welche die Sexualität in den meisten Teilen der islamischen Welt in den Untergrund zwingt. Dank des Aufstiegs eines neuen Puritanismus drückt sich diese Negierung des mächtigsten menschlichen Triebes mittlerweile in einer Reihe von unnatürlichen, gewaltvollen und hässlichen Gewohnheiten aus.

Die Aufstände des Arabischen Frühlings wurden zu Recht als Ausdruck der Sehnsucht nach Freiheit, sozialer Gerechtigkeit und Würde beklatscht. Allerdings brachten diese Momente der Freiheit gleichsam eine unterdrückte Sexualkultur gewaltsam zum Vorschein. Als die Ägypter 2011 ihren Diktator stürzten, wurde die amerikanische Journalistin Lara Logan bei einer der ersten Jubelfeiern auf dem Tahrir-Platz von einer Gruppe Männer verprügelt und sexuell missbraucht. Im Jahr 2013 wurde eine niederländische Journalistin an derselben Stelle vergewaltigt. Freiwillige, die sich zum Schutz von Frauen zusammenschlossen, dokumentierten allein eines Sonntagnachts im Jahr 2013 ganze 46 Fälle von sexuellen Übergriffen und Missbrauch.

Reiseschriftsteller der viktorianischen Periode jubilierten einst ob der sexuellen Freiheiten des Orients. Richard Burton, berühmt für seinen Reisebericht über die Pilgerfahrt des Jahres 1853 nach Mekka, war ebenfalls Übersetzer und Herausgeber des *Kamasutra*. Blickt man noch weiter in die Geschichte zurück, kam es unter König Heinrich VIII. wegen dessen Lust und Liebe zu den Frauen in seinem Leben zum Eklat, woraufhin er seine eigene Kirche gründete und sich von Rom lossagte. Im Gegensatz dazu hielten muslimische Monarchen jener Zeit ganze Flügel ihrer Paläste, den Harem, für ihre Frauen bereit. Die islamische Welt war für sexuelle Freizügigkeit (zumindest im Vergleich mit dem viktorianischen England) berühmt und berüchtigt. Der Klassiker *Tausendundeine Nacht* entsprang dieser Offenheit der Muslime gegenüber Sex und dem Harem des Kalifen. Die Offenherzigkeit wurde von oben vorgelebt.

Im selben Maße wie im Westen die Öffentlichkeit säkularer und sexuell freizügiger wurde, machte sich die islamische Welt dezidiert in exakt die entgegengesetzte Richtung auf. Der Roman *Lady Chatterleys Liebhaber (Lady Chatterley's Lover)* von D. H. Lawrence war in Großbritannien einst offiziell verboten. Was aber enthielt dieses Buch, was Rumi nicht schon Hunderte Jahre zuvor gesagt hätte? Heutzutage, da der Westen freier und weniger zensurfreudig ist, steht *Lady Chatterleys Liebhaber* unter anderem in Saudi-Arabien auf dem Index.

Es ist eine historische Tatsache, dass einst in Medina, der Stadt des Propheten, Frauen barbusig herumliefen, wobei zur Diskussion steht, ob es sich bei ihnen ausschließlich um Sklavinnen handelte oder ob sich auch freie Frauen in der Öffentlichkeit so offenherzig (ent)kleideten, um ihre Freiheit geltend zu machen. Wir haben Kenntnis davon, weil der Koran ‚gläubige Frauen' dazu aufruft, ihre Brüste zu bedecken, es den Polytheisten, Paganen und anderen aber freistellt, dies weiterhin zu tun, wenn es ihnen beliebte. Der Prophet, seine Gefährten und selbst die ersten Kalifen begegneten solch einer Gesellschaft mit Offenheit. Der heilige Text des Islam bestätigt das, aber nur sehr wenige muslimische Gelehrte sind bereit, sich dieser historischen Realität zu stellen. Stattdessen kam es zu einer Massenkultur der Verdammung jeglicher Form von Sexualität – für uns sind die Konsequenzen heute immer noch spürbar.

Mohammed ibn Battuta (gest. 1304), oft als der Marco Polo der islamischen Welt bezeichnet, ist weit in der Welt herumgekommen und hat seine Beobachtungen niedergeschrieben. In seinem Leben hat er sich fünf Mal auf die Pilgerfahrt nach Mekka begeben. Er reiste bis an die Ränder der islamischen Welt, um all die Länder zu sehen, aus denen die verschiedenen Pilger kamen. Als er sich in Afrika aufhielt, besah er sich den Tanz der einheimischen Frauen an der Feuerstelle. Arabischen Händlern, die sich auf ihren Reisen auch dort aufhielten, war zu Ohren gekommen, dass Ibn Battuta gerade in der Nähe sei, woraufhin sie sich nach ihm auf die Suche machten. Als sie ihn schließlich in dem Zeltlager fanden, wie er sich barbusige Tänzerinnen am Feuer anschaute, warfen sie ihm bestürzt vor, eine Sünde zu begehen. Darauf entgegnete er: „Ihr Araber seid sexbesessen. Das ist der lokale Brauch der Menschen hier." Er konnte darin keine Sünde erkennen und zeigte stattdessen geistige Offenheit und Toleranz.

Die Araber haben ein einfaches, aber tiefsinniges Sprichwort: „*Mamnu' marghub* – Gerade das Verbotene ist reizvoll." Dass Geistliche und die Regierungen Sexualität aus der Öffentlichkeit verbannen, hat zu massenhaft unterdrücktem sexuellem Verlangen geführt. Ein UN-Bericht, der zu dem Ergebnis kam, dass über 99 Prozent der Frauen in Ägypten, dem größten Land der arabischen Welt, sexuell belästigt worden waren, kann als sehr alarmierendes Anzeichen gelten. Dass Frauen in Saudi-Arabien ohne die Erlaubnis eines männlichen Verwandten nicht alleine verreisen dürfen, gründet auf der Annahme, dass sie dann fremdgingen oder vergewaltigt würden.

Als einziges sexuelles Ventil wurde von der Scharia die Ehe vorgesehen, wobei folgsame junge Muslime nun mit Verweis auf Prophetenaussprüche angehalten werden, die Ehe als ‚Hälfte des Glaubens' zu achten – mit anderen Worten, als wesentlichen Aspekt ihres religiösen Lebens. Aber nicht jede Ehe ist perfekt, und wenn Männer und Frauen zuvor weder freundschaftlich noch in einer Beziehung miteinander verkehren können, um sich einfach auszuprobieren (und auch zu scheitern), um daraus Erfahrung zu sammeln, sondern geradewegs heiraten, dann ist ein Scheitern allzu oft vorprogrammiert. Wenn man Twitter als Seismografen gesellschaftlicher Normen betrachten will, dann bietet die Zunahme der verheirateten Paare am Golf, die sich für ‚offene Ehen' aussprechen, erhellende Einsichten. In den letzten fünf Jahren sind Tausende Social-Media-Konten entstanden, um hierüber Frauentausch oder Gruppensex anzubieten.

Diese Frustration zeitigt weitere, noch viel besorgniserregendere Symptome. Unterdrückter Machismo ist nicht mehr auf Frauen, Liebe, Lust und Geschlechtsverkehr ausgerichtet, sondern kanalisiert sich im Beitritt zu Organisationen islamistischer Hardliner, die einen globalen Feind ausmachen, der zerstört werden muss: Der Westen. Da der Westen im *dar al-harb*, dem „Haus des Krieges" liegt, sind die nicht-muslimischen Frauen dort den Extremisten ‚erlaubt'. Man hat bei Dschihadisten im Irak, wie auch in Osama bin Ladens Versteck im pakistanischen Abbottabad, haufenweise Pornografie aus dem Westen gefunden.[2]

Weil Sex auf normalem Wege zum Scheitern verurteilt ist, hat ISIS nach den Eroberungen im Irak 2014 auch als erstes Nicht-Muslime wie zum Beispiel jesidische Frauen zu Sexsklavinnen gemacht. Wenn die vorherrschende Kultur die Ehe in unrealistischer Manier zu einem überhöhten Ideal erhebt und junge Muslime dann keinen Ehepartner finden, der diesen Ansprüchen entspricht, oder schlimmer noch eine Heirat finanziell oder aufgrund übertriebener Erwartungen des kulturellen und tribalen Umfelds unerreichbar ist, entschließen sie sich womöglich leichtfertiger für ISIS, um einen passenden Partner, einen *Mudschahed* oder Gotteskämpfer, zu finden.

Auch wenn Wissenschaftler und Regierungsbeamte im Westen an die sexuelle Unterdrückung keinen Gedanken verschwenden, wird diese sowohl in Saudi-Arabien als auch in Israel als ein Faktor anerkannt, der Männer für Extremismus und Gewalt empfänglich macht. Um die Deradikalisierung der extremsten Kämpfer der Hamas oder des Islamischen Dschihad zu befördern, wird von Israel sichergestellt, dass sie zum Zeitpunkt ihrer Haftentlassung verheiratet sind. In Saudi-Arabien werden Salafi-Dschihadisten in staatlichen Anti-Extremismusprogrammen von der Regierung häufig sogar mehrere Frauen vermittelt, damit die Terroristen ihre sexuelle Frustration abbauen können.

Die Weltöffentlichkeit war schockiert, als sie von den jesidischen Sexsklavinnen unter ISIS-Herrschaft erfuhr, aber die buchstabengläubigen Salafisten rührt es wenig. Seit Jahren schon machen junge Männer aus Saudi-Arabien und den Golfstaaten Sommerurlaub im Westen, um Trinkgelage und Prostitution in vollen Zügen zu genießen. Wer daran Zweifel hegen sollte, muss während der Sommermonate in London nur einen kurzen Spaziergang in Knightsbridge, Mayfair und Edgware Road unternehmen. Dort sind die Telefonzellen mit Anzeigen von Escort Girls übersät, für die die Zigtausenden jungen männlichen Besucher der britischen Hauptstadt ein Bombengeschäft bedeuten. Die Verhältnisse haben sich seit Jahren derart zugespitzt, dass der Imam von Mekka sich in seinen Freitagspredigten genötigt sah, den Sextourismus zu thematisieren und zu verbieten.

Da der Westen im *dar al-harb*, dem Haus des Krieges, liegt, wo Scharia-Gesetze keine Anwendung finden, verlangen buchstabengetreue Salafi-Muslime eine Art Regelwerk für den Sextourismus. Einige Golfaraber haben etwas namens *Misyaf* oder „Sommerehe" ersonnen, wobei sie eine zweimonatige ‚Heirat' mit Frauen aus Indonesien oder Syrien eingehen können. Sie entlohnen diese ‚Ehefrauen' fürstlich, reisen nach den Ferien wieder ab und reichen die Scheidung ein. Unter den Schiiten gibt es außerdem die Praxis der Kurzzeitehe, der *Mut'a* (wörtlich „Genuss"), die von einer Stunde bis zu einem Jahr oder länger Bestand hat, aber stets in dem Bewusstsein eingegangen wird, dass sie befristet ist.

Egal ob im Westen oder in der islamischen Welt, mit oder ohne Regeln, die Suche nach Sex im Ausland, weil er eben zu Hause verboten ist, bildet den Kern dieser weitverbreiteten Unsitte.

Der Koran verbietet Sex nicht, spricht jedoch nur im Rahmen einer Ehe davon. Für eine Heirat braucht es nichts weiter als die einvernehmliche Erklärung vor Zeugen – ohne enorme Ausgaben und den sozialen Druck für eine aufwendige Hochzeit sowie großzügige Geschenke wie Autos und Schmuck, und ohne die Erwartung, einen gemeinsamen Haushalt zu gründen und sehr zeitnah Kinder zu haben. Von einem Mann wird gemäß dem Koran einfach nur erwartet, seiner Angebeteten alles zu bieten, was er sich leisten kann. Zur Zeit des Propheten rezitierten diejenigen Gefährten, die kein Geld hatten, für ihre Bräute Suren des Koran oder schenkten ihnen Datteln zur Hochzeit.

Die sexuelle Malaise in den Ländern mit muslimischer Bevölkerungsmehrheit, die sich im weitverbreiteten Pornokonsum, Sextourismus und in sogenannten Zeit- oder Sommerehen zeigt, rührt von der Unfähigkeit her, menschliche Liebe und Sexualität zum Ausdruck zu bringen – aus Angst vor Sünde, Verurteilung und sozialer Ächtung. Zeigten die Muslime von heute die sexuelle Freizügigkeit früherer Dichter wie Hafis aus Persien mit seiner mitreißenden, lebensbejahenden und schamlosen – indessen zutiefst spirituellen – erotischen Dichtung, wäre es um unsere Welt besser bestellt. Wäre sein Geist unter den Leuten präsenter, würde die menschliche Sexualität in islamischen Gesellschaften weniger unterdrückt.

Hafis (1315 – 90) war ein Bäckergeselle, der wenig von der Welt jenseits der kultivierten Gartenstadt von Schiraz wusste, als er eines Tages im Alter von 21 Jahren von seinem Meister zu einem reichen Kunden geschickt wurde, um Brot auszuliefern. An der Pforte warf Hafis verstohlen einen flüchtigen Blick auf eine umwerfend schöne Frau im Inneren des Hauses. Dieser eine Streifblick genügte, um das reine, romantische Herz Hafis' einzunehmen, und so verliebte er sich leidenschaftlich in sie. Sie nahm von dem armen Bäckerlehrling natürlich kaum Notiz – von kleinem Wuchs, unauffälliger Erscheinung, mit dunkler Hautfarbe, wie manche sagen, und das in einer Gesellschaft, die helle Haut und blondes Haar bevorzugte. Wie konnte ein verarmter Geselle einer anmutigen feinen Dame der großen Stadt Schiraz den Hof machen?

Die Monate gingen ins Land, Hafis' Liebe und Begierde wuchsen. Er war durch und durch liebestrunken von ihr. Fortan sang er Liebeslieder und rezitierte Gedichte, um dem betörenden Charme seiner Angebeteten und seiner Sehnsucht nach ihr Ausdruck zu verleihen. Für Perser ist Dichtung das, was für Italiener die Oper bedeutet. Andere lauschten Hafis und begannen, seine gefühlsstarken Zeilen zu rezitieren, und schon bald wurde seine Liebesdichtung in ganz Schiraz populär.

Ohne sich seines wachsenden Ruhmes bewusst zu sein, bat er Orakel und Hellseher um Hilfe, um die Aufmerksamkeit und das Herz seiner Geliebten zu gewinnen. Ihm wurde geraten, vierzig Nächte lang am Grab eines bestimmten Heiligen zu wachen. Man glaubte, dass einem Liebenden, der vierzig Nächte ohne Schlaf an diesem Heiligenschrein verbrachte, seine innigsten Sehnsüchte erfüllt würden. Willens, alles zu versuchen, nahm Hafis die Gebetswache auf sich. Im Morgengrauen des vierzigsten Tages, so die Legende, erschien Hafis der Erzengel Gabriel und fragte: „Was begehrst Du, Hafis?"

Hafis, überwältigt von der Anmut des Engels vor ihm, wunderte sich: Wenn Gottes Engel so erhaben und strahlend war, wie würde Gott selbst erst sein? In diesem Moment erfüllte eine neue Art von Schönheit sein Herz.

„Was begehrst Du, Hafis?", insistierte der Engel Gabriel.

Hafis war von der Kraft hinter der Schönheit des Engels verblüfft. Er vergaß die feine Dame, seine Gelüste und Leidenschaften, einfach alles. Nach vierzig schlaflosen Nächten sprach Hafis: „Ich sehne mich nach Gott."

Gabriel lächelte. Hafis hatte eine unvorhergesehene spirituelle Tiefe erreicht. Dennoch wäre die Dame die einfachere Wahl gewesen. Aber Hafis hatte sich für den Ewigen entschieden. Sein Leben war dazu bestimmt, sich nun auf andere Weise zu entfalten.

Auf diesem gewählten Pfad bedurfte er eines spirituellen Lehrers, eines Sufis. Gabriel führte Hafis zu seinem neuen Lehrer, dem Hafis hingebungsvoll dienen würde. Dieser Lehrer war Scheich Mohammed Attar, ein Apotheker aus Schiraz. Ebenso wie die Taliban und andere heute, versuchten zu jener Zeit religiöse Fanatiker jeglichen Ausdruck von Liebe und Verlangen einzudämmen. Um diesem Treiben zu trotzen, lebte Attar unauffällig und unterrichtete nur sehr wenige auserlesene Schüler. Seine meisterhaften spirituellen Kenntnisse waren lediglich einem sehr kleinen Kreis bekannt. Dass Hafis der Schüler Attars auf dem Pfad der Spiritualität war, blieb zu beider Lebzeiten ein Geheimnis.

Jahrzehntelang diente Hafis seinem Meister und suchte tiefgehendere Erleuchtung. In der Mitte seines Lebens peinigten das verzweifelte Verlangen nach Gottes liebender Umarmung, die auferlegte Geheimniskrämerei der Sufis sowie der Tod seiner Frau und seines Sohnes seine Seele. Seine spirituellen Erkenntnisse konnte er mit niemandem teilen. Die Bewohner von Schiraz, wo sein Leben Anfang und Ende nahm, entdeckten dieses Juwel in ihrer Mitte erst nach dessen Tod. Im Verlangen, zu Lebzeiten seine Gedanken mitzuteilen, hatte Hafis einst ausgerufen:

Wem
kann ich
die Geheimnisse der Liebe erzählen?
Wer hat sein Leben nicht auf eine gepolsterte Zelle beschränkt?
Betrachte
die Natur des Flusses.
Seine Größe, seine Kraft, seine Fähigkeit zu geben,
Werden oft gemessen an seiner Breite
und seiner Strömung.
Auch Gott
bewegt sich zwischen unseren Polen,
in unserer Tiefe.
Er fließt und sammelt Kraft in unserer Herzensspanne zwischen Vergebung und Mitgefühl.
Wem
kann ich sie mitteilen?
Wem kann Hafis heute Nacht
alle Geheimnisse der Liebe erzählen?[3]

Manchmal wird Hafis als der jüngere spirituelle Bruder des Sufi-Dichters Rumi betrachtet, und genau wie der zeitgleich dichtende Geoffrey Chaucer in England verfasste Hafis etwa 5000 Gedichte. Von den 700, die verblieben sind, finden sich heute immer noch zahlreiche auf den Lippen vieler Iraner; nicht allein wegen der Einfachheit und Tiefgründigkeit seiner Zeilen haben sie mehr als 600 Jahre überdauert. Neben den Schriften Rumis bildet das Werk von Hafis einen Teil des klassischen Kanons des islamischen Sufismus. Seine Gedichte wurden im Westen durch Goethe bekannt und von Friedrich Nietzsche, Alexander Puschkin, Thomas Carlyle und selbst vom fiktiven Sherlock Holmes wertgeschätzt, der in einer Geschichte von Arthur Conan Doyle Hafis rezitiert. Bis heute verwenden viele die Gedichte Hafis' als Orakel, schlagen die Sammlungen seiner Gedichte zufällig auf, in der Hoffnung, dort Rechtleitung zu erlangen. Es ist überliefert, dass Englands Queen Victoria in dieser Weise das Werk von Hafis zu Rate zog.

Wie sein spiritueller Vorgänger Rumi war Hafis sowohl uneingeschränkt ein Muslim als auch ein ausgesprochener Kritiker der extremen Gläubigen innerhalb des Islam. Er wurde ‚Hafis' genannt, da er den gesamten Koran auswendig gelernt hatte, sein eigentlicher Name war Schams ad-Din Mohammed. Während er tagsüber als Bäcker arbeitete, um seine Eltern zu unterstützen, widmete sich Hafis nachts der Theologie, Grammatik, Mathematik und Astronomie. Ebenfalls wie Rumi war er ein Insider der klerikalen Klasse der Muslime; es war ihm vollends bewusst, womit er brach – und wohin er stattdessen instinktiv floh: die innige Liebe zum Einen, um ein offenherziger Sufi zu werden.

Hierbei verwendete Hafis Analogien zu der Liebe von Tieren und Menschen, um seine Botschaft über eine großartige Liebe zu bekräftigen:

Alle verrückten Burschen scharen sich
um ihr weibliches Gegenstück.
Wenn sie in ihrer Hundeschönheit frei heraus verkündet:
„Jetzt ist mein Körper bereit,
seine Rolle in diesem
Wunder der Geburt zu spielen."
Schau was entschlossene junge Männer alles aufbieten.
Wenn sie eine Gelegenheit finden,
Ausgelassen auf den Hinterbeinen zu tanzen.
Sie werden die ganze Nacht über wach bleiben und heulen.
Sie werden die ganze Nacht
vergessen zu essen und tagelang inbrünstig jaulen.
Sie werden knurren, einander drohend anfletschen,
sich sogar gegenseitig beißen und kläffen:
„Mir gehört sie, nur mir – pass bloß auf,
Du magerer Sack."

Hört zu, ihr menschlichen Liebhaber:
Wann habt Ihr zuletzt eine ganze Nacht durchgewacht
Und um Licht gefleht?
Wann habt Ihr zuletzt gefastet, und zwanzig Pfund verloren,
in der Hoffnung, Gott zu umarmen?
Hafis wird Euch heute
die ungeschminkte Wahrheit anvertrauen:
Ihr werdet all diese Heldentaten der Hundeliebe über Bord werfen
müssen.[4]

Beim sexuellen Verkehr ging es für Hafis wahrhaft um Liebe – und Gott. Das obige Gedicht macht sehr schön deutlich, was wir unter den Opfergaben, die diese Liebe verlangt, verstehen. Und dann, an seine Geliebte:

Wir sind
wie ein
frisch vermähltes, ungleiches Paar,
bei dem sich einer immer noch sehr unsicher fühlt –
So wende ich mich immer wieder
Gott zu
und sage:
„Küss mich."[5]

Im Geist und in der Seele von Hafis sowie in seinen Versen sind Gott und seine Geliebte fast austauschbar, das Göttliche und die sexuell Begehrte sind miteinander verwoben.

Ich sitze mit den Obdachlosen auf der Straße
meine Kleidung ist befleckt vom Wein
den die Heiligen auf den Weinbergen anbauen.
Das Licht hatte allen Handlungen
dieselbe Farbe verliehen.
So sitze ich denn herum und lache
den ganzen Tag mit meinen Freunden.
Nachts,

wenn mich eine göttliche Einsamkeit überkommt,
zertrümmere ich die Türen zum Haus der Liebe
Und zwinge Gott im Ringkampf zu Boden.
Er wird so froh über Hafis
und sagt:
„Das sollten unsere Herzen öfter tun."[6]

Jedoch sind es nicht immer Küsse, Berührungen und liebevolles Raufen. Hier beschwert sich Hafis bei Gott, und abermals mit zutiefst sexualisierten Begriffen:

Du hast ein Kind mit mir gezeugt.
Du hattest Deine Freudennacht.
Wenn Du nun die Liebe,
die mein schöner Körper schenken kann,
nicht mehr begehrst,
so kümmere Dich zumindest
um jenes heilige Kind,
mein Herz.
Gott, Du hast einen Erben mit mir gezeugt
als Du meine Seele erschufst.
Letzte Nacht kam mir der Gedanke,
mich bei allen Engeln darüber zu beschweren
Wie du dieses
‚heimatlose Kind' behandelst,
doch dann entsann ich mich:
auch sie haben eine lange Liste von Liebesbeschwerden,
Denn auch sie
kennen Dich so gut.[7]

So viel herzzerreißende Liebe. Was haben die Puritaner dem Haus des Islam angetan?

# Teil IV

## Der Islam als globale Macht

Warum und in welcher Form ist Gott für Muslime rund um den Globus bedeutsam?

Wie können wir Meinungsfreiheit und Gotteslästerung in Einklang bringen?

Inwiefern ist modernes Familienleben im Haus des Islam möglich?

Wieso halten Muslime am Glauben an das Jenseits fest?

## Kapitel 17

# Gott lebt

Als der Prophet Mohammed im Juli 622 in die Stadt Yathrib (später in Medina umbenannt) einzog, wollten ihn alle Muslime der Stadt, die Ansar oder Helfer des Propheten, bei sich willkommen heißen. Um keinen seiner großzügigen Gastgeber vor den Kopf zu stoßen, wies der Prophet darauf hin, dass sein Kamel von Gott zum Platz Seiner Wahl gelenkt würde. Daraufhin kaufte der Prophet das Stück Land, an dem das Kamel rastete. Seine erste Handlung bestand sodann darin, einen Versammlungsort zum Gebet für die Gläubigen zu schaffen. Das arabische Wort für „Moschee" (*Masdschid*) bedeutet wörtlich „Ort der Niederwerfung", also der Ort, an dem Muslime sich mit ihrer Stirn zu Boden werfen. Dieser Ort, wo Arm und Reich in Verehrung des Göttlichen zusammenkamen, wurde zum Zentrum der Stadt (*Medina*) des Propheten.

Innerhalb der *Masdschid* richtete der Prophet sein Zuhause ein. Eine eigene Energie und Symbolik verbanden dezidiert das Private - das Zuhause - mit dem Öffentlichen - der Moschee -, was anhaltenden Nachhall unter Muslimen findet. Bewusst oder unbewusst erkennt jeder praktizierende Muslim die sprachliche Symbolik an und fühlt sich in der Moschee egal welcher Stadt oder Gemeinschaft zu Hause.

Auf vielfältige Weise gleicht das Zuhause von Muslimen der *Masdschid*. In den meisten muslimischen Ländern zieht man die Schuhe vor dem Betreten eines Hauses aus - oder zumindest tat man es bis vor Kurzem. Genau wie bei einer Moschee setzt man den rechten Fuß zuerst ins Haus. In vielen muslimischen Häusern ist, wie in der Moschee oder Synagoge, keine bildhafte Kunst zu sehen. In arabischen Ländern, selbst den eher verwestlichten wie Ägypten und Syrien, tragen Männer und Frauen dieselbe bequeme, lange, lose anliegende Bekleidung beim Gebet zu Hause wie in der Moschee. Die *Qibla* in Richtung Mekka, nach der sich Muslime beim Gebet ausrichten, ist in einem muslimischen Haushalt bekannt. Die Hausbewohner schlafen in keinem Bett, in dem ihre Füße in diese Richtung weisen, was ihnen respektlos erscheint, genauso wenig wie sie eine Toilette nach Mekka ausrichten würden. Die Speisen zu Hause werden *halal*, also gemäß den Regeln der Scharia, besorgt und zubereitet. Wie in Moscheen befindet sich in jedem Haus eine Ausgabe des Koran an erhabener Stelle. An der Haustür sind einige Symbole der Danksagung angebracht – sei es das Amulett eines Sufi-Scheichs, Abbildungen von Mekka, Medina oder Jerusalem oder manchmal eine Collage daraus.

Anders als in der Moschee fühlen sich Frauen hier, in ihren eigenen vier Wänden, vollkommen frei, ihren Schleier und ihre *Abayas* abzulegen und stattdessen modische, ja sogar aufreizende Kleidung zu tragen. Westliche Reisende, die in Kairo oder Damaskus ein Einkaufszentrum besuchen, setzt die für den häuslichen Gebrauch ausgestellte Reizwäsche meist in Erstaunen.

Das Zuhause stellt nicht die einzige Ergänzung zur Moschee dar, dem Zentrum der islamischen Stadt. Traditionell befanden sich Waisenhäuser, Hospize, Bibliotheken, Basare, Handwerkerviertel und Universitäten in der unmittelbaren Umgebung einer Moschee. Privathäuser wuchsen eher organisch um dieses Zentrum herum und sobald die Bewohner die Moschee nicht mehr ohne Mühen erreichen konnten, wurde eine weitere, kleinere Moschee errichtet. Sufi-Schreine und Gebetsplätze (*Zawiyas*) gehörten jeweils zu den gängigen Erscheinungsbildern von Moscheen. Kalligrafen, Handwerker, Künstler und Muezzins nahmen alle an weltlichen Aktivitäten Anteil, reicherten ihre innere Spiritualität, den *batin*, jedoch in den Sufibruderschaften an.

Im Privaten wie in der Öffentlichkeit hatte hinter dem Treiben und der Symbolik muslimischer Städte und Gemeinschaften die Gegenwart des Göttlichen stets ihren Platz. Das ganze Umfeld war von Menschen gestaltet worden, die Gott verinnerlicht hatten, Ihn in ihrer Architektur preisen und Hinweise auf Ihn überall in der Stadt verteilen wollten.

In Córdoba und Granada, zwei der frühesten Städte unter muslimischem Einfluss in Andalusien, sah ich Gärten und Wasser überall. Bewässerungskanäle wurden ebenso in Damaskus, Fes, Kairo und Bagdad angelegt, da das plätschernde Wasser wie Musik in den Ohren klang und die Muslime an die Wasserströme und Flüsse in den Paradiesgärten im Koran erinnerte. Die Wasserkanäle waren mit dem Brunnen in der Mitte der Moschee verbunden. Von hier floss das Wasser durch die Häuser der Gläubigen, was für Kühlung und Sauberkeit sorgte. In der Türkei, der letzten Heimstätte des Kalifats, achten Muslime immer noch peinlichst genau auf Reinlichkeit – Türken verwenden Handdesinfektion in Taxis und an ihren Schreibtischen, um jede Art von Keimen abzutöten.

Jenseits von Hygiene und ästhetischem Empfinden ist in jedem muslimischen Haus die beständige Verfügbarkeit von Wasser aufgrund der Pflicht zum fünfmaligen Gebet erforderlich. Die Städte der Muslime waren darauf ausgelegt, diesem göttlichen Befehl zu entsprechen. Ferner sind Muslime stets penibel darauf bedacht gewesen, sich nach dem Austreten zu waschen und nach dem Sex ein rituelles Bad zu nehmen. Die Kreuzfahrer staunten nicht schlecht über die hygienischen Bedingungen bei den Muslimen und brachten die Idee städtischer Wasserversorgung, Badekultur und Gärten später mit zurück nach Europa. Heutzutage werden die neuen islamischen Städte wie Dubai, Abu Dhabi und Doha allerdings mit öffentlichen Toiletten nach europäischem Vorbild geplant, in denen Männer in Anwesenheit Anderer im Stehen urinieren. Auf das Konzept der *Hischma* (Anstand oder Zurückhaltung) wird dabei keine Rücksicht genommen und das Wasser bleibt unzugänglich im Spülkasten. Die gesamte Stadt ist auf die Belange des Autos und nicht des Gläubigen ausgerichtet.

Trotz alledem, der Wesenskern Gottes lebt im öffentlichen Raum spürbar fort, wo das Wort Gottes täglich laut zu Gehör gebracht wird. In Geschäften, Privathäusern und Moscheen liegen Koranausgaben aus: als Segen und zum Lesen. Der heilige Text, wie er zur Zeit des Propheten Mohammeds festgehalten wurde, erfuhr (nach Auffassung der Muslime) keinerlei Bearbeitungen oder Änderungen, anders als andere religiöse Schriften.

Ob in Sokoto in Nigeria, Dhaka in Bangladesch, Damaskus in Syrien oder Istanbul in der Türkei: überall starten die meisten muslimischen Ladenbesitzer mit einer Koranrezitation im Radio in den Tag. Während etwa einer Stunde – in den Golfstaaten (wo Musik in der Öffentlichkeit verboten ist) noch weitaus länger – läuft am Morgen die Koranrezitation eines bekannten *Qari* oder Rezitators, wodurch das Wort Gottes den Ladenbesitzer und seine Kundschaft, und das sogar in Supermärkten, erhebt und mahnt. Für gewöhnlich schließen sich der Koranrezitation dann Lieder beliebter

Sänger an – Fairuz in Syrien, Tarkan in der Türkei und Umm Kulthum in Ägypten –, bis der Ruf zum Mittagsgebet in allen Metropolen, Städten und Dörfern von den Minaretten erklingt. Für einige Minuten verstummt dann die Musik in den Geschäften und Taxis, um wiederum Gott allein Ehre zukommen zu lassen.

Rund um den Globus beginnt in muslimischen Ländern der Tag mit dem *Adhan* des Muezzins. Der Gebetsruf, der anders als die Kirchenglocken der Christen und das Schofar-Horn bei den Juden mit der menschlichen Stimme (mittlerweile durch Lautsprecher verstärkt) verbunden ist, wurde vom Propheten ins Leben gerufen, mit Bilal als seinem ersten Muezzin, und hält bis heute an. Der Ruf lautet „*Allahu Akbar* – Gott ist groß", gefolgt von einer Bestätigung, dass Mohammed der Prophet Gottes sei sowie einer Einladung an die Muslime, sich „dem Guten und der Glückseligkeit" zuzuwenden. Am Morgen erschallt zudem die Erinnerung, dass das Gebet besser als der Schlaf sei, bevor der *Adhan* abermals mit der Erhabenheit Gottes und einem wiederholt die Luft erfüllenden „*Allahu Akbar*" endet. Kein Muslim empfindet den göttlichen Ruf als befremdlich oder störend, Muslime aus dem Orient, die in den Westen reisen, vermissen ihn geradezu.

Bedauerlicherweise sind die osmanische Ordnung und Disziplin bei der Muezzin-Ausbildung heute verloren gegangen. Ich hatte einmal die Ehre, mit dem Muezzin der Blauen Moschee in Istanbul auf das Minarett hinaufzusteigen, von dem er für gewöhnlich seinen Ruf verrichtet. Mir war vorher nicht klar gewesen, welche Kondition dafür vonnöten ist. Ich war damals gerade einmal 25 Jahre alt, aber sehr schnell außer Atem. Die Muezzin-Schulen existieren nicht mehr und die osmanische Melodie nach klassischen Noten weicht nun der raueren, den Gebetsruf Mekkas imitierenden Weise aus dem Nadschd, die immer mehr Muslime nachahmen. Dennoch bleibt das Göttliche im muslimischen Alltag präsent.

Dem modernen Westen ist der innere Geist, der die großartigen Kathedralen in Chartres, Winchester, Coventry sowie St. Paul und Notre Dame hervorgebracht hat, abhandengekommen. Solche erhabenen Bauwerke sind der äußerliche Ausdruck eines inneren Gewahrseins Gottes. Die Verwässerung des Glaubens durch die Säkularisierung hat Architekten hervorgebracht, die jeglichen Sinn für das Sakrale in der Geometrie verloren haben. Worin besteht das übergeordnete Thema oder die Symbolik der Bürotürme von Canary Wharf in London oder des Freedom Towers in New York? Welche übergeordnete Wahrheit oder welches Mysterium weckt diese Bauweise im Bewusstsein? Was werden zukünftige Generationen von Dubai oder Kuala Lumpur halten?

Den Tadsch Mahal, von den muslimischen Moguln verschwenderisch mit Kalligrafie und Handwerkskunst verziert, weihte der Großmogul Schah Dschahan Gott aus Dankbarkeit für die Liebe seiner Frau Mumtaz. Überall in der islamischen Welt kam an solchen Schreinen, von Marokko über den Jemen bis in den Kaukasus, eine neue Musik zum Lobpreis der Heiligen und im Gedenken Gottes auf. In der Türkei ging diese Musik im *Sema* der wild wirbelnden Derwische Rumis auf und in Indien im *Qawwali* der Tschischti-Sufis, die durch Nusrat Fateh Ali Khan Bekanntheit erlangten (dazu auch Kapitel 5). Wer sich von der Welt zurückziehen wollte, fand Trost und Beistand bei den Sufiheiligen und Derwischen, an deren Gräbern mystische Lieder gesungen wurden. Diese Weisen sind bis heute Topschlager; *Qawwali*-Inhalte, die in Pakistan Millionen von Klicks auf YouTube erhalten, nehmen zu. In der Türkei erinnert der Bestseller von Elif Şafak eine neue Generation an Figuren wie Schams, Rumi und die mystischen Pfade der Muslime der Vergangenheit. Das Göttliche reüssiert in Liedern, Literatur, Kunst und Kalligrafie und wird von Muslimen als selbstverständlicher Teil des menschlichen Daseins akzeptiert.

Die verschiedenen Architekten, die in der heiligen Tradition des Islam Córdoba und Fes erbauten, Damaskus und Bagdad umgestalteten sowie Delhi wiederaufbauten, haben einander niemals getroffen, und doch waren ihre Entwürfe und ihr Denken in solchem Gleichklang, das heutige Muslime in Fes oder Casablanca unmittelbar die direkte wie indirekte Architektursprache in all den Wohnhäusern, Basaren, Moscheen und Schreinen dieser Städte wiedererkennen. Hierbei sind das Inwendige wie das Äußerliche miteinander verwoben. Jeder Muslim und jede Muslima kann überall ganz ungezwungen am Gebet teilnehmen, speisen, ohne fremd zu erscheinen, da er oder sie die Anstandsregeln, die passenden Gebete und die angemessene Diskretion kennt.

Die muslimischen Sympathiebekundungen zu Gott sind für eine verwestlichte Welt, in der Gott weitgehend (in der Öffentlichkeit) an den Rand gedrängt wurde, lehrreich und erbaulich. Allerdings ist es angesichts der um sich greifenden Arabisierung und Radikalisierung der zeitgenössischen Muslime dank des saudisch gesteuerten Salafismus überlebenswichtig, dass wir diese andere, ältere und stärker verwurzelte Annäherung an den Glauben an Gott nicht vergessen.

„Der Gott, den ihr anbetet, liegt unter meinen Füßen", sagte ein Sufi, als er an der Schwelle zur Moschee stand. Wie konnte er es wagen, sich derart blasphemisch zu äußern? Diese Anekdote ereignete sich im Jahr 1240 in Damaskus, damals das Zentrum für überregionalen Handel, politische Intrigen und die öffentliche Zurschaustellung religiösen Lebenswandels. Es gehörte zum guten Ton, sich möglichst häufig in der Moschee blicken zu lassen – warum auch nicht? Dort trafen sich Männer, knüpften Netzwerke, tauschten Gerüchte aus, beteten, ruhten sich aus und studierten auch häufig gemeinsam. Als altbekannte Wirtschaftsmetropole mit unzähligen altertümlichen Moscheen aus den ersten Tagen des Islam ging man in Damaskus nicht gerade zimperlich mit Freidenkern um, ganz zu schweigen von Sufi-Mystikern, die unbequeme Wahrheiten aussprachen und damit die soziale Ordnung erschütterten und das Gewissen der Gewerbetreibenden und Händler aufrüttelten.

Zur Gebetszeit füllte sich die Moschee. Vor ihnen stehend bereitete sich der Imam darauf vor, das Gebet zu leiten. „Der Gott, den ihr anbetet, liegt unter meinen Füßen", wiederholte der Sufi seine Worte. Der Mann war bereits bekannt – Muhyi ad-Din Ibn Arabi, jemand, der in den Augen der Menschen viel zu viel Zeit mit Schreiben verbrachte und zu viele Konventionen infrage stellte. Und nun behauptete er auch noch, der Gott, den sie anbeteten, befände sich unter seinen Füßen – was erlaubte er sich? Ausgerechnet vor einer Gemeinde, die sich gerade daran machte, niederzuknien, sich zu beugen und sich vor Gott niederzuwerfen?

Kollektive Erregung in Verbindung mit religiösem Eifer bringt fast immer das Schlechteste in den Menschen hervor. Die Menge stürzte sich auf den Sufi. Ohne Schüler, Anhänger und Fürsprecher an seiner Seite erlitt er tödliche Verletzungen. Kurz danach, am 8. November 1240, erlag Ibn Arabi seinen Verletzungen und starb.

Genau wie Ibn Hazm stammte Ibn Arabi ursprünglich aus Andalusien. Wie Rumi fanden seine esoterischen und an das inwendige Verstehen gerichteten Botschaften bei seinen Zeitgenossen keinen Zuspruch. Ähnlich wie Schams von Tabris (der Ibn Arabi während seiner Reisen in Syrien getroffen, verehrt und über ihn geschrieben hatte) wurde Ibn Arabi zu Lebzeiten gemieden und verachtet.

Einer langen Ahnenreihe vornehmer Araber entstammend war er 1165 in Murcia, Andalusien, geboren worden und wuchs dort auf. Aufgrund seiner arabischen Herkunft wurde er als ‚Ibn Arabi', der ‚Sohn eines Arabers', bekannt. Durch sein beeindruckendes literarisches Werk ist gewährleistet, dass wir sehr viel über ihn aus seinen eigenen Schriften wissen. Während seiner Kindheit in Córdoba traf Ibn Arabi den großen Philosophen Averroes, einen Bewunderer der Sufis. In seinen Erinnerungen an diesen Besuch in jungen Jahren offenbart Ibn Arabi seine spirituellen Einsichten und die damit verbundene Gnade:

> Eines Tages war ich in Córdoba im Haus des Richters Abu al-Walid Ibn Ruschd [Averroes]. Er war verblüfft, als er von der Erleuchtung, die Gott mir zuteilwerden ließ, hörte und brachte seinen Wunsch zum Ausdruck, mich zu treffen. Da mein Vater einer seiner Freunde war, fand er einen Vorwand, mich in sein Haus zu schicken. Zu jener Zeit war ich nur ein Junge ohne Bartflaum im Gesicht, noch nicht einmal mit einem Oberlippenbärtchen. Als man mich zu ihm führte, erhob er [Averroes] sich, machte mir seine Aufwartung und küsste mich. Darauf sagte er zu mir: „Ja", woraufhin ich erwiderte „Ja." Seine Freude steigerte sich, da er sah, dass ich verstand, worauf er sich bezog. Als ich den Grund seiner Freude begriff, fügte ich hinzu: „Nein", worauf er erschauderte, die Farbe aus seinem Gesicht wich, und ihn Zweifel überkamen. „Also, was hast Du durch das Lüften des Schleiers und die göttliche Inspiration entdeckt? Entspricht es dem, was spekulatives Denken uns offenbart?" Darauf entgegnete ich: „Ja und nein – zwischen dem Ja und dem Nein fliegen Geister davon, und Hälse trennen sich von ihren Körpern."[1]

Auf diese Zusammenkunft zweier großer Geister und den unverständlichen Gedankenaustausch zwischen ihnen sollten für Ibn Arabi viele weitere solcher Begegnungen folgen. Immer und überall nahm sein Leben neue Wendungen und erreichte höchste Weihen, ebenso wie manchen Tiefpunkt. Seine wiederkehrenden Visionen und Träume vom Propheten Mohammed führten

Ibn Arabi von Ort zu Ort und in ganz verschiedene Rollen, bis er schließlich zu der Behauptung gelangte, der „höchste Erbe Mohammeds“ zu sein.

Dabei fühlte sich Ibn Arabi, wie viele Sufis, der Spiritualität Jesu zugeneigt. In seinem Werk *al-Futuhat al-Makkiya* (Die mekkanischen Offenbarungen), eine Sammlung seiner übersinnlichen Erfahrungen während seines Mekkaaufenthalts, schrieb er über Jesus: „Jesus war mein erster Meister auf dem Pfad. Es lag in seinen Händen, dass ich mich letztendlich bekehrte. Er wacht über mir zu jeder Stunde und lässt mich keine Sekunde allein.“ Ibn Arabi sagte frank und frei: „Ich begegnete ihm häufig in meinen Visionen. In seiner Gegenwart zeigte ich Reue … Er befahl mir, wie ein Asket Verzicht zu üben.“ Ibn Arabi fuhr in seinen Offenbarungen fort zu erzählen, wie er auf dem spirituellen Pfad Schritt für Schritt Anweisungen von Jesus erhalten hatte, um sein Selbst von weltlichen Begierden und Bindungen zu lösen und ganz und gar ins Feuer der göttlichen Liebe zu werfen – mit Rumis Worten, „verbrannt“ zu werden.

Alle Muslime halten Jesus für einen großen und liebenswerten Propheten Gottes, allerdings nicht für Gottes Sohn. Ibn Arabi, der fest in dieser Tradition der Verehrung, aber nicht der Anbetung Jesu stand, behauptete, in Visionen und Träumen unmittelbare Rechtleitung von Jesus erhalten zu haben. Bis zum heutigen Tage zieht Ibn Arabis Schrein in Damaskus christliche Besucher an. Als ich in Syrien lebte, verbrachte ich regelmäßig Zeit am Schrein, saß neben Ibn Arabis Ruhestätte und nahm die Energie und Gegenwart Gottes in mich auf, die immer noch das Grab und die Moschee umgeben. Manchmal begleiteten mich christliche Freunde und andere Male warteten sie dort schon auf mich.

Neben dem Umstand, ein Geliebter und Anhänger Jesu zu sein und in Schlüsselmomenten seines Lebens Rechtleitung von Mohammed erhalten zu haben, ist Ibn Arabi unter Muslimen für seine Wundertaten, Bücher und vor allem die Formulierung der umstrittenen Glaubensüberzeugung des *Wahdat al-Wudschud*, der „Einheit des Seienden“ berühmt – ein Erklärungsversuch des höchst komplexen Verständnis Ibn Arabis von der Beziehung zwischen dem ‚Seienden‘ und Gott. Jahrhundertelang debattierten Gelehrte aufgebracht darüber, was Scheich Muhyi ad-Din Ibn Arabi mit seiner Lehre von der Einheit des Seienden wohl meinte, und noch heute wird heißspornig weiter diskutiert.

Ibn Arabi ist als ein früher muslimischer Universalgelehrter selbst für die gebildetsten Philosophen nur schwer zu begreifen. Sein Gotteszugang war unorthodox, brachte aber zum Ausdruck, was viele Sufis glaubten und empfanden. Folgende Auszüge aus den *Futuhat*, den mekkanischen Offenbarungen, helfen, sein Denken zu erklären:

> Das Universum ist weder reines Sein noch totales Nichts. Es ist Magie: es lässt dich im Glauben, dass es Gott ist, und ist doch nicht Gott; dass es Schöpfung ist, ohne geschöpft zu sein, denn in jedem Fall ist es weder das eine, noch das andere.
>
> Was die Wirklichkeiten des Universums betrifft, kann man nicht sagen, sie seien Gott, noch dass sie etwas anderes als Er (Gott) wären.
>
> Wenn du in Anbetracht des Universums sagst, es sei real, dann sprichst du wahrhaftig. Sagst du, es sei Trug, lügst du nicht.
>
> Alles, was wir wahrnehmen, ist das Wesen Gottes in seinen möglichen Essenzen. Aus dem Blickwinkel der Einheit des Seins ist es Sein Wesen, im Hinblick auf die Formenvielfalt sind es die möglichen Essenzen ...[2]

Viele Anhänger Ibn Arabis von eher schlichterem Gemüt, die von Gott erwarteten, ein ‚guter Kerl im Himmel' zu sein, hatten Schwierigkeiten, diese ungewöhnlichen Äußerungen als orthodox anzuerkennen.

Allerdings befand sich Ibn Arabi auf einer anderen Ebene der Spiritualität – was er sah und wahrnahm, dazu waren andere nicht imstande. Seine Sache war das Herz, von dem der Prophet gesprochen hatte, als er Gott mit den Worten wiedergab: „Meine Himmel und meine Erde fassen mich nicht, aber das Herz meines gläubigen Dieners hält mich." In einem anderen Ausspruch zitiert der Prophet, dessen Weisheit das Islamverständnis Ibn Arabis spiegelt, wiederum Gott: „Ich bin so, wie mein Diener meint, dass ich bin." Für diejenigen, die Gott als nah und vertraut wahrnehmen, ist er es auch. Und für diejenigen, für die er entfernt und unerreichbar erscheint, ist er auch dies.

Der Prophet fährt, noch immer Gottes Worten sprechend, fort: „Dem, den ich liebe, bin ich das Auge, mit dem er sieht, die Ohren, mit denen er hört." Ibn Arabi erklärte, so wie es dem Wasser eigen sei, die Farbe seines Gefäßes zu reflektieren, so sei die göttliche Erscheinung vom jeweiligen Behältnis bestimmt, das sie empfange und dessen Form sie annehme. Daher kenne und erkenne jeder Mensch nur den Gott, den er oder sie in sich trage – einen Gott, den Ibn Arabi den „aus dem Glauben erschaffenen Gott" nennt.

Für Sufis existiert Gott außerhalb des Glaubens. Der Koran lehrt: „Wohin ihr euch auch wendet, dort ist das Antlitz Gottes."[3] Und für Ibn Arabi waren gemäß dieser Verse und Prophetenhadithe „alle spür- und wahrnehmbaren Formen Manifestationen Seiner Präsenz". Für Ibn Arabi und Millionen seiner Anhänger bedeutet „jede Erscheinung in der Welt ein Zeichen, das uns auf eine göttliche Wirklichkeit hin ausrichtet, welche die Grundlage jeder anderen Realität und den Ort ihrer Rückkehr darstellt". Ibn Arabi verkündete: „Gottes Antlitz steckt in allem, das angebetet wird." Und noch schockierender für manche: „Gott ist das, was angebetet wird." Ganz gleichgültig, welcher Religion ein Mensch anhängt und welches Wesen er oder sie auch immer verehrt, letztendlich verehren sie nichts oder niemand anderen als Gott, ob es ihnen nun bewusst ist oder nicht.

Vor diesem theologischen Hintergrund werden die folgenden Verse Ibn Arabis, die er in Mekka niederschrieb, in der gesamten islamischen Welt bis heute in Erinnerung gehalten – ähnlich wie Rumi fand er Gott in der Liebe:

Mein Herz ward fähig, jede Form zu tragen,
Gazellenweide, Kloster wohlgelehrt,
ein Götzentempel, Ka'ba eines Pilgers,
der Thora Tafeln, der Koran geehrt:
Ich folg' der Religion der Liebe, wo auch
Ihr Reittier zieht, hab' ich mich hingekehrt.[4]

Die mystischen Einsichten und Enthüllungen Ibn Arabis veranlassten ihn zu Aussagen, die jene seiner Zeitgenossen empörten, die nicht erkennen konnten, was er erkannte, und nicht verstanden, was er wahrnahm. Es war dieselbe spirituelle Kraft, die zu seiner Steinigung und den tödlichen Verletzungen führte, weil er gesagt hatte: „Der Gott, den ihr anbetet, liegt unter meinen Füßen." Genau wie alle Sufimeister über alle Zeiten hinweg sah Ibn Arabi nicht nur Körper und das menschliche Verhalten, sondern blickte tief in die Seelen der Menschen. Ibn Arabi betrachtete, was sich im Inneren verbarg, anstatt sich wie die Buchstabengläubigen von ‚Dogmen' und ‚Ritualen' vereinnahmen zu lassen.

Darum sah Ibn Arabi an der Schwelle zur Moschee Menschen, die aus weltlichen Motiven zusammenkamen: um beim Gottesdient in der Moschee gesehen zu werden, um andere zu beeindrucken, Beziehungen zu pflegen, das eigene Renommee als rechtschaffener Händler zu mehren. Dabei lag ihr eigentliches Ziel nicht darin, in Verbindung mit dem Allmächtigen, dem Göttlichen, zu treten, sondern die eigenen Profite und ihren Reichtum zu steigern – in Ibn Arabis Augen ein falscher Mammon und Gott, von dem Jesus ihn gelehrt hatte, sich loszusagen.

Nach seinem Tod bewahrten die Schüler Ibn Arabis die Erinnerung an jene Stufen, auf denen er stand, als er die versammelten Muslime mit den Worten beleidigte, ihr Gott befände sich unter seinen Füßen. Sie wussten, dass ihr Meister eine transzendente Wahrheit ausgesprochen hatte. Daher hoben sie die Erde um die Stufen herum aus und fanden darunter eine Goldtruhe, die Jahre zuvor von einem Kaufmann dort vergraben worden war, der sein Vermögen vor den imperialen Plünderungen von Damaskus in Sicherheit bringen wollte. Es war genau diese Goldtruhe, die Ibn Arabi erblickt hatte, diese weltlichen Güter, die zu einem Gott gemacht wurden, und wogegen er sich ausgesprochen hatte.

Es ist bemerkenswert, dass die vor über 700 Jahren verfassten Bücher Ibn Arabis heute im von Salafisten kontrollierten Saudi-Arabien verboten sind. Im Zusammenspiel mit Rumis Gottesliebe hilft Ibn Arabis kraftvolle, religiös verwurzelte und spirituell auch durch Kenntnis der Schrift fundierte Interpretation der Bedeutung Gottes modernen Muslimen dabei, mit der Gegenwart klar zu kommen und ein Leben in größerer Harmonie mit unserer Umwelt zu führen, frei von einem formalisierten Glauben, Ängsten, Scheinheiligkeit und inneren Konflikten.

## Kapitel 18

# Das Recht auf Heiligkeit

Einst kehrte der Prophet mit einer großen Schar seiner Gefährten aus einer Schlacht heim. Die Muslime hatten dabei große Verluste erlitten. Als sie sich nun Medina näherten, kamen die Leute auf die Straße gelaufen, um sie willkommen zu heißen. Eine Frau kam auf die Kämpfer zu und betrachtete sie eindringlich. Ihr Sohn hatte sich ihnen auch angeschlossen. Manch einer vermutete, dass sie gekommen war, um ihn wieder in die Arme zu schließen. Als die Krieger sie sahen, traute sich niemand, ihr die Nachricht zu überbringen, dass ihr Sohn im Kampf gefallen war. Da lächelte sie plötzlich und reckte Hände und Gesicht dankend gen Himmel.

„Der Prophet Gottes ist am Leben! Der Prophet Gottes ist mit uns!“, rief sie den Leuten zu. Als ihr jemand zuflüsterte, dass dies nicht mehr auf ihren Sohn zutraf, entgegnete sie, dass sie wegen des Propheten und nicht wegen ihres Sohnes gekommen sei. Ihr Sohn sei nun im Paradies und bei der nächsten Schlacht würde sich ihr anderer Sohn ebenso dem Propheten anschließen.

Sie war gewappnet, dem Märtyrertod ihres Sohns ins Auge zu blicken. Hauptsache dem Propheten Gottes stieß nichts zu. So sah die Haltung zum Heiligen als verinnerlichte Liebe im Islam aus. Muslime wachsen mit Büchern, den Erzählungen von Verwandten und Predigern auf, die von einer ruhmreichen Vergangenheit handeln. Solch edelmütige Weisheiten und das Leben für einen höheren Sinn können erbaulich sein, allerdings auch von Radikalen missbraucht werden.

In unserer globalen Kultur eines liberalen Humanismus gelten individuelle Menschenrechte als höchstes Gut. In anderen Gesellschaften, besonders der islamischen Welt, hegt und bewahrt man jedoch eine andere Weltanschauung. Nirgends wird dieser Gegensatz augenscheinlicher und droht in Gewalt umzuschlagen als beim Recht auf Blasphemie und auf die Verunglimpfung Gottes, des Propheten und der heiligen Schriften. Noch immer stellen Muslime das Göttliche über den Menschen. Als der vierte Kalif, Imam Ali, in einer Schlacht seinen Gegner niedergerungen hatte und gerade dabei war, ihn zu töten, spuckte der zornige Kämpfer ihm ins Gesicht. Der gekränkte Imam Ali hob sein Schwert zum Todesstoß in die Höhe, hielt dann aber plötzlich inne und ließ das Schwert sinken.

„Was ist passiert?", fragte sein Widersacher, während er sich noch aus seiner Notlage befreite. „Du hättest mich töten können und jetzt kneifst du?"

Imam Ali wischte sich die Spucke des Gegners ab und antwortete: „Ich bin in den Krieg gezogen, um die Ehre Gottes zu verteidigen. Du widersetzt dich Ihm, nicht mir. Als Feind des Schöpfers wollte ich dich töten, aber als du mich angespuckt hast, ging es nicht länger um Gott, sondern es wurde persönlich. Du hast mich beleidigt und dafür kann ich dich nicht töten."

Tief berührt von der Aufrichtigkeit, Selbstlosigkeit und spirituellen Klarheit, schloss sich der Widersacher Imam Ali an und wurde Muslim. Diese Anekdote ist unter Muslimen seit 1500 Jahren wohlbekannt. Es handelt sich um dieselbe Art von moralischer Ritterlichkeit, die Saladin dazu veranlasste, Richard Löwenherz seinen eigenen Leibarzt zur Verfügung zu stellen. Ihr Kampf galt dem Heiligen und nicht dem eigenen männlichen Ego. Auch in unserer Zeit setzt sich, auf einer hässlichen und unentschuldbaren Ebene, derselbe Kampf fort.

Hässlich ist er, weil keine Selbstbeherrschung nach dem Vorbild Imam Alis mehr existiert. Vielmehr leben einzig der Impuls und das Bestreben fort, das Göttliche zu bewahren und zu verteidigen. Als der Prophet Mohammed sein Leben und seine Stadt um die Moschee herum als deren Zentrum gestaltete, betrat ein Beduine diesen heiligsten aller Orte und urinierte ungeniert. Diese Schändung erzürnte die Prophetengefährten und sie wollten den Nomaden dafür strafen. Der Prophet aber zeigte Verständnis für den Beduinen und säuberte den Ort wieder. Sein inniges Selbstvertrauen und die Überzeugung von der heiligen Sache ermöglichten diese Großherzigkeit. Die heutige islamische Welt hat diese Überzeugung, aber ihr mangelt es an Zutrauen. Wie kann dieses verinnerlichte Selbstvertrauen wiedererlangt werden?

Salman Rushdies Roman *Die satanischen Verse* rechtfertigt weder Massenproteste noch die Ermordung der Übersetzer oder Rushdies jahrelanges Abtauchen im Untergrund. Der niederländische Filmemacher Theo Van

Gogh verdiente es trotz seiner anti-islamischen Filme zu leben. Muslime hätten die dänischen Mohammed-Karikaturen der Zeitung *Jyllands-Posten* einfach ignorieren sollen. Die Journalisten von *Charlie Hebdo*, die 2015 von Terroristen wegen ihrer Karikaturen des Propheten niedergeschossen wurden, waren sicherlich beleidigend, gerade für Gläubige auch verletzend, aber das ist keine Rechtfertigung für eine Ermordung.

Zu seinen Lebzeiten war Mohammed mit schlimmeren Schmähungen als Karikaturen konfrontiert: Man bezichtigte ihn der Zauberei, des Betrugs, der Lüge, Folter, es kam zu Übergriffen auf ihn und seine Anhänger. Als er mit den mekkanischen Paganen den Vertrag von Hudaibiya aushandelte, eine zehnjährige Phase des Waffenstillstands, leitete der Schreiber des Propheten den Vertrag mit den Worten ein: „Im Namen Gottes, des Barmherzigen, des Erbarmers. Dies ist ein Abkommen zwischen Mohammed, dem Gesandten Gottes, und den Anführern Mekkas ….“ Die Mekkaner akzeptierten zwar den Gottesbezug, lehnten die Formulierung „des Barmherzigen, des Erbarmers“ und den Anspruch Mohammeds als „Gesandter Allahs“ aber ab. Kurz gesagt lehnten sie seine gesamte Daseinsberechtigung rundweg ab. Er akzeptierte ihre ablehnenden Einwände, da er nach Frieden in der Gesellschaft strebte und eben nicht nach Kampf und Mord.

Wieder hatte Mohammed das Selbstvertrauen in seine Überzeugungen unter Beweis gestellt: Er brauchte keine ständige Bestätigung durch seine Feinde. Heute fühlen sich muslimische Aktivisten beleidigt, wenn ihre vermeintlichen Feinde unter den als ungläubig angesehenen Dänen, Holländern oder Amerikanern den Propheten des Islam ablehnen und verhöhnen. In der Vergangenheit musste das Kalifat oder die muslimische Obrigkeit auf derartige Angriffe reagieren oder diese geflissentlich ignorieren. In der Moderne war es Voltaire, der mit seinem Theaterstück *Mahomet* dieser Tradition Bahn brach. Interessanterweise verteidigte Napoleon daraufhin den Propheten und den zweiten Kalifen Omar. Allerdings setzten die Muslime keine Attentäter auf Voltaire an, weil sie das Selbstvertrauen besaßen, ihn zu ignorieren, und wussten, dass der Koran gewaltsame Selbstjustiz untersagt. Mittlerweile ist in Ermangelung einer klaren Führung und aufgrund des Niedergangs eine Empfindlichkeit gegenüber dem Schutz des Heiligen erwachsen, die selbst vor extremen Handlungen nicht zurückschreckt und den Geboten der heiligen Schrift entgegensteht.

Muslime klammern sich an die letzten Brosamen ihrer Identität, indem sie ihre Religion wie einen Schatz hüten. Ihnen stehen die Erfolge und Misserfolge Europas vor Augen: Die Folge von Aufklärung und Renaissance ist ein vom Heiligen losgelöster Säkularismus, eine Kultur, die den modernen Menschen als Souverän ins Zentrum der Gesellschaft gestellt hat. Diese Art spirituelle Entleertheit wird – im Gegensatz zum Reichtum religiöser Sinngebung – als ein Leben aufgefasst, das eines höheren Sinnes beraubt ist, sich bedingungslos einem bloßen Materialismus verschrieben hat und daher nicht lebenswert erscheint. Damit einher geht auch die rasende, meist gewalttätige Reaktion der religiösen Führer, wenn in muslimischen Ländern Stimmen für den Atheismus, die Verspottung der Religion oder des Propheten laut werden, da sie fürchten, dass sich darin letztlich eine *laïcité* französischer Provenienz Bahn breche und sich Gottlosigkeit in die islamische Welt einschleichen könnte, sollte Blasphemie nicht vehement bestraft werden. Vertreter religiöser Freiheit werden schlechterdings als Vorboten der Gottlosigkeit begriffen.

Im Jahre 2011 wurde in der Region Pandschab in Pakistan Salman Taseer, der Gouverneur dieser größten Provinz, von seinem eigenen Leibwächter erschossen, weil er eine Christin unterstützt und zugestimmt hatte, Pakistans mörderische Blasphemiegesetze aufzuheben. Im Jahre 2012 führte ein den Islam und den Propheten Mohammed verunglimpfendes Youtube-Video zu Massenprotesten und Brandanschlägen auf die US-Botschaften in Ägypten und Tunesien sowie zu mehreren Toten in Afghanistan. Türkische und indonesische Politiker warben bei den Vereinten Nationen mit Unterstützung einer Koalition von 57 Mitgliedsstaaten, der Organisation für Islamische Zusammenarbeit (OIC), für die Verabschiedung eines weltweit gültigen Gesetzes, das analog zu den Blasphemiegesetzen in Pakistan die Kritik der Religion verbieten sollte. Eine PEW-Meinungserhebung in 38 muslimischen Ländern aus dem Jahr 2013 ergab, dass 88 Prozent der Muslime in Ägypten und 76 Prozent in Pakistan die Todesstrafe für Menschen befürworteten, die sich vom Islam abwenden. Im Gegensatz dazu belief sich die Zustimmung zur Tötung von Ex-Muslimen in der Türkei auf 17 Prozent und lediglich auf 6 Prozent unter russischen Muslimen. In Ägypten wurde 2014 ein Aktivist aufgrund von Facebook-Posts, in denen er den Islam kritisierte, wegen Atheismus verhaftet. In Saudi-Arabien wurde ein Blogger dafür ins Gefängnis gesteckt und öffentlich ausgepeitscht. In Bangladesch wurden 2015 mindestens fünf Blogger mit Macheten ermordet. Im Jahre 2016 wurden acht Menschen in Zamfara in Nigeria verbrannt, nachdem ein Student unerwünschte Aussagen über den Islam und den Propheten Mohammed geäußert hatte.

Diese Unsitte, Kritikern gewalttätig zu begegnen, wird anhalten, solange wir in der übrigen Welt dies nicht gleichermaßen intellektuell wie rechtlich verurteilen. Für muslimische Aktivisten und insbesondere die islamistischen Extremisten unter ihnen ist dieser globale Kampf für ihren Glauben jeden Blutstropfen wert. Sie missbrauchen Gesetze, um die freie Wahlmöglichkeit zu unterdrücken. Selbst wenn etwas daran *haram* oder verboten sein sollte, Fragen zu stellen oder eine neue und andere Religion anzunehmen, ist es nicht die Sache der Regierungsbürokraten, den Extremisten als Erfüllungsgehilfen zur Seite zu springen und *halal* oder *haram* mit legal oder illegal gleichzusetzen. Diejenigen unter uns, die sich ihnen entgegenstellen, müssen bessere Argumente vorbringen (siehe unten). Momentan erscheint der Islam im öffentlichen Leben kraftvoll und gestärkt, weil für muslimische Dissidenten eine gravierende Gefahr für Leib und Leben besteht, aber wie lange soll das noch so weitergehen? Ohne Freiheit zweifellos nicht mehr lange. Die Attraktivität des Islam liegt in seiner schlichten Botschaft, den einen Gott anzubeten, dem wohlverwahrten Koran, einem ehrwürdigen Propheten, einem hochgeschätzten Familienleben und der Seelenwanderung ins Jenseits. Das alles wird von den brutalen Blasphemiegesetzen bedroht.

Dabei handelt es sich für mich nicht um eine rein akademische Debatte. Mit 13 Jahren demonstrierte ich im Zentrum Londons gegen Salman Rushdies Roman *Die satanischen Verse* und unterstützte damit die iranische Fatwa, die zu seiner Ermordung aufrief. Heute, fast 30 Jahre später, haben sich meine Ansichten aus den folgenden sechs Gründen gewandelt.

Erstens war der Prophet Mohammed zu Lebzeiten Gegenstand verleumderischer Dichtung – dem altarabischen Äquivalent zu heutigen Youtube-Videos, Zeitungskarikaturen und belletristischen Bestsellern. Diesen volkstümlichen Hass ignorierte er in den meisten Fällen einfach. In Medina, als Oberhaupt eines kleinen Stadtstaates, hat er nicht nur dem Beduinen vergeben, der in seine Moschee urinierte, sondern ließ auch denjenigen gegenüber Nachsicht walten, die ihn hintergingen. Einer seiner erbittertsten Feinde war Abdallah ibn Ubayy, der Anführer einer gegen den Propheten verschworenen Gruppierung. Als Ubayy eines natürlichen Todes starb, trauerte der Prophet und bot an, beim Begräbnis das Gebet zu leiten. Nach 13 Jahren der Unterdrückung und acht Jahren Krieg vergab der Prophet auch anderen Widersachern, darunter Wahschi, einem bezahlten Söldner, der Hamza, den geliebten Prophetenonkel, getötet hatte. Oder Hind, einer verrückt gewordenen Frau, die die Leber des toten Hamza verspeiste, um öffentlich ihre Rache für den Tod ihres Ehemannes in einer vorangegangenen Schlacht zum Ausdruck zu bringen. Unter diesen blutrünstigen alten Arabern zog der Prophet sein Mitgefühl aus seiner Glaubensüberzeugung und dem Vertrauen in Gott. Daher nimmt es nicht wunder, dass der Koran ihn als „Gnade für die Welt"[1] beschreibt.

Zweitens ließ der Prophet, als viele seiner frühen Gefährten sich vom Islam abwandten und Medina Richtung Mekka den Rücken kehrten, um wieder ihre alten Götter anzubeten, dies ungesühnt geschehen. Ein prominentes Beispiel dieser Abkehr vom Islam und der Rückkehr nach Mekka stellt Abdallah ibn Abi Sarh dar. Jedoch richtete Mohammed weder Hasspredigten noch Mordaufrufe gegen ihn. Solange es sich nicht um Betrug oder Verrat handelte, stand es frühen Muslimen frei, sich vom Islam abzuwenden. Für Apostasie ist im Koran keine Strafe vorgesehen. Heutzutage schreiben alle vier islamischen Rechtsschulen, die *madhabs*, die Todesstrafe für Apostasie vor. Im Mittelalter allerdings, als sich die Rechtsschulen herausbildeten, setzten sie in ihrer Interpretation noch Hochverrat mit Apostasie gleich. Dahinter stand die frühislamische Vorsicht, Unterwanderung und öffentliche Feindseligkeiten gegen Muslime und den Islam zu bekämpfen. Heutzutage verlässt kaum jemand den Islam, um ihm aktiv zu schaden – man wendet sich einfach in Frieden von ihm ab. Ebenso wie der Prophet Apostaten in Frieden ließ, sollten zeitgenössische Muslime lernen, zu akzeptieren, dass Menschen den Islam verlassen können und Ex-Muslime werden, und dass die Freiheit dazu nicht ihren Tod rechtfertigt.

Drittens liegt ein Hauptbeweggrund, ‚Nicht-Muslime' wegen Beleidigung des Islam zu töten, darin, dass ‚die muslimische *Umma*' oder globale Gemeinschaft der Muslime angegriffen werde. Die wahrgenommene Exklusivität der *Umma* wird vom ‚*die gegen uns*'-Narrativ befeuert. Das *Um-*

*ma*-Verständnis Mohammeds bezog dagegen auch Juden, Christen und andere mit ein.

Viertens ist das Zeitalter der religiösen Intoleranz und Imperien längst vorbei. Jahrhundertelang ließen sich Juden und Muslime nicht im Westen nieder, weil sie als Lästerer wider das Christentum und Jesus Christus verfolgt worden wären. Großreiche verteidigten ihr Verständnis von Religion: England wahrte den Protestantismus, Frankreich und Italien den Katholizismus, Russland das orthodoxe Christentum und die Osmanen förderten den Islam. Die Welt der rivalisierenden Reiche ist nun glücklicherweise vorbei. In großer Zahl wanderten Muslime in den Westen ein und stehen nun auf eigenen Beinen, dank der Abschaffung der Blasphemiegesetze. Muslime und andere genießen Religionsfreiheit. Sie sind frei, zu missionieren, ebenso wie sich vom Islam loszusagen. Im Grunde wird von Muslimen erwartet, voll des *Schukr*, also voller Dankbarkeit zu sein. Im Koran steht als Gegensatz zu *Schukr* der Unglaube beziehungsweise *Kufr*. Für eine der Dankbarkeit verpflichtete Gemeinschaft ist es mehr als undankbar, die Brücken des Pluralismus und Säkularismus einzureißen, die es gerade Muslimen ermöglichen, ihren Glauben im Westen auszuüben.

Fünftens muss Christen und anderen in muslimischen Ländern die freie Religionsausübung zugestanden werden, ebenso wie es Muslimen im Westen frei steht, mit sichtbaren Zeichen des Islam wie dem Bau von Moscheen, *halal*-Metzgereien, eigenen Friedhöfen und jeglichem Bedarf für das Gemeindeleben Frömmigkeit auszuüben. Selbst im imperialen Zeitalter blieb dieses auf Gegenseitigkeit beruhende Prinzip in der Regel gewahrt. In einer globalisierten Welt erfüllen Blasphemiegesetze keinen Zweck mehr, vielmehr zwingen sie Religionsanhänger so zu tun, als seien sie religiös, auch wenn ihnen ihre Glaubensüberzeugungen in Wirklichkeit abhandengekommen sind.

Sechstens erzeugt Zwang eben keine wahre Frömmigkeit oder Redlichkeit unter den Gläubigen. Wo auch immer moralisches Verhalten erzwungen wird, wird der Boden für Scheinheiligkeit und gesellschaftliche Ausgrenzung bereitet. Ich habe das während meines Aufenthalts in Saudi-Arabien erlebt. Der Koran ist vollkommen klar: „Es gibt keinen Zwang im Glauben“[2] – und dennoch bewirkt das saudische Verbot von Bibeln und christlichen Zusammenkünften, dass sich die westlichen Botschaften zu Zufluchtsorten eines trotzigen lokalen Christentums mausern. Junge Saudis konvertieren im Geheimen oder schwören der Religion ab und werden zu streitlustigen Atheisten. Gleichzeitig waren es unter den vielen Migranten aus dem Nahen Osten, denen ich in meiner Zeit in den Vereinigten Staaten begegnet bin, vor allem Iraner, die vor den schiitischen Klerikern geflohen waren und nun – neugeboren und zum evangelikalen Christentum konvertiert – geradezu darauf erpicht waren, mich oder andere ‚Ungläubige' zu missionieren. Solange Muslime nicht damit aufhören, den Islam mithilfe des Staates anderen aufzuzwingen, bleibt das Risiko bestehen, dass sich immer mehr Muslime vom Islam abwenden. Was der Prophet mit *Dhauq* beschrieb, dem Geschmack religiöser Hingabe, lässt sich nur aus freien Stücken genießen.

Zu den wichtigsten heiligen Rechten im Islam zählt es, dass Gott nicht will, dass die Muslime seine Schöpfung töten. Das menschliche Leben selbst gilt dabei als sakrosankt. Diese Stärke des Islam, das Göttliche in Ehren zu halten, sollte durch Freiheit geschützt und nicht mit Gewalt verteidigt werden. Diese Debatte müssen wir für uns entscheiden, ebenso wie die Gesetzgebung in muslimischen Ländern Pluralismus gewährleisten muss.

## Kapitel 19

# Familienangelegenheiten

Der Patriarch Abraham oder Ibrahim, wie er von Muslimen genannt wird, war für seine Gastfreundschaft und die Vielzahl seiner Besucher berühmt und berüchtigt. Ibrahim und seine Familie schätzten es, wenn ihre Gäste ähnliche Sichtweisen wie sie selbst vertraten und ihre eigene Weltanschauung weitgehend widerspiegelten. Einmal kam ein Mann mittleren Alters zu Ibrahim nach Hause. Nach dem Abendessen ging der Besucher direkt ins Bett, ohne zu beten und Gott dankzusagen. Am darauffolgenden Morgen nahm der Gast sein Frühstück zu sich, aß danach am Esstisch von Ibrahims Familie zu Mittag, betete dann eine Götzenstatue an und ging nach dem Abendmahl wiederum direkt ins Bett, ohne Ibrahims Familie bei ihrem gemeinsamen Gottesdienst zu Ehren des einen Gottes Gesellschaft zu leisten. Nachdem eine Woche so vergangen war, stellte Ibrahim den Mann zur Rede. Weil ihn die Gottabgewandtheit seines Gastes und die Anbetung einer Statue störten, schickte Ibrahim ihn fort, da er in seinen Augen ein undankbarer Götzendiener war. In dieser Nacht erhielt Ibrahim eine Botschaft von Gott: „Was hast du, Ibrahim? Konntest du Meinen Diener, Meine Schöpfung, nicht für eine Woche ernähren, nur weil er nicht zu Mir betete? Dabei habe Ich ihn seit über 40 Jahren genährt und ihn geschützt."

Die Sufis erzählen diese lehrreiche Geschichte, um andere Muslime dazu zu ermuntern, unsere Gäste ganz ungeachtet ihres Glaubens oder Hintergrunds zu ehren. ‚Der Gast ist Gott' lautet bei muslimischen Familien auf dem indischen Subkontinent und in arabischen Ländern eine geflügelte Redewendung. Gastfreundschaft beschränkt sich hierbei nicht darauf, sich in Restaurants, Kneipen und Bars zu treffen, sondern heißt vor allem, gemeinsam im Kreise der Familie eigens zubereitetes Essen zu sich zu nehmen. Westlichen Reisenden, die mit islamisch geprägten Kulturen in Kontakt kommen, fällt gerade diese allgegenwärtige Warmherzigkeit auf. Trotz einer weitverbreiteten Verwestlichung ist die Institution der Familie und der heimischen Gastfreundschaft noch immer intakt. Selbst wenn man sich außerhalb des Hauses trifft, kommt die Option, getrennt zu zahlen, überhaupt nicht infrage – es gilt sogar als beschämend. Immer wird ein muslimischer Gastgeber darauf bestehen, die gesamte Rechnung zu übernehmen.

Hierin manifestiert sich die weitverbreitete, lang erprobte und hoch geschätzte Bedeutung der Familie. Gäbe es dieses familiäre gewisse Etwas in den eigenen vier Wänden nicht, würden wir einfach zu ‚Kunden' in kommerziellen Betrieben statt zu geschätzten und geehrten Gästen in Häusern in den entlegensten Winkeln der Welt, weit entfernt von unserem eigenen Zuhause. Der Esstisch der Familie ist ohne die Familie bedeutungslos.

Der große Einfluss des Islam auf das Familienleben seiner Anhänger steht außer Zweifel. Er ist so tief verwurzelt, dass die meisten Muslime jeglicher Couleur, von den Säkularen bis zu den Frömmsten, innerhalb einer beständigen islamischen Kultur aufwachsen und erzogen werden. Die arabischen Vornamen in der Prophetenfamilie herrschen bei der Namenswahl für muslimische Kinder in Europa, der Türkei, auf dem Balkan, dem Kaukasus und Indonesien, ja selbst unter den uigurischen Muslimen Chinas immer noch vor: Chadidscha, Aischa, Fatima für Mädchen und Ali, Abdullah, Hasan, Husain für Jungs.

Im Westen gilt es als Maßstab für Liberalität, nicht alleine für die Rechte von Homosexuellen einzutreten, sondern auch die Homoehe zu fordern. Von den USA über Irland bis zu anderen westlichen Ländern wurden gleichgeschlechtliche Partnerschaften ungeachtet konservativer und religiöser Vorstellungen von traditioneller Ehe und Familie in Gesetzesform gegossen. In keinem einzigen muslimischen Land ist diese Form der Ehe rechtlich zugelassen. Selbst diejenigen, die sich als liberal, westlich und fortschrittlich begreifen, sprechen sich in ihrer überwiegenden Mehrheit gegen jede Abweichung vom traditionellen Familienbild aus. Die Familienstruktur Vater-Mutter-Kind bildet den festen Kern muslimischer Gesellschaften weltweit, allerdings nicht ganz ohne moderne Herausforderungen.

In der islamischen Welt existiert kein Konzept von ‚Zivilehe'. Die Hochzeitszeremonie folgt selbst in erklärtermaßen areligiösen Familien religiösen Mustern. Ein Imam muss anwesend sein. Er zitiert aus dem Koran und erinnert die Versammelten daran, was der Prophet sagte: „Die Ehe entspricht meiner Lebensführung. Wer auch immer die Ehe ablehnt, gehört nicht zu meiner Gemeinde." Gemäß der Scharia wird eine ausdrückliche Einwilligung der Braut und des Bräutigams in Anwesenheit von männlichen Zeugen verlangt. Der Prophet lehrte, dass, nachdem die Frau das Brautgeld vom Mann entgegengenommen hat, Süßigkeiten ausgetauscht werden sollen. Auf der Arabischen Halbinsel ist es Brauch, einander Datteln zu reichen; in anderen Weltregionen werden Gebäck, Schokolade und andere Süßigkeiten für diesen feierlichen Anlass verwendet.

Ein Imam hebt die Hände und betet zu Gott und für einige kurze Minuten stimmt die gesamte Versammlung in das Bittgebet für Gesundheit, Glück und frommen Nachwuchs für die Frischvermählten mit ein. Wenn die Hochzeit öffentlich stattfindet und das Einverständnis der Eltern eingeholt ist, wird von den Eltern des Bräutigams eine *walima* (Festmahl oder Bankett) ausgerichtet.

Der Ehemann nimmt seine Ehefrau fast immer mit zu sich nach Hause, wo sie mit ihm und seiner Familie zusammenlebt. Von den eigenen Eltern verabschiedet sie sich. Die Auffassung, dass Söhne und Töchter zuerst von Zuhause ausziehen müssen, um erwachsen zu werden, wirkt in der islamischen Welt, wo meist zwei oder drei Generationen unter einem Dach wohnen, immer noch recht befremdlich.

Der westliche Einfluss auf muslimische Heiratszeremonien zeigt sich am ehesten in der westlichen Kleidung, der westlichen Musik während der *walima*, im ausgiebigen Konsum von Coca-Cola und anderen Softdrinks, westlichen Autos und letztlich im neuen Konzept der Flitterwochen beziehungsweise des ‚honeymoon'. Junge Ehepaare reisen heutzutage an entlegene Orte, wobei ältere Muslime eher fassungslos darauf blicken: Warum ist ein Paar so egoistisch und verspürt überhaupt den Wunsch, die Familie zu verlassen? Versteht man das Wort Mond im Sinne des Mondkalenders als ‚Monat', dann wurde das englische Wort „honeymoon" für Flitterwochen mit „*Schahr al-Asl* – Monat des Honigs" wörtlich ins Arabische übertragen. Häufig wird der ‚Honigmonat' in westlichen Hauptstädten verbracht.

Im Anschluss daran kehrt das Paar heim ins Haus der Eltern des Ehemanns und stattet der Brautfamilie mit Süßigkeiten und Geschenken einen Besuch ab. Dabei wird den Eltern beider Brautleute und den älteren Familienangehörigen stets tiefster Respekt entgegengebracht. Zum einen gebietet die Kultur, Eltern zu respektieren und zu schützen, dies gilt aber auch, weil diese Kultur 14 Jahrhunderte lang durch die Lehren des Islam geprägt wurde. Der Generationenvertrag besagt, dass die Jüngeren die Älteren ehren und im Gegenzug die Alten ihre Zuneigung und Liebe für die Jungen zum Ausdruck bringen.

Man kann das auf den Straßen beobachten, wo Kleinkinder geküsst, geherzt und ihre Köpfchen von wildfremden Menschen ohne Hintergedanken liebevoll getätschelt werden. Dieser ungezwungene Kontakt und die Distanzlosigkeit zu Kindern ist heute im Westen undenkbar, aus Angst zu belästigen oder der Pädophilie beschuldigt zu werden. Als ich in Syrien lebte, küssten meine Freunde kleine Kinder auf die Hand, die Bäckchen, den Kopf oder die Lippen. Für jemanden wie mich aus dem Westen war das irgendwie befremdlich, aber mir wurde schon bald klar, dass das Problem bei mir lag und nicht bei meinen Freunden.

Eine muslimische Gesellschaft achtet auch ihre Alten. Senioren leben normalerweise nicht isoliert oder werden in Altersheime gesteckt. Ältere Mitglieder der Familie und der Gemeinschaft gelten als ehrwürdig. Durch das Küssen ihrer Hände und der Stirn wird ihnen Respekt erwiesen, man bietet ihnen einen Stuhl und freitags einen Ehrenplatz in der Moschee an. Eine ältere Person mit dem Vornamen anzusprechen, wird als zu vertraulich und respektlos empfunden, stattdessen ist die Anrede mit einem Titel oder mit ‚Onkel' oder ‚großer Bruder' üblich und statthaft. Im Wesentlichen deckt sich das mit den Ehrerbietungen gegenüber den Eltern. Der Koran fordert die Muslime grundsätzlich zu einem solchen Verhalten auf, dass ihre Eltern niemals ein verzweifeltes oder sorgenvolles „*Uff*" ausstoßen müssen. Kinder sollen sich vorbildlich verhalten – was natürlich sehr schwierig ist und nur in steter Auseinandersetzung gelingt. „Gott, erbarme Dich ihrer, so wie sie Erbarmen mit mir zeigten, als ich jung war"[1], lautet ein Gebet für junge Menschen im Koran.

Im Koran wird Schwangerschaft als „*wahn ala wahn* – Erschöpfung auf Erschöpfung"[2] beschrieben. Das arabische Wort *rahm* für „Mutterleib" geht auf dieselbe Wurzel zurück wie *al-Rahman*, der Barmherzige, eines der wichtigsten Attribute Gottes. Ein Element des Göttlichen, das erschafft, spiegelt sich in der Mutter, wenn sie gebärt; ein Wunder Gottes.

Bis heute werden Muslime mit der Erzählung erzogen, dass einst ein Jüngling den Propheten fragte: „Wem sollte ich den größten Respekt erweisen?“ Worauf Mohammed entgegnete: „Deiner Mutter.“ „Und wem nach ihr?“ frage der Junge. „Deiner Mutter“, lautete abermals die Antwort. „Und wem noch?“, wiederholte er seine Frage. „Deiner Mutter“, antwortete der Prophet erneut. Dreimal hob der Prophet die Mutter hervor.

Die Kraft der islamischen Kultur in muslimischen Gesellschaften speist sich aus solchen allgegenwärtigen Lehren und ihrer Befolgung im Alltag sowie in einschneidenden Lebenssituationen wie Geburt, Heirat und Tod. Diese Harmonie von Text und Kontext wird durch das moderne Leben freilich ständig infrage gestellt.

Bis vor kurzem waren Altersheime eine rein westliche Sache. Die Pflege und Umsorgung der Alten war immer, und ist gemeinhin noch, die Aufgabe der Familie. Die meisten älteren Menschen leben immer noch bei ihren Angehörigen – sogar in Flüchtlingslagern, die ich im Libanon besucht habe, leben drei Generationen von Palästinensern in denselben maroden Häusern. Allerdings sehen wir erstmals, dass diese Tradition unter Druck gerät. In einigen Ländern wie Ägypten befinden sich in den Großstädten ältere Menschen in häuslicher Betreuung durch Nichtverwandte oder werden manchmal auch in Pflegeheimen untergebracht. Saudi-Arabien bietet zum Teil häusliche Pflege und einige Pflegeheime für Senioren ohne Familie, die sich um sie kümmern würde. Ansonsten wird von den Angehörigen erwartet, für ihre betagten Familienmitglieder zu sorgen.[3]

Unter Muslimen sind große Familien immer die Norm gewesen, aber zu den Faktoren, die sich auch hier auf das traditionelle Leben der Muslime auswirken, gehören unter anderem: der moderne, westliche Fokus auf die Kleinfamilie, der sich darin niederschlägt, dass allgemein später geheiratet wird, wenn Frauen schon in ihren Dreißigern stehen, dass beide Ehepartner zum Haushaltseinkommen beitragen müssen, Frauen ihre Karriere fortsetzen möchten und Wohnraum knapper bemessen wird und erst durch Kredite finanziert werden muss.

In den USA und katholisch geprägten Gesellschaften sind Schwangerschaftsabbrüche ein gesellschaftliches Brennpunktthema. Die Scharia zeigt sich in dieser Hinsicht jedoch recht flexibel: Die hanafitische Rechtsschule gestattet Abtreibungen bis zu 120 Tage nach der Empfängnis. Die Thematik an sich wird unter Muslimen kaum diskutiert, wobei sich ein Anstieg von Schwangerschaftsabbrüchen bereits abzeichnet. In Indonesien gehört die

Abtreibungsrate mit 37 von 1000 Frauen zu den höchsten der Welt – mehr als zwei Millionen im Jahr.[4] In Ägypten und der Türkei liegt die Rate mit etwa 15 aus 1000 Frauen niedriger als mit 16,9 in den Vereinigten Staaten.

Regierungen vieler muslimischer Länder sind auf das Modell Kleinfamilie aufgesprungen, um Wirtschaftswachstum, Entwicklung und Armutsbekämpfung zu fördern. Selbst das Mullah-Regime im Iran bezuschusst staatlich Verhütungsmittel, um auf die Familienplanung einzuwirken.

Ob nun der Anstieg von Scheidungen, die Zunahme von Altenpflege außerhalb der Familie oder die Tendenz zur Verwestlichung und Verkleinerung muslimischer Familien: Diese bedrohlichen Herausforderungen werden die Kernbotschaft des Koran nicht untergraben, die noch immer überwiegt. Für junge Leute hat die traditionelle Ehe immer noch ihre Gültigkeit und auf natürlichem Wege eine Familie zu gründen, bildet die gängige Norm.

Zu Gast in einer muslimischen Familie, wird man gerade als Besucher aus dem Westen all das Beschriebene beobachten und darüber hinaus noch etwas anderes erleben. Egal ob in den ärmlichsten Behausungen in Nigeria oder in Flüchtlingslagern in der Türkei, die annähernd zwei Millionen geflüchteten Syrern Unterschlupf gewährt: Ein Gast wird als Ehre empfunden. Der Familienesstisch wird von zusätzlicher Freude beseelt, wenn Besuch bewirtet wird. Der traditionelle Sinn für Gastfreundschaft aus den Wüsten Arabiens hat sich auch in den modernen vier Wänden bewahrt, wo einem das Gefühl gegeben wird, wichtig und besonders zu sein. Damit kann der Westen nicht mithalten. Aus heiterem Himmel verteilen muslimische Familien Geschenke, Umarmungen und Einladungen zum Essen bei sich zu Hause. Der liebevolle Geist des Islam hält immer noch die Familie zusammen, aus der die Gesellschaft immensen Nutzen zieht. Aber die Familie bereitet ihre Jungen und Alten auch auf das vor, was uns über dieses Leben hinaus erwartet.

Kapitel 20

# Leben nach dem Tod

Alle Menschen suchen instinktiv nach Sinn in ihrem Leben. Bewusst oder unbewusst wollen wir erfahren, woher wir kommen, warum wir auf der Welt sind, und wohin wir gehen. Der westliche Humanismus gibt auf diese existentiellen Fragen keine abschließenden Antworten. Moralischer Relativismus und Vorstellungen wie ‚es gibt keine definitive Wahrheit' sind dem innerislamischen Diskurs fremd. Der Islam thematisiert die menschliche Sinnsuche mit unmissverständlichen Worten.

Die alten Ägypter glaubten an ein Leben im Jenseits, auf das sie sich in akribischer Manier vorbereiteten. Die Pyramiden der Pharaonen und die Gräber der ägyptischen Eliten geben Zeugnis davon, dass das diesseitige Leben der Vorbereitung auf eine andere Existenz diente. Im antiken Griechenland war man der Auffassung, dass das Leben in dieser Welt lediglich eine Durchgangsstation darstelle: Sokrates sprach in den letzten Tagen seines Lebens von der Erwartung, seinem Schöpfer gegenüberzutreten. Die spätantiken Araber jedoch glaubten *nicht* an das Jenseits. Die Mission des Propheten Mohammed unter den arabischen Stämmen bestand darin, sie mit den Kulturen, die über das Hier und Jetzt hinausblickten, geistig in Verbindung zu setzen.

Für die paganen Araber existierte nur das weltliche Leben. Sie brachten ungestraft ihre eigenen Töchter um, da sie sich weder vor ihren Zeitgenossen verantworten noch nach dem Tod für die eigenen Taten geradestehen mussten. Die Auffassung, in der nächsten Welt für die eigenen Taten in diesem Leben Rechenschaft ablegen zu müssen, wurde als verschrobener Glaube von Juden und Christen abgetan, die als Minderheiten in Mekka, Taif und Yathrib (später Medina) lebten. Die Aufforderung des Propheten, an nur einen Gott zu glauben, war für die götzenanbetenden Polytheisten bereits revolutionär. Aber an ein jenseitiges Leben über die irdische Existenz hinaus zu glauben, bedeutete eine völlige Umwälzung für die Weltsicht eines Gläubigen.

Muslime glauben an die Existenz eines *Achira*, einer anderen Welt, zu der unsere Seelen nach unserem Tod wandern. Während ihres gesamten Lebens arbeiten sie auf Erfolg im Jenseits hin. Dieser Glaube an ein *Achira* wird in täglichen Gebeten, Fürbitten, Koranrezitationen sowie im Vollzug ‚guter Taten', frei von Prahlerei oder anderen Hintergedanken, wachgehalten. Gibt ein pflichtbewusster Muslim beispielsweise Almosen, hilft er, die Straßen sauber zu halten oder Ungerechtigkeit zu bekämpfen, tut er dies mit reinem Gewissen Gott gegenüber und für Belohnung in diesem wie im nächsten Leben.

Am deutlichsten wird die Unaufschiebbarkeit des *Achira* auf dem jährlich stattfindenden Hadsch spürbar, wo jeder Muslim ein Familienmitglied, einen Verwandten oder Freund hat. Dort tun Millionen Menschen in der Ebene von Arafa am Rande Mekkas einen Tag lang Buße für ihre Missetaten und bitten um ihr Seelenheil im Jenseits. Der Prophet Mohammed hielt seine Abschiedspredigt dort auf einem Hügel und seine Worte hallen bis zum heutigen Tag in der Ebene von Arafa und der ganzen Welt wider. Der Tag von Arafa findet ungefähr 70 Tage nach Ramadan und einen Tag vor dem Eid al-Adha (Opferfest) statt, dem zweitwichtigsten der muslimischen Feiertage. Vor seinem Tod mahnte der Prophet am Tag von Arafa seine Anhänger: „Bedenket, dass ihr eines Tages vor Gott treten werdet, um euch für eure Taten zu verantworten. Hütet euch und weicht nach meinem Dahinscheiden nicht vom Pfad der Rechtschaffenheit ab. Verkündet meine Worte und gebt sie immer weiter, damit der Letzte meine Worte besser verstehen möge als heute diejenigen hier."

Mit dem Hadsch wird Jahr für Jahr dieser Worte des Propheten über die Ankunft des nächsten Lebens gedacht. Das *Achira* währt ewig, unser diesseitiges Dasein ist vergänglich. Wann immer ich von Zweifeln an dieser Wahrheit befallen werde, rufe ich mir die Erklärung von Imam Ghazali (1058 – 1111) ins Gedächtnis. Er schrieb, dass ein Embryo nichts von der Geburt und davon, ein Baby zu sein, weiß oder versteht und ein Baby nicht die Entwicklung zum Kleinkind und später zum Kindergartenkind vorhersieht, so begreift auch ein Kind wiederum nicht die Pubertät oder die Lebensmitte. Ebenso scheint einem körperlich leistungsfähigen, gesunden Menschen auf dem Höhepunkt seines Lebens die eigene Gebrechlichkeit unvorstellbar – auf diese Weise verhält es sich auch mit dem Jenseits und uns. Nur, weil wir das *Achira* naturwissenschaftlich nicht fassen können, bedeutet das nicht, dass uns kein anderes Reich erwartet.

Dabei handelt es sich nicht um eine abstrakte Idee, sondern eine andere gelebte Erwartungshaltung, die viele Aspekte des zeitgenössischen muslimischen Lebens auf eine Art durchdringt, die im Westen einfach weitgehend unbeachtet bleibt. Im vormodernen Westen beherrschte die Kirche architektonisch sowie als Institution das öffentliche Leben. Kirchhöfe fungierten als Friedhöfe, und den Tod umgab kein gesellschaftliches Tabu. Heute versuchen viele Menschen, den Tod so lang wie möglich zu verdrängen und den Alterungsprozess durch Botox und andere Mittel hinauszuzögern, um dem Unvermeidlichen so zu entgehen. Selbst in den evangelikalen Megachurches in Amerika ruhen die Toten nicht mehr in den um die Kirchen angelegten Gärten. Wir haben den Tod aus unseren Städten entfernt und ihn hinter hohe Friedhofsmauern, dem menschlichen Auge verborgen, an den Stadtrand verbannt.

In Medina, der Stadt des Propheten, bestattete man die Toten in Fußnähe zur Moschee. Der Prophet besuchte den Friedhof regelmäßig und lehrte die Muslime, es ihm gleichzutun. Nach seinem Tod wurde er in der Moschee selbst zur letzten Ruhe gebettet. Abu Bakr und Omar, die beiden ersten Kalifen, wurden an seiner Seite bestattet. Dies ist übrigens nicht nur dem Islam eigen: In der Westminster Abbey in Großbritannien sind Grabstätten nationaler Größen wie Chaucer, Newton, Wilberforce, Dickens sowie Gladstone zu finden und in den Katakomben der St Paul's Cathedral die von John Donne, Sir Christopher Wren und dem Duke of Wellington.

Überall in der islamischen Welt sind ganze Sufibruderschaften im Dunstkreis von Heiligenmausoleen entstanden, und sie gedeihen dort bis heute. Der global agierende Tschischti-Orden versammelt sich zur spirituellen Kontaktaufnahme mit dem Göttlichen am Schrein von Muinaddin Tschischti im indischen Adschmir. Als ich das Grab von Ahmad al-Tidschani in Fes besuchte, erlebte ich es als eine pulsierende Herberge für Studenten, Lehrer und Pilger.

Die Toten und die Lebenden, dieses und das jenseitige Leben sind in der islamischen Welt immer noch miteinander verbunden. Selbst die nicht-islamistischen Vorkämpfer des Arabischen Frühlings – von Mohammed Bouazizi in Tunesien bis zu Chaled Said in Ägypten – werden und wurden als muslimische Märtyrer bezeichnet. Das Märtyrertum wird im Islam bis zum heutigen Tag hochgehalten, wie einst im Christentum. Die mutigen christlichen Gläubigen, die einst im Kolosseum des paganen Roms ihr Leben hingaben, dienten als Quelle der Inspiration für den Glauben und die Andacht bei den Zuschauern, die nach und nach zum Christentum konvertierten. Wenn säkulare Führer in der islamischen Welt sterben, werden selbst sie noch als Märtyrer betrachtet. Die Anhänger Saddam Husseins behaupten das und Palästinenser bezeichnen Jassir Arafat ebenso als Märtyrer. Genauso die Opfer während des Arabischen Frühlings, säkulare syrische Kämpfer für Baschar al-Asad, Soldaten aus den Emiraten im Jemen – diese Liste der Märtyrer ließe sich noch lange fortsetzen.

Der muslimische Jenseitsglaube taucht in der westlichen Öffentlichkeit nur als eine vulgäre Karikatur auf, wenn Medienberichte über Selbstmordanschläge bloß die alten Klischees reproduzieren, dass ein Terrorist sich für 72 Jungfrauen im Paradies selbst in die Luft sprengen würde. Der Dschihadist muss nicht für Sex sterben, er kann seine Gelüste in dieser Welt befriedigen. Dabei steht er nicht alleine mit seiner Überzeugung, dass es ein Leben nach dem Tod gibt, aber er irrt sich, wenn er denkt, dass er ins Paradies einkehrt – denn muslimische Geistliche waren unter den Ersten, die nach den Anschlägen des 11. Septembers klarstellten: Die Attentäter waren keine Märtyrer, sondern schlicht Mörder. Nur mit solchen Worten verfing die Verurteilung des al-Qaida-Extremismus unter Muslimen.

Die koranische Bilderwelt des Jenseits inspirierte die frühesten Kunstwerke, Verzierungen von Moscheen und öffentlichen Plätzen in der islamischen Welt außerhalb Arabiens. Noch heute besitzen die Umayyaden-Moschee in Damaskus und die al-Aqsa Moschee in Jerusalem ihr 1400 Jahre altes Dekor, das sich auf florale Motive, Bäume, Gärten und Wasser konzentriert und damit die koranische Vision des Paradieses widerspiegelt.

Im ersten und zweiten Jahrhundert des Islam errichteten Muslime in Spanien ganze Städte auf Grundlage der koranischen Vorstellungen von Gärten, fließenden Strömen, Brunnen und Bauten, die Gott verherrlichen und wie ein Magnet dauerhaft Touristen nach Córdoba und in den Al-Hambra-Palast ziehen. Der Geist und die Werte, die jene Generation prägten, beflügeln Muslime auch heute noch.

Wir werden unserem Schöpfer gegenübertreten. Unter den meisten Muslimen besteht vollkommene Gewissheit (*yaqin*) darüber. Der Koran bestätigt das: „Jede Seele bekommt den Tod zu schmecken. Und Wir [Gott] stellen Euch mit Bösem und mit Gutem auf die Probe, und zu uns werdet Ihr zurückgesandt.“[1] Selbst wenn die gewaltigsten Festungen errichtet werden, fährt der Koran an anderer Stelle fort, gibt es kein Entrinnen vor dem Tod und der Rückkehr zu Gott. Der Zweifel und die Unsicherheit des liberalen Individualismus haben diesen inneren Kern der globalen muslimischen Identität und des Glaubens bislang noch nicht erschüttern können. Erfahren Muslime vom Tod eines Menschen, sagen sie alle, ob sie nun Indonesier, Bengalen oder Afrikaner sind, auf Arabisch: *„Inna li-llahi wa-inna ilaihi radschi'un* – Zu Gott gehören wir und zu Gott kehren wir zurück“. In Momenten der größten Verunsicherung im Leben innerhalb der Familie und des Freundeskreises, wenn man mit der Ungewissheit des Todes konfrontiert wird, bietet der Islam Klarheit und Zuspruch. Das Leben endet nicht, vielmehr beginnt es erneut in höheren Sphären.

Die Sprache, in der Muslime über den Tod reden, ist in dem Glauben und den Überzeugungen einer altehrwürdigen Gemeinschaft verhaftet. Mir wurde das vollends klar, als mein Vater im Februar 2016 verstarb. Inmitten des Schocks und des Schmerzes dieses erlittenen Verlusts brachten all unsere Verwandten und Freunde, aus arabischen Ländern, Indien oder Afrika, ihr Beileid mit Worten zum Tag des *Intiqal* meines Vaters zum Ausdruck, was wörtlich Überführung oder Transport bedeutet. Die Formulierung ‚Dahinscheiden und -gehen‘ bekam dadurch eine tiefere Bedeutung: Die Seele geht von einer Sphäre in eine andere über. So ist die muslimische Sichtweise auf den Übergang der menschlichen Seele aus dem Körper auf eine andere Bewusstseinsebene, den *Achira*. Der *Intiqal* der Seele ist keine Privatsache. Die Kraft des Glaubens trat hierbei deutlich in Erscheinung. Die Großfamilie stand meiner Mutter und meinen Geschwistern tatkräftig zur Seite: Abwechselnd brachten die Verwandten Essen, kamen zum Beten, halfen mit Geld und bei der Vorbereitung der Bestattung aus und besuchten auch danach regelmäßig das Grab, um aus dem Koran zu rezitieren und seiner Seele die Ruhe zu schenken, dass wir ihn nicht vergessen würden. Kraftvoll erinnern solche guten Taten daran, dass das Leben kurz ist und der *Intiqal* ins Jenseits unausweichlich und letztlich unser aller Schicksal. Was wir für Papa taten, werden andere für uns verrichten, wenn wir aus der Welt scheiden. Diese tugendhaften Handlungen sollen unsere Sünden überwiegen und uns helfen, ins Paradies zu kommen. Auf diese Weise gehen Muslime an das Leben und den Tod heran.

Die Lesung des Koran steht dann für 40 Tage im Mittelpunkt der Trauer. Der Prophet hat überzogenes Weinen und Wehklagen für den Verstorbenen allerdings untersagt, schließlich kehrt der Gläubige heim zu Gott. Muslime halten für sich in wacher Erinnerung, wie der Prophet umgeben von seiner Familie und seiner geliebten, schluchzenden Lieblingstochter Fatima auf seinem Totenbett seinen Gefährten den Rat gab, standfest im Gebet zu verweilen. Er rief Fatima zu sich und flüsterte etwas in ihr Ohr. Sie ging weg, hörte auf zu weinen und ganz langsam schlich sich ein Lächeln in ihr Gesicht. „Was hat der Prophet zu Dir gesagt?", fragte Aischa, eine der Ehefrauen des Propheten. Fatima antwortete: „Dass ich die Erste sein werde, die ihm im nächsten Leben begegnen wird." Fatimas Gewissheit und Glaube an die Worte ihres Vaters haben Muslime über die Jahrhunderte hinweg mit Trost darüber erfüllt, dass sie zu Gott und dem Propheten stoßen und in ihrem ursprünglichen himmlischen Zuhause leben werden.

Auch der Sufi-Gelehrte Rumi schrieb über den Tod, wobei er ihn als Hochzeitstag darstellte, an dem er zu seinem geliebten Gott zurückkehren würde. Er mahnte an, bei seiner Beisetzung nicht in Trübsal zu verfallen und stattdessen mit Trommelwirbeln zu feiern. Er sagte voraus, dass seine Bestattung im Rosenbeet des Sultansgarten in Konya Menschen aus Ost und West anlocken würde und als ich in Konya war, wurde ich Zeuge eines spirituellen Freudenfests von Japanern, Europäern, Arabern und Amerikanern.

Rumis wirbelnde Derwische verkörpern in ihrem göttlich inspirierten Tanz diese Haltung zum Tod: Der menschliche Körper wirkt darin wie eine Rohrflöte, die unsere Seele wie Musik zum Klingen bringt. In ihrer kreiselnden Bewegung strecken die Derwische ihre rechte Hand zum Himmel, um Energie aufzunehmen, die durch ihre Körper zur linken Hand und zu Mutter Erde hinabströmt. Und die Welt dreht sich harmonisch mit. Dieser symbolträchtige Tanz der Derwische ist im Iran, in Syrien, der Türkei, auf dem Balkan und in den muslimischen Teilen des indischen Subkontinents sehr beliebt.

Doch der moderne Selbstmordattentäter hat dieses erhabene Vorbereitetsein der Muslime für das ewige Leben im Jenseits vollkommen pervertiert und den Platz des Märtyrers für sich in Geiselhaft genommen. Die spirituelle Energie und die herausragende Symbolkraft des Derwischtanzes werden dabei zunehmend an den Rand gedrängt.

Die wohl berühmteste und am tiefsten verehrte Heilige des frühen Islam war Rabia Adawiyya (gest. 801) aus der irakischen Stadt Basra. Eines Nachts lief sie mit einer brennenden Fackel in einer Hand und einem Eimer Wasser in der anderen durch die Stadt. Als die Leute sie fragten, wohin sie ginge, antwortete Rabia: „Ich will den Himmel in Flammen setzen und das Feuer der Hölle auslöschen." Sie wollte, dass die Gläubigen Allah für und durch Liebe anbeten und dies ohne jegliche Erwägungen von Belohnung und Bestrafung.

Muslimische Gelehrte erinnern ebenso daran, dass Imam Ali einst Gott gebeten hatte, ihn nicht im Himmel aufzunehmen, sollte er Gott nur aus Hoffnung auf das Paradies anbeten. Liebe, Sehnen und Gebet sollten allein Gott und nicht dem Einzug in den Himmel gelten. Das oberste Ziel für einen Muslim heißt *Wadschhullah*, das Antlitz Gottes. Der Koran erläutert, dass Gläubige die Waisen und Bedürftigen um „des Antlitz Gottes willen" nähren, *li-wadschhillah*, um in Seiner absoluten Schönheit aufzugehen.

Die Standfestigkeit des Islam in der Welt wird in der absehbaren Zukunft stark bleiben, solange Muslime aus freien Stücken glauben, ohne dass ihnen von Fanatikern deren zum staatlichen Gesetz erhobene Salafi-Scharia aufgezwungen wird. Die zentrale Stellung Gottes, die Strahlkraft des Koran, die Wahrung des Rechts auf das Heilige, Familie als Institution und der unerschütterliche Glaube an das Jenseits bilden für den Gläubigen allesamt ein generationenübergreifendes, unerschütterliches Fundament.

Aber wie sieht es jetzt und in naher Zukunft aus? Was können wir gegen die anhaltenden Missstände in der islamischen Welt tun, die von Islamisten und Salafi-Dschihadisten angesichts verletztem Ehrgefühls, verlorenem Selbstvertrauen, des Vormarschs von Terrorismus, einer erbärmlichen Bildungsversorgung, Judenhass und der Unterdrückung von Frauen und Sexualität ausgenutzt werden? Wie können Muslime diese Herausforderungen in Angriff nehmen, und zwar, statt weiter Feindseligkeiten zu hegen, im Bündnis mit dem Westen?

# Wege in die Zukunft

All das Herumexperimentieren mit arabischem Nationalismus, europäischem Sozialismus, französischer *laïcité*, Islamismus und Dschihadismus ist letztlich gescheitert. Als der Prophet Mohammed im Jahr 622 von Mekka nach Medina migrierte, war er auf der Suche nach Freiheit, um seine Religion ohne Angst und Gewalt ausüben zu können. Bei seiner Ankunft in Medina nahm er das Land, auf dem er seine Moschee errichtete, nicht als Geschenk an: Er bestand darauf, das Grundstück zu kaufen. Er führte seine Gefährten auf die Märkte der Stadt, damit sie dort Handel trieben. Er schloss einen Sozialvertrag mit Juden und anderen Religionsgruppen, bekannt als die Verfassung von Medina, um dem Blutvergießen zwischen den Stämmen ein Ende zu bereiten und die Herrschaft des Gesetzes durchzusetzen. Als es nach einer Dürre zu Nahrungsmittelknappheit kam, weigerte er sich, die Preise festzusetzen, und sprach: „Diese Angelegenheiten liegen in den Händen Gottes."

Freiheit, das Recht auf Eigentum, freier Handel, Pluralismus, die Herrschaft des Gesetzes sowie Menschenwürde sind keine Schöpfungen der westlichen Moderne. Sie bilden das universelle Verlangen der menschlichen Seele ab. Die Menschen im Nahen Osten sind von ihrem Wesen her Unternehmer. Politische Unterdrückung, Armut, Extremismus, Demütigungen und Korruption hindern sie daran, ihr wahres Potenzial zu entfalten. Die Massenproteste des Jahres 2011 stellten einen verzweifelten Hilferuf dar.

Der Arabische Frühling ist längst nicht vorüber. Die Medienkarawane ist zwar weitergezogen, doch unter der Oberfläche gärt es weiter. Wenn die Zeit reif geworden ist, werden wir noch Zeugen eines geostrategischen Generationenwandels in der Region werden. Solange wir die Emotionen und Vorstellungen der jungen Menschen im Nahen Osten nicht verstehen und auf sie eingehen, wird es nur noch mehr Chaos und Blutvergießen geben, was sich letztendlich mit noch größerer Heftigkeit ebenfalls in den Straßen und Wohnvierteln des Westens auswirken wird. Es ist zu viel Blut vergossen worden, als dass die bei den arabischen Aufständen geweckte Sehnsucht so einfach erlöschen würde. Womöglich werden wir bald wieder kalt erwischt, wenn Millionen durch die arabischen Metropolen ziehen und sich Panzern, dem Terror sowie der Tyrannei ihrer Regierungen entgegenstellen. Traumatisierende Schießereien und Morde, der Verlust von Freunden und Familie sowie das Zerschlagen hehrer Hoffnungen auf Würde und Gerechtigkeit haben eine ganze Generation gebrandmarkt. Ihre Urgroßväter sind in den Revolten der 1920er Jahre gescheitert, ihre Großväter im Nachgang der Staatsstreiche der 1950er. Haben sie sich 2011 ebenso wenig durchgesetzt? Was werden ihre Kinder einmal tun?

Fünf Jahre nach Ausbruch der Arabellion sind vier Länder im Nahen Osten gescheiterte Staaten, wo täglich Menschen ihr Leben lassen: Der Irak, Syrien, Libyen und der Jemen. Einige weitere sind sehr fragil. Dieselben Kräfte, die im Jahr 2011 den arabischen Revolutionen und 2009 der ‚Grünen Bewegung' im Iran Auftrieb gaben, schwelen weiter und könnten jederzeit in Saudi-Arabien, Ägypten, dem Libanon, Jordanien, dem Iran oder andernorts hervorbrechen. Auch die Türkei ist kein Hafen demokratischer Stabilität mehr – Militärputsche und ethnische Spannungen erschüttern das Land. Pakistan und Afghanistan stehen mit schwach ausgebildeter Regierungsgewalt, Sicherheitslücken und wirtschaftlichem Versagen wankend auf Messers Schneide. Der Iran mischt sich in die Angelegenheiten seiner Nachbarn im Jemen, in Saudi-Arabien, Bahrain, Syrien, dem Iran sowie Libanon ein. Und dann bleibt da noch der fortwährende arabisch-israelische Konflikt. Auch jenseits der genannten Regionen wird die Welt von dem Feuer nicht verschont bleiben, das im Hause der Nachbarn um sich greift.

Instabilität und unwirksame Regierungsführung im Nahen Osten, dem historischen, religiösen sowie emotionalen Nabel der islamischen Welt, werden die weltweit verbreitete Sichtweise auf die Muslime weiter nähren, dass diese sich in ihrem Versagen und ihrer Opferrolle bequem eingerichtet hätten. Über ihre Netzwerke in den sozialen Medien, an den Universitäten, Arbeitsplätzen und in den Moscheen betonen und befeuern die Islamisten diesen Niedergang noch. In der Folge bietet das den Nährboden für die Rekrutierung der Dschihadisten. Sie schieben dem Westen die Schuld zu und entfesseln eine durch salafistische Buchstabengläubigkeit rationalisierte Gewalt, um entweder Sieg oder Martyrium zu erlangen. Solange der Glaube vorherrscht, durch die Selbstzerstörung als Selbstmordattentäter im Jenseits Würde zu erlangen, werden solche Missetaten weiter Anklang finden. Wofür lohnt es sich für diese Menschen zu leben? Ruhm und Ehre liegen für sie allein im nächsten Leben.

Global betrachtet sind Gefühle der Schmach und des Verrats nicht Muslimen vorbehalten. Auch Deutschen, Russen, Indern und Chinesen sind jeweils Gebiete und Reiche abhandengekommen. Im Fall von Indien sind zwei große muslimische Länder aus Teilen des Staatsgebiets herausgeschnitten worden: Pakistan und Bangladesch. Weshalb aber werden keine Inder im Streben, das geeinte, glorreiche Indien alter Tage wiederherzustellen, zu Selbstmordattentätern? Wieso versuchen nicht Russen, ihr nationales Selbstwertgefühl durch Flugzeugentführungen oder Sprengstoffanschläge auf den öffentlichen Nahverkehr im Westen wiederzugewinnen? Warum flüchten sich Afrikaner, die massenweise unter Armut, Korruption und Ungerechtigkeit leiden, nicht in den Terrorismus?

Als ich im Jahr 2007 mein Buch *The Islamist* (dt. Der Islamist) geschrieben habe, warnte ich darin vor dem Aufstieg von ideologischem Extremismus sowie der Sehnsucht nach einem Kalifat unter den bei Muslimen tonangebenden Islamisten. Damals wurde ich der Panikmache bezichtigt. Ich wünschte, ich hätte falsch gelegen. Heute befinden sich die Muslime wie der Westen auf einem viel gefährlicheren und verheerenderen Kurs. Wir müssen uns alle vor Augen halten, dass sich die Fahrtrichtung ändern muss, ansonsten wartet nur noch mehr Zerstörung auf uns. In großen Teilen unreformierte, gescheiterte arabische Regierungen können den Westen und seine Bevölkerung nicht vor zukünftigen Bedrohungen schützen.

Als die Revolution in Ägypten gescheitert war, sah sich Ahmed El-Derawi, ein leitender PR-Angestellter, Demokratieaktivist und später parlamentarischer Hoffnungsträger, anderweitig nach einem Leben in Würde um. Nach dem Sturz von Präsident Mursi verschwand er für lange Zeit von der Bildfläche, um dann plötzlich mit folgendem Twitter-Kommentar wieder aufzutauchen: „Ich habe Gerechtigkeit im Dschihad gefunden, und Würde und Tapferkeit darin, mein altes Leben für immer hinter mir zu lassen." Er starb als Selbstmordattentäter für ISIS. El-Derawi ist nicht der Einzige, der

Würde im Tod zu erlangen suchte, nachdem Sinn und Wertschätzung für ihn im diesseitigen Leben unerreichbar blieben.

Die Gefängnisse in der arabischen Welt bersten vor Islamisten und Salafisten. Unsere arabischen Verbündeten stecken ihre Widersacher in Haft, durch die steigende Radikalisierung zahlen wir alle den Preis dafür. Das Gefühl der Machtlosigkeit des einfachen muslimischen Mannes muss ein Ende finden. Der Arabische Frühling war deshalb so wirkungsvoll, weil er den Menschen neue Handlungsmöglichkeiten eröffnete. Samir Kassir bringt das Problem in *Das arabische Unglück* auf den Punkt:

> Als strukturiertes Denken ist der dschihadistische Islamismus bei weitem nicht die herrschende Ideologie, wie man ihn sich in den westlichen Medien oft vorstellt. Gleichwohl geht von ihm eine starke mitreißende Wirkung aus, gewiss deshalb, weil er die einzige Richtung ist, die heute einen Ausweg aus dem Opferstatus bietet, dem sich die Araber bereitwillig hingeben. Doch der Islamismus – ob er nun dschihadistisch ist oder nicht – unterlässt es nicht, sie in diesem Status zu bestärken.[1]

Wenn es darum geht, Antworten zu finden, wie dieser kollektive Kulturwandel umzukehren wäre, sind die Lektionen aus anderen Erdteilen – nicht alleine, aber insbesondere aus Westeuropa nach dem Krieg – äußerst lehrreich. Es ist möglich, einen dauerhaften Frieden zu erlangen.

Ebenso wie heute im Nahen Osten war einst anti-amerikanische Stimmung in Südkorea eng mit der dortigen Präsenz amerikanischer Truppen und dem weitverbreiteten Gefühl verbunden, ‚Amerikas Faustpfand' zu sein. Die Truppen sind bis heute in Fernost, und dennoch hat sich die Stimmung in Südkorea gewandelt. Im Jahr 2002 veranstalteten die besten Musiker des Landes aus Protest gegen Amerika ein überwältigendes Konzert, bei dem die Fans wutentbrannt Pappmodelle amerikanischer Panzer zertrampelten. Das Konzert und andere anti-amerikanische Proteste waren auf den ersten Blick eine Reaktion auf einen Vorfall, bei dem ein US-Militärfahrzeug zwei Teenagerinnen auf einer Straße außerhalb Seouls erfasst und getötet hatte, woraufhin ein US-amerikanisches Gericht die beteiligten Soldaten freisprach.

Wie Araber auch, zeigten sich die Südkoreaner hinsichtlich der verletzten Ehre ihrer Frauen sehr empfindlich. Und ebenso wie die Araber warfen sie Amerika neuerliches Dominanzstreben in ihrem Land vor, so wie es andere Mächte zuvor auch schon gezeigt hatten. Eine Umfrage im Jahr 2002 ergab, dass 75 Prozent der jungen Koreaner Amerikaner hassten – in Anbetracht des internationalen Beistands nach den Angriffen vom 11. September ein für die Zeit außergewöhnliches Ergebnis. Dennoch können sich die Meinungen innerhalb eines Staates und seiner Bevölkerung im Laufe eines Jahrzehnts verändern. Vor der Wahl von Präsident Trump war Südkorea eines der amerikafreundlichsten Länder auf der Welt, wo acht von zehn Menschen ihr Vertrauen in die Führungsrolle der US-amerikanischen Regierungen setzten.[2]

Henry Kissinger erfasste die Herausforderung im Nahen Osten in seinem Buch *Weltordnung* von 2014 am besten:

> Es ist geradezu das Kennzeichen dieser Region, dass sie eine Überfülle prophetischer Visionen mit Absolutheitsanspruch hervorgebracht hat, während sie doch auf dramatische Weise zwischen ihrer gloriosen Vergangenheit und ihrer heutigen Unfähigkeit gefangen bleibt, sich auch nur auf die allgemeinsten Prinzipien einer inneren oder internationalen Legitimität zu einigen. Nirgends ist die Herausforderung der internationalen Ordnung komplexer, und das gilt sowohl mit Blick auf die Aufgabe, im Nahen Osten eine regionale Ordnung herzustellen, als auch in Bezug auf die gewaltige Aufgabe, dafür Sorge zu tragen, dass diese Ordnung mit dem Frieden und der Stabilität der übrigen Welt kompatibel ist.[3]

Kissingers Warnung ist ernst zu nehmen. Er stellt das Scheitern von Nationalstaaten in den Vordergrund. Doch besiegelt wird die Katastrophe vom Wildwuchs islamistischer und salafistischer Gruppierungen in der gesamten Region: Hamas, Hisbollah, al-Qaida und ISIS sind nur ein Schatten dessen, was noch kommen wird, wenn wir der Region nicht zukünftig pluralistische politische Handlungsspielräume und eine ausgedehnte wirtschaftliche Partizipation ermöglichen.

Wir dürfen uns von Terrorgruppen, deren Taktiken und neu benannten Absplitterungen nicht von der Tatsache ablenken lassen, dass sie gerade dann zunehmend Erfolge erzielen, wenn die Effektivität staatlicher Streitkräfte abnimmt. Hisbollah, Hamas und al-Qaida mögen bislang verloren haben, ihr zermürbender Stellungskrieg ist jedoch noch lange nicht zu Ende. Solange wir als deren Gegner – die Mehrheit der Muslime rund um den Globus einbezogen – ihnen nicht konsequent den Nährboden entziehen, werden sie den Krieg länger, als es jeder liberale Demokrat vermag, weiterführen.

Eine Studie der Universität Harvard hat verdeutlicht, dass in asymmetrischen Konflikten zwischen 1800 und 1849, die an Personal- und Waffenstärke gemessen schwächere Seite in 12 Prozent der Fälle ihr Ziel erreichte. In den Kriegen zwischen 1950 und 1998 gewann die schwächere Seite in 55 Prozent der Fälle. Moisés Naím schlussfolgert in *The End of Power* (dt. Das Ende der Macht): „Wenn Nationalstaaten dieser Tage in den Krieg ziehen, vermag große militärische Macht weniger auszurichten als bisher."[4] Besonders machtlos erscheint sie im Angesicht einzelner, amateurhafter Angreifer – und im Jahr 2015 gingen 450 von 452 Selbstmordanschlägen auf die Rechnung islamistischer Extremisten.

Die arabischen Massen lassen sich von Regierungen und ihren Armeen nicht in die Unterwürfigkeit bomben. Terrororganisationen werden mit ihrem Anspruch, ‚dem' Islam Würde und Ehre zurückzugeben, weiterhin wie Pilze aus dem Boden schießen. Je länger wir zögern, aufschieben, innehalten oder den Schrei nach Würde und Partizipation blockieren, desto schmutziger, blutiger und langwieriger werden sich die Konflikte im Nahen Osten hinziehen. Wir benötigen eine langfristige, umfassende Strategie, um das Knäuel aus Kriegen in der Region zu entwirren.

Wie wird diese neue Ordnung aber aussehen? Auf das Beste zu hoffen – die allzu bequeme Position der Relativierer – ist keine Option. Wir können die Angelegenheiten nicht den Menschen im Nahen Osten allein überlassen bloß aus Angst, sie zu kränken oder Vorwürfe eines neuerlichen Kolonialismus heraufzubeschwören. Was in der Region vor sich geht, hat auch Auswirkungen auf den Westen. Andererseits haben die intensiven europäischen und amerikanischen Einmischungen durch die Schaffung von ‚westfälischen' Nationalstaaten und Reichen, Weltkriege, säkularen Liberalismus und Diktaturen keine Wirkung in diesem Teil der Erde entfaltet, der seinem Erbe aus Glaube, Familie und einer zukünftigen jenseitigen Welt konservativ die Treue hält. Indem wir das Feuer weder vollständig ausblenden, noch weiter anheizen, können wir alle den Aufbau einer regionalen Ordnung unterstützen sowie zu Frieden und Sicherheit weltweit beitragen.

Unsere Welt steht in den kommenden Jahrzehnten vor großen Herausforderungen: der Klimawandel, ein rapides Bevölkerungswachstum, Ressourcenmangel, ein Wiederaufleben von Ideologien sowie Machtverschiebungen von West nach Ost.[5] In all diesen Punkten steht die islamische Welt im Allgemeinen und der Nahe Osten im Besonderen an vorderster Front. Am Arabischen Golf kommt es zu Wasserengpässen und Rekordtemperaturen. Jedes Jahr droht in Bangladesch der steigende Meeresspiegel das Land im wahrsten Sinne des Wortes Zentimeter um Zentimeter auszulöschen. Die Geburtenraten unter Muslimen – ob religiös oder nicht – liegen höher als in jeder anderen Volksgruppe. Die Ideologie der Islamisten befindet sich auf dem Vormarsch, aufgrund des repressiven Vorgehens einiger Regierungen sogar mehr denn je. Außerdem konzentriert sich die Machtverschiebung von West nach Ost aller Voraussicht nach auf Indien und China, unter Ausschluss des Nahen Ostens – zumindest wenn die Region sich nicht verändert, und das schleunigst.

Westliche Regierungen haben bislang eine Politik verfolgt, welche den konkreten Lebensrealitäten keine Beachtung schenkte. Linke Aktivisten und Nichtregierungsorganisationen helfen, die säkular ausgerichteten, revolutionären Gedanken von Voltaire, Rousseau und Marx zu verbreiten, nicht jedoch die der konservativen, der Religion entgegenkommenden Philosophie Burkes oder Adam Smiths. Gerade letztere fänden bei den Nationen Anklang, die über Jahrtausende Händler und Kaufleute waren und in ihrem politischen System seit jeher ein konservatives Gleichgewicht zwischen Monarchen, Handeltreibenden, Mullahs und den Massen aufrechterhielten.

Die Genialität des Briten Edmund Burke besteht für den heutigen Nahen Osten darin, dass er sowohl religiös war als auch ein Konservativer, es aber ebenso verstand, die Kräfte der Vergangenheit, Gegenwart und Zukunft in Balance zu halten. Er lavierte zwischen Monarchie, Aristokratie und Unterhaus, wobei er den ikonoklastischen Versuchungen der Französischen Revolution Einhalt gebot. Nichtsdestotrotz unterstützte er die Amerikanische Revolution, die irische Sache sowie die Emanzipation der Katholiken. Er zog die Britische Ostindien-Kompanie für ihre Gräueltaten zur Verantwortung, außerdem war er Anhänger einer konstitutionellen Monarchie für Großbritannien mit wechselseitigen Kontrollmechanismen. Dieser zum Konsens und Kompromiss neigende Konservatismus beruht auf einem über Jahrhunderte gepflegten Miteinander. Sich dagegen mit abstrakten Vorstellungen von Menschenrechten aufzulehnen und Angriffe auf Polizisten bis hin zum Mord zu billigen (wie während des Arabischen Frühlings in Bahrain und Ägypten geschehen), führt nur dazu, dass die Saat der Zerstörung aufgeht. Regierungen und Revolutionäre, die alles oder nichts wollten, haben in der arabischen Welt wiederholt zum Scheitern geführt. Mubarak, Asad und Gaddafi haben die Protestierenden auf den Straßen bekämpft, die Wirtschaftseliten hatten gegenüber dem Höhenflug des Kapitals das Nachsehen und der Herrschaft des Gesetzes ist in Ländern, deren eigene Rechtskultur verloren ging, herbe zugesetzt worden. Um derartigen Entwicklungen Rechnung zu tragen, schloss Burke in seinem Kompromiss alle in die Ausübung der Macht ein – den Monarchen, die Aristokraten und das Unterhaus, was sich in unser heutiges Verständnis übersetzen ließe mit Staatsoberhaupt, Opposition sowie religiösen, militärischen und wirtschaftlichen Eliten, die alle an einem Strang zögen.

„Ein Staat, dem es an allen Mitteln zu einer Veränderung fehlt, entbehrt die Mittel zu seiner Erhaltung“, schrieb Burke.[6] Die notwendigen Veränderungen, um das Beste in den Gesellschaften der islamischen Welt und des Nahen Ostens zu erhalten, betreffen Religion, Familientradition, ein Gespür für das Heilige im öffentlichen Raum sowie den Glauben an ein Leben im Jenseits. Wo aber müssen diese Veränderungen angestoßen werden? Ausgehend von den Themen in diesem Buch gibt es drei Aufgabengebiete, um der wachsenden Spaltung und Verbitterung in der islamischen Welt entgegenzuwirken.

## 1. Die Schaffung einer Nahostunion – und zwar dringend

Allein im Jahr 2015 kamen eine Million Migranten, die meisten aus den kriegsgeplagten Gebieten des Nahen Ostens, nach Europa. Seit 2012 haben sich über drei Millionen Syrer in die Türkei geflüchtet. In mehreren arabischen Ländern haben die Konflikte ihren Zenit längst noch nicht erreicht. Die Flüchtlingsströme werden weiter ansteigen, nicht verebben. Zehntausende Muslime und andere Menschen sind bereits bei dem Versuch, nach Europa zu gelangen, im Meer ums Leben gekommen. Was sagt das über die Gesellschaften und ihre Regierungen vor Ort aus, wenn die Menschen im wahrsten Sinne des Wortes über Leichen gehen, um selbige in Richtung Europa hinter sich zu lassen?

Dringende Schritte müssen auf Augenhöhe mit dem Nahen Osten und nicht aus einem Gefühl der Dominanz heraus angegangen werden. Als erstes müssen wir auf die Appelle aus der Region reagieren und bei der Schaffung einer Nahostunion zur Hand gehen. Vor nicht allzu langer Zeit war Europa ein Kontinent, auf dem es zuging wie im Nahen Osten heute: überall Diktatoren und politische Extremisten. Die Intoleranz gegenüber Minderheiten mündete in die Schrecken des Holocaust. Anhaltende Grenzstreitigkeiten lösten zwei Weltkriege aus. Dieses deprimierende Schauspiel wiederholt sich nun im ganzen Nahen Osten, von Marokko über Syrien bis in den Jemen. Das Aufkommen von religiösem Konfessionalismus in Syrien und im Irak bringt, ebenso wie die Unterdrückung von Islamisten in Ägypten, eine Radikalität hervor, die gerade unter jungen Muslimen im Westen auf magnetische Weise neue Anhänger anzieht.

Die Vergangenheit und Gegenwart in Europa kann für den Nahen Osten wegweisend sein. Ironischerweise bieten Geschichte und Beständigkeit der Europäischen Union, ungeachtet der gegenwärtigen Uneinigkeit über ihre zukünftige Ausrichtung, ein Modell dafür, wie auch die Menschen im Nahen Osten aufs Neue zusammenfinden könnten. Und dies unter Wiederherstellung von *thymos*, dem Gefühl von Stolz auf ihren Rang in der Welt als ehrwürdige, antike Kulturen sowie dem politischen Drang nach Anerkennung und Respekt. Ebenso wie ein kriegerischer Kontinent durch die Schaffung einer Einheit, die später die EU werden sollte, Frieden fand, so könnten auch Araber, Türken, Iraner, Kurden und andere Volksgruppen in der Region Frieden in einer stetig voranschreitenden Einigung erreichen. Die allermeisten Probleme – Terrorismus, Armut, Arbeitslosigkeit, Konfessionalismus, Flüchtlingskrisen, Wasserknappheit – erfordern regionale Antworten. Keines der betroffenen Länder kann seine Probleme alleine lösen. Die Maxime klingt simpel: Wir müssen gemeinsam angehen, was wir nicht alleine schaffen.

Der ägyptische Präsident Abdel Fattah el-Sisi hat die regionalen Herausforderungen in Gänze erkannt und bei verschiedenen Gelegenheiten zur Schaffung einer gemeinsamen arabischen Armee aufgerufen. Eine Nahost-Union hielte den Schlüssel für eine geschlossene Sicherheitsstrategie gegenüber der Bedrohung des Dschihadismus bereit. Die ägyptische Führung beschreibt dies neben der wirtschaftlichen Zusammenführung der arabischen Staaten als „eines der wichtigsten Mittel für eine politische Integration der arabischen Welt, um die Belange der arabischen Nationen zu verteidigen".

Eine derartige Fusion und Annäherung brächte für die Region weitere Vorteile mit sich und würde gleichfalls anderen Bedürfnissen gerecht. Beispielsweise bietet Ägypten billige Arbeitskraft, gleichzeitig herrscht jedoch eine hohe Jugendarbeitslosigkeit. Das benachbarte Libyen hat ein Übermaß an Kapital, riesig angelegte Infrastrukturprojekte und eine unstillbare Nachfrage nach Arbeitern. Die Türkei besitzt Expertise im Bau von Flughäfen, Brücken und Straßen. Diese einzelnen Punkte müssen miteinander verbunden werden.

Über tausend Jahre war der Nahe Osten, größtenteils unter wechselnden Dynastien, geeint. Die Bewegungsfreiheit von Menschen, Gütern, Stammesverbänden, Gedanken und Armeen war die Norm. Eine gemeinsame Religion verband die meisten Menschen und im Vergleich zu anderen Erdteilen gab es eine geringere Sprachvarianz bei gleichzeitig mehr kulturellen und historischen Gemeinsamkeiten. Als in Europa die mittelalterlichen Pogrome losbrachen, waren die muslimischen Mameluken und Osmanen zur Stelle und hießen Juden willkommen. Minderheiten fanden Schutz, solange die Mehrheit das nötige Selbstvertrauen besaß.

Den meisten Menschen im Nahen Osten ist heutzutage das Gespür für die Würde ihrer Vorfahren verloren gegangen. Es mangelt an *thymos.* Eben dies könnte eine MEU – *Middle East Union* – wieder herstellen. Indem Ressourcen und politische Initiativen geteilt würden, wären die notwendigen Korrekturen im Bildungssystem möglich, um kritischem Denken im Nahen Osten Anschub zu geben und das Bewusstsein dafür zu öffnen, dass Frauen am Arbeitsplatz und in der Familie gleichberechtigte menschliche Wesen sind.

In Europa verschwanden die Konflikte, als die Europäer in Handel, Sicherheit und Wohlstand stärker zusammenwuchsen und ihre Regierungen und Gesellschaften enger zusammenarbeiteten. Während des britischen Referendums zum Austritt aus der EU (‚Brexit') kam die eindringlichste Warnung vor dem Ausstieg von dem damaligen Premierminister David Cameron aus der Konservativen Partei: „Die Europäische Union hat dabei geholfen, Länder miteinander zu versöhnen, die sich jahrzehntelang an die Gurgel gingen." Er sprach davon, „das gemeinsame Ziel in Europa zu wahren, um zukünftige Konflikte zwischen europäischen Staaten zu vermeiden." Das Fehlen eines derartigen Gerüstes für Einigkeit im Nahen Osten bereitet den Nährboden für die Fanatiker.

In einem Sonderbericht zur arabischen Welt mit dem Titel „The War Within" (dt. Der Krieg im Krieg) brachte die Zeitschrift *Economist* ein ähnliches Argument:

> Durch mehr überstaatliche Einbindung könnten die arabischen Staaten Märkte erschließen und Wachstum stimulieren. Als politische Einheit ist die Arabische Liga gescheitert. Viele Araber bewundern hingegen die Europäische Union, auch wenn ihre Anziehungskraft bei einer wachsenden Zahl von Europäern nachlässt, nicht zuletzt aufgrund arabischer Flüchtlinge. Die europäische Geschichte bietet den Arabern einen gewissen Trost: Vor seiner Einigung wurden auf dem Kontinent Kriege vom Zaun gebrochen, blutiger noch als jene, unter denen die Araber nun zu leiden haben.[7]

Israel sollte unterdessen ein Verbündeter und Handelspartner dieser regionalen Union, und letztendlich auch Mitglied, werden. Palästinensern muss es erlaubt sein, im ganzen Nahen Osten zu reisen und Geschäfte zu machen, anstatt über Generationen als Nachschubarsenal für Hamas und die Dschihadis in Flüchtlingslagern dahinzuvegetieren. Der Vorsprung Israels gegenüber seinen arabischen Nachbarn in Technologie, Bildung und Innovationen sollte motivierend wirken: Warum hat Israel mehr Patente und Nobelpreisträger hervorgebracht als die gesamte arabische Welt zusammen? Israel zieht globale Investoren an – Friede mit Israel würde zum Garant dafür werden, dass Kapital in die gesamte Region fließt. Die Risikokapitalinvestitionen pro Kopf waren 2009 in Israel zweieinhalbmal höher als in den Vereinigten Staaten, über dreißigmal so hoch wie in Europa, achtzigmal höher als in China und betrugen das 350-fache von denen in Indien. Israel, ein kleines Land mit nur sieben Millionen Einwohnern, hat fast zwei Milliarden Dollar an Kapitalanlagen angezogen, genauso viel wie das

Vereinigte Königreich mit 61 Millionen Einwohnern. Wie lange muss das noch so gehen – Konflikt vor Kooperation?

Denker und Führungsfiguren aus der Region beschwören seit fast einhundert Jahren die Einheit. Es müsste sich daher nicht um ein westliches Projekt handeln. Schon vor Zeiten haben Intellektuelle die Saat regionalistischen Denkens ausgebracht.[8] Umfragen fanden heraus, dass sich die meisten Menschen im Nahen Osten selbst an erster Stelle als Araber oder Muslime bezeichnen, bevor sie beispielsweise jordanisch oder saudisch angeben. Eine panislamische Identität findet noch immer mehr Zuspruch als die Staatsangehörigkeit.

Derartige Appelle zu engerer regionaler Zusammenarbeit sind vom ehemaligen Präsidenten der Türkei, Abdullah Gül, dem saudischen König, dem Präsidenten der Vereinigten Arabischen Emirate sowie Jordaniens König aufgegriffen worden – darüber hinaus auch von bedrohlicherer Seite innerhalb der Hamas, unter Salafisten und der Muslimbruderschaft in Ägypten. Auf einer Ägyptenreise im April 2016 verlangte König Salman aus Saudi-Arabien in einer Rede vor dem ägyptischen Parlament, dass regionale Angelegenheiten mittels regionaler Einigung angegangen werden sollen. Das machte im Westen keine Schlagzeilen, aber es spiegelt das Empfinden der Menschen und Führer in den beiden mächtigsten Staaten der arabischen Welt wider. Die Bereitschaft beider Seiten, eine neue Brücke über das Rote Meer zu bauen, die ihre beiden Länder verbindet, steht symbolisch für den Drang nach mehr arabischer Einheit.[9]

ISIS operiert bereits über Nationalstaaten hinweg und dessen transnational ausgerichtete Ideologie verbreitet sich rasend schnell in der Welt. Wird der Westen abwarten, bis die Islamisten und Radikalen mächtig genug sind, um einen Nahen Osten nach ihrem Bilde zu schaffen, der gegenüber dem Rest von uns feindselig gesinnt ist? Oder wird der Westen seine Verbündeten im Nahen Osten dabei unterstützen, die Dynamik zu mehr Einheit zu nutzen? Jetzt ist der Moment gekommen, um multilaterale Institutionen zu schaffen, die in der Lage sind, Pluralismus in der Region zu verankern, so wie Mustafa Kemal Atatürks Verfassung es vor fast einem Jahrhundert in der Türkei vermochte. Eine MEU wäre kein Kalifat der Buchstabengläubigen und keine säkulare Demokratie der Linken, sondern eine pluralistische Union politischer und wirtschaftlicher Natur, wo getreu der Lebensrealität in der Region die Scharia mittels der *Maqasid* vom Erhalt des Lebens, Eigentums, geistiger Tätigkeit, Familie und Religion geachtet würde. Die Sehnsucht nach der Scharia wird nicht nachlassen. „Wir Menschen werden unsere Religiosität ebenso wenig verlieren, wie wir aufhören werden, sexuelle, spielerische und aggressionsbereite Wesen zu sein", warnt John Gray.[10] Doch der *Maqasid*-Ansatz in der Scharia, der in der Geschichte und Gelehrsamkeit neunhundert Jahre zurückreicht und gleichzeitig leicht auf die moderne Welt übertragbar ist, bietet muslimischen Aktivisten eine äußerst konstruktive Orientierung für die Zukunft.

Kurz gesagt: Konservatismus, Kapitalismus und Koexistenz sollten die Triebfedern einer neuen Ordnung im Nahen Osten bilden, auf denen Würde, Sicherheit und Stabilität für die Region und die angrenzenden Erdteile fußen.

## 2. Die Umsetzung eines muslimischen Marshallplans

Genauso wie die engere regionale und sicherheitspolitische Zusammenarbeit ist das wirtschaftliche Zusammenwachsen essenziell, um Wohlstand zu schaffen und den Ansprüchen der kommenden Generation gerecht zu werden. Nachdem Europa am Ende des Zweiten Weltkriegs vor einer komplett zerstörten Infrastruktur stand und alle Kapitalreserven ausgeblutet waren, stellten die Vereinigten Staaten 130 Milliarden Dollar zum Wiederaufbau des Kontinents bereit. Der Marshallfonds zielte darauf ab, staatliche Barrieren auf ein Minimum zu reduzieren, bürokratische Hindernisse für Unternehmen zu beseitigen und Produktivität sowie Wirtschaftswachstum anzukurbeln. Zuletzt hat der Westen mehrfach Kriege im Nahen Osten mit enormen Ausgaben geführt – der Irakkrieg kostete die Vereinigten Staaten zwei Billionen Dollar, indes ist keinerlei ökonomischer Wiederaufbauplan für die Region aufgestellt worden. Ein Marshallplan für den Nahen Osten, der eine Nahostunion finanzieren und ermöglichen würde, ist längst überfällig. Am nächsten dran sind wir bislang mit der von den G8-Staaten 2011 nach den arabischen Aufständen ins Leben gerufenen Deauville-Partnerschaft, wobei keines der gemachten Versprechen auch eingehalten wurde. Über Frankreichs Präsidenten Nicolas Sarkozy erzählte man sich seinerzeit, er habe die Höhe der versprochenen Hilfszahlungen eine halbe Minute vor ihrer Verkündung einfach aus der Luft gegriffen.[11]

In den vergangenen dreißig Jahren ist das Pro-Kopf-Einkommen im Nahen Osten gerade mal um 0,9 Prozent im Jahr gewachsen (mit Ausnahme von Subsahara-Afrika die niedrigste Rate auf der ganzen Welt). In einer Weltregion mit 450 Millionen Menschen sind im Verlauf der letzten zehn Jahre nur 3,2 Millionen Jobs pro Jahr geschaffen worden – weniger als die Hälfte der eigentlich benötigten Stellen. Zwischen 2008 und 2010 bestanden 76 Prozent der Exporte aus der Region aus Rohstoffen, größtenteils Öl und Gas – und keinen von Menschen gefertigten Waren. Industriegüter machten bloß 11 Prozent der Exporte aus. Nur 20 Prozent der kleinen und mittelgroßen Unternehmen erhielten ein Darlehen oder Kredite, viel weniger als überall sonst auf der Welt.

Im August 2015 mahnte die jordanische Königin Rania an, dass bis ins Jahr 2020 100 Millionen neue Jobs im Nahen Osten gebraucht werden. Was für strategische Schritte sind auf regionaler Ebene begonnen worden, um diesen dringenden Bedarf zu erfüllen? Keine. Zwei von drei Ägyptern leben von weniger als 2 Dollar am Tag. Die Situation droht sich noch zu verschlimmern, wenn nicht rasch ein an die Schaffung einer Nahostunion gebundenes internationales Konzept für die Region geschmiedet und umgesetzt wird.

Im Mai 2012 hatte die Weltbank einen Bericht[12] veröffentlicht, der die dringende Notwendigkeit einer arabischen Wirtschaftsintegration[13] hervorhob, „denn ohne ein starkes wirtschaftliches Fundament sowie ohne Wachstum und hochwertige Beschäftigung für die Millionen junger arabischer Männer und Frauen, die Arbeit und ein geregeltes Einkommen suchen, steht der demokratische Übergang in der arabischen Welt tatsächlich vor einer düsteren Zukunft."[14] In dem Bericht steht, der Nahe Osten sei der am schwächsten geeinte aller Erdteile, obwohl er über die stärksten Zutaten zur Integration verfüge, einschließlich einer gemeinsamen Religion, eines geteilten Erbes, gemeinsamer Sprache, Kultur und Geschichte.

Eine Regionalunion, bei gleichzeitiger wirtschaftlicher Integration, würde zu größerer Mobilität von Menschen, Kapital und Unternehmen beitragen. Araber und Muslime könnten sich wieder darauf konzentrieren, ihre Gesellschaften aus der Verarmung hin zu Würde, politischen Rechten und weltwirtschaftlicher Teilhabe zu bringen. Fast 70 Prozent des momentanen Handels im Nahen Osten werden mit der EU abgewickelt. Freihandelsabkommen mit der EU und den USA böten Anreize für neuen Unternehmergeist. Ebenso wie China und die USA Abkommen direkt mit der EU und nicht den einzelnen Mitgliedsstaaten aushandeln, würde der Westen mit der Nahostunion als Block verhandeln. Und so wie Deutschland und Großbritannien die Kosten zur Subventionierung ärmerer EU-Mitglieder tragen bzw. trugen, sollten arabische Staaten mit einem höheren BIP ihre Mittel mit Ägypten, Jordanien, Syrien und anderen ärmeren Ländern teilen. Ein Scheitern schürt Konflikte, die wiederum über die ganze Region hinaus Menschen in Mitleidenschaft ziehen.

China, Indien, Europa und Amerika sind heute alle als politische und wirtschaftliche Gemeinschaften und Föderationen organisiert. Globalisierung, Freihandel und die Bündelung von Macht und Ressourcen minimieren innerstaatliche Kriege und den Verlust von Menschenleben. In Europa haben Deutschland und Frankreich den Krieg überwunden. Im vereinten Amerika fand der Bürgerkrieg vor hundertfünfzig Jahren ein Ende und wurde nicht wieder entfacht. Saudi-Arabien und Iran fechten hingegen weiterhin alte konfessionelle Kriege über neue Stellvertreter aus – wobei die Folgen, die in Syrien, dem Libanon, Irak und Jemen zu beobachten sind, sich von Jahr zu Jahr verschlimmern.

Sollten Araber, Türken, Kurden und Iraner die Schaffung einer Nahostunion nicht vorantreiben, dann tragen sie die Verantwortung für den bevorstehenden Zusammenbruch. Der Westen kann nicht für die Fehlleistungen gespaltener Nationen verantwortlich gemacht werden. Im Augenblick wird die Schuld für die Katastrophen im Nahen Osten beharrlich auf den Westen geschoben. Einen regionalen Ansatz zur Problemlösung zu verfolgen, anstatt immer nur einzelne Nationalstaaten in den Blick zu nehmen, würde die Schuldfrage umlenken und zeigen, dass der Westen die Impulse und Triebkräfte der Region wahrnimmt. Das zu schaffen, wäre ein Win-Win-Resultat. Ein Scheitern nicht die Schuld des Westens.

## 3. Gewalttätige Extremisten vom Islam ausschließen

Das Haus des Islam steht in Flammen – wobei der Brandstifter weiterhin dort wohnen bleibt. Nachbarn können Wasser herbeibringen, um das Feuer zu löschen, aber auch die Muslime selbst müssen die Feuerteufel aus ihrer

Mitte ausschließen. Es reicht nicht mehr, Terrorismus bloß zu verdammen. Muslime verdienen weder Applaus noch besondere Anerkennung allein dafür, Mörder zu verurteilen. Das ist das Geringste, was wir tun können, nicht das Höchste. Der Maßstab für Fortschrittlichkeit hängt nicht ganz so niedrig. Seit den frühesten Tagen des Islam wurden die Charidschiten so bezeichnet, weil sie eben das waren: Außenseiter, Menschen, die auf völlig inakzeptable Weise ‚herausgetreten' waren. Der größte aller muslimischen Gelehrten erklärte, sie seien keine Muslime. Den frühesten gewaltsamen Salafi-Dschihadisten wurde der Zutritt nach Mekka verboten, weil sie als Ungläubige angesehen wurden.

Solange das Haus des Islam Salafi-Dschihadisten Unterschlupf bietet, wird der Rest der Welt die Muslime und den Islam angreifen. Eine im Jahr 2013 in den Niederlanden durchgeführte Umfrage ergab, dass 73 Prozent der Befragten der Meinung waren, „es gebe einen Zusammenhang" zwischen Islam und Terroranschlägen.[15] In Frankreich teilten im selben Jahr 74 Prozent die Ansicht, der Islam sei intolerant, 73 Prozent hatten negative Vorurteile.[16] Im Jahr 2012 brachten 64 Prozent der Deutschen den Islam mit Gewalt und 70 Prozent mit Fanatismus und Radikalismus in Verbindung.[17]

Solange wir Muslime das zulassen, gestatten wir den Ideologen im Osten und Westen gleichermaßen, Islam und Salafi-Dschihadismus gleichzusetzen. Dem Dschihadismus werden sich weiterhin Muslime zuwenden, eine weitere Generation geht so verloren. Wir müssen unsere Moscheen, Verlagshäuser, Schulen, Webseiten, Fernsehsender, *Madrasas* und Ministerien vom Einfluss der Salafi-Dschihadisten säubern. Wenn wir weiter nichts tun, wird die Islamophobie um sich greifen und wir brauchen uns nicht zu beschweren, wenn im Westen auch weiterhin Muslime unter Generalverdacht gestellt werden. Wenn wir weiter nichts tun, und mag der Protest dagegen noch so laut sein, wird man uns auch weiterhin die Schande derer anlasten, die ihren Vertretungsanspruch über uns erheben. Wenn wir weiter nichts tun, werden wir nicht behaupten können, dass „die nichts mit uns zu tun haben". Leider entstammen sie *geradezu* unserer Mitte.

Islamisten und Salafisten trachten danach, jegliche Gedanken an Koexistenz – nicht allein mit Israel, sondern auch mit anderen, vor allem schiitischen Muslimen – im Keim zu ersticken. Falls der Mainstream die Schia-Killer nicht ausschließt, werden sich Salafi-Dschihadisten auch weiterhin darauf berufen, im Namen des Sunnitentums zu handeln, und so das Inferno des Kulturkampfes zwischen Sunniten und Schiiten im Nahen Osten weiter befeuern. Ganze Länder hat diese konfessionelle Krise schon fest im Griff. In Syrien, Saudi-Arabien, dem Irak, Libanon, Iran und andernorts hat sie ihren Höhepunkt wahrscheinlich noch gar nicht erreicht. Sobald die Charidschiten unserer Zeit als die Hauptwidersacher des Islam erkannt und ausgeschlossen werden, können sowohl Sunniten als auch Schiiten ihre ganze Aufmerksamkeit auf die Ausgrenzung wie Ausmerzung der Salafi-Dschihadisten richten. Momentan geschieht in dieser Hinsicht nichts, sodass sie den Schutz des Hauses des Islam genießen, unverfroren vom Hausrecht Gebrauch machen und den Anspruch erheben, ihr *Idschtihad*, ihre Scharia-basierte Denkweise, sei dem Glauben der Mainstream-Muslime ebenbürtig.

Diesen Vertretungsanspruch für den Islam deutlich zu verneinen und salafi-dschihadistische Kräfte aus der Religion zu verdrängen, böte drei unmittelbare Vorteile: Erstens geriete deren *yaqin* (Gewissheit) ins Wanken, da die Mehrheit der Muslime weltweit ja nicht falsch liegen kann. Zweitens, auch wenn die jetzigen Dschihadisten und Charidschiten ihrem Weg nicht abschwören und in den Schoß des Mainstream-Islam zurückkehren, wird die große Mehrzahl der jungen Muslime, der potenzielle Nachwuchs der Dschihadisten in den kommenden Jahrzehnten, zum Nachdenken gezwungen. Du kannst nicht im Namen des Islam kämpfen, wenn die Mehrheit dich nicht einmal als Muslim anerkennt. Im Augenblick ist solch ein Scheideweg nicht in Sicht, beide Möglichkeiten – Dschihadismus und Mainstream-Islam – stehen zumindest in der Frühphase einer Radikalisierung als gleichermaßen muslimisch zur Wahl. Drittens gibt es stichhaltige theologische und schriftbasierte Argumente, um die Charidschiten zu Apostaten zu erklären, was sie gerade auf dem Gebiet am stärksten trifft, auf dem sie die Deutungshoheit beanspruchen.

So wie die Dinge liegen, sind der Islam und die gewöhnlichen Muslime nicht für den Terrorismus verantwortlich, haben aber dennoch *etwas* mit der salafistischen Gewalt zu tun. Ebenso wie Pakistan wegen der Rolle seiner *Madrasas* geächtet wurde und darüber hinaus Osama bin Laden Unterschlupf gewährt und Nordkorea mit Nukleartechnologie ausgestattet haben soll, so ist heute die islamische Welt aufgrund der Mörder, Halsabschneider,

Vergewaltiger, Sklavenhalter und Terroristen, die sie beherbergt, in Verruf geraten. Es braucht eine weltweite Erklärung aller über fünfzig muslimischen Regierungen und ihrer führenden Persönlichkeiten, die jene theologischen Halunken als Ungläubige in die Schranken weist. Den Anfang sollte ein Gipfel in Mekka machen, der dann in verschiedenen anderen islamischen Hauptstädten über einen ausgedehnten Zeitraum weitergeführt wird.

Im Islam gilt ein Muslim, der Alkohol trinkt, Schweinefleisch isst oder stiehlt, auch weiterhin als Muslim, wenngleich als Sünder, der für derlei Taten im nächsten Leben vor Gott gerade stehen muss. Sollte dieselbe Person allerdings versuchen, diese Sünden zu rechtfertigen, wird sie zum Ungläubigen, zum *Kafir*, da ein derart offener Akt des Unglaubens (der sogenannte *kufr bawah*) die moralischen Prinzipien des Islam verletzt. Handeln und Glaube sind voneinander unabhängig. Zu sündigen hebt die Glaubenszugehörigkeit eines Muslims nicht auf. Salafi-Dschihadisten oder Charidschiten behaupten jedoch das Gegenteil. Sie beharren auf dem Grundsatz, dass Muslime, die das Gebet außer Acht lassen oder Alkohol trinken, keine Sünder, sondern im Grunde Ungläubige seien. Aufgrund dieser Annahme erklären sie den *Takfir* und ‚exkommunizieren' Muslime.

Was ist aber, gemessen an dieser Definition, wenn sich jemand, oder besser gesagt eine ganze Gruppierung, unmenschlichsten Handlungen verschreibt – Unschuldige tötet, Frauen versklavt, Gläubige ermordet und Kulturstätten zerstört? Falls man einen Muslim, nur weil er ein Schinkensandwich isst und dies verteidigt, aus der Religion ausschließt, warum geschieht dies dann nicht wegen Mordes, Vergewaltigung, Sklaverei und der Zerstörung historischer Stätten?

Gemäß ihren eigenen Maßstäben sind Salafi-Dschihadisten Ungläubige und gehören aufgrund ihres Verhaltens aus dem Kreis der Muslime verstoßen. Wann ist es endlich soweit, dass islamische Regierungen das auch so formulieren?[18]

Wie einst die Charidschiten, beanspruchen auch die Salafi-Dschihadisten, untermauert mit Suren und Versen, die wahrhaftigsten Muslime zu sein. Sie impfen dem Bewusstsein *yaqin* ein, absolute Gewissheit, sodass ihre Gefolgschaft bei Bedarf bereit wäre, Millionen zu ermorden. Nicht der mangelnde Wille oder Mitgefühl für Gottes Schöpfung halten sie davon ab, sondern allein ihr bisheriges Unvermögen. So lange wie Salafi-Dschihadisten beziehungsweise Charidschiten unter dem Deckmantel des Islam agieren dürfen, werden sie auch weiter Massen an Muslimen auf ihre Seite ziehen und mit Slogans wie „Unsere wahren muslimischen Brüder lassen ihr Leben" und „Dem Islam wird der Krieg erklärt" werben.

Sie zu töten, wird das Problem nicht aus der Welt schaffen. Auf diese Weise behandelt man allein die sichtbaren Symptome einer Krankheit. Dass sie seit dem Attentat 1981 auf den ägyptischen Präsidenten Anwar al-Sadat über dreißig Jahre im Schoße des Islam verweilen konnten, hat die Charidschiten von einem ägyptischen Problem zu einer weltweiten Sicherheitsbedrohung gemacht. Diese gescheiterte Politik muss aufhören, ansonsten wird der Extremismus der Charidschiten im Laufe der Jahre Millionen neue Anhänger in der islamischen Welt und darüber hinaus anziehen. In Zeiten sinkender Aufmerksamkeitsspannen, verkürzter Zitate und Tweets kann die Differenzierung, Kontextualisierung und Mahnung muslimischer Mainstream-Gelehrter nicht mit der einfältigen Klarheit der Extremisten mithalten. Sie verwenden die Sprache der Ingenieure, Naturwissenschaftler und Ärzte, die unter den heutigen Eliten in den arabischen Gesellschaften den Ton angeben. Eine organisierte Minderheit bestimmt nun den Diskurs der unorganisierten Mehrheit der Muslime. Im Namen von Pluralismus und Respekt gegenüber verschiedenen Sichtweisen im Islam dürfen wir keine Intoleranz tolerieren.

Wie lange wollen wir den Westen noch beschuldigen und es uns in Verschwörungstheorien bequem machen? Die Extremisten loszuwerden liegt ganz bei den Muslimen. Als die Sekte der Wahhabiten im 18. Jahrhundert entstand, verwehrte Suleiman Abd al-Wahhab, der Qadi Mekkas und Bruder des Sektengründers, diesen Salafi-Dschihadisten den Zutritt zur Stadt. In Indien haben muslimische Gelehrte eine Fatwa gegen die Taliban, al-Qaida und ISIS erlassen, in der sie verfügten, dass es sich bei ihnen um „keine islamischen Gruppierungen" handle. Darüber hinaus hat der führende pakistanische Gelehrte Muhammad Tahir-ul-Qadri ein ausführliches Dekret erlassen, in dem er selbige als charidschitische Ungläubige bezeichnet. In Ägypten hat der Großimam den Al-Azhar gefordert, sie zu bestrafen.

*Takfiris* verstehen nur die Sprache des *Takfirs*. Nur so kann man sie zwingen, ihre Lesart des Islam zu überdenken, zu bereuen und in den Schoß des Mehrheitsislam zurückzukehren. Dafür müssen sie sich von ihren unislamischen Taten, dem Töten, Vergewaltigen und Versklaven, distanzieren und aufhören, den Islam von innen heraus zu zerstören. In der Geschichte haben einige der größten Gelehrten, darunter die Imame Buchari, Ibn Taimiya, Subki, Ibn Hadschar und andere, verlauten lassen, dass diese Leute nicht Teil des Islam sind. Was also hält heutige Muslime davon ab, die Dschihadisten aus ihren Reihen auszuschließen und ihnen endlich die Basis zu entziehen, die sie zu kapern versuchen?

Jordanien, Großbritannien, die Türkei, Ägypten und Amerika haben es vorgemacht und diese Extremisten als Charidschiten und Apostaten gebrandmarkt, aber es müssen sich noch mehr islamische Regierungen und Gelehrte in einflussreichen Positionen organisieren, öffentlich äußern und aktiv Maßnahmen ergreifen, um all die vermeintlich islamischen, schriftfixierten Rechtfertigungsversuche der Salafi-Dschihadisten in die Schranken zu weisen. Wie lange wollt ihr noch schweigen und im Nachhinein darüber klagen, dass der Westen fälschlicherweise die Muslime verantwortlich macht?

Das Haus des Islam steht in Flammen. Wut und Hass fachen das Feuer an und tragen es von Stockwerk zu Stockwerk. Wir müssen handeln, bevor es uns verschlingt. Wir alle müssen eimerweise Wasser heranschleppen, um die Flammen zu löschen und im Anschluss bei der Wiederinstandsetzung helfen, denn den Brand haben wir mitverursacht. Anders als bei Naturkatastrophen oder dem Klimawandel können wir hier zu Lebzeiten wirklich etwas bewegen und friedensfähige Bündnisse in der islamischen Welt schmieden. Um das zu erreichen, müssen wir unsere Aufmerksamkeit dringend auf den Krieg der Vorstellungswelten richten, der im Nahen Osten wütet.

# Anhang

## Vordenker aus dem Nahen Osten und ihre Appelle für regionale Einheit

Der Ruf nach arabischer Einheit oder regionaler Eigenständigkeit, der im Laufe dieses Abschnitts ausführlicher diskutiert wird, umfasst ein breites Spektrum an Ideologien – einige panarabisch, andere panislamisch orientiert, einige säkular und andere wiederum religiös eingestellt. Allerdings verlangen alle ein regionales Gefüge, das den Nationalstaat überwinden soll. Einige Autoren waren Christen, andere Muslime. Es gilt aber zu beachten, dass dies keine vollständige Auflistung darstellt, eher eine Auswahl derjenigen, die am ehesten die politischen Haupttrends repräsentieren.

### Nach der arabischen Revolte

**Recep Tayyip Erdoğan (geb. 1954), Türkei**

Im September 2011 machte sich Erdoğan zu einer ‚Arabischer-Frühling-Tournee' nach Ägypten, Tunesien und Libyen auf, bei der er die türkisch-arabische Einheit betonte und die Türkei als Zukunftsmodell für diese Staaten präsentierte.

Im April 2016, nun als türkischer Präsident, appellierte Erdoğan in der Eröffnungsrede des jährlichen Gipfeltreffens der Organisation für Islamische Zusammenarbeit (*Organisation of Islamic Cooperation*, OIC) in Istanbul an die Länder mit muslimischer Bevölkerungsmehrheit, sich im Kampf gegen Terrorismus und die Überwindung der konfessionellen Spaltung zusammenzutun.

„Ich glaube, die größte Herausforderung, die wir überwinden müssen, ist der Konfessionalismus. Meine Religion ist nicht die der Sunniten oder die der Schiiten. Meine Religion ist der Islam", sagte er in seiner Ansprache.

„Warum warten wir auf Hilfe von außen, um unsere Probleme zu lösen und den Terror zu beenden?", fragte er die Zuhörerschaft.

„Konfessionalismus ist die größte Gefahrenquelle, der die islamische Welt ins Angesicht schauen muss", fuhr er fort, „wir müssen uns zusammenschließen, um diese Probleme selbst zu lösen."

**Abdullah Gül (geb. 1950), Türkei**
Abdullah Gül war von 2007 bis 2014 der Präsident der Türkei. Im November 2011 sagte er in einer Ansprache beim Wilton Park Think Tank des britischen Außenministeriums (British Foreign Office), dass es dem Nahen Osten an „einer effizienten regionalen Wirtschaftskooperation und einigenden Mechanismen dazu" mangele. Präsident Gül hob die Rolle der Europäischen Union bei der Entwicklung Europas nach dem Fall der Berliner Mauer hervor, um das Potenzial für ein solchen Bündnis nach dem Arabischen Frühling aufzuzeigen.[1]

Ich lud Präsident Gül im Jahr 2017 ein, vor einem Publikum in Westminster seinen Appell für eine tiefere regionale Integration mittels einer politischen und wirtschaftlichen Union darzulegen, welche die Herausforderungen des Nahen Ostens in Angriff nehmen würde.

## Golf-Kooperationsrat (Gulf Cooperation Council, GCC)

**König Abdallah ibn Abd al-Aziz Al Saud (1924–2015), Saudi-Arabien**
Als amtierender König von Saudi-Arabien forderte Abdallah im Jahr 2011 den Übergang des Golf-Kooperationsrates von einem Kooperationsabkommen hin zu einer einzigen Einheit.

**Mutaib bin Abdallah bin Abdulaziz Al Saud (geb. 1952), Saudi-Arabien**
Im Jahr 2013 beförderte der saudische König Abdallah seinen Sohn Prinz Mutaib bin Abdallah zum Befehlshaber der saudischen Nationalgarde. Unmittelbar danach verkündete Prinz Mutaib, dass der GCC in den kommenden Jahren eine 100 000 Mann starke Verteidigungsstreitmacht aufstellen wird.[2]

**Prinz Chalifa bin Salman Al Chalifa (geb. 1935), Bahrain**
Prinz Chalifa bin Salman Al Chalifa, der derzeitige Premierminister von Bahrain, hat mehrfach Statements sowohl zur Unterstützung des Golf-Pro-

jekts als auch der Arabischen Einheit abgegeben. Im April 2013 sagte er auf der Konferenz des Golf-Presseverbands (Gulf Press Association Conference): „Durch innere Geschlossenheit wird unsere Zukunft bewahrt, sie macht uns international zu einer widerstandsstarken Einheit."[3] Im Januar 2014 wiederholte er diese Ansicht und fügte hinzu, dass eine Golf-Union als „das Herzstück der Arabischen Einheit" fungieren könne und ein Instrument zum Schutz gegen „die Komplotte, die gegen uns ausgeheckt werden" sei, wobei er auf die Unruhen in Bahrain Bezug nahm, die ein Einfallstor seien, „durch das der Terror sich in der gesamten Region ausbreiten könnte."[4]

### Scheich Zayid bin Sultan Al Nahyan (1918–2004), Vereinigte Arabische Emirate

Scheich Zayid bin Sultan Al Nahyan, der ehemalige Herrscher von Abu Dhabi und Präsident der Vereinigten Arabischen Emirate (VAE) sagte bei einem Zusammentreffen mit Jordaniens König Abdullah im Februar 2000: „Ohne Solidarität aufzubauen und die Reihen zu schließen, werden die Araber weder Gewicht, noch Stärke in der Welt besitzen. Dabei werden sie nichts einbüßen, wenn sie den Pfad der Solidarität, der Einheit und des gemeinsamen Handelns einschlagen."[5] Scheich Zayids politische Vision der Einheit unter den Arabern führte 1973 zur Schaffung der Vereinigten Arabischen Emirate, einer Konföderation von sieben eigenständigen politischen Entitäten.

### Scheich Mohammed bin Raschid Al Maktum (geb. 1949), Vereinigte Arabische Emirate

Scheich Mohammed bin Raschid Al Maktum, der derzeitige Herrscher von Dubai, Vizepräsident und Premierminister der Vereinigten Arabischen Emirate, traf sich noch als Verteidigungsminister im August 1987 mit dem PLO-Führer Jassir Arafat, um die Arabische Einheit und die politischen Ziele der Palästinenser zu besprechen. Danach gab Scheich Mohammed zu Protokoll: „Die Arabische Einheit ist unentbehrlich", und die VAE werde jedwede konzertierte arabische Aktion unterstützen, die arabischen Interessen diene.[6] Im November 2000 sagte er in einem live zugänglichen Internet-Chat mit seinen VAE-Herrscherkollegen, dass Fortschritte „bei der lang ersehnten Einheit der arabischen Staaten"[7] erzielt worden seien.

## Anti-Kolonialisten

### Dschamal ad-Din al-Afghani (1838/9–1897)

Dschamal ad-Din al-Afghani gilt als der Begründer des arabischen Nationalismus. Er setzte sich für die pan-arabische sowie pan-islamische Einheit ein und begann in den 1860er Jahren damit, die europäischen Eingriffe im Mittleren Osten und darüber hinaus infrage zu stellen. Obwohl er entweder im Iran oder in Afghanistan geboren wurde – trotz der *nisba* (Namenszusatz, der Herkunftsorte, ethnische Zugehörigkeit o. ä. ausweist, A. d. Ü.) ‚al-Afghani' herrscht darüber bei Gelehrten Unklarheit –, reiste er Zeit seines Lebens und lebte zeitweise in Indien, Ägypten, dem Osmanischen Reich, Europa, Persien und Russland. Afghani trachtete nach der Schaffung eines starken Nationalstaats, um die Muslime vor den europäischen Machtambitionen zu schützen. Allerdings darf sein Einsatz für die muslimische statt der arabischen Einheit nicht als Zeichen für religiösen Dogmatismus oder Spiritualität verstanden werden. Er betrachtete den Islam eher als eine Kultur, denn als eine Religion.[8]

### Mohammed Abduh (1849–1905), Ägypten

Mohammed Abduh, ein Schüler Afghanis, hob stärker auf die religiöse Natur des Islam als auf den politischen Aktivismus seines Lehrers ab. Abduh fungierte als Mufti von Ägypten und gilt als Begründer des islamischen Modernismus. Er glaubte, dass der Islam nur durch kulturelle und nicht durch politische Aktivitäten wiederbelebt werden könne, und er predigte Brüderlichkeit und Einheit zwischen den islamischen Rechtsschulen. Er unterstützte den Aufstand gegen die Briten in Ägypten, seine hoffnungsvolle Haltung gegenüber einer auf Einheit abzielenden Politik brachte gerade religiöse Ägypter dazu, sich politisch zu engagieren.[9]

### Mohammed Raschid Rida (1865–1935), Syrien

Mohammed Raschid Rida, ein Schüler von Mohammed Abduh, baute auf der Philosophie und religiösen Ausrichtung seines Lehrers auf und entwickelte sie im Hinblick auf die Etablierung des Kalifats weiter. Raschid Ridas Schriften haben die moderne politische Philosophie zu einem ‚Islamischen Staat' beeinflusst.[10]

**Abd al-Rahman al-Kawakibi (1849–1902), Syrien**

Abd al-Rahman al-Kawakibi war ebenfalls Schüler Mohammed Abduhs, allerdings kreiste seine Weltanschauung um den arabischen Nationalismus, weniger um den Pan-Islamismus. Für Kawakibi stellten die Araber die einzig legitimen Repräsentanten des Islam dar, die er den Türken vorzog.[11] Er optierte für ein spirituelles Kalifat, in dem der Herrscher nicht mit politischer Macht ausgestattet wäre.[12]

## Pro-Osmanisch

**Sultan Abdülhamid II., Osmanisches Reich (1842–1918)**

Der osmanische Sultan Abdülhamid II. nahm sich der Forderung Afghanis nach einem Pan-Islamismus an, indem er die arabischen Völker und Territorien stärker unter osmanischen Einfluss zu bringen versuchte. Afghani lehnte diese Vermengung von Osmanismus und Pan-Islamismus ab.[13]

## Anti-Osmanisch

**Negib Azouri, Syrien (1870–1916)**

Negib Azouri, ein syro-libanesischer Christ, knüpfte an Kawakibis Lehren an und forderte neben einem spirituellen Kalifat auch ein von Euphrat und Tigris bis zum Suezkanal reichendes, säkular verfasstes Arabisches Reich. Azouri beabsichtigte, dass sich dieses Reich der Araber vom Osmanischen Reich abspalten sollte. Sein Buch *Le réveil de la nation arabe* (dt. Das Erwachen der arabischen Nation) wurde im Jahr 1905 veröffentlicht.

**Schukri al-Asali, Syrien (1868–1916)**

Schukri al-Asali, ein Unterstützer der Jungtürken-Revolution von 1908, wurde 1911 in das wieder einberufene osmanische Parlament gewählt. Als Abgeordneter forderte er eine Reform des sozioökonomischen Systems und Bildungswesens in Syrien und war ein erbitterter Gegner des Zionismus. Im Unterschied zu Azouri und anderen arabischen Nationalisten seiner Zeit befürwortete Asali ein gemeinsames arabisch-türkisches Projekt unter der Führung des jungtürkischen *Komitees für Einheit und Fortschritt* (Committee of Union and Progress, CUP), um das Osmanische Reich unter der Bedingung einer verbesserten Stellung und Lebensqualität für die Araber zu erneuern. Dennoch wandte er sich letzten Endes vom *Komitee* ab, da sich die Lage der Araber nicht besserte. Im April 1911 sprach er vor dem Parlament und thematisierte das Fehlen arabischer Repräsentanten im gehobenen Ministerialdienst. Dieser Klagen ungeachtet hielt Asali an seiner Loyalität gegenüber dem osmanischen Projekt fest. Dennoch behaupten einige Historiker, er habe seine Ansichten zu seinem Lebensende hin geändert.[14]

**Abd al-Hamid al-Zahrawi, Syrien (1855–1916)**

Abd al-Hamid al-Zahrawi begann wie Asali seine politische Karriere als Unterstützer der Jungtürken und war dann Mitglied des wiedereingesetzten Parlaments. Er verurteilte das jungtürkische *Komitee für Einheit und Fortschritt* als zu tyrannisch und die Rechte der Araber missachtend. Trotz seines Mandats im osmanischen Parlament war er von panislamischen Anwandlungen beseelt und er unterstützte „einen starken osmanischen Nationalstaat, in dem die Araber gedeihen würden.“ Al-Zahrawi war Präsident des Ersten Arabischen Kongresses, der 1913 in Paris abgehalten wurde. Letztlich verschrieb auch er sich dem Ziel der arabischen Unabhängigkeit.[15]

**Aziz Ali al-Misri, Ägypten (1879–1965)**

Aziz Ali al-Misri diente in der osmanischen Armee und verfocht ursprünglich die Einheit des Osmanischen Reiches, allerdings verließ er später das jungtürkische *Komitee für Einheit und Fortschritt* aufgrund dessen radikaler Ausrichtung und unterstützte stattdessen die Sache des arabischen Nationalismus. Misri war eine treibende Kraft in dem Unterfangen, die Ägypter von einem rein ägyptischen Nationalismus hin zu einem pan-arabischen zu bewegen.

**Sati al-Husri (1879–1967)**

Sati al-Husri stand ursprünglich mit den Jungtürken im Bunde, aber wie viele seiner Mitstreiter verwarf er letztlich das Konzept eines Osmanismus zugunsten des arabischen Nationalismus. Er betonte die Bedeutung von Sprache und Geschichte für die arabische Einheit. Husri bekleidete nach 1908 verschiedene Positionen in der syrischen Provinzregierung, wobei er auf eine Reform des Bildungswesens hinarbeitete.[16]

**Hussein ibn Ali, Scharif von Mekka (frühes 20. Jahrhundert)**

Scharif Hussein ibn Ali war das Oberhaupt der haschimitischen Dynastie im frühen 20. Jahrhundert. Mit der Unterstützung von Sir Henry McMahon, dem britischen Hochkommissar (High Commissioner) von Ägypten, strebte er den Sturz der osmanischen Herrschaft in den arabischen Provinzen an, um Mekka und Medina wieder zu ihrem früheren Glanz zu verhelfen, was in Grundzügen in der sogenannten McMahon-Hussein-Korrespondenz umrissen ist. Scharif Hussein sah sich selbst schon als Kalif über ein Gebiet herrschen, das nach einem arabischen Sieg von Aleppo bis Aden reichen sollte. Auch wenn darin in gewisser Weise eine arabische Nationalbewegung aufscheint, so standen doch eher politische als soziale oder humanitäre Ziele im Mittelpunkt. Letztlich endete die Arabische Revolte mit einem Fehlschlag, dennoch erklärte sich Scharif Hussein nach der kemalistischen Revolution des Jahres 1924 zum Kalifen aller Muslime, wurde aber nur kurze Zeit später von den Wahhabiten aus Mekka vertrieben.[17]

**George Antonius (1891–1942)**

George Antonius, ein in Palästina lebender libanesisch-ägyptischer Intellektueller, gilt als der früheste Historiker des arabischen Nationalismus. In seinem Buch *The Arab Awakening* (dt. Das Arabische Erwachen) argumentierte er, dass die arabische Nation – die sich aus „rassischen" und kulturellen sowie sprachlichen Elementen zusammensetze – seit Jahrhunderten in einem Dornröschenschlaf „schlummere".

## Die Baath-Partei und die Vereinigte Arabische Republik

**Michel Aflaq, Syrien (1910–1989)**

Der Christ Michel Aflaq gründete im Jahr 1940 zusammen mit Salah ad-Din al-Bitar die arabische Baath-Partei.[18] ‚Baath' bedeutet ‚Wiedererwachen' oder ‚Wiedergeburt'. Mithilfe der Partei, die Elemente aus Nationalismus und Sozialismus miteinander verband, arbeitete Aflaq zusammen mit Gamal Abdel Nasser an der Errichtung der Vereinigten Arabischen Republik (VAR). Obwohl er Christ war, teilte er die Überzeugung, dass es ein besonderes Verhältnis zwischen dem Islam und dem arabischen Nationalismus gebe, welches ungeachtet der Religionszugehörigkeit für die Araber achtenswert wäre.[19]

**Salah ad-Din al-Bitar, Syrien (1912–1980)**

Salah ad-Din al-Bitar war zusammen mit Michel Aflaq im Jahr 1940 Mitbegründer der arabischen Baath-Partei. In einigen der frühen baathistischen Regierungen in Syrien diente Bitar als Premierminister und spekulierte auf den Posten des Vize-Präsidenten der VAR. Stattdessen wurde er zum Staatsminister für die arabischen Angelegenheiten und später zum Minister für Kultur und nationale Führung eingesetzt. Er war bestürzt über die dominante Rolle, die Nasser den Ägyptern in der Verwaltung der VAR zuschanzte. Im Jahr 1966 ergriff er die Flucht und lebte fortan hauptsächlich in Europa, wo er bis zu seiner Ermordung im Jahr 1980 – höchstwahrscheinlich durch einen Geheimagenten des syrischen Präsidenten Hafiz al-Asad – politisch aktiv blieb.

**Zaki al-Arsuzi, Syrien (1899–1968)**

Zaki al-Arsuzi gründete im Jahr 1940 eine eigene Arabische Baath-Partei, die sich 1947 schließlich mit der Partei von Aflaq und Bitar vereinigte. Arsuzis Ziel bestand darin, durch seine Philosophie der arabischen Sprache eine arabische Nationalidentität zu begründen. Er war davon überzeugt, dass sich der arabische Nationalismus auf einer naturgegebenen Brüderlichkeit aufgrund gemeinsamer Abstammung gründe. Im Jahr 1966 gestand er ein, dass die Schaffung einer einzigen arabischen Nation zu jener Zeit unerreichbar sei. Stattdessen befürwortete er eine föderale Ordnung, durch die Grenzen letztendlich überflüssig würden.[20]

**Gamal Abdel Nasser, Ägypten (1918–1970)**

Gamal Abdel Nasser war von 1956 bis zu seinem Tod Präsident Ägyptens. Seine sozialistischen und nationalistischen Vorstellungen wurden durch die in Kairo ansässige Radiostation „Stimme der Araber“ (*Saut al-Arab*) in die gesamte arabische Welt übertragen. Trotz seiner Popularität war zur Mitte des Jahres 1957 Syrien sein einziger Bündnispartner in der Region. Im Januar 1958 gab Nasser den wiederholt vorgebrachten Forderungen Syriens nach Vereinigung nach, was die Vereinigte Arabische Republik hervorbrachte.[21]

**Taha Hussein, Ägypten (1889–1973)**

Obwohl der Schriftsteller Taha Hussein ursprünglich ein Anhänger des Pharaonismus (die pharaonistische Bewegung in Ägypten in den 1920er und 1930er Jahren fokussierte auf die vorislamische Zeit und sah das Land als Teil einer größeren mediterranen Zivilisation, A. d. Ü.) war, das heißt, Ägypten vor dem arabischen Nationalismus bewahren wollte, begann er das arabische Nationalprojekt schließlich doch zu unterstützen, was er in seinem in den späten 1950er Jahren veröffentlichten Artikel „*al-Udaba hum bunat al-qaumiya al-arabiya*" (dt. „Die Intellektuellen sind die Baumeister des arabischen Nationalismus") zum Ausdruck brachte.

**Constantin Zureiq, Syrien (1909–2000)**

Constantin Zureiq war ein christlicher Intellektueller und Geschichtsprofessor sowie Unterstützer des arabischen Nationalismus. Er trachtete danach, die arabische Gesellschaft durch rationales Denken zu verändern. Wie Michel Aflaq sah er die Beziehung zwischen Islam und arabischem Nationalismus als zentral an.[22]

**Abd al-Rahman al-Bazzaz, Irak (1913–1973)**

Abd al-Rahman al-Bazzaz wurde zu einem Verfechter des arabischen Nationalismus, als er in den 1930er Jahren in Bagdad und London Jura studierte. Im Jahr 1941 hatte er den gescheiterten Irakischen Aufstand gegen die Briten unterstützt und wurde schließlich Premierminister des Irak. Während seiner Amtszeit verfolgte er das unbeliebte Ziel, den Sold für Soldaten zu reduzieren und deren Privilegien abzubauen. Von der baathistischen Regierung wurde er wegen Verschwörung angeklagt. Bazzaz war der Auffassung, dass arabischer Nationalismus und Islam in jeder Hinsicht vereinbar seien.[23]

## Würdigung

Meinen Eltern, Abba und Amma, schulde ich den allergrößten Dank dafür, dass sie mir durch Liebe und *suhba*, also Kameradschaftlichkeit, eine Art des Muslimseins vermittelt haben, die den Glauben einfach lebt und ihn weniger predigend vorschreibt. Wenn mich die beiden den Islam nicht gelehrt hätten, würde mir sowohl das sprachliche als auch das kulturelle Rüstzeug fehlen, um Zugang zur islamischen Welt zu finden. Ihr spiritueller Führer (*murschid*), Saheb Qibla Fultali, und seine Anhänger unterwiesen mich in Arabisch, dem Koran und lehrten mich Wesen, Denken und Handeln des Propheten.

Meine Frau, Faye, war meine wichtigste Stütze auf Reisen, beim Lesen und Schreiben. Sie war mein ständiger Weggefährte im Leben, mein erster Anlaufhafen und meine vortrefflichste Kritikerin. Während ich dieses Buch verfasste, waren sie und unsere beiden Töchter Quellen der Liebe, des Verständnisses und der Ermutigung.

Die Idee für dieses Buch wurde aus einem Kommentarartikel für die *New York Times* heraus geboren, den ich im August 2014 verfasst habe. Der unübertroffene und weitsichtige Andrew Wylie nahm daraufhin Kontakt mit mir auf, woraus sich ein fortwährendes Gespräch entwickelte, das letztlich zu diesem Buchvorhaben geführt hat. Andrew bin ich zu großem Dank verpflichtet, denn er hat mir während des Arbeitsprozesses in aller Offenheit stets ein sehr tiefsinniges und schnelles Feedback gegeben. James Pullen bei der Agentur Wylie war ein wundervoller Gesprächspartner und Kritiker meiner Ideen. Bei Bloomsbury hatte ich die große Ehre, mit Michael Fishwick zusammenzuarbeiten – einem gleichsam anspruchsvollen wie begnadeten Lektor, der ein Gespür und Händchen für vielversprechende Themen hat: Er wollte, dass dieses Buch kein dem Zeitgeist verpflichteter Schnellschuss wird. Seine hohen Qualitätsstandards, Kenntnisse aus Andalusienreisen und seine Lektüre zu Luther gaben mir insgesamt sehr wichtige Denkanstöße, während wir uns gemeinsam durch die verschiedenen Versionen des Buchmanuskripts kämpften. Sarah Ruddick, Jasmine Horsey, Emma Bal, Genista Tate-Alexander und Marigold Atkey waren während der gesamten Arbeit am Buch einfach wundervoll und allzeit eine große Unterstützung.

In meinem Freundeskreis waren die ‚*Schura* Seiner Majestät', also die gemeinsamen Rat(schlag)sversammlungen, von unschätzbarem Wert – hierbei waren meine Freunde wahre Brüder im Geiste und fürsorgliche Mitstreiter. Auch wenn wir nicht immer einer Meinung waren, bedeuteten ihre Zuneigung, Loyalität und ihr schallendes Gelächter mir als Autor die Welt, der ansonsten fernab dieser vor sich hinwerkelt. Immer und immer wieder haben sie sich all meine Fragen geduldig angehört und mir hochgelehrige Antworten darauf gegeben. Daher gilt der *Schura*, dieser illustren Ratsversammlung, mein tiefempfundener Dank.

Seine Eminenz Scheich Abdullah bin Bayya, Cheikhna bin Bayyah und Zeshan Zafar haben mich stets ermuntert, zu schreiben und nie danach getrachtet, mir in irgendeiner Weise den Mund zu verbieten. Solch großzügig gewährte Freiheiten von Seiten religiöser Führer sind doch sehr selten und deshalb so überaus wertvoll. Noch zukünftige Generationen werden die Anstrengungen des Scheichs würdigen, die *Maqasid* der Scharia zu lehren und dabei mitzuhelfen, die westliche und islamische Welt miteinander zu versöhnen. Es war gerade Scheich bin Bayya, der mir die Idee vermittelt hat, dass das ‚Haus des Islam' lichterloh brenne, und dass es für uns alle eine Verpflichtung sei, diesen Brand zu löschen. Für immer werde ich Ceylan Özgül dafür dankbar sein, dass sie mir das kulturelle Erbe der Osmanen wieder nähergebracht hat und mir dabei half, einige muslimische Stereotype und negative Annahmen über diese Periode grundlegend infrage zu stellen. Für mich ist sie der Inbegriff dieser vielfältigen Kulturen: Antike Griechen, Israeliten, Osmanen, Islam und der moderne Westen. Ihre kritischen Gedanken zu diesem Buch und dessen Hauptideen waren unfassbar hilfreich für mich.

Nathan Feldman war eine Quelle der Brüderlichkeit und der bleibenden Freundschaft. Seine Einladung, Jerusalem zu besuchen und die jüdische, christliche und muslimische Koexistenz zu sehen, und die aufrichtigen Gespräche mit ihm über den Wunsch nach einer friedlicheren Welt für alle Kinder Gottes bestärken mich in der Überzeugung, dass Güte noch existiert. Sein Feedback zu mehreren Kapiteln hat mir sehr geholfen.

Rula Jebreal, eine wahre Freundin, war immer eine Inspiration. Unsere faszinierenden Gespräche in Rom, London und New York brachten mich überhaupt erst zum Nachdenken über einige der in den Kapiteln erwähnten Ideen, die ich sonst übersehen hätte.

Heba Youssry in Kairo ist eine wahre Sufi, die mich mit der Weisheit Ibn Arabis und anderen inspiriert hat. Solche einfühlsamen und zarten Seelen sind selten.

Botschafter Sheikh Fahad al-Atiyya und ich sind uns vielleicht nicht immer in der Politik einig, aber seine tadellosen Manieren, also sein *adab*, seine Großzügigkeit und seine Kritik an der Moderne gaben mir Anlass zur Reflexion. Gespräche mit ihm in Katar und London über den Stellenwert der Tradition sowie darüber, Kunst, Architektur und den Städtebau in der islamischen Welt zu überdenken, waren immer von großer Bedeutung.

Botschafter Omar Ghobash stellte immer die Fragen, die andere in der muslimischen Community nicht stellten. In New York und Abu Dhabi waren sein Witz, sein Humor, seine Intelligenz und seine aufrichtige Sorge um die Zukunft der islamischen Welt ermutigend.

Stephanie Hare hat freundlicherweise Teile des Buches genauer unter die Lupe genommen und dazu beigetragen, es stärker zu machen.

Nidhi Sinha hörte nie auf, an das Buch zu glauben. Jedes Mal, wenn wir uns trafen oder sprachen, trieb sie mich mit ihrem Interesse am Schreibprozess immer dazu an, härter zu arbeiten.

Die beseelten Gespräche mit Fatima Mullick über Schiiten und Sufis machen mir stets Lust auf mehr. Ihre Worte und Gedanken halfen bei mehr als einem Kapitel.

Sue Eedle und Alona Ferber halfen beim Sortieren und Hinterfragen von frühen Entwürfen. Ihr Fleiß und ihre Liebe zum Detail waren wirklich bewundernswert.

Peter Welbys Verständnis für Theologie, Philosophie und Politik ist bei einem so jungen Menschen schwer zu übertreffen. Seine detaillierte Lektüre des Manuskripts und sein Feedback waren wertvoll.

William Neal ist ein wacher Geist, der den Gang eines Arguments vorhersehen kann, bevor es fertig ausgeführt ist. Seine Weisheit und Weitsicht halfen, die Konturen des Buches zu schärfen.

Und schließlich an all die guten Menschen in Flugzeugen, Hotels und Restaurants auf der ganzen Welt, die mir einen Stift und Papier gaben, wenn mich plötzlich ein neuer Gedanke packte: Dankeschön.

Alle Fehler im Buch sind ganz die meinigen – Güte, Wahrheit und Wissen darin sind meinen Lehrern zu verdanken.

# Anmerkungen

## Vorwort zur deutschen Ausgabe

1 Goethe, Johann Wolfgang von: *West-östlicher Divan* (Originalausgabe von 1819 herausgegeben von Theodor Friedrich, Leipzig: Reclam), S. 27.

2 Das Titelblatt trug die Formel *bismi 'llāh al-rahmān al-rahīm* (‚*Im Namen Gottes des Barmherzigen, des Erbarmers*') (A. d. Ü.).

## Einleitung

1 Nordkorea nennt sich selbst ‚Demokratische Volksrepublik Korea'. Dennoch wissen wir, dass es sich um keine Demokratie handelt. Folglich bezeichnen unsere Medien das Land ganz bewusst als undemokratisch. Die mangelnde Kenntnis des Islam hindert unsere Presse daran, den Anspruch von ISIS, islamisch zu sein, zurückzuweisen.

2 John Gray: *Politik der Apokalypse*. Aus dem Englischen von Christoph Trunk (Klett-Cotta: Stuttgart 2009), S. 97–98. (Anm. d. Übers.)

3 Immanuel Kant: *Beobachtungen über das Gefühl des Schönen und Erhabenen* (Riga 1771), S. 102. (Anm. d. Übers.)

4 John Stuart Mill: *Über die Freiheit*. Aus dem Englischen übersetzt von E. Pickford (J. D. Sauerländer 1860), S. 101. (Anm. d. Übers.)

5 John Gray: *Politik der Apokalypse*, S. 98. (Anm. d. Übers.)

6 Nach Edmund Burke: *Bemerkungen über die französische Revolution* (Joseph Stahel: Wien 1791), S. 175.

7 Ebenda.

8 Ebenda, S. 144.

9 J. Esposito / M. Mogahead: *Who speaks for Islam? What a Billion Muslims Really Think* (Gallup 2007), S. 6–7.

10 Burke: *Bemerkungen*, S. 60.

## Teil I: Tausend Jahre Vorherrschaft

### Kapitel 1

1 Karen Armstrong: *Im Namen Gottes: Religion und Gewalt*. Aus dem Englischen von Ulrike Strerath-Bolz (Pattloch: München 2014), S. 13, 14.

2 Einwohner von zwei Dörfern am Rande von Damaskus in Syrien, Ma'lula und Sednaya, sprechen noch Aramäisch. Ich habe beide besucht.

3 Ich gebe hier überwiegend meine eigenen Koranübersetzungen aus dem arabischen Original wieder.

### Kapitel 2

1 Sure 74:1-7. (Anm. d. Übers.)

2 Zitat aus Thomas Carlyle: *Über Helden, Heldenverehrung und das Heldentümliche in der Geschichte. Sechs Vorlesungen*. Herausgegeben nach der Übersetzung von J. Neuberg und Robert v. Erdberg (Deutsche Bibliothek: Berlin 1912), S. 72. (Anm. d. Übers.)

3 Ebenda, S. 76f. (Anm. d. Übers.)

### Kapitel 3

1 John Darwin: *Der imperiale Traum. Die Globalgeschichte großer Reiche 1400–2000*. Aus

dem Englischen von Michael Bayer und Norbert Juraschitz (Campus: Frankfurt/Main 2010), S. 198.

2 Zwar verwendeten Türken, Perser und indische Muslime die arabische Sprache nicht im Alltag, sie übernahmen jedoch die arabische Schrift für ihre eigenen Sprachen. Auf Urdu und Persisch ist das bis heute so. In der Türkei schaffte der säkulare muslimische Reformer Kemal Atatürk die arabische Schrift ab, die Türken nutzen seither das lateinische Alphabet.

3 Muslime folgen dem Mondjahr mit einer anderen Zeitrechnung. Der Kalender beginnt mit dem Tag, als sich der Prophet in Medina niederließ. Nach dieser Berechnung entspricht das Jahr 2020 im Gregorianischen Kalender dem Jahr 1442. Als Hidschra-Kalender, abgeleitet von der *Hidschra*, dem Auszug des Propheten aus Mekka, ist diese Datierung für Muslime immer noch bedeutsam, aber nicht sehr verbreitet. Nur in Saudi-Arabien, dem Iran sowie innerhalb islamischer Organisationen beruft man sich auf die Hidschra-Datierung.

4 1. Buch Mose 22, 17.

5 Peter Frankopan: *Licht aus dem Osten. Eine neue Geschichte der Welt.* Aus dem Englischen von Michael Bayer und Norbert Juraschitz (Rowohlt: Berlin 2016), S. 133 f.

**Kapitel 4**

1 Die Umayyaden etablierten die erste Erbmonarchie im Islam. Nach den ersten vier Kalifen herrschten sie beinahe ein Jahrhundert lang von ihrem Sitz in Damaskus in Syrien aus. Sie waren berüchtigt für ihren ausschweifenden Lebensstil, Eroberungen, Prunkpaläste, politische Intrigen, Morde, Korruption und den Versuch, die Massen zu überwachen. Von den Muslimen wurden sie maßgeblich als Vertreter der alten Ordnung betrachtet, als Repräsentanten der vorislamischen Eliten Mekkas. Die frühen Umayyaden (mit Ausnahme des Kalifen Omar ibn Abd al-Aziz) galten als die Nachkommen derer, die den Propheten einst verfolgt hatten und erst zum Islam konvertiert waren, als es ihrem eigenen Machtstreben dienlich war.

2 Wie Steve Coll, ein mit dem Pulitzer-Preis ausgezeichneter Journalist, belegt, stiftete die CIA sunnitische *Mudschahedin* in Afghanistan dazu an, Selbstmordanschläge gegen die Sowjets zu verüben, doch die sunnitischen Kämpfer weigerten sich aus religiösen Gründen, da Selbstmord im Koran verboten ist. Gott allein gibt und nimmt das Leben, lautet die sunnitische Mehrheitsposition. Dreißig Jahre später ist diese von der Hisbollah eingeführte Neuheit sowohl unter sunnitischen als auch schiitischen Terroristen zur Waffe der Wahl avanciert. Siehe dazu *Ghost Wars: The Secret History of the CIA, Afghanistan, and Bin Laden from the Soviet Invasion to September 10, 2001* (New York: Penguin 2004).

3 Zitiert nach Margaret MacMillan: *The Uses and Abuses of History* (London: Profile 2010), S. 24.

4 Sayyida Zainab, eine Enkelin des Propheten, ist am Stadtrand von Damaskus begraben. Der Ort ist regelmäßig Ziel von Angriffen durch ISIS und al-Qaida. Nur durch die Hisbollah und Druck von Seiten des Iran konnte er geschützt werden. Als ich in Damaskus lebte, habe ich den Schrein für gewöhnlich seiner spirituellen Herrlichkeit und Ruhe wegen besucht.

5 Tweet des bekannten englischsprachigen schiitischen Gelehrten Sayed M. Modarresi vom 10. Dezember 2015.

6 Jedes Jahr begehen Schiiten diese Begebenheit mit dem Eid-e Ghadir, benannt nach der Wasserstelle, an der der Prophet stoppte. Schiiten sehen in dem beschriebenen Vorgang einen Hinweis auf Ali als Prophetennachfolger. Sunniten fechten diese Schlussfolgerung an.

7 Sure 2:156. (Anm. d. Übers.)

8 Der Abbasidenkalif al-Mansur führte in den Jahren 754 bis 775 eine Glaubensinquisition durch, um schiitische Einflüsse auszumerzen. *Taqiya* wurde entwickelt, um die schiitische Identität im Geheimen aufrechtzuerhalten und Verfolgung zu entgehen.

### Kapitel 5

1 PEW Research Center: *The World's Muslims. Religion, Politics and Society,* 2013.

2 1. Korinther 6, 12. (Anm. d. Übers.)

3 Salman bin Hamad al Chalifa: „To Defeat Our Foe, We Must First Define Him", in *The Telegraph* vom 16. Februar 2015.

4 Mit *isnad* wird die Kette an Tradenten bezeichnet, über die ein Prophetenhadith überliefert wurde. Bekanntermaßen sammelte Imam Buchari über 100 000 Hadithe, zeichnete aber nur 7000 davon auf. Sein Auswahlkriterium war die Zuverlässigkeit des *isnad* beziehungsweise der Tradentenkette. War einer der Überlieferer von zweifelhaftem Charakter, verwarf er den Hadith wieder. Enthielt die Überliefererkette jedoch Männer guten Rufes, so nahm Imam Buchari den Hadith ungeachtet des womöglich fragwürdigen tatsächlichen Inhalts in seine richtungsweisende Sammlung auf.

5 Aus: Sure 2:185. (Anm. d. Übers.)

6 Die bekanntesten dieser Gelehrten hießen Imam Abu Bakr al-Dschassas und Abu Dscha'far al-Tahawi.

7 In vielen muslimischen Gesellschaften wird heute der Fehler begangen, die liberale Haltung eines Muslims danach zu beurteilen, ob er Alkohol trinkt oder nicht. Muslime, die keinen Alkohol trinken, sind deswegen keine Extremisten, und diejenigen, die trinken, keine Liberalen – derart grobkörnige Unterscheidungen zu treffen, offenbart Unkenntnis. Die Attentäter vom 11. September haben beispielsweise Alkohol getrunken.

8 Sure 2:256. (Anm. d. Übers.)

### Kapitel 6

1 Deutsche Übersetzungen nach Hector G. Percini (1911) und C. H. Rempis (1940). (Anm. d. Übers.)

## Teil II: Der Ursprung des Zorns

### Kapitel 7

1 William Dalrymple, *The Last Mughal* (Bloomsbury 2006), S. 21.

2 Henry Kissinger: *Weltordnung.* Aus dem Englischen von Karlheinz Dürr und Enrico Heinemann (Bertelsmann: München 2014), S. 3.

3 Ebenda, S. 3 – 4.

4 Ebenda, S. 25.

5 Ebenda, S. 27 – 28.

### Kapitel 8

1 Ziauddin Sardar: „Great thinkers of our time – Maulana Sayyid Abul- Ala Maududi", in: *New Statesman* vom 14. Juli 2003.

[2] Zitiert nach Gudrun Krämer, *Hasan al-Banna* (in der Reihe *Makers of the Muslim World* – Oxford: One World, 2010), S. 21.

[3] Ebenda.

[4] Ebenda, S. 51.

[5] Ebenda.

[6] Ebenda, S. 102.

[7] Die Rede ist von Scheich Ramadan al-Bouti (gest. 2013) und Scheich Ahmad Kuftaro (gest. 2005).

[8] Am 20. Mai 2016 auf dem Ennahda-Gipfeltreffen in Tunis.

[9] Interview des Autors mit Scheich Ghannouchi bei einem Roundtable Treffen, das vom Autor 2013 beim US Council on Foreign Relations, Washington D. C., organisiert wurde.

**Kapitel 9**

[1] Vgl. Koran Sure 3:7. (Anm. d. Übers.)

[2] Im Jahr 2010 definierte das Jahrbuch *The Muslim 500*, das vom königlichen Aal al-Bayt Institut für Islamisches Denken in Amman, Jordanien, herausgegeben wurde, Salafisten als islamische Fundamentalisten und schätzt ihre Zahl auf 3 Prozent aller Muslime.

**Kapitel 10**

[1] Wie von Scheich Hamza Yusuf im Jahr 2015 auf der jährlichen Konferenz muslimischer Wissenschaftler auf dem *Global Forum for Promoting Peace in Muslim Societies* (dt. Weltforum für Friedensbemühungen in muslimischen Gesellschaften) in Abu Dhabi, Vereinigte Arabische Emirate, vorgetragen wurde.

**Kapitel 11**

[1] Übernommen von Hadith-Sammlungen auf salafistischen Webseiten wie www.answering-extremism.com (zugegriffen am 26. Dezember 2017).

[2] Sure 7:32. (Anm. d. Übers)

[3] Suren 6:57; 12:40; 12:67. (Anm. d. Übers.)

**Teil III: Der Aufstieg des Westens und der Verlust der muslimischen Selbstgewissheit**

**Kapitel 12**

[1] Samir Kassir: *Das arabische Unglück.* Aus dem Französischen von Ulrich Kunzmann (Berlin: Schiler 2006), S. 7. (Anm. d. Übers.)

[2] Sure 17:70. (Anm. d. Übers.)

[3] Zitiert nach *Foreign Policy* vom 14. Mai 2015.

[4] Siehe Francis Fukuyama: *Das Ende der Geschichte. Wo stehen wir?* Aus dem Englischen von Helmut Dierlamm (Kindler: München 1992).

**Kapitel 13**

[1] König Abu Abdallah Mohammed XI., auch Boabdil genannt, war der 23. muslimische Herrscher von Granada.

[2] B. Hughes: *Istanbul: Die Biographie einer Weltstadt.* Aus dem Englischen von Susanne Held (Klett-Cotta: Stuttgart 2018), S. 525.

[3] Bertrand Russell: *Philosophie des Abendlandes. Ihr Zusammenhang mit der politischen und sozialen Entwicklung*, 3. Aufl. (Holle Verlag: Darmstadt 1954), S. 275.

[4] Matthäus 23,33.

5 Die platte Banalität wird dadurch noch verstärkt, dass ein bestimmter Baum, der Buchsbaum (*gharqad*), das jüdische Volk schützen und es nicht an die Muslime verraten werde. Diese Art von Hadithen sind gerade bei denjenigen beliebt, die das Dasein des jüdischen Volkes in Israel ablehnen.

6 H. Keinon: „Iran Continues to Call for Israel's Destruction Despite Nuclear Deal", in *Jerusalem Post* vom 16. Februar 2017, unter: http://www.jpost.com/Middle-East/Iran-News/Iran-continuesto-call-for-Israels-destruction-despite-nuclear-deal-481659.

7 Dan Senor / Saul Singer: *Start-up Nation Israel: Was wir vom innovativsten Land der Welt lernen können.* Aus dem Englischen von Stephan Gebauer (Hanser: München 2012), S. 9.

8 Ebenda, S. 11.

### Kapitel 14

1 Albert Hourani: *Die Geschichte der arabischen Völker.* Aus dem Englischen von Manfred Ohl und Hans Sartorius (Fischer: Frankfurt a. M. 1992), S. 109.

2 UNDP Arab Human Development Report: *Building a Knowledge Society* (New York 2003), S. 53.

3 Bezug auf Sure 81: 8 – 9, das verscharrte Mädchen (A. d. Ü.).

4 Arab Thought Foundation: *Fourth annual cultural development report*, 2012.

5 UNESCO-Bericht, 2012.

6 In dem Artikel „Was the Gate of Ijtihad Closed?", erschienen in: *International Journal of Middle East Studies*, Vol. 16, Nr. 1, März 1984, macht Wael Hallaq deutlich, dass unter den hochrangigsten sunnitischen *Ulama*, sowohl in der Theorie wie auch in der Praxis, das Tor des *Idschtihad* alles andere als geschlossen war. Es entspricht nur der vorherrschenden Wahrnehmung, dass dem seit ungefähr dem 12. Jahrhundert so gewesen sei.

7 Eine Studie unter 4000 befragten Extremisten, die über die gesamte islamische Welt und im Westen aktiv sind, ergab, dass 44,9 Prozent der radikalen Islamisten Ingenieurswissenschaften studiert hatten, im Vergleich zu lediglich 11,6 Prozent der Gesamtbevölkerung in ihren Ländern. Nicht alle sind jedoch gleichzeitig Experten im Bombenbau: Nur 15 Prozent der Ingenieure waren auf diese Weise terroristisch tätig, während 26 Prozent Kommunikationsfunktionen innehatten. Nach Steffen Hertog / Diego Gambetta: „The Surprising Link Between Education and Jihad", in: *Foreign Affairs*, März 2016.

8 Gambetta und Hertog, zitiert in Martin Rose: *Immunising the Mind* (British Council 2015).

9 Ein populärer Prophetenhadith besagt: „Uneinigkeit innerhalb meiner Gemeinde ist ein Segen". Hadith-Gelehrte sind sich uneinig über die Authentizität, aber die weite Verbreitung dieses Hadith spiegelt das allgemeine muslimische Verständnis wider.

10 *The Economist* vom 2. bis 8. April 2016.

### Kapitel 15

1 Gallup-Umfrage nach J. Esposito / M. Mogahead: *Who speaks for Islam? What a Billion Muslims Really Think* (Gallup 2007).

2 Samir Kassir: *Das arabische Unglück.* Aus dem Französischen von Ulrich Kunzmann (Schlier: Berlin 2006), S. 79.

3 Es gibt unter Historikern eine Debatte um ihr Alter zu dem Zeitpunkt, als die Ehe mit

dem Propheten vollzogen wurde. Manche sagen neun, andere zwölf und wieder andere 17 Jahre.

4 Siehe die Zusammenfassung des 40-bändigen arabischen Werkes von M. A. Nadwi: *Al-Muhaddithat: The Women Scholars in Islam* (2013).

5 Interview des Autors mit Scheich Ghannouchi bei einem Roundtable Treffen, das vom Autor 2013 beim US Council on Foreign Relations, Washington, D. C., organisiert wurde.

6 Ibn Hazm: *Von der Liebe und den Liebenden. Aus dem arabischen Urtext übertragen von Max Weißweiler* (Insel Verlag: Frankfurt a. M. / Leipzig 1995), S. 23.

7 Ebenda.

8 Ebenda, S. 33.

### Kapitel 16

1 Übersetzung nach C. Barks: *Rumi: Selected Poems* (Penguin, 1996), S. 178.

2 *Washington Post* vom 10. Juni 2015.

3 D. Ladinsky (Übers.): *Die leuchtenden Worte meines Geliebten. Gedichte inspiriert von Hafiz.* Aus dem Englischen übertragen von Chandravali D. Schang (Theseus Verlag 2013).

4 Ebenda.

5 Ebenda.

6 Ebenda.

7 Ebenda.

## Teil IV: Der Islam als globale Macht

### Kapitel 17

1 C. Addas: *Ibn Arabi: The Voyage of No Return* (Cambridge: Islamic Texts Society 2000), S. 16. Deutsche Übersetzung in Teilen nach Ibn Arabi: *Urwolke und Welt. Mystische Texte des Größten Meisters.* Aus dem Arabischen übersetzt und herausgegeben von Alma Giese (C.H. Beck: München 2002), S. 27.

2 Übersetzung nach C. Addas: *Ibn Arabi: The Voyage of no return* (Islamic Texts Society, 2000), S. 83 f. Im angeführten Zitat des Autors wurde teils lückenhaft zitiert. Dies wurde ergänzt (Anm. d. Übers.).

3 Sure 2:115. (Anm. d. Übers.)

4 A. Schimmel: *Mystische Dimensionen des Islam* (Diederichs: München 1992), S. 384.

### Kapitel 18

1 Sure 21:107. (Anm. d. Übers.)

2 Sure 2:256. (Anm. d. Übers.)

### Kapitel 19

1 Sure 17:24 (Anm. d. Übers.).

2 Sure 31:14 (Anm. d. Übers.).

3 Radwa S. Elsaman / Mohammed A. Arafa: „The Rights of the Elderly in the Arab Middle East: Islamic Theory Versus Arabic Practice“, in: *Marquette Elder's Advisor* 1/2012.

4 *Boston Review* vom 6. November 2014.

### Kapitel 20

1 Sure 21: 35.

## Fazit

1 Samir Kassir: *Das arabische Unglück.* Aus dem Französischen von Ulrich Kunzmann (Schlier: Berlin 2006), S. 82. (Anm. d. Übers.)

2 Max Fisher: „Anti-American countries can become pro-American. Here's how South Korea did it", *Washington Post* vom 7. Mai 2013.

3 Henry Kissinger: *Weltordnung.* Aus dem Englischen von Karlheinz Dürr und Enrico Heinemann (Bertelsmann: München 2014), S. 113. (Anm. d. Übers.)

4 Moisés Naím: *The End of Power* (New York: Basic 2013), S. 5.

5 UK Ministry of Defence: *Strategic Trends Programme: Global Strategic Trends – out to 2040* (London 2010).

6 Edmund Burke: *Betrachtungen über die Französische Revolution.* In der Übersetzung von Friedrich Gentz (Vieweg: Berlin 1794), S. 26. (Anm. d. Übers.)

7 *Economist* vom 14. Mai 2016.

8 Siehe Anhang.

9 „Saudi Arabia and Egypt announce Red Sea bridge", *BBC* vom 8. April 2016, unter: https://www.bbc.com/news/world-middle-east-35999557.

10 John Gray: *Politik der Apokalypse*, S. 322. (Anm. d. Übers.)

11 Quelle: Ein hochrangiger europäischer Diplomat, der bei der Verkündung anwesend war.

12 Jean-Pierre Chauffour: *From Political to Economic Awakening in the Arab World: The Path of Economic Integration* (Washington, D. C.: The World Bank 2013).

13 Unter wirtschaftlicher Integration versteht man die Beseitigung tarifärer und nichttarifärer Hemmnisse für den Fluss von Waren, Dienstleistungen und Produktionsfaktoren innerhalb einer Gruppe von Ländern.

14 Jean-Pierre Chauffour: *Time for an Economic Spring in the Arab world*, Blogbeitrag vom 18.03.2013, unter: http://blogs.worldbank.org/arabvoices/time-economic-spring-arab-world. (Anm. d. Übers.)

15 Die Umfrage wurde von Geert Wilders Partei für die Freiheit (BVV) in Auftrag gegeben und im Juni 2013 vom Forschungsinstitut Maurice de Hond durchgeführt. Zitiert nach Douglas Murray: *Der Selbstmord Europas: Immigration, Identität, Islam.* Aus dem Englischen von Krisztina Koenen (FinanzBuch Verlag: München 2018), S. 242.

16 Ebenda.

17 Ebenda, S. 243.

18 Große muslimische Gelehrte und Imame vergangener Zeiten, darunter Abu Bakr, Ibn al-Arabi und Imam al-Qurtubi, verfügten bereits, dass die *chawaridsch* keine Muslime seien. In der Neuzeit erklärte selbst Saudi-Arabiens bekannteste religiöse Autorität, der verstorbene Scheich Abd al-Aziz ibn Baz, die *chawaridsch* zu Ungläubigen.

## Anhang

1 „Turkey Says Mideast Needs Own EU", *Financial Times* vom 23. November 2011.

2 „Saudi Arabia Moving Ahead with Gulf Union", *Al-Monitor* vom 22. Dezember 2013.

3 „Bahrain PM: Unity Only Option for GCC Success", *Arab News* vom 17. April 2013.

4 „Bahrain PM Says Arab Unity ‚Strongly Needed'", *Gulf News* vom 7. Januar 2014.

5 Pressestelle der Regierung von Dubai, www.sheikhmohammed.com, vom 10. Februar 2000.

6 Pressestelle der Regierung von Dubai, www.sheikhmohammed.com, vom 2. August 1987.
7 Pressestelle der Regierung von Dubai, www.sheikhmohammed.com, vom 26. November 2000.
8 Sylvia G. Haim: *Arab Nationalism: An Anthology* (Berkeley: University of California Press 1962), S. 6–10.
9 Bassam Tibi: *Arab Nationalism: A Critical Enquiry* (New York: St Martin's Press 1997), S. 90–94.
10 Siehe Ridas Artikel im Journal *Al-Manar* in Haim, *Arab Nationalism*, S. 75–77.
11 Siehe seine Flugschrift „Umm al-Qura" in Haim, *Arab Nationalism*, S. 78–80.
12 Ebenda, S. 26–27.
13 Tibi, *Arab Nationalism: A Critical Enquiry*, S. 91.
14 Samir Seikaly: „Shukri al-'Asali: A Case Study of a Political Activist", in: *The Origins of Arab Nationalism* (New York: Columbia University Press 1991), S. 73–96.
15 Ahmed Tarabein: „Abd al-Hamid al-Zahrawi: The Career and Thought of an Arab Nationalist", in: *The Origins of Arab Nationalism* (New York: Columbia University Press 1991), S. 97–119.
16 Tibi, *Arab Nationalism: A Critical Enquiry*, S. 161–197.
17 Siehe Husseins Forderungen an die britische Regierung in Haim, *Arab Nationalism: An Anthology*, S. 89–93.
18 Siehe die Verfassung der Arabischen Baath Partei in Haim, *Arab Nationalism: An Anthology*, S. 233–241.
19 Siehe Aflaqs Artikel „Nationalism and Revolution" (dt. Nationalismus und Revoluion), in Haim, *Arab Nationalism: An Anthology*, S. 242–250.
20 Dalal Arsuzi-Elamir: „Nation, State, and Democracy in the Writings of Zaki al-Arsuzi", in: Christoph Schumann (Hrsg.): *Nationalism and Liberal Thought in the Arab East* (Abingdon: Routledge 2010), S. 66–91.
21 Siehe Nassers Aufsatz „The Philosophy of Revolution", in: Haim, *Arab Nationalism: An Anthology*, S. 229–232.
22 Siehe Zureiqs Aufsatz in Haim, *Arab Nationalism: An Anthology*, S. 167–171.
23 Siehe al-Bazzaz' Aufsatz in Haim, *Arab Nationalism: An Anthology*, S. 172–188.

# Ortsregister

## Personenregister